Gisela Becker, Silke Bergau, Natascha Böttcher-Seitz, Antoniy Dimitrov, Holger H. Macht, Torsten Marks,
Manuela Meixner, Richard Rongstock, Stephanie Schmidbauer

#blickwinkel

Geschichte für die FOS 11

1. Auflage

Bestellnummer 112292

westermann

Dieses Werk folgt der reformierten Rechtschreibung und Zeichensetzung. Ausnahmen bilden Texte, bei denen künstlerische, philologische oder lizenzrechtliche Gründe einer Änderung entgegenstehen.

Druck: westermann druck GmbH, Braunschweig

service@westermann-berufsbildung.de
www.westermann-berufsbildung.de

Bildungshaus Schulbuchverlage Westermann Schroedel Diesterweg Schöningh Winklers GmbH, Postfach 33 20, 38023 Braunschweig

ISBN 978-3-14-**112292**-3

westermann GRUPPE

Vorwort und Hinweise zur Arbeit mit dem Buch

Der vorliegende Band deckt die kompletten Lehrplananforderungen im Fach Geschichte für die FOS 11 der Beruflichen Oberschulen in Bayern ab. Der Band ist in Unterrichtseinheiten gegliedert, die thematisch den fünf Lernbereichen des Lehrplans entsprechen. Bei den Lernbereichen handelt es sich um: 1 Methodenkompetenzen, 2 Historische und aktuelle Lebenswirklichkeiten: Stehen wir am Beginn einer neuen Epoche?, 3 Einflüsse auf die Lebenswirklichkeit: Ideen und Ideologien des kurzen 20. Jahrhunderts im globalen Wettstreit, 4 Historische Lebenswirklichkeiten in Deutschland: Deutsch-deutsche Geschichte vom Ende des Zweiten Weltkriegs bis zur Wiedervereinigung und 5 Die Auseinandersetzung mit historischen Lebenswirklichkeiten: Der Umgang mit Diktaturen in Deutschland. Das Inhaltsverzeichnis weist aus, welche Unterrichtseinheiten welchem Lernbereich zugeordnet sind. Der Lernbereich 1 zu den Methodenkompetenzen folgt dabei aus inhaltlichen Gründen als übergeordneter Lernbereich den Lernbereichen 2 bis 5, sodass der Band mit Kapitel 1 (Lernbereich 2) beginnt.

Nach dem Lernbereich 1 Methodenkompetenzen folgt noch ein Methodencheck als Gesamtüberblick. Ein Sachwort- sowie ein Bildquellen- und Textquellenverzeichnis runden den Band ab.

Die Lernbereiche werden durch eine Doppelseite mit historischen und gegenwartsbezogenen Fotos zum Themenbereich eingeführt und enthalten am Ende jeweils einen Abschnitt mit dem Titel **„Gelernt!“**, in dem noch einmal die wichtigsten erlernten Kompetenzen zu diesem Lernbereich zusammengefasst sind.

Die Struktur der einzelnen Unterrichtseinheiten ist nach dem folgenden Muster gestaltet:

Forschungsinteresse und Kompetenzerwerb

In diesem Abschnitt werden die Lernziele und der Kompetenzerwerb erläutert.

Vorgehen

Hier werden eine Handlungssituation skizziert und ein mögliches Vorgehen beschrieben, wie die Handlungssituation mit den nachfolgenden Materialien gestaltet werden kann. Dabei sind die Operatoren in Rot und in Versalien hervorgehoben. Am Ende dieses Abschnitts steht jeweils der zentrale Handlungsauftrag des Kapitels.

Materialauswahl

In diesem Abschnitt wird die jeweilige Materialauswahl für die Unterrichtseinheit begründet.

DAS WICHTIGSTE IN KÜRZE

Hier werden die thematischen Inhalte der Unterrichtseinheit noch einmal kompakt umrissen.

FESTIGUNG – VERTIEFUNG

Der Abschnitt „Weitere Herangehensweisen“ enthält alternative Aufgabenstellungen, die ebenfalls mit den Materialien der Unterrichtseinheit gelöst werden können. Unter „Vertiefende Aspekte“ finden sich Handlungsvorschläge, die über die Materialien der Unterrichtseinheit hinausgehen. Hierzu und generell zum Thema der Unterrichtseinheit werden unter „Weiterführende Quellen und Hinweise“ entsprechende Materialien (von Büchern und CDs über Filme bis hin zu Websites oder Museen) kurz vorgestellt.

Inhalt

Kapitel 1 (Lernbereich 2) – Historische und aktuelle Lebenswirklichkeiten: Stehen wir am Beginn einer neuen Epoche?

1.1 Fragen an die Geschichte stellen – Geschichte kompetent begegnen ... 8
1.2 Epochengrenzen: Antike – Mittelalter – Neuzeit – Gegenwart ... 19
1.3 Aktuelle Herausforderungen an den Beispielen Globalisierung und Migration ... 31

Gelernt! ... **45**

Kapitel 2 (Lernbereich 3) – Einflüsse auf die Lebenswirklichkeit: Ideen und Ideologien des kurzen 20. Jahrhunderts im globalen Wettstreit

2.1 Demokratie und Wirtschaftsliberalismus als Leitideen der USA im 20. Jahrhundert ... 48
2.2 Marxismus und Leninismus als ideologische Grundlagen der UdSSR ... 65
2.3 Ende der Anti-Hitler-Koalition und Beginn der bipolaren Welt ... 77
2.4 Krisen, Kriege und ihre Bewältigung im Kalten Krieg ... 89
2.5 Erfolge und Misserfolge der Entspannungspolitik ... 101

Gelernt! ... **113**

Kapitel 3 (Lernbereich 4) – Historische Lebenswirklichkeiten in Deutschland: Deutsch-deutsche Geschichte vom Ende des Zweiten Weltkriegs bis zur Wiedervereinigung

3.1 Innenpolitische, wirtschaftliche und gesellschaftliche Entwicklung in beiden Staaten ... 116
3.2 Auswirkungen des Ost-West-Konflikts auf (Gesamt-)Deutschland (Politik, Wirtschaft, Gesellschaft, Kultur) ... 127
3.3 Deutsch-deutsches Verhältnis – die „deutsche Frage“ ... 137
3.4 Hintergrund und politische, wirtschaftliche und gesellschaftliche Auswirkungen von sozialer Marktwirtschaft und Planwirtschaft ... 149
3.5 Widerspruch und Protest in der Bundesrepublik seit den 1960er-Jahren ... 163
3.6 Der Einigungsprozess und dessen Auswirkungen auf Politik, Wirtschaft, Gesellschaft und Kultur ... 179

Gelernt! ... **193**

Kapitel 4 (Lernbereich 5) – Die Auseinandersetzung mit historischen Lebenswirklichkeiten: Der Umgang mit Diktaturen in Deutschland

4.1 Auseinandersetzung mit der NS-Vergangenheit in Deutschland nach 1945 ... 196
4.2 Aufarbeitung der DDR-Vergangenheit ... 217

Gelernt! ... 231

Methodenkompetenzen (Lernbereich 1) ... **232**

Methodencheck ... **252**

Glossar ... **254**

Anforderungsbereiche und Operatoren ... **268**

Literaturverzeichnis ... **271**
Sachwortverzeichnis ... **276**
Bildquellenverzeichnis ... **278**

Häufig verwendete Operatoren in den Arbeitsaufträgen

- Analysieren
- Darstellen/Skizzieren
- Interpretieren
- Diskutieren
- Verfassen
- Erläutern/Erklären
- Vergleichen
- Beurteilen

KAPITEL 1 (LERNBEREICH 2)

Historische und aktuelle Lebenswirklichkeiten: Stehen wir am Beginn einer neuen Epoche?

Mittelalterlicher Ständebaum. Holzschnitt.

Aus: Francesco Petrarca (dt.), Von der Artzney bayder Glück, Augsburg 1532.

Spätere Kolorierung.

Solon (ca. 640 bis ca. 560 v.Chr.), der auch als Gründer der Demokratie bezeichnet wird

Plenarsaal des deutschen Bundestages

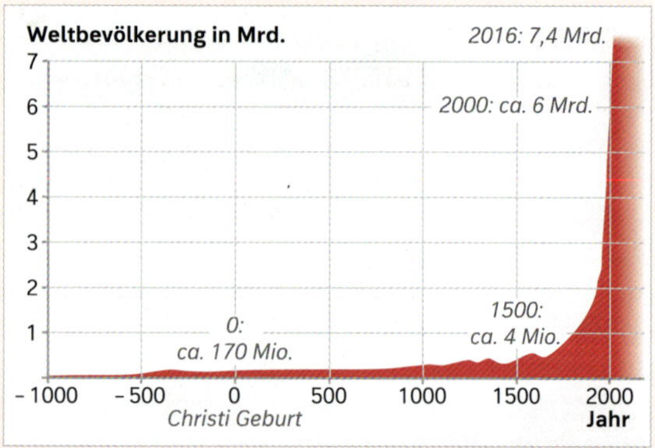

Entwicklung der Weltbevölkerung von 100 v. Chr. bis 2000 n. Chr.

Der Klimawandel und seine aktuellen und potenziellen Auswirkungen

Deutsche Flüchtlinge im Zweiten Weltkrieg

Menschen auf der Flucht an der syrischen Grenze zur Türkei

KAPITEL 1 (LERNBEREICH 2)

1.1 Fragen an die Geschichte stellen – Geschichte kompetent begegnen

Forschungsinteresse und Kompetenzerwerb

Geschichte umgibt uns – auch wenn uns das nicht immer bewusst ist. Auf den folgenden Seiten wird es darum gehen, der Geschichte in unserem Umfeld bewusst und reflektiert zu begegnen. Das beginnt damit, dass man die richtigen Fragen stellt und sich sachgemäß und strukturiert das nötige Sachwissen erarbeitet, um diese zu beantworten. Fakten alleine liefern dabei meist noch keine Antworten: Zwischen ihnen müssen erst Zusammenhänge erkannt, interpretiert und dargestellt werden, Darstellungen anderer müssen analysiert und hinterfragt werden. Dabei ist auch immer unser Urteil gefragt: Die analysierte Vergangenheit muss in ihrem historischen Kontext beurteilt, aber auch im Hinblick auf unsere Gegenwart bewertet werden.

Am Beispiel des Königsplatzes in München soll dies im Folgenden exemplarisch versucht werden. Natürlich könnten Sie genauso gut in der Straße, in der Sie wohnen beginnen, denn „Alles Gewordene hat Geschichte".

Vorgehen

Eine Gruppe japanischer Geschäftsfreunde möchte auf einer Studienreise durch Bayern mehr über Geschichte und Kultur ihrer deutschen Partner erfahren – hierfür stellen Sie die Reiseunterlagen zusammen. Die Reisenden sind in ihrer eigenen Kultur tief verwurzelt und erwarten daher auch hier ein anspruchsvolles Programm.

Die Reise beginnt am Königsplatz in München. Sieben mögliche Fragen, die von den Reisenden gestellt werden könnten, finden Sie unter M 1. Sie ERARBEITEN aus den Materialien M 2 bis M 7 Antworten auf diese Fragen. Die Zeitdifferenz „Griechische Antike – Königreich Bayern – Nationalsozialismus – heute" VERDEUTLICHEN Sie auf einem Zeitstrahl. Der Philosoph Friedrich Nietzsche unterscheidet drei Formen des Umgangs mit Geschichte: den monumentalischen, den antiquarischen und den kritischen. Sie ERLÄUTERN vor dem Hintergrund des bereits Erarbeiteten diese Begriffe. Wo sind der Rückgriff auf die griechische Antike im 19. Jahrhundert, die Renovierung des Königsplatzes in den 1980er-Jahren und die Eröffnung des NS-Dokumentationszentrums München 2015 einzuordnen? Nun können Sie einige Fragen zu einem zentralen Platz der bayerischen Geschichte BEANTWORTEN und aufbauend auf einem einflussreichen deutschen Philosophen Funktionen unserer Geschichtskultur ERLÄUTERN. Sie WENDEN dieses Wissen auf weitere mögliche Stationen der Reise AN.

WÄHLEN **Sie ein historisches Baudenkmal in Ihrer direkten Umgebung und** STELLEN **Sie** EINEN **eigenen** FRAGENKATALOG AUF**. Besorgen Sie sich geeignetes Material, um diese Fragen sachgemäß zu bearbeiten.** DOKUMENTIEREN **Sie Ihre Ergebnisse in angemessener Form.**

Materialauswahl

In diesem Kapitel finden Sie überwiegend einfache Darstellungen, die einen schnellen Überblick über die zu untersuchende historische Stätte ermöglichen. Ein Ausschnitt aus einem historischen Reiseführer (M 4) öffnet den Blick aus einer historischen Perspektive und gibt Aufschluss über die historische Funktion der Gebäude. Mit Friedrich Nietzsche begegnet Ihnen einer der einflussreichsten deutschen Philosophen des 19. Jahrhunderts (M 9).

M 1 Der Königsplatz in München 2016

1. Erarbeiten Sie aus den Materialien M 2 bis M 7 Antworten auf diese Fragen.

M 2 Ludwig I. als Bauherr (Auswahl)

1816–1862	Bau des Königsplatzes mit Glyptothek, Antikensammlung und Propyläen in München
1830–1842	Walhalla bei Regensburg
1840–1848	Pompejanum bei Aschaffenburg
1841–1844	Feldherrnhalle in München
1842–1863	Befreiungshalle bei Kehlheim
1843–1850	Siegestor in München
1843–1853	Bavaria-Statue und Ruhmeshalle an der Theresienwiese in München

Bayern und Griechenland

Als der Königsplatz gebaut wurde, war das Königreich Bayern noch ein junger Staat: Die heutigen Landesteile Bayerns wurden zusammengefügt, als unter Napoleon das Heilige Römische Reich Deutscher Nation zersplitterte und es der spätere bayerische König Maximilian I. Joseph verstand, mithilfe einer geschickten, aber mitunter auch unberechenbaren Bündnispolitik die verschiedensten vorher reichsunmittelbaren Territorien Frankens, Schwabens und Altbayerns zusammenzubinden und sich selbst 1806 zum ersten bayerischen König proklamieren zu lassen.

Aber wie konnte aus diesem neuen Territorium ein Staat werden, mit dem sich seine Bevölkerung identifizierte und der von anderen europäischen Staaten anerkannt wurde? Neben einer Verfassung, dem Entwurf regionaler Trachten und einem gemeinsamen Schulsystem setzt der junge bayerische Staat dabei vor allem auch auf eine repräsentative Architektur, die den Anspruch des Staates, aber auch die Traditionen, in die sich dieser stellte, verkörperte.

Zu diesen Traditionen gehörte dem Geist der Zeit entsprechend die griechische Antike. Die im 19. Jahrhundert verbreitete Begeisterung für Griechenland wird als „Philhellenismus“ bezeichnet. Zu dem Wunsch, die humanitären und demokratischen Werte und Ideale, die man mit dem antiken Griechenland verband, im zeitgenössischen Europa zu verwirklichen, in dem nach den Umwälzungen der Französischen Revolution wieder die alten Monarchien die Macht ergriffen hatten, kam bei den Philhellenen die Bereitschaft, das griechische Volk in seiner Selbstständigkeit vom Osmanischen Reich zu unterstützen.

Zu den besonders einflussreichen Philhellenen zählte der bayerische König Ludwig I. 1825 ließ er die Schreibweise seines Königreiches von „Baiern“ in „Bayern“ ändern. Damit sollten sich zum einen auch die Bewohner der „neuen“ Territorien mit dem Staat identifizieren können, zum anderen sollte durch das griechische „Y“ auch die Nähe zu Griechenland unterstrichen werden. Als nach achtjährigem Befreiungskampf Griechenland die Unabhängigkeit vom Osmanischen Reich erreichte, setzte Ludwig durch, dass sein zweiter Sohn Otto König Griechenlands wurde. Diesem gelang es allerdings auf Dauer nicht, sich als griechischer König durchzusetzen. So kehrte er, als 1862 die Propyläen des Königsplatzes eingeweiht wurden, resigniert aus Griechenland zurück.

M 3

Die Akropolis in Athen, Foto aus heutiger Zeit

M 4 Aus einem Reisebuch des 19. Jahrhunderts

Die von In- und Ausländern öfters gemachte Vergleichung Münchens mit Athen unter Perikles und mit Florenz unter den Medizeern ist in Hinsicht der Kunst keineswegs unbescheiden: denn, abgesehen von dem, was unter den frühen Regenten von Herzog Albert V. bis König Maximilian I. ruhmvoll geschehen ist, wird sie schon durch diese erste Schöpfung Königs Ludwigs glorreich gerechtfertigt, welche an Reichthum und Wichtigkeit ihrer antiken und modernen Kunstschätze mit den ersten Museen Europas wetteifert, und durch die Auszierung ihres Lokals mit dem Großartigsten und Prachtvollsten, was die ewige Roma der Art ausweiset, sich gleich stellt.

Quelle: Malerische Topographie des Königreichs Bayern; nach der Natur und auf Stein gezeichnet von C. Lebschée, 1830, o. S.

M 5 Der Königsplatz im Nationalsozialismus

[...] Kurz nach der Machtübernahme im Januar 1933 nutzten die Nationalsozialisten den Königsplatz am 10. Mai 1933 für die öffentliche Bücherverbrennung im Rahmen der reichsweiten „Aktion wider den undeutschen Geist".

Adolf Hitler und sein Architekt Paul Ludwig Trost hatten bereits kurz nach der Fertigstellung des „Braunen Hauses" im Winter 1933/1932 Pläne zur Umgestaltung des Platzes besprochen. Er sollte zu einer „Weihestätte des Nationalsozialismus" und „denkmalhaften Mittelpunkt der Partei" umgestaltet werden. 1935 pflasterte man ihn mit etwa 20.000 Granitplatten, die jeweils einen Quadratmeter groß waren, und erhöhte den unter Klenze zur Mitte hin vertieften Platz auf ein einheitliches Gesamtniveau. Damit rückten die Glyptothek und das Ausstellungsgebäude optisch an die Seite und verloren ihre dominierende Wirkung. Dafür war ein für die Zwecke der Partei bestens geeigneter Aufmarsch- und Versammlungsplatz entstanden.

[...] Überquert man [...] die Arcisstraße, steht man auf der gegenüberliegenden Straßenseite vor einem in Stufen aufragenden, mit Gras, Büschen und kleinen Bäumen überwucherten Sockel. Auf der anderen Seite der Brienner Straße ist ein zweiter, gleich aussehender Sockel zu erkennen. Hier steht man direkt am von den Nationalsozialisten neu bestimmten Zentrum des „Königlichen Platzes": Bei den Sockeln handelt es sich um die Fundamente der sogenannten „Ehrentempel".

Diese waren 1935 erbaut worden, um die Särge der beim Putsch von 1923 zu Tode gekommenen und seither als „Märtyrer der Bewegung" gefeierten Nationalsozialisten aufzunehmen. 1935 wurden sie in einer bombastisch inszenierten Zeremonie im Rahmen der Eröffnungsfeierlichkeiten an den 9. November 1923 von der Feldherrenhalle zum Königsplatz überführt. Unter offenem Himmel sollten die „Blutzeugen" in den Tempeln „Ewige Wache" halten. Die Formationen der Parteigliederungen nahmen Aufstellung auf dem Platz und „zum Appell" wurden die Namen der 16 Toten aufgerufen, worauf die auf dem Platz Angetretenen jeweils mit „Hier" antworteten. Dieser „Letzte Appell" wurde von nun an jährlich zelebriert.

Nach dem Zweiten Weltkrieg wurden die beiden „Ehrentempel“ nach einer längeren Diskussion über mögliche Umnutzungen gesprengt.

[...] Bis 1941 kaufte die NSDAP über 50 Liegenschaften in den umliegenden Straßenzügen für die Unterbringung ihrer Organisationen von der „NS Frauenschaft“ (Karolinenplatz 2) bis zur Reichspropagandaleitung der NSDAP (Karlstraße 20). Das Herzstück des Parteiviertels waren die beiden Verwaltungsbauten, der „Führer-“ und der „Verwaltungsbau“, die 1933–1936 gebaut wurden. [...]

Quelle: Holz: Vom Odeonsplatz zum Königsplatz, 2010, S. 36–39.

Der Königsplatz im Nationalsozialismus – Bilder

M 6

Gedenkfeier zum 9. November 1923 vor dem „Nationalheiligtum des deutschen Volks“ auf dem Münchner Königsplatz, Fotografie, 1935

Der nördliche „Ehrentempel“ am Königsplatz, Foto nach 1935

Eine kritische Stimme zur Erinnerungspolitik Münchens in den 1980er-Jahren

M 7

Erinnerung darf – klar abgetrennt – ab und zu für Schulklassen im fernen Dachau stattfinden, aber in München, das an seinem Image als „Weltstadt mit Herz“ arbeitet, wird die in Architektur konkretisierte Erinnerung an den Nationalsozialismus systematisch weiter zerstört. Ohne die geringste Diskussion verschwand 1987 das flächenmäßig größte NS-Monument, der mit Granitplatten belegte Königsplatz samt Einfriedungsmauern [...]. Die zentrale Nazi-Kultstätte Münchens, mit der sich Bücherverbrennung, Aufmärsche und der 9.-November-Appell, die ideologisch bedeutsamste Feier des Regimes, verknüpften, ist aus der sichtbaren Stadtgeschichte verschwunden.

Der begrünte Königsplatz führt nun scheinbar bruchlos wieder zu Klenze und Ludwig I. zurück [...]. Das Erschreckende an diesem Bewußtsein ist nicht nur die ganz offene Verdrängung durch Zerstörung, sondern die damit verbundene Illusion, sich durch eine Entfernung der Bauten auch von der Geschichte zu befreien.

Quelle: Nerdinger: Umgang mit der NS-Architektur – Das schlechte Beispiel München, in: Ogan; Weiß: Faszination und Gewalt, 1992, S. 242.

M 8

Der Oberbürgermeister und der Kulturreferent Münchens zur Eröffnung des NS-Dokumentationszentrums München 2015

Immer wieder steht die demokratische Gesellschaft vor Herausforderungen, die Haltung und Zivilcourage verlangen. Rechtsradikalismus, Antisemitismus und Verbrechen wie die des Nationalsozialistischen Untergrunds (NSU) erfordern ebenso wie der Islamhass und alltägliche Formen von Diskriminierung und Rassismus ein klares „Nein" der großen, oft schweigenden Mehrheit. Auf vielen Ebenen ist unser Einsatz für ein Miteinander im Sinne des Grundgesetzes nötig. Die Menschenrechte gelten für Alle und jeden Einzelnen. Dass dies gesichert bleibt, muss unsere Lehre aus den dunkelsten Kapiteln der Vergangenheit sein.

Das NS-Dokumentationszentrum München ist ein Lern- und Erinnerungsort, der dementsprechend auf die Gegenwart und Zukunft ausgerichtet ist. [...] Sieben Jahrzehnte nach dem Ende des Zweiten Weltkriegs ist das Wissen um die Gräueltaten der Nationalsozialisten für viele nur noch eine Episode aus dem Geschichtsunterricht oder ein Dokutainment-Thema im Fernsehen. Aufklärung ist deshalb notwendig. Warum gerade München zur „Hauptstadt der Bewegung" wurde, wie der Nationalsozialismus an die Macht kam, welche Folgen dies hatte und was er uns heute noch angeht, wird im NS-Dokumentationszentrum erklärt und vermittelt.

Am 30. April 1945 besetzten amerikanische Truppen das Münchner Rathaus und befreiten die Stadt vom Naziregime. Genau 70 Jahre später wurde das NS-Dokumentationszentrum München eröffnet. Spät, aber nicht zu spät.

Quelle: Reiter; Küppers: Geleitwort, in: NS-Dokumentationszentrum München. Kurzführer, 2015, S. 7.

2. Griechische Antike – Königreich Bayern – Nationalsozialismus – heute: Verdeutlichen Sie die Zeitdifferenz auf einem Zeitstrahl.
Der Philosoph Friedrich Nietzsche unterscheidet drei Formen des Umgangs mit Geschichte: den monumentalischen, den antiquarischen und den kritischen. Erläutern Sie vor dem Hintergrund des bereits Erarbeiteten diese Begriffe.
Wo sind der Rückgriff auf die griechische Antike im 19. Jahrhundert, die Renovierung des Königsplatzes in den 1980er-Jahren und die Eröffnung des NS-Dokumentationszentrums München 2015 einzuordnen?

M 9

Friedrich Nietzsche über die Funktion der Geschichte für die Gegenwart (1871)

[...] Wodurch nützt dem Gegenwärtigen die monumentalische Betrachtung der Vergangenheit?, die Beschäftigung mit dem Klassischen und Seltenen früherer Zeiten? Er entnimmt daraus, daß das Große, das einmal da war, jedenfalls einmal möglich war und deshalb auch wohl wieder einmal möglich sein wird; er geht mutiger seinen Gang, denn jetzt ist der Zweifel, der ihn in schwächeren Stunden anfällt, ob er nicht vielleicht das Unmögliche wolle, aus dem Felde geschlagen. [...]

Die Geschichte gehört [...] zweitens dem Bewahrenden und Verehrenden, dem der mit Treue und Liebe dorthin zurückblickt, woher er kommt, worin er geworden ist. In dem er das von alters her Bestehende mit behutsamer Hand pflegt, will er die Bedingungen, unter denen er entstanden ist, für solche bewahren, welche nach ihm entstehen sollen. [...] [H]ier ist immer eine Gefahr sehr in der Nähe: endlich wird einmal alles Alte und Vergangene, das überhaupt noch in den Gesichtskreis tritt, einfach als gleich ehrwürdig hingenommen. [...]

Hier wird deutlich, wie notwendig der Mensch [...] oft genug eine dritte Art nötig hat, die kritische; und zwar auch diese wiederum im Dienste des Lebens. Er muß die Kraft haben und von Zeit zu Zeit anwenden, eine Vergangenheit zu zerbrechen und aufzulösen, um leben zu können: dies erreicht er dadurch, daß er sie vor Gericht zieht, peinlich inquiriert und endlich verurteilt. [...]

Quelle: Nietzsche: „Unzeitgemäße Betrachtung“ (1871), zit. nach: Nietzsche: Vom Nutzen und Nachtheil der Historie für das Leben, 1957, S. 15 ff.

3. Wählen Sie ein historisches Baudenkmal in Ihrer direkten Umgebung und stellen Sie einen eigenen Fragenkatalog auf. Besorgen Sie sich geeignetes Material, um diese Fragen sachgemäß zu bearbeiten.

M 10

Beispiele für Baudenkmäler in Bayern

DAS WICHTIGSTE IN KÜRZE

Münchner Königsplatz

Das Beispiel des Münchner Königsplatzes zeigt uns, dass Geschichte immer auf drei Zeitebenen stattfindet: Vergangenheit, Gegenwart und Zukunft. Um in der Gegenwart des neuen Königreichs Bayern Orientierung für eine glorreiche Zukunft zu stiften, ließ Ludwig I. durch seine Bautätigkeit an das antike Griechenland erinnern. Um vor künftigen Gefahren des Rassismus, der Menschenverachtung und des Rechtsradikalismus zu warnen, wurde 2015 das NS-Dokumentationszentrum München eingeweiht. Der Geschichte begegnen wir aber auch dort, wo keine Baudenkmäler von offensichtlichem touristischem Reiz stehen.

Fragen an die Geschichte stellen

Der erste Schritt zur sachgemäßen Beschäftigung mit der Geschichte ist es, aus der bewussten Begegnung Fragen abzuleiten: Aus welcher Zeit stammt z. B. ein historisches Baudenkmal? Welche Funktion hatte es? Mit welcher Absicht wird an bestimmte Aspekte der Vergangenheit erinnert? Was ist in Vergessenheit geraten? Wie kann ich mich mithilfe der Geschichte in meiner eigenen Gegenwart und Zukunft orientieren? Wie hilft mir die Beschäftigung mit Geschichte, selbstbestimmte Urteile und Entscheidungen zu treffen? Wie ein erfahrener Kriminalist geht der historisch Gebildete mit offenen Augen durch seine Lebenswelt, immer in der Lage, neue Spuren zu entdecken ...

Kompetent der Geschichte begegnen

Schon zum Formulieren von Fragen sind bestimmte Kenntnisse wichtig – allein, um zu erkennen, dass etwas aus einer anderen Zeit stammt. Chronologische Strukturen, Fachbegriffe und anschlussfähiges Grundwissen über Raum und Zeit helfen dabei, neue Informationen zu erarbeiten und zu verstehen (Sachkompetenz).

Unabdingbar ist es aber auch, die Materialien, aus denen ich diese Informationen beziehe, richtig einordnen zu können: Handelt es sich um Quellen aus der jeweiligen Zeit, die natürlich aus einer historischen Perspektive geschrieben sind? Handelt es sich um Darstellungen aus späterer Zeit, z. B. um Schulbuchtexte, fachwissenschaftliche oder journalistische Texte? Wurden Quellen bewusst und absichtlich (Tradition) oder unbewusst (Überrest) überliefert? Was muss ich beim Umgang mit audiovisuellen Quellen oder mit Fotos berücksichtigen? (Methodenkompetenz).

Bloße Fakten sind aber noch keine Geschichte. Zum kompetenten Umgang mit Geschichte gehört es auch, zwischen den Einzelfakten Zusammenhänge zu erkennen und zu interpretieren und so zu einer eigenen Geschichtserzählung zu kommen. Auf diesem Weg lernt man auch, fremde Geschichtserzählungen zu analysieren, zu hinterfragen und kritisch zu beurteilen (Narrative Kompetenz). Solche historischen Narrationen begegnen uns in verschiedenster Form: Als Bücher, Filme, Computerspiele, Theaterstücke oder als Geschichtsunterricht. Auch im Internet werden wir mit einer unüberschaubaren Fülle von historischen Deutungen und Erklärungen konfrontiert, die auf keinen Fall unkritisch übernommen werden sollten.

DAS WICHTIGSTE IN KÜRZE

Beurteilen muss man aber auch, wenn es darum geht, Ursachen und Folgen in der Geschichte zu erkennen und so zu einem reflektierten Sachurteil zu kommen. Verlasse ich den rein historischen Horizont und messe historische Verhaltensweisen oder Entscheidungen mit meinen eigenen Wertmaßstäben, so treffe ich ein Werturteil (Urteilskompetenz).

Wie das Beispiel des Königsplatzes gezeigt hat, spielt bei der Auseinandersetzung mit Geschichte immer auch das Bedürfnis, sich in Gegenwart und Zukunft zu orientieren, eine große Rolle. Wer einen Überblick über Raum und Zeit gewonnen hat und menschliche Möglichkeiten in Vergangenheit und Gegenwart reflektiert betrachten kann, dem fällt es auch leichter, eigene Wertvorstellungen immer wieder zu überprüfen und auch in unerwarteten Situationen Entscheidungen zu treffen, die er für sich verantworten kann (Orientierungskompetenz).

Landes- und Regionalgeschichte: Geschichte im Nahbereich erforschen

Während sich die Landesgeschichte mit geografischen Räumen befasst, die durch staatliche oder teilstaatliche Strukturen abgegrenzt werden – in Deutschland in erster Linie die Bundesländer –, setzt die Regionalgeschichte auch schon bei kleineren Einheiten an, z. B. Landschaften, Städten, Gemeinden. In Bayern befassen sich vor allem die landesgeschichtlichen Lehrstühle der Universitäten, regionalgeschichtliche Geschichtsvereine und Geschichtswerkstätten und das Haus der Bayerischen Geschichte mit Themen aus dem historischen Nahbereich. Auch die Staats- und Stadtarchive können als Anlaufstationen für eigene Forschungen dienen.

FESTIGUNG – VERTIEFUNG

Weitere Herangehensweisen

- Gestalten Sie aus Ihren Ergebnissen ein ansprechendes Reisejournal. Überlegen Sie, welche Gestaltungsmittel sich dazu eignen.

Vertiefende Aspekte

- Erkunden Sie ein Museum oder eine historische Ausstellung in Ihrer Umgebung. Recherchieren Sie, welche Überlegungen der Konzeption zugrunde liegen und ob es bei der Umsetzung Widerstände gab.
- Bereiten Sie eine Führung durch das eigene Stadtviertel oder die eigene Gemeinde vor. Entscheiden Sie bewusst, welche Stationen für Geschichte und Gegenwart repräsentativ sind.
- Recherchieren Sie die Aussage und die Entstehungsgeschichte eines Denkmals in Ihrer Umgebung. Beurteilen Sie, welche Bedeutung diese Aussage für Ihre Lebenswirklichkeit hat.

Weiterführende Quellen und Hinweise

H 1 Exkursion zur eigenen Stadtgeschichte. Zahlreiche Einrichtungen bieten in Bayern regionalgeschichtliche Führungen an, die Ihnen bislang versteckte Aspekte der eigenen Umgebung erschließen. Als Beispiel seien hier Stattreisen München e. V. und Geschichte Für Alle e.V. – Institut für Regionalgeschichte in Nürnberg genannt.

H 2 Das bayerische Jahrtausend – 10 Jahrhunderte, 10 Städte (5 DVDs), 2012. Die Serie des Bayerischen Rundfunks stellt in zehn Einzelfilmen jeweils ein Jahrhundert anhand einer bayerischen Stadt vor. Die Filme liefern daher viele Informationen über das Gebiet des heutigen Bayerns in der Geschichte – und natürlich eine gute Gelegenheit, die Inszenierung von Geschichte im Fernsehen kritisch zu durchleuchten.

H 3 Die Internetpräsenz des Hauses der Bayerischen Geschichte liefert eine Fülle an Informationen und Materialien zur bayerischen Landesgeschichte. Auch Hinweise zu den jeweils aktuellen Landesausstellungen finden sich hier.

H 4 Auch die Internetseite, die von der Bayerischen Staatsbibliothek betreut wird, stellt einen guten Ausgangspunkt für regionalgeschichtliche Forschungen dar.

1.2 Epochengrenzen: Antike – Mittelalter – Neuzeit – Gegenwart

Forschungsinteresse und Kompetenzerwerb

Immanuel Kant sagte: „Es ist nichts beständig als die Unbeständigkeit." Die politischen und kulturellen Gegebenheiten erlebten über die Jahrhunderte hinweg einen fundamentalen Wandel. Im folgenden Abschnitt beschäftigen Sie sich mit den Übergängen zwischen den Epochen Antike – Mittelalter – Neuzeit – Gegenwart. Sie setzen sich mit den Ereignissen auseinander, die unweigerlich zu einem Umbruch in der Gesellschaft oder im Machtgefüge der jeweiligen Epoche führten. Im Zuge dessen stellen Sie sich die Frage, ob wir auch momentan in einer solchen Zeit des Umbruchs leben. Auf der Basis der zuvor gewonnenen Erkenntnisse werden Sie befähigt, Geschichtsdeutungen auf ihre zugrunde liegenden politischen Ziele hin zu analysieren und gleichzeitig eigenständige Geschichtsinterpretationen aus der eigenen Positionierung heraus vorzunehmen, woraus Sie wiederum politische Handlungsstrategien entwickeln.

Vorgehen

Im Rahmen Ihres Praktikums bei einer historischen Gesellschaft unterstützen Sie einen Referenten bei der Vorbereitung auf die Moderation einer Podiumsdiskussion zum Thema „Stehen wir am Beginn einer neuen Epoche?".

Zu Beginn Ihrer Recherchen SETZEN Sie sich mit der Frage AUSEINANDER, ob die Unterteilung der Geschichte in einzelne Epochen sinnvoll ist, wie eine Epoche definiert ist und welche Epochen es bisher gab. Im Anschluss daran CHARAKTERISIEREN Sie die Zäsuren der jeweiligen Epoche anhand verschiedener Beispiele und ANALYSIEREN die Ursachen für Umbrüche. Nun STELLEN Sie eine Liste von Fragen des Moderators ZUSAMMEN, die im Rahmen der Podiumsdiskussion gestellt werden können. Damit Ihr Referent auf Antworten adäquat reagieren kann, NOTIEREN Sie auch stichpunktartig mögliche Reaktionen der Diskussionsteilnehmer.

BEREITEN Sie Ihre Ergebnisse so AUF, dass Sie diese im Rahmen einer Sitzung dem Organisationsteam präsentieren können.

Materialauswahl

Die grafische Einteilung in Epochen gibt Ihnen einen ersten Überblick. Der Karte entnehmen Sie Informationen zu den Wanderungsbewegungen, die zu einem Übergang vom Altertum ins Mittelalter führten. Die Folgen dieser Entwicklungen entnehmen Sie den darstellenden Texten. Kurze Textquellen geben Ihnen einen Einblick in zeitgenössische Perspektiven. Illustrationen vermitteln Ihnen anschaulich Schlaglichter des Übergangs vom Mittelalter zur Neuzeit. Mit den darstellenden Texten verschaffen Sie sich einen Einblick in die komplexen Zusammenhänge der Zeitenwende. Der Umbruch von der Neuzeit zur heutigen Zeit wird anhand zweier Bilder verdeutlicht. Die Informationen werden abgerundet durch einen weiteren darstellenden Text zur Französischen Revolution.

1. Setzen Sie sich zuerst mit dem Begriff „Epoche“ auseinander und diskutieren Sie die Notwendigkeit von Epochengrenzen.

Sinn und Unsinn historischer Periodisierungen

M 1

[...] Historikerinnen und Historiker werden von den Kolleginnen und Kollegen anderer Fächer oft dafür belächelt, dass sie gerne beherzt über simple Jahreszahlen streiten. [...] Das emotionale Verhältnis der Geschicht(swissenschaft) zu Jahresdaten [...] verweis[t] darauf, dass Datierungs- und Periodisierungsfragen zu den Eigenheiten der Geschichtswissenschaft gehören. [...] Darin gleicht sie der Physik, der anderen großen Lehrerin der Zeit. Allerdings unterscheiden sich das historische und das physikalische Zeitverständnis fundamental. Für die Physik ist Zeit ein Naturphänomen und eine exakt messbare Größe. Viele der verwendeten Maßeinheiten – Sekunden, Minuten, Stunden – sind auf einer physikalischen oder astronomischen Grundlage berechnet. Physikalisch bedeutet Zeit eine bestimmte, unumkehrbare Form, in der Ereignisse aufeinander folgen: Die physikalische Zeit bewegt sich immer in eine zukünftige Richtung. [...] Anders die Geschichtswissenschaften. Sie deuten Zeit nicht als Natur-, sondern als Kulturphänomen [...]. In historischer Sicht ist Zeit vor allem indirekt relevant. Sie bildet eine anthropologische Grunderfahrung unseres Daseins und löst vielschichtige kulturelle Deutungsprozesse aus. [...] Dieses subjektive Zeitempfinden zielt nicht nur auf die Gegenwart, sondern umfasst auch die Dimensionen der Zukunft und der Vergangenheit, des Erinnerns und des Erwartens. Die meisten Gesellschaften haben zur Deutung der Zeitlichkeit ihrer Existenz irgendwelche alltagskulturell, religiös oder wissenschaftlich begründete Vorstellungen des historischen Wandels formuliert. Diese Vorstellungen beantworten Fragen nach der Entwicklungsrichtung und dem Sinn der Geschichte oder nach der Unterteilung der Vergangenheit in Zeitabschnitte. [...]

Quelle: Lengwiler: Praxisbuch Geschichte, 2011, S. 205 f.

M 2 Epocheneinteilung

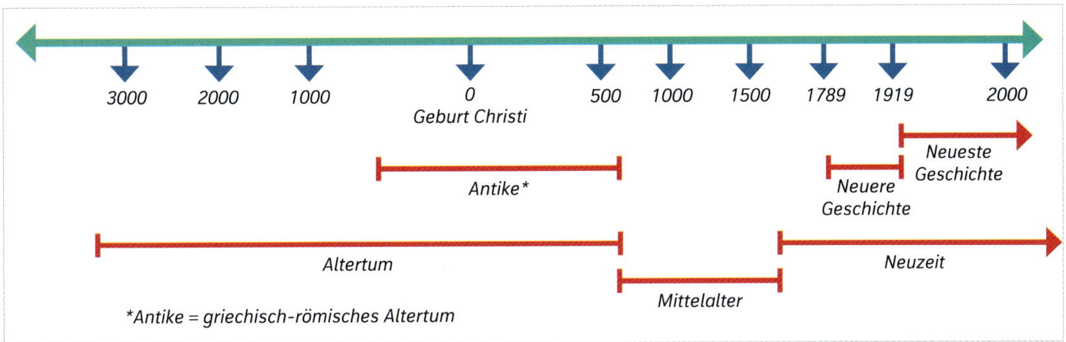

2. Erläutern Sie nun den Umfang sowie die Richtung der Völkerwanderung und gehen Sie auf mögliche Konsequenzen ein.

M 3 Völkerwanderung am Ende des Altertums

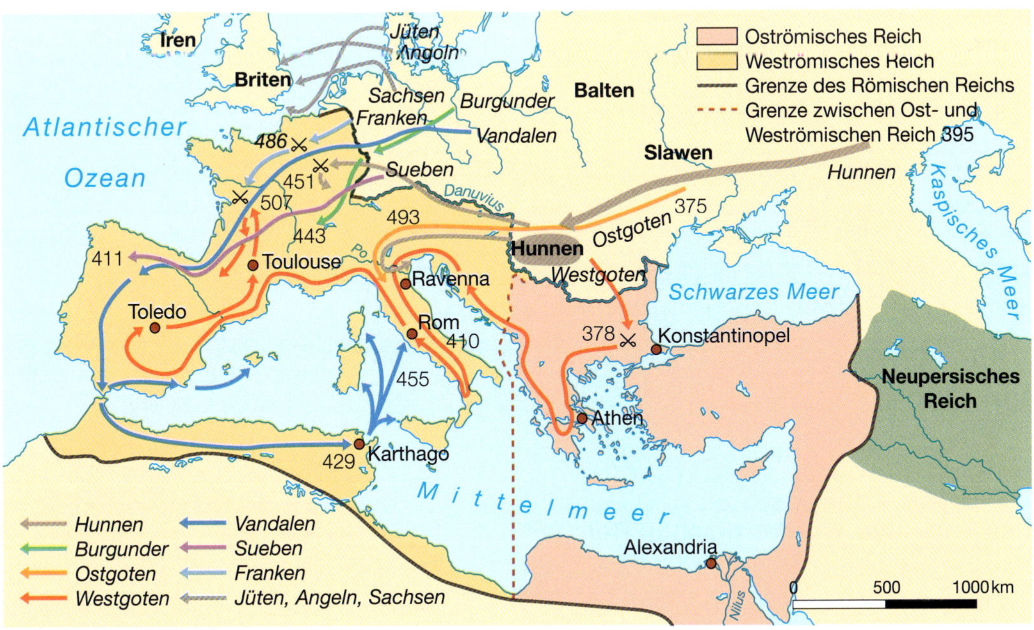

Die Schlacht von Adrianopel

Im westlichen Asien und östlichen Europa führte die Invasion der Hunnen zu umfangreichen Wanderbewegungen einzelner Volksstämme. Die Westgoten, die im Bereich des Schwarzen Meeres lebten, flohen ins nördliche Balkangebiet, um ihrer Unterwerfung zuvorzukommen. 376 n. Chr. nahmen die Römer die Westgoten in ihr Reich auf, da sie gemeinsam die Donaugrenze vor den Hunnen militärisch sichern wollten. Jedoch litten die Westgoten unter mangelnder Versorgung mit Nahrungsmitteln und reagierten darauf mit Plünderungen römischer Ressourcen. Am 9. August 378 n. Chr. konfrontierte der römische Kaiser Valens die Westgoten mit einer Schlacht: etwa 40 000 Mann unterlagen aber in der Schlacht von Adrianopel den logistisch und taktisch überlegenen Westgoten. Die Niederlage ermöglichte den Westgoten weitgehende Autonomie im eroberten Gebiet, während sie für Rom ein militärisches Trauma darstellte.

Verstärkung des Limes **M 4**

[Kaiser] Valentinian schmiedete bedeutende und nutzbringende Pläne. Den ganzen Rhein, angefangen von Raetien bis zur Meerenge des Ozeans, ließ er mit großen Dämmen befestigen und auf der Höhe Militärlager und Kastelle, ferner in dichten Abständen an geeigneten und günstigen Stellen Türme errichten, soweit sich die gallischen Länder erstreckten. Zuweilen wurden auch Gebäude jenseits des Stromes angelegt, wo er das Land der Barbaren berührt.

Quelle: Res gestae 28,2 von Ammianus Marcellinus, zit. nach: Wawrzinek: In portum navigare: Römische Häfen an Flüssen und Seen, 2014, S. 441.

Der Limes – ein (zu) teurer Schutzwall? **M 5**

Zur Zeit, als das Römerreich noch bestand, wurden in vielen Städten zur Bewachung der Grenzen Soldaten auf öffentliche Kosten unterhalten. Als aber der Sold zu fließen aufhörte, gingen auch diese Grenzmilizen ein [...].

Quelle: Eugippius, zit. nach Ritter: Das Leben des heiligen Mönches und Apostels der Noriker Severin, 1853, S. 27.

Das Ende des Weströmischen Reiches

Die römische Armee war zunehmend vom Einsatz nichtrömischer Söldner geprägt. Einer dieser Söldner war Odoaker, Beiname der Barbar, über dessen Herkunft wenig bekannt ist, außer dass er am Hofe des Hunnenkönigs Attila aufgewachsen war. Erstmals als Anführer machte er sich 463 n. Chr. als Kopf sächsischer Piraten einen Namen. Nach Misserfolgen in dieser Position heuerte er 470 beim römischen Heer an. Dort war sein Wirken erfolgreicher und schon 476 stürzten germanische

Söldnertruppen den weströmischen Kaiser Romulus Augustulus und riefen Odoaker zum Rex aus. Odoaker sandte daraufhin ein Schreiben an den oströmischen Kaiser Zenon in Konstantinopel, in dem er sich diesem unterwarf und zum Beleg das kaiserliche Ornat beigab. Zenon erkannte in seinem Antwortschreiben den Machtwechsel an und besiegelte somit das Ende des Weströmischen Kaiserreiches.

M 6 Brief des Odoaker an Kaiser Zenon

Es gibt keine Notwendigkeit für eine geteilte Herrschaft, ein gemeinsamer Kaiser reicht für beide Territorien [= Ost- und Weströmisches Reich] vollkommen aus. Zenon möge [Odoaker] nun in den Rang eines Patrizius erheben und ihn damit beauftragen, Italien zu regieren.

Quelle: Heather: Der Untergang des Römischen Weltreichs, 2007, S. 492.

3. Analysieren Sie die Zusammenhänge der Ereignisse zum Ende des Mittelalters.

Der Untergang des Oströmischen Reiches

Konstantinopel, einst vibrierendes Zentrum christ licher Kultur, war im 15. Jahrhundert bereits stark geschwächt. Osmanische Türken hatten seit Ende des 14. Jahrhunderts den Balkan erobert und das anatolische Vorland besetzt. Somit war Konstantinopel eingekreist. Der türkische Sultan Murat II. war der Stadt gegenüber friedfertig gesonnen und ermöglichte ihr weiterhin die Existenz. Mit seinem Tod 1451 ging die Macht an seinen Sohn Mehmet II. über. Als junger Herrscher setzte dieser sich die Eroberung Konstantinopels zum Ziel, um seine Macht zu festigen. Der oströmische Kaiser Konstantin XI. sah die Gefahr kommen und bat das christliche Europa um Hilfe. Doch nur 7 000 Mann standen 1453 bereit zur Verteidigung der Stadt gegen eine Übermacht von mindestens 150 000 osmanischen Soldaten. Nach drei Wochen Belagerung gelang es Mehmet II., auch die letzte Zufuhr abzuschneiden, indem er etwa 70 Kriegsschiffe von Ochsengespannen über Land transportieren ließ und am Goldenen Horn wieder einschiffte.

M 7 Belagerung von Konstantinopel

Die türkischen Streitkräfte unter Mehmet II. belagern und erobern Konstantinopel im Jahr 1453.

So konnte der Generalsturm beginnen, der nach wenigen Tagen Erfolg hatte. Die Stadt fiel in die Hände der Osmanen und Kaiser Konstantin XI. ließ sein Leben. Es folgten massive Plünderungen und Konstantinopel bekam in der Folge den heutigen Namen Istanbul. Durch die Blockade des Bosporus wurde der europäische Handel mit Asien schlagartig nahezu unmöglich. Wissenschaftler und Gelehrte, die bisher in Konstantinopel geforscht hatten, flohen aus der Stadt und suchten in ganz Europa Zuflucht.

Die Entdeckung Amerikas

M 8

Landung von Christoph Kolumbus in Amerika (Theodor de Bry, 1594)

Asien gesucht – Amerika gefunden

Nachdem der Handel mit Asien durch die Entwicklungen in Konstantinopel nahezu unmöglich geworden war, entsandte das spanische Königspaar Isabella und Ferdinand im Jahr 1492 eine Expedition gen Westen, um so eine neue Route nach Asien zu etablieren. Christoph Kolumbus wurden trotz seiner bereits von Zeitgenossen für wenig glaubhaft eingeschätzten Berechnungen zur Entfernung Asiens auf der neuen Route drei Schiffe inklusive Besatzung zur Verfügung gestellt. Die Überfahrt dauerte über zwei Monate. Auf der Insel Bahamas begegnete Kolumbus Ureinwohnern, die seine Expedition freundlich empfingen und lukrative Handelsbeziehungen für die Spanier in Aussicht stellten. Aufgrund des Erfolgs seiner Mission reiste Kolumbus noch weitere drei Mal nach Amerika, aber seine brutale

Vorgehensweise gegenüber Ureinwohnern wurde in Spanien bekannt und galt selbst dort als inakzeptabel. Die von Kolumbus etablierten Handelsbeziehungen sind daher nicht von dauerhaftem Erfolg gekrönt, doch seinem Beispiel folgen bald darauf weitere Eroberer, wie zum Beispiel Hernán Cortés und Francisco Pizzaro.

Die Erfindung des Buchdrucks

Gelehrte aus Konstantinopel lebten in zahlreichen Städten in ganz Europa. Dort wurden Wissen und Bildung bislang hauptsächlich in Klöstern bewahrt und waren einer breiten Masse nicht zugänglich. Doch begannen nun Städte, eigene Schulen und Universitäten zu gründen, und die Mönche konnten die Nachfrage nach Büchern schon bald nicht mehr stillen. Zunehmend übernahmen weltliche Schreibstuben die Herstellung von Büchern, wobei sich Übersetzungen in die Volkssprachen mehr und mehr durchsetzten und das Lateinische immer mehr ins Hintertreffen geriet. Die Verfügbarkeit volkssprachlicher Werke verstärkte die Nachfrage zusätzlich. Diese gestiegene Nachfrage machte den Buchmarkt für Erfinder lukrativ. Zeitgleich arbeiteten mehrere europäische Kaufleute an Lösungen. Doch Johannes Gutenberg gelang mit seiner Technik der Durchbruch. 1450 druckte er erstmals in Mainz ein Gedicht im Druckverfahren mit beweglichen Lettern. Dabei half ihm das Handgießinstrument, das es ihm ermöglichte, identische Lettern in großer Zahl herzustellen. Außerdem konnte durch die von ihm entwickelte Druckerpresse ein besonders schneller und gleichmäßiger Druck gewährleistet werden. Mit dieser technischen Ausstattung druckte er von 1452 bis 1454 die Bibel.

M 9 Die Gutenberg-Bibel

Faksimile des Berliner Exemplars mit der Nachbildung des gotischen Einbandes (Erfurt um 1460)

Die Reformation

Der Augustinermönch Martin Luther war von 1512 an als Professor an der Universität Wittenberg tätig. In dieser Position beschäftigte er sich mit Auslegungen der Bibel und hinterfragte Entwicklungen in der Kirche. Ein Streitpunkt waren die Ämterhäufungen katholischer Kleriker, die auf Geldzahlungen basierten. So erkaufte sich Albrecht von Brandenburg mehrere Bischofssitze durch großzügige Zuschüsse zum Neubau des Petersdoms in Rom. Luther kritisierte ebenso scharf das gängige Ablasswesen, das die Vergebung der Sünden gegen Geldleistungen versprach. Seiner Auffassung nach sei die innere Reue der Christen entscheidend. Die Veröffentlichung dieser beiden Positionen brachte Luther einen Ketzerprozess gegen sich ein, bei dem er jedoch entgegen der päpstlichen Forderung seine Positionen nicht widerrief, sondern diese bekräftigte. Luther und seine Anhänger entfalteten in den Folgejahren das reformatorische Programm, das langfristig zu einer Spaltung der Kirche führte. Zur Verbreitung der reformatorischen Gedanken trug besonders die von Luther angefertigte Bibelübersetzung in volkstümliches Deutsch bei.

Martin Luther, Porträt von Cranach dem Älteren (Werkstatt)

4. Diskutieren Sie, ob die Französische Revolution das heutige Zeitalter einläutet.

M 10 Die drei Stände

Der dritte Stand trägt den Klerus und den Adel.

M 11 Erklärung der Menschen- und Bürgerrechte

Die Französische Nationalversammlung verkündete am 26. August 1789 die Menschen- und Bürgerrechte (Déclaration des Droits de l'Homme et du Citoyen).

M 12

Das Ende der absolutistischen Herrschaft

Der Sturm auf die Bastille, 14. Juli 1789

1789 – der Kampf um bürgerliche Freiheitsrechte

Die Bewohner Frankreichs litten nach schlechten Ernten unter Hungersnöten. Der Staat war unter dem absolutistischen König Ludwig XVI. stark verschuldet und verlangte hohe Steuern. Diese Umstände ließen Forderungen nach Reformen immer lauter werden. Da diese nicht umgesetzt wurden, lehnte sich das Volk auf und stürmte die Bastille (das Staatsgefängnis), die als Symbol der absolutistischen Herrschaft galt. Der Aufstand wurde vornehmlich von einfachen Menschen getragen, die bislang kaum Rechte hatten. So waren Adel und Klerus (erster und zweiter Stand) von Steuerzahlungen befreit und die gesamte Last lag beim dritten Stand, den einfachen Menschen. Vor dem Hintergrund dieser Ungerechtigkeit forderte das Volk Mitspracherecht bei politischen Entscheidungen. Am 26. August 1789 verkündeten die Revolutionäre die Erklärung der Menschen- und Bürgerrechte, die bis heute in wesentlichen Grundzügen von den Vereinten Nationen weltweit eingefordert werden.

DAS WICHTIGSTE IN KÜRZE

Epochen und Epochengrenzen

Epochen und Epochengrenzen sind Hilfsvorstellungen in der historischen Wissenschaft, die eine Gliederung und Ordnung ermöglichen. Dabei sind Festlegungen auf Epochen und Epochengrenzen immer perspektivisch und willkürlich, d. h., zu anderen Zeiten bzw. von anderen Personen können andere Einteilungen vorgenommen werden. Es setzen sich stets gut begründete Abschnitte und Zäsuren durch, unabhängig davon, ob dieser Anspruch auch gerechtfertigt ist.

Methodik und Epocheneinteilung

Um die Menschheitsgeschichte zu strukturieren, wurde diese in der Neuzeit in **Epochen** eingeteilt, die sich am europäischen Selbstverständnis der letzten großen Epochenwende orientierten. In Abgrenzung zu ihrer kirchlich geprägten Vorperiode suchte die **Epochenwende** im 15./16. Jahrhundert vor allem im vorchristlichen Griechenland geistige Inspiration. Während man sich selbst in einer neuen Zeit fühlte, blieb ein Altertum, aus dem man das antike Griechenland und Rom als europäische Wurzeln der Neuzeit interpretierte. Die 800 bis 1 000 Jahre kirchliche Dominanz dazwischen galten als „finster" und intellektuell rückständig. So wurde die Geschichte in Altertum, darin die Antike (Griechenland, Rom), Mittelalter und Neuzeit eingeteilt. Innerhalb der Letzteren spricht man ab der **Französischen Revolution** von 1789 auch von der neueren/neuesten Geschichte.

Diese Strukturierung orientiert sich an der europäischen Perspektive, in anderen Weltregionen markieren andere Ereignisse Epochenwenden. So wird in der arabischen Welt die Zeit Mohammeds als Zäsur angesehen, in China werden häufig die Dynastien als epochal aufgefasst, besonders prägend darunter die Shang-Dynastie (ca. 1600–1050 v. Chr.), die Zhou-Dynastie (ca. 1050–249 v. Chr.) sowie die Ming-Dynastie (1368–1644).

Altertum

Das Altertum bezeichnet den Zeitraum ab der Ausbildung der Schrift (um 3500 v. Chr.) bis zum Zerfall des **Römischen Reiches** im Zuge der Völkerwanderung um 500 n. Chr. In dieser Zeit erbauten die Ägypter ihre Pyramiden und in Griechenland wurden erste demokratische Regierungsformen erprobt. Die griechischen Denkschulen unter anderem unter **Sokrates, Platon** und **Aristoteles** bilden bis heute die Grundlage unseres philosophischen Denkens. **Alexander der Große** dehnte seinen Einfluss kurzzeitig bis nach Indien aus und schuf damit eines der ersten Großreiche. Der Aufstieg Roms vom Stadtstaat über die Erfolge in den **Punischen Kriegen** zur herrschenden Macht in weiten Teilen Europas und im Mittelmeerraum kennzeichnet einen weiteren großen Abschnitt in der Epoche des Altertums. Nach der Blütezeit zerfiel dieses Herrschaftsgebiet jedoch im Laufe der Jahrhunderte, bis drastische militärische Niederlagen das Ende des Reiches und somit auch einer ganzen Epoche besiegelten.

Mittelalter

Das Mittelalter wird auf die Zeit zwischen dem Ende der Antike und dem Beginn der Neuzeit datiert, wobei sowohl Beginn als auch Ende nicht von einer, sondern von gleich mehreren Zäsuren geprägt waren. Das **Weströmische Reich** ging 476 n. Chr. unter, während das **Oströmische Reich** mit dem Zentrum

DAS WICHTIGSTE IN KÜRZE

Konstantinopel bis 1453 intakt blieb. Der Islam entstand im 7. Jahrhundert und breitete sich rasch über Nordafrika bis in Teile Südeuropas aus. Christliche Herrscher führten die Rückeroberungen der verlorenen Gebiete erfolgreich an. Einer dieser Herrscher war **Karl der Große**, dem am 25. Dezember 800 als erster westeuropäischer Herrscher seit der Antike die Kaiserwürde durch den Papst verliehen wurde. Mit der Krönung versprach **Karl der Große**, Kirche und Papst vor allem Unheil zu schützen, und manifestierte so das Christentum in weiten Teilen Europas. Später führten die **Kreuzzüge** die Christen bis nach Jerusalem. Die Stadt wurde zunächst erfolgreich eingenommen. Bis zum Jahr 1291 gingen jedoch sukzessive Eroberungen wieder verloren. Im Laufe der Kreuzzüge profitierten vor allem italienische Stadtstaaten vom Handel mit den von Christen eroberten Gebieten. Ein herausgehobenes Beispiel stellt in diesem Zusammenhang Venedig dar. Die Stadt spielte eine entscheidende Rolle beim Import wichtiger Waren, wie beispielsweise Seide, Gewürze und Färbemittel aus Asien und Afrika.

Neuzeit

Mit dem Ausbau der Vormachtstellung der Osmanen in Kleinasien und der Eroberung Konstantinopels wurde die wichtige Handelsroute nach Asien abgeschnitten. Es begann die intensive Suche nach neuen Routen. **Christoph Kolumbus** glaubte sich 1492 erfolgreich auf der westlichen Route über den Atlantik. Tatsächlich hatte er jedoch einen neuen Kontinent entdeckt, dessen Schicksal sich durch den Kontakt mit den Europäern maßgeblich änderte. Die bisherigen Bewohner Amerikas wurden sukzessive zurückgedrängt und verloren millionenfach ihr Leben durch kriegerische Auseinandersetzung mit den europäischen Eroberern, aufgrund des Verlusts ihrer Lebensgrundlage im Zuge der schrittweisen Verdrängung durch europäische Siedler und als Opfer von Krankheiten, die Europäer einführten und gegen die die Ureinwohner nicht so rasch Immunität entwickeln konnten.

Etwa zeitgleich kam es auf dem Gebiet der Wissenschaft zu bahnbrechenden Entdeckungen, allen voran der Buchdruck mit beweglichen Lettern, der die Verbreitung von Wissen in größere Teile der Bevölkerung möglich machte. Dies bewirkte eine umfangreiche Diskussion der gängigen kirchlichen Praktiken. **Luthers** Übersetzung der Bibel ins Deutsche öffnete reformatorische Bestrebungen für breite Bevölkerungsschichten, die in letzter Konsequenz zu einer Teilung der Kirche führte.

In Frankreich setzten sich die Bürger mit den Konzepten von Gleichheit und Gerechtigkeit auseinander. Die daraus entstandenen Forderungen gipfelten in der Französischen Revolution mit der Abschaffung des feudal-absolutistischen Ständestaats und der Erklärung der Menschen- und Bürgerrechte. Diese entwickelten eine europaweite Strahlkraft und die Verwirklichung dieser ist bis heute ein erklärtes Ziel der Menschheit.

FESTIGUNG – VERTIEFUNG

Weitere Herangehensweisen

- Die vorliegende Einteilung beruht auf einer christlich-europäischen Geschichtsdeutung. Prüfen Sie diese vor dem Hintergrund anderer Kulturkreise und zeigen Sie mögliche andere Epocheneinteilungen auf.
- Stehen wir am Beginn einer neuen Epoche? Analysieren Sie die jüngsten Entwicklungen im Hinblick auf ihre Tauglichkeit als Epochenzäsur.
- „Geschichte wird vom Sieger geschrieben.“: Betrachten Sie erneut die Ereignisse, die als Epochenzäsuren gelten, und analysieren Sie den Standpunkt der Gegenseite.

Vertiefende Aspekte

- Recherchieren Sie die Plünderungen Roms ab 410 n. Chr. und skizzieren Sie den Niedergang der Stadt.
- Informieren Sie sich über weitere Erfindungen des Mittelalters, wie beispielsweise die Hansekogge, die Dreifelderwirtschaft, Wind- und Wassermühlen, das Spinnrad, die Brille und das Schwarzpulver.
- Recherchieren Sie die Lebensumstände der einfachen Bevölkerung zur Zeit der verschiedenen Epochen. Halten Sie Gemeinsamkeiten und Unterschiede fest.

Weiterführende Quellen und Hinweise

H 1 Gero von Boehm: Unterwegs in der Weltgeschichte mit Hape Kerkeling. Vier Audio-CDs. Random House Audio. 2011. Hape Kerkeling erzählt hier in der ihm eigenen Art die Geschichte der Menschheit von den Anfängen bis heute in groben Zügen, anschaulich, unterhaltsam, aber ohne Anspruch auf Vollständigkeit oder wissenschaftliche Genauigkeit. Diese Audio-CDs eignen sich vor allem für all jene, denen bisher der Zugang zur Geschichte oder eine erste Orientierung in derselben fehlte.

H 2 Spiegel Geschichte, Heft 2, 2013: Die Germanen. Europas geheimnisvolles Urvolk. Das Heft bietet einen Einblick in Wesen und Schicksal der Germanen. Die Artikel sind wissenschaftlich fundiert, zugleich aber gut verständlich formuliert.

H 3 Informieren Sie sich im Internet zum Reformationsjubiläum 2017 über die Reformation in Deutschland. In früheren Zeiten wurden Reformationsjubiläen ebenfalls begangen, jedoch handelte es sich zumeist um Festlichkeiten in nationaler und konfessioneller Abgrenzung. Das Jubiläumsjahr 2017 steht unter dem Eindruck von Offenheit, Freiheit und Ökumene. Diskutieren Sie diesen Paradigmenwechsel und die damit einhergehenden Auswirkungen auf die Wahrnehmung des Jubiläums in der deutschen und europäischen Gesellschaft.

Ein erklärtes Ziel des Reformationsjubiläums ist das Streben nach Erinnerung daran, welche Rolle die Reformation bei der Entstehung der Moderne spielte. Jene Impulse der Reformation werden in den Fokus gerückt, deren Auswirkungen bis in unsere heutige Zeit reichen. Analysieren Sie die Bedeutung der Reformation für Ihren Alltag und die moderne Wirklichkeit in der deutschen, europäischen und globalen Gesellschaft.

1.3 Aktuelle Herausforderungen an den Beispielen Globalisierung und Migration

Forschungsinteresse und Kompetenzerwerb

Die Liste der aktuellen Herausforderungen von historischer Bedeutung ist lang: der demografische Wandel und die Zunahme der Weltbevölkerung, der Klimawandel und die Umweltzerstörung, die Ressourcenverknappung und daraus resultierende Konflikte, der internationale Terrorismus, die Digitalisierung, die Migration, die Globalisierung, etc. Viele dieser Herausforderungen hängen miteinander zusammen und beeinflussen sich gegenseitig, manche betreffen die deutsche Gesellschaft stärker, manche weniger stark. Welche von ihnen die Kraft haben, eine neue historische Epoche zu begründen oder die Sicht künftiger Generationen auf unsere Gegenwart zu bestimmen, ist noch nicht ausgemacht, hierüber wird die Zukunft befinden. Exemplarisch werden in diesem Kapitel Globalisierung und Migration herausgegriffen, zwei Herausforderungen, die sich der deutschen Gesellschaft stellen, die miteinander zusammenhängen, jedoch auch eigenständige Komplexe bilden. In der Auseinandersetzung mit der Globalisierung beurteilen Sie die Relevanz aktueller Ereignisse für die Lebenswirklichkeit von Einzelnen – persönlich, regional und global. Die Rekonstruktion der Wanderungsbewegungen ermöglicht Ihnen, alle Einwanderer aus ihrem spezifischen Migrationshintergrund heraus zu betrachten, zukünftige Immigrationen in die Bundesrepublik in den erarbeiteten Migrationskontext einzuordnen und diesen zugleich vor dem Hintergrund des demografischen Wandels unserer Gesellschaft fortzuschreiben.

Vorgehen

„Meine Vorstellung wäre: generell kein Zuzug mehr – außer für Hochqualifizierte – und perspektivisch keine Transferleistungen mehr für Einwanderer.“[1] Über diese kontroverse These von Thilo Sarrazin (ehem. Berliner Finanzsenator) soll eine Podiumsdiskussion stattfinden, an der Sie als Jugendvertreter teilnehmen.

Zur Vorbereitung BEFASSEN Sie sich zunächst mit den Auswirkungen der Globalisierung, indem Sie Gewinner und Verlierer der Entwicklung BENENNEN und sich anschließend mit den Argumenten der Globalisierungsgegner kritisch AUSEINANDERSETZEN. Sie BESCHÄFTIGEN sich dann mit den Hauptimmigrationsströmen (Größenordnung, Verlauf sowie sozialer, politischer und ökonomischer Kontext) und deren Integration (Akzeptanz in der Bevölkerung, offizielle Haltung sowie rechtliche, soziale und ökonomische Stellung) in die Bundesrepublik. Aus diesem differenzierten Blick auf die Einwanderung ENTWICKELN Sie danach eine eigene Position zur Zuzugsregelung.

FÜHREN Sie eine PODIUMSDISKUSSION zur oben genannten Sarrazin-These DURCH.

Materialauswahl

Um sich einen Überblick zu verschaffen, dienen Ihnen Zeitungsartikel als Einstieg in die Themenbereiche Globalisierung und Migration. Kartenmaterial veranschaulicht Migrationsströme in der globalen Dimension. Karikaturen bieten die Gelegenheit, sich mit den unterschiedlichen Meinungen zum Thema kritisch auseinanderzusetzen. Die Statistik ermöglicht es Ihnen, auf der Basis von Daten eine eigene Meinung zur Thematik zu entwickeln.

1 Berberich; Sarrazin: Klasse statt Masse, in: Lettre International 086, Herbst 2009.

M 1

Globalisierung

Bezeichnung für die zunehmende Entstehung weltweiter Märkte für Waren, Kapital und Dienstleistungen sowie die damit verbundene internationale Verflechtung der Volkswirtschaften. Der Globalisierungsprozess der Märkte wird vor allem durch neue Technologien im Kommunikations-, Informations- und Transportwesen sowie neu entwickelte Organisationsformen der betrieblichen Produktionsprozesse vorangetrieben. Weltweite Datennetze, Satellitenkommunikation, computergestützte Logistik und hoch entwickelte Verkehrsmittel lösen Arbeit und Produktion, Produkte und Dienstleistungen von den nationalen Standorten und ermöglichen es den Unternehmen, die für sie günstigsten Produktions- bzw. Lieferstandorte auszuwählen und ihre Aktivitäten weltweit zu koordinieren. In immer stärkerem Maße werden dadurch Angebot und Nachfrage aus der ganzen Welt zusammengefasst und die Preisbildung vereinheitlicht.

[...] Seit einigen Jahren ruft die Globalisierung auch Ängste und Kritik hervor. Insbesondere Nichtregierungsorganisationen wie Attac weisen auf negative Folgen überwiegend wirtschaftlicher Globalisierung hin. Die Finanzmarktkrise seit Ende 2007 machte die Schattenseiten einer unzureichend regulierten Weltwirtschaft überdeutlich und stellte die Regierungen bei der Bekämpfung der neuen Weltwirtschaftskrise vor große Herausforderungen.

Quelle: Duden Wirtschaft von A bis Z: Grundlagenwissen für Schule und Studium, Beruf und Alltag. 6. Aufl., Mannheim, Bibliographisches Institut, 2016.

1. Erstellen Sie eine tabellarische Übersicht über Gewinner und Verlierer der Globalisierung. Erläutern Sie, warum diese Trennung oft nicht eindeutig ist.

M 2

Freihandel – Die neue alte Angst vor der Globalisierung

[...] Politiker sind Marktforscher in eigener Sache. Sie greifen Stimmungen und Missmut auf mit dem Ziel, sie in Stimmen umzuwandeln. [...] Der Ärger, den sie aufgreifen, wurzelt im Versagen der Globalisierung, der amerikanischen Arbeiter- und Mittelklasse fühlbare Vorteile zu verschaffen, sagt der frühere Weltbank-Ökonom Branko Milanovic. Die Mittelklasse habe nicht nur Arbeitsplätze verloren, sondern auch ihren Traum des sozialen Aufstiegs. [...] Viele Ökonomen pochen darauf, dass technologischer Wandel und Produktivitätssteigerung viel stärkere Wirkung entfacht und viel mehr alte Arbeitsplätze in der Industrie überflüssig gemacht hätten als die Globalisierung. Doch sind die Dinge nicht getrennt zu sehen. Wie es Ökonom Milanovic beschreibt, wirken Technologie und Globalisierung mit großer Wucht zusammen. [...]

Auch in Europa hadern nun viele mit der Globalisierung: Gegen das Transatlantische Freihandels- und Investorenschutzabkommen TTIP gibt es so starken Gegenwind, dass immer mehr Politiker hinter vorgehaltener Hand die Chancen für einen Abschluss nur noch als gering sehen. In Frankreich bekommt der rechtsnationale Front National unter Marine Le Pen viel Zulauf, die eine protektionistische Politik verspricht – sowohl in wirtschaftlichen Fragen als auch bei der Migration. In Osteuropa geben ebenfalls national orientierte Politiker den Ton an. Offene Grenzen sehen sie als bedrohlich an. Die wachsende Präsenz des Islams beunruhigt viele Wähler, Terroranschläge durch radikalisierte Muslime verstärken die Unsicherheitsgefühle. Die jahrelange starke Immigration spielte auch beim Brexit-Votum eine Rolle. Auch im Vereinigten Königreich fühlen sich gerade einfache Arbeiter und die untere Mittelschicht an den Rand gedrängt und abgehängt.

Viele Jahre hatten Ökonomen vor allem die wirtschaftlichen Chancen der Globalisierung betont, die seit der Öffnung Chinas in den achtziger Jahren und dem Fall des Eisernen Vorhangs 1989 zum Megatrend geworden ist. Dass Freihandel längerfristig zu allseitigen Wohlstandsgewinnen führe, ist ein Grundsatz der Außenhandelstheorie seit David Ricardos Arbeiten vor fast zweihundert Jahren. Doch gilt es stärker zu differenzieren. Handelsschocks treffen einzelne Branchen unterschiedlich. Arbeiter in Industrieländern, die verschärfter Konkurrenz durch Billigimporte ausgesetzt sind, erleiden Lohneinbußen. Sie können nicht ohne weiteres umgeschult werden und neue Chancen anderswo wahrnehmen. Gerade Ältere, die ihren Job verlieren, landen im Abseits. „Junge, gut ausgebildete Menschen können sich auf die globalen Chancen einstellen, aber ältere haben es schwerer", sagt Gabriel Felbermayr vom Münchner Ifo-Institut, der sehr für Freihandel plädiert, aber auch Schattenseiten nicht verschweigt. Diese haben politische Folgen. Nach einem großen Schock durch die Öffnung zum Freihandel gebe es häufig nach zwei, drei Jahrzehnten einen Rückschlag. So sei es schon im späten neunzehnten Jahrhundert gewesen, zur Zeit der ersten Welle der Globalisierung. [...]

Nur Deutschland scheint in gewisser Weise eine Ausnahme zu sein, wie eine neuere Forschungsarbeit des Düsseldorfer Ökonomen Jens Südekum nahelegt. Zwar sind auch hierzulande einige Branchen durch asiatische Billigkonkurrenz verdrängt worden. Doch die Beschäftigungsgewinne auf der Exportseite waren so viel größer, dass die Verluste kaum ins Gewicht fielen. Offenkundig passt die Industriestruktur Deutschlands mit ihren traditionellen Stärken Automobil, Maschinenbau, Chemie und anderen Qualitätsprodukten genau zur globalen Nachfrage, gerade auch in den Schwellenländern. Deutschland ist damit unter den alten Industrieländern tatsächlich ein Ausnahme-Profiteur der Globalisierung. [...] Wenn deutsche Wirtschaftsvertreter von China sprechen, dann meist mit leuchtenden Augen. Rund zweitausend deutsche Unternehmen sind mit eigenen Tochtergesellschaften und Direktinvestitionen im Reich der Mitte vertreten – dreimal so viel wie vor einem Jahrzehnt. [...]

Die Globalisierung hat viele Facetten. Der Austausch von Waren und Dienstleistungen ist eine Seite. Stark zugenommen hat auch die Migration. Und auch die Flüchtlingskrise gehört in diesen Kontext. Finanzminister Wolfgang Schäuble bezeichnete sie als „unser Rendezvous mit der Globalisierung", eine blumige Formulierung. In Amerika ist der Zustrom von Mexikanern, vor allem als illegale Einwanderer, ein heißumkämpftes Thema im Wahlkampf. [...] [Entwicklungsökonom Jeffrey Sachs meint, die reichen Länder hätten die Kontrolle über ihre Grenzen verloren.] Angesichts des Bevölkerungsdrucks aus den armen Ländern, besonders aber wegen der Situation in Afrika, brauche man realistische Pläne zur Immigrationskontrolle und zum Grenzschutz. Zudem müsse man das Problem der globalen Ungleichheit viel ernster nehmen. Wenn man sich um jene, die von der Globalisierung ins Abseits gedrückt werden, nicht kümmere, warnt Sachs, landeten die Probleme sonst bald auf dem Tisch auch der Reichen.

Quelle: Plickert; von Petersdorff: Freihandel – Die neue alte Angst vor der Globalisierung, in: FAZ online, 24.08.2016, abgerufen unter: www.faz.net/aktuell/wirtschaft/ttip-und-freihandel/die-neue-angst-vor-der-globalisierung-14396436.html?printPagedArticle=true#pageIndex_2 [22.09.2016].

2. Informieren Sie sich über die Motive und die Forderungen der Globalisierungsgegner. Nehmen Sie zu diesen begründet Stellung.

Globalisierungsgegner: Blockupy-Aktivisten in Frankfurt

M 3

Anonyme Bankengegner: Ihr Erkennungszeichen ist die Guy-Fawkes-Maske. Der Verschwörer Fawkes wollte 1605 das englische Parlament in die Luft sprengen.

Attac ist eine gemeinnützige, globalisierungskritische Nichtregierungsorganisation. Sie hat weltweit ca. 90 000 Mitglieder und agiert in 50 Ländern.

Attac befasst sich vor allem mit folgenden Themen:

- demokratische Kontrolle der Finanzmärkte,
- internationale Steuern und Abschaffung von Steueroasen,
- fairer Handel statt Freihandel,
- Mindestlohn, bedingungsloses Grundeinkommen,
- Globalisierung und Ökologie,
- Globalisierung und Krieg,
- Geschlechtergerechtigkeit,
- Migration.

Die Mitglieder von Attac arbeiten sowohl mit regelmäßigen Veranstaltungen als auch mit einzelnen Kampagnen, um für ihre Ziele Aufmerksamkeit zu erhalten. Dabei setzen sie auch auf die Unterstützung prominenter Mitglieder des Bündnisses.

3. Verschaffen Sie sich anhand der Karte einen Überblick über die Bevölkerungsbewegungen in Europa von 1944 bis 1952.

M 4

Migrationsbewegungen infolge der deutschen Niederlage im Zweiten Weltkrieg

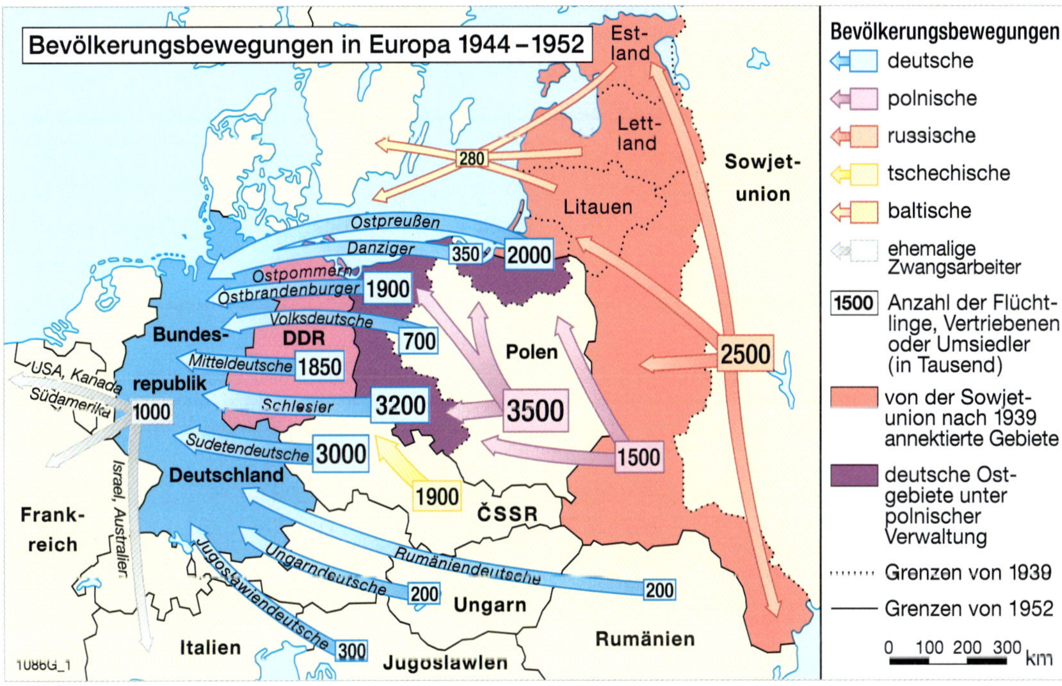

4. Analysieren Sie anhand der Textquelle die Aufnahmebereitschaft der deutschen Bevölkerung und den Integrationswillen der Flüchtlinge.

M 5

Tageszeitungsbericht über den Integrationserfolg von Flüchtlingen und Vertriebenen

Am 15. Juni 1945 wurde die deutsche Bevölkerung der sudetendeutschen Stadt Gablonz vertrieben. Nach einem Ansiedlungsbeschluss der bayerischen Verwaltung wurden die vertriebenen Deutschen in Kaufbeuren-Hart angesiedelt und begründeten dort 1946 den Ort Neu-Gablonz.

Über jene ersten Siedler, die aus den engen Dörfern und Städten des alten Europa auswanderten, über den Atlantik fuhren, um drüben in Amerika den Wald zu roden, Neuland zu bebauen, sesshaft zu werden, haben ganze Generationen von Schriftstellern schon die Gloriole von Courage und Zähigkeit gebreitet. Ich glaube, es ist noch kein Buch geschrieben und kein Film gedreht worden, der geschildert hätte, wie die deutschen Glas- und Bijouterie-Arbeiter aus der Stadt Gablonz im Sudetenland auswanderten. Nicht freiwillig, sondern gezwungen, Haus, Heim, Werkstatt, Besitz zurücklassend, Neusiedler der Jahre 1945, 1946 und 1947, kamen sie in das zerschlagene Deutschland und schufen sich dort zwischen Trümmern und Verwüstung in rund zwei Jahren aus dem Nichts eine neue Lebensgrundlage. Die modernen Neusiedler wanderten, nachdem sie wochenlang in Lagern, tagelang in berstend vollen Zügen zusammengepfercht waren, gebeugt unter hastig verpackten Säcken und Koffern, müden Schrittes zunächst wieder in ein Flüchtlingslager. Nicht Männer, sondern Frauen, Kinder, Greise und Kranke bildeten die Überzahl. Die Männer hatten zum Teil zurückbleiben müssen. Zum Teil kamen sie später, auf Umwegen und aus Kriegsgefangenenlagern, nachgewandert. Die Neusiedler von 1946 hatten nicht die Gewissheit, daß jeder Tag härtester Arbeit, jeder Meter Land, auf dem sie Kartoffeln anbauten, jeder Nagel, den sie in eine Barackenwand schlugen, und jedes Stück Arbeitsgerät, das sie sich primitiv zusammensetzten, ihnen zugute kommen oder ihnen gehören würde. Sie waren Fremde, das neue Land war nicht ihre neue Heimat, sondern neue Unsicherheit. [...]

In zwei Jahren haben diese Männer und Frauen aus Gablonz nun bei Kaufbeuren, einem kleinen, mittelalterlichen weltfernen Städtchen am Rande der Allgäuer Berge, buchstäblich aus dem Nichts Notwohnungen, Werkstätten und eine Industrie aufgebaut, die bisher einen Umsatz von fünfzig Millionen Mark erzielte und mehr als sechstausend Flüchtlinge beschäftigte. Die als Heimatlose und Bittende kamen, sind heute selbständig, die besten Steuerzahler und teilweise sogar Arbeitgeber der Einheimischen in ihrer neuen Heimat geworden. Sie haben rund fünfhundert Glas- und Schmuckwarenbetriebe aufgebaut, die im Monat mindestens viereinhalb Millionen Mark umsetzen. Sie haben das, was sie erreichten, einzig und allein sich selbst, der Privatinitiative jedes Einzelnen zu verdanken.

Quelle: o. V.: Neu-Gablonz in Bayern, in: Der Tagesspiegel, 4. Jahrgang, Nr. 101, 01.05.1948, S. 4.

5. Analysieren Sie anhand der Textquelle die Integrationsprobleme der ersten Gastarbeitergeneration.
Reflektieren Sie dabei auch die Bildsprache und die Haltung des Verfassers.

M 6 Gastarbeiter in Deutschland – Titelstory aus dem Spiegel (1964)

[...] Die Völkerwanderung zu Westdeutschlands Lohntüten hat in diesem Jahr ihren Höhepunkt erreicht. Bereits 1963 waren mehr als 800 000 Gastarbeiter in der Bundesrepublik beschäftigt. Rund drei Viertel von ihnen stammten von der Iberischen Halbinsel, aus Italien, Jugoslawien, Griechenland und der Türkei, aber trotz des Masseneinsatzes sind – wie auch im vergangenen Jahr – immer noch über 600 000 bundesdeutsche Arbeitsplätze unbesetzt. Werbekolonnen westdeutscher Arbeitgeber schwärmten über den Kontinent aus, um dem ausgedorrten Arbeitsmarkt frisches Blut zuzuführen. [...]

Die Automation macht's möglich, auch ungelernte Naturburschen fremder Zunge produktiv zu beschäftigen. Mehr als die Hälfte der Ausländerarmee ist in den hochtechnisierten Sparten der Eisen- und Metallerzeugung sowie der verarbeitenden Industrie tätig. Generell konzentrieren sich die Gastarbeiter in Berufsgruppen, deren überwiegende Merkmale schwere Arbeit (Straßenbau, Bergwerk) oder geringes Sozialprestige (Kellner, Busfahrer) sind. Durchweg rücken sie in Berufe ein, die von den Deutschen mehr und mehr gemieden werden. [...]

Anlass zu Missmut bei den eingesessenen Belegschaften sind häufig auch die den Zuwanderern gewährten Extras. Große Unternehmen bauen eigens Wohnheime, in denen es sich erträglich und dazu noch billig leben läßt. Salzgitter etwa empfahl sich seinen Türken durch ein „Wohnheim (Massivbauten mit Zentralheizung), Drei-Bett-Zimmer, Vier-Bett-Zimmer und in geringem Umfang Sechs- Bett-Zimmer". Wohnkosten je Mann und Monat: 30 Mark einschließlich Heizung, Beleuchtung, Wasser, Bettwäsche und Reinigung. Am Arbeitsplatz gebe es außerdem ein Werksessen für 90 Pfennig. [...] In den Werksunterkünften teilen sich nicht selten zwei Gastarbeiter ein Bett: Der eine schläft, während der andere auf Nachtschicht ist. [...]

Der Düsseldorfer Betriebspsychologe Dr. Hellmut Sopp hat festgestellt, daß auf die Beziehungen zwischen einheimischen und ausländischen Arbeitern spätestens nach drei Tagen der erste Reif fällt. Sopp: „Am ersten und zweiten Tag ist das Interesse der Deutschen an ihren neuen Kollegen groß. Aber dann gibt es unweigerlich die erste

Panne: Die allesamt sparsamen Gastarbeiter denken nicht daran, am Arbeitsplatz einen Einstand zu geben und Bier zu spendieren.“ Nach dieser ersten Enttäuschung komme „eine Periode der Neckereien“. Den Griechen sage man, daß sie dreckig seien, den Türken, daß sie zu Hause faulenzen und ihren Harem arbeiten ließen, und den Italienern, daß sie schlechte Soldaten seien. Die Südländer zischelten dann zurück, die Deutschen fingen alle Kriege an, könnten aber keinen gewinnen. In der „Süddeutschen Zeitung“ beklagte sich ein italienischer Gastarbeiter: „In Ansprachen heißt es immer ‚Carissimi italiani‘, aber Kollegen sagen ‚Itaker und Zitronenschüttler‘ zu uns.“ Auch „Spaghettifresser“ und „Kameltreiber“ gehören zum gesicherten Arbeitsplatz-Vokabular. „Ultima ratio im Wortkampf“, so der Psychologe Sopp, sei meist, daß die Gastarbeiter durch drastische Gesten ihren deutschen Kollegen klarmachten, daß sie ihre Gegner in Konzentrationslager gesperrt und massakriert hätten. Dr. Sopp: „Danach kann man von Beziehungen nicht mehr sprechen. Es gibt keine offenen Feindschaften, aber auch keine Freundschaften. Man arbeitet zusammen – aber in der Kantine sitzt man getrennt.“ Die Deutschen duldeten die Ausländer und wiesen ihnen oftmals die Arbeit zu, die sie selbst nicht machen wollten. [...]

Besonders nach Feierabend erwacht das Heimweh. Freizeit, so erläutert Fords Dr. Maturi, sei im Süden kein Problem: „Die Unterhaltung auf der Piazza ist die beste Gestaltung der Freizeit. [...] Auch die Wirtschaften und Kaffeebars bilden eine Einheit mit den Straßen und mit den Plätzen; sie sind nicht wie deutsche Wirtschaften, wo man durch zwei Türen und einen Vorhang hineingeht, wo die Fenster auch Vorhänge haben und wo man sich eingeschlossen fühlt wie im Kiel eines Schiffes. Hier in Deutschland wird diese Isolierung deshalb zum psychologischen Kernproblem der ausländischen Arbeiter.“ Besonders hoch geschätzte Sammelpunkte der Isolierten sind neben italienischen Eisdielen und Teenager-Kneipen, die der internationalen erotischen Verständigung dienen, vor allem Deutschlands Bahnhöfe, an denen allwöchentlich Scharen von Ausländern Stehkonvent mit großem Palaver halten. [...]

Quelle: Per moneta, in: Der Spiegel,
Ausgabe 41/1964 vom 07.10.1964, S. 44–54.

6.

Skizzieren Sie mithilfe der folgenden Statistik die Entwicklung der Asylbewerberzahlen von 1970 bis 2016.

M 7

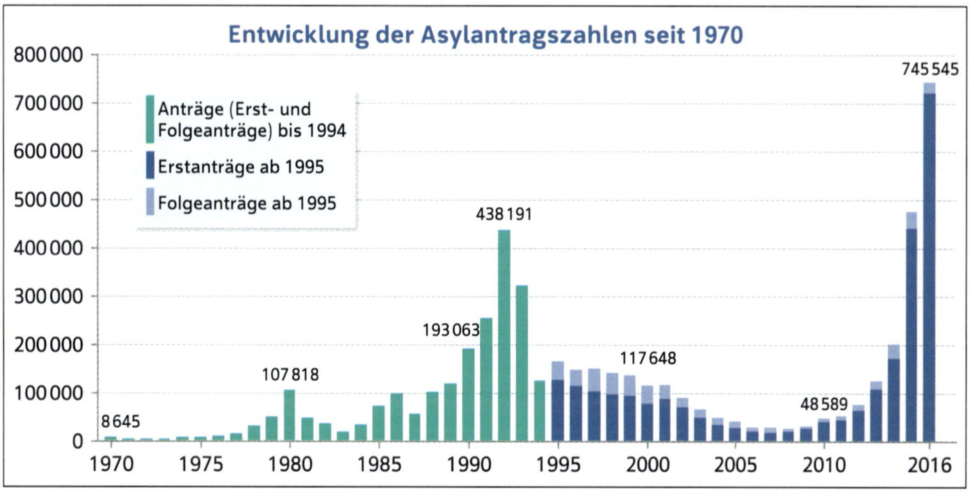

7.

Erläutern Sie anhand der folgenden Textquelle die rechtlichen Grundlagen des deutschen Asylrechts.

M 8

Art. 16a GG

(1) Politisch Verfolgte genießen Asylrecht.

(2) Auf Absatz 1 kann sich nicht berufen, wer aus einem Mitgliedstaat der Europäischen Gemeinschaften oder aus einem anderen Drittstaat einreist, in dem die Anwendung des Abkommens über die Rechtsstellung der Flüchtlinge und der Konvention zum Schutze der Menschenrechte und Grundfreiheiten sichergestellt ist. Die Staaten außerhalb der Europäischen Gemeinschaften, auf die die Voraussetzungen des Satzes 1 zutreffen, werden durch Gesetz, das der Zustimmung des Bundesrates bedarf, bestimmt. [...]

(3) Durch Gesetz, das der Zustimmung des Bundesrates bedarf, können Staaten bestimmt werden, bei denen auf Grund der Rechtslage, der Rechtsanwendung und der allgemeinen politischen Verhältnisse gewährleistet erscheint, daß dort weder politische Verfolgung noch unmenschliche oder erniedrigende Bestrafung oder Behandlung stattfindet. [...]

§ 26a Asylgesetz (AsylG) – Sichere Drittstaaten

(1) Ein Ausländer, der aus einem Drittstaat im Sinne des Artikels 16a Abs. 2 Satz 1 des Grundgesetzes (sicherer Drittstaat) eingereist ist, kann sich nicht auf Artikel 16a Abs. 1 des Grundgesetzes berufen. Er wird nicht als Asylberechtigter anerkannt. Satz 1 gilt nicht, wenn

1. der Ausländer im Zeitpunkt seiner Einreise in den sicheren Drittstaat im Besitz eines Aufenthaltstitels für die Bundesrepublik Deutschland war,
2. die Bundesrepublik Deutschland auf Grund von Rechtsvorschriften der Europäischen Gemeinschaft oder eines völkerrechtlichen Vertrages mit dem sicheren Drittstaat für die Durchführung des Asylverfahrens zuständig ist oder
3. der Ausländer auf Grund einer Anordnung nach § 18 Abs. 4 Nr. 2 nicht zurückgewiesen oder zurückgeschoben worden ist.

(2) Sichere Drittstaaten sind außer den Mitgliedstaaten der Europäischen Gemeinschaften die in Anlage I bezeichneten Staaten.

8. Vergleichen Sie die folgenden Bildquellen bezüglich ihrer jeweiligen Position zum Thema „Asyl". Formulieren Sie einen eigenen Standpunkt.

Positionen zum Asyl M9

Ausgabe 15/1992

Wahlplakat der Republikaner 1990

UNHCR-Plakat 2010

9. Informieren Sie sich über das Vorgehen der EU bzw. ihrer Mitgliedstaaten in der Flüchtlingsthematik. Formulieren Sie einen eigenen Standpunkt.

M 10 Rettung von Flüchtlingen bei der Einwanderung in die EU über das Mittelmeer

Während einer von der europäischen Grenzschutzagentur Frontex geführten Operation retten Offiziere der irischen Marine Flüchtlinge im Mittelmeer (Aufnahmedatum: 6.6.2015).

10. Analysieren und interpretieren Sie die folgende Karikatur im historischen Kontext.

M 11 Die EU-Flüchtlingspolitik in der Kritik

DAS WICHTIGSTE IN KÜRZE

Globalisierung

Es existieren zahllose Definitionen des Begriffs **Globalisierung**, weil jeder Versuch der Definition bereits eine subjektive Beurteilung ausdrückt. Da Globalisierung in der Gesellschaft von unterschiedlichen Gruppierungen ambivalent diskutiert wird, wird der Fokus häufig auf bestimmte Aspekte gelenkt – allgemein und nicht wertend kann man festhalten, dass sich hinter Globalisierung die (wachsende) Verflechtung verschiedenster Bereiche über den gesamten Erdball hinweg verbirgt.

Da Deutschlands Industrie stark vom Export der Waren und Güter profitiert und innerhalb der EU die stärkste Volkswirtschaft darstellt, zeigt die Globalisierung hierzulande große Wirkung. Durch die starke Verflechtung der Volkswirtschaften quasi aller Staaten weltweit ergeben sich Berührungspunkte für jeden einzelnen Menschen in Deutschland, die so weitreichend sind, dass nahezu kein Aspekt des täglichen Lebens außen vor bleibt.

Durch die Stärke der deutschen **Exportwirtschaft** werden in vielen Industriebranchen Arbeitsplätze geschaffen, die direkt auf die Globalisierung zurückzuführen sind. Nicht zuletzt der hohe Standard deutscher Produkte und die zuverlässige Qualität ermöglichen es der deutschen Industrie, sich gegen billigere Konkurrenz aus anderen Ländern zu behaupten.

Von der guten Arbeitsmarktsituation profitiert die gesamte Bevölkerung, doch auch der globale Wettbewerb zwischen den Unternehmen hat positive Folgen für den Einzelnen. Durch Konkurrenz werden Innovationen und Effizienzsteigerungen bei Produkten gefördert und Kosten gesenkt, wodurch die Preise für den Endverbraucher sinken. Durch den niedrigeren Preis bleibt dem Verbraucher mehr Geld, um weitere Anschaffungen zu tätigen und so den materiellen Wohlstand zu steigern. Darüber hinaus ermöglicht die Globalisierung den Menschen in Deutschland die Verfügbarkeit zahlreicher saisonaler Produkte in einer ganzjährig gleichbleibend hohen Qualität, insbesondere im Bereich der Nahrungsmittel.

Doch auch in Deutschland sind negative Auswirkungen der Globalisierung zu konstatieren. So gingen Arbeitsplätze in jenen Industriezweigen verloren, die besonders arbeitsintensiv sind, da die Produkte in **Billiglohnländern** günstiger produziert werden können. Durch diese Entwicklung hat sich die Arbeitswelt in Deutschland stark verändert, es werden kaum noch ungelernte Hilfskräfte benötigt. Deutsche Arbeitskräfte werden vor allem aufgrund ihrer hohen Qualifikation geschätzt und im spezialisierten Hightechbereich und für Nischenprodukte eingesetzt. Für gering qualifizierte Arbeitnehmer in Deutschland hat dies Perspektivlosigkeit zur Folge.

Ein weiterer Problembereich ist die Sorge um die Umwelt, da weltweit nicht die gleichen Standards gelten und so häufig in jenen Ländern mit niedrigeren Anforderungen oder weicheren Kontrollen unter teils schädlichen Bedingungen produziert wird. Dies kann verheerende Folgen für die Natur und die Menschen in diesen Ländern haben, zudem erreichen immer wieder belastete Produkte den deutschen Markt und gefährden auch hierzulande Verbraucher.

Migration

Die **Migration** (lat. Wanderung) ist ebenfalls ein Phänomen des gesellschaftlichen Wandels, dabei ist sie so alt wie die Menschheitsgeschichte selbst. Im Grunde genommen ist die gesamte Geschichte der BRD auch eine

DAS WICHTIGSTE IN KÜRZE

Migrationsgeschichte: Zwischen 1944 und 1950 waren infolge des Zweiten Weltkriegs ca. 12 Millionen deutsche Flüchtlinge und Vertriebene – vor allem aus Ostpreußen, Schlesien, Pommern und dem Sudetenland – auf der Suche nach einer neuen Heimat. Hunger, Arbeitslosigkeit, Massenlager oder Zwangseinquartierung sowie Konflikte mit der alteingesessenen, meist ländlichen Bevölkerung waren alltäglich. Die Integration der Flüchtlinge stellte aufgrund der materiellen Not, aber auch wegen kultureller Unterschiede (Dialekt, Schicht, Konfession) ein großes Problem für die Nachkriegsgesellschaft dar. Durch den wirtschaftlichen Aufschwung gelang diese aber vergleichsweise schnell. Allerdings lebten in den 1950er-Jahren noch ca. vier Millionen Deutsche bzw. Deutschstämmige (1939: 17,5 Millionen) im Osten Europas. Artikel 116 des Grundgesetzes bezeichnet diese Menschen und ihre Nachkommen als „deutsche Volkszugehörige". Daher sind sie berechtigt, unter bestimmten Voraussetzungen, als Aussiedler (seit 1993 Spätaussiedler genannt) nach Deutschland zu kommen. Durch die „Wende" in Osteuropa reisten seit 1987 verstärkt (Spät-)Aussiedler in Deutschland ein.

Von 1949 bis Sommer 1961 flüchteten 2,7 Millionen der ca. 18 Millionen DDR-Bürger nach West-Deutschland – meist junge, arbeitsfähige Menschen. Auf diese „Abstimmung mit den Füßen" reagierte das sozialistische Regime mit dem Bau der Berliner Mauer.

Zwischen 1955 und 1973 wurden im Zuge des „Wirtschaftswunders" Arbeitskräfte aus südeuropäischen Staaten (Italien, Spanien, Griechenland, Türkei, Portugal) angeworben. Sie sollten vor allem im Bergbau und in der Metall verarbeitenden Industrie als Un- oder Angelernte arbeiten. Emotionale Belastungen, körperlich anstrengende Arbeiten, schlechte Wohnverhältnisse und auch Ressentiments gehörten zu deren Alltag. Von 14 Millionen Arbeitern gingen elf Millionen wieder in ihre Heimat zurück. Doch mehrere Millionen blieben, sodass die ausländische Bevölkerung bis 1973 auf ca. 3,5 Millionen anstieg. 1973 folgte, auch verbunden mit der Ölkrise, eine allgemeine Wirtschaftsstagnation. Ferner zeichnete sich eine strukturelle Arbeitslosigkeit ab. Die Politik reagierte mit einem „Anwerbestopp", der faktisch bis 2000 andauerte. Der Familiennachzug blieb bestehen.

Seit Anfang der 1980er-Jahre führten internationale Konflikte und Krisen in der „Dritten Welt" dazu, dass immer mehr **Flüchtlinge** nach Deutschland kamen. Der Bundestag antwortete darauf bereits 1993 mit einer ersten Einschränkung des Grundrechts auf Asyl (Art. 16a GG) durch die sog. Drittstaatenlösung.

Die erste rot-grüne Bundesregierung (1998–2005) startete eine „Akzeptanzphase". Sie warb mit der Greencard-Initiative erstmals seit 1973 wieder aktiv ausländische Arbeitskräfte an. Zudem wird die BRD mit der Verabschiedung des Zuwanderungsgesetzes 2005 nun auch offiziell als „Einwanderungsland" charakterisiert. Im Jahr 2010 lebten 6,75 Millionen Ausländer in Deutschland. Migrationshintergrund hat somit etwa jeder fünfte Einwohner sowie jedes dritte Kind unter sechs Jahren.

Die teilweise unkontrollierte Einreise von knapp einer Million Migranten im Laufe des Jahres 2015 führte unter dem Schlagwort der „Flüchtlingskrise" zu zahlreichen Problemen und Herausforderungen für Staat und Gesellschaft sowie zu einer noch andauernden Debatte über die künftige Ausrichtung der deutschen sowie der europäischen Flüchtlings- und Asylpolitik.

FESTIGUNG – VERTIEFUNG

Weitere Herangehensweisen

- Recherchieren Sie die Ziele und die Vorgehensweise der Globalisierungskritiker von Attac. Nehmen Sie kritisch Stellung dazu.
- Die Blockupy-Aktivisten sehen Globalisierung kritisch, die Bewegung selbst jedoch ist ein globales Netzwerk. Beurteilen Sie, ob Sie darin einen Widerspruch sehen.
- Recherchieren Sie zu den weltweiten Migrationsbewegungen der letzten fünf bis zehn Jahre. Erstellen Sie hierzu eine Karte der Wanderbewegungen, die darstellt, welche Kontinente und welche Länder besonders betroffen sind. Verdeutlichen Sie dabei auch mögliche Ursachen und Folgen.

Vertiefende Aspekte

- Beobachten Sie Ihr persönliches Umfeld einen Tag lang und erstellen Sie eine Übersicht, wann und wo Sie mit Globalisierung in Berührung kommen. Analysieren Sie diese Berührungspunkte auf mögliche Gewinner und Verlierer.
- Recherchieren Sie, welche Positionen die verschiedenen Parteien in Deutschland zur Flüchtlingsthematik einnehmen. Erstellen Sie dazu eine tabellarische Übersicht. Diskutieren Sie schließlich in Ihrer Klasse über die verschiedenen Standpunkte.
- Recherchieren Sie Art und Umfang des öffentlichen und privaten Engagements in der Flüchtlingsthematik in Ihrer Kommune. Interviewen Sie einzelne Akteure in der Schule, im Verein, in der Sozialarbeit, in der Unterkunft, im Helferkreis etc. bezüglich ihrer Zielsetzungen und der auftretenden Problemstellungen. Diskutieren Sie die verschiedenen Ansätze.

Weiterführende Quellen und Hinweise

H 1 Zahlen und Fakten zur Globalisierung: Die Bundeszentrale für politische Bildung bietet auf ihrer Homepage unter dem entsprechenden Stichwort grafisch gut lesbar aufbereitetes statistisches Material auf Grundlage vertrauenswürdiger Quellen. Auch Migration spielt im Angebot eine Rolle.

H 2 Internetauftritt der Bayerischen Vertretung in Brüssel. Die Homepage der Bayerischen Vertretung bei der EU in Brüssel bietet Ihnen einen Überblick über die Aufgaben, die durch die Rolle Bayerns in der EU entstehen. Sie können sich hier über Dauerthemen ebenso informieren wie über aktuelle Herausforderungen.

H 3 Die „Asylgeschäftsstatistik für das Berichtsjahr 2015" des Bundesamtes für Migration und Flüchtlinge (BAMF) verdeutlicht Art und Umfang der Asylverfahren im Jahr 2015.

H 4 Aktuelle Zahlen und Infografiken zu den weltweiten Migrationsströmen liefert das Flüchtlingskommissariat der Vereinten Nationen (United Nations High Commissioner for Refugees, UNHCR) auf seiner Homepage.

GELERNT!

1.1 Fragen an die Geschichte stellen – Geschichte kompetent begegnen

Sie können aus historischen Relikten, die Ihnen in Ihrer Region begegnen, historische Fragen ableiten und diese durch sachgemäße Recherche und Reflexion beantworten.

1.2 Epochengrenzen: Antike – Mittelalter – Neuzeit – Gegenwart

Sie verfügen über geeignete Strukturen, um historische Fakten und Zusammenhänge in einen Kontext einzuordnen. Ihnen ist bewusst, dass es sich bei Epocheneinteilungen um perspektivische Zuordnungen handelt, die als Hilfestellung bei der Gliederung und Ordnung dienen, die aber zu anderen Zeiten und von anderen Personen anders festgelegt werden können. Sie sind in der Lage, Abschnitte als Epochen gut begründet zu benennen und Zäsuren als Epochengrenzen einzuordnen. Die Abschnitte Antike (vor allem Griechenland und Rom bis ca. 500 n. Chr.), Mittelalter (ca. 500 bis ca. 1500), Neuzeit (ca. 1500 bis ca. 1800) und Gegenwart (seit ca. 1800) sind Ihnen mit ihren prägenden Personen, Ereignissen und Prozessen bekannt. Sie können begründet argumentieren, ob wir uns Ihrer Ansicht nach heute erneut an einer Epochengrenze bzw. bereits in einer neuen Epoche befinden.

1.3 Aktuelle Herausforderungen an den Beispielen Globalisierung und Migration

Sie sind in der Lage, die Relevanz von aktuellen Entwicklungen, Phänomenen und Herausforderungen auf die Lebenswirklichkeit des Einzelnen zu beurteilen.

Sie analysieren das Phänomen der Globalisierung, die durch die zunehmende Verflechtung unterschiedlicher Bereiche über die gesamte Erde hinweg gekennzeichnet ist. Sie erkennen die Bedeutung der Globalisierung für den Wirtschaftsstandort Deutschland und die Chancen und Herausforderungen, die durch die Globalisierung für die Menschen entstehen. Darüber hinaus sind Ihnen die Wechselwirkungen und Effekte der Globalisierung für andere Weltregionen bekannt und die Folgen für die Menschen in verschiedenen Orten bewusst.

Migration ist ein weltweites Phänomen, das unterschiedliche Regionen vor Herausforderungen stellt. Sie ist jedoch kein ausschließlich aktuelles Phänomen, sondern begleitet die Menschheitsgeschichte schon sehr lange. Inwiefern derzeit Migration in unterschiedlichen Regionen zu gesellschaftlichen Veränderungen führt, ist Ihnen ebenso bekannt wie die aktuelle Situation in Deutschland. Hier haben Sie sich sowohl mit individuellen wie mit strukturellen Migrationsursachen befasst und kennen die deutsche und europäische Asyl- und Migrationspolitik.

KAPITEL 2 (LERNBEREICH 3)

Einflüsse auf die Lebenswirklichkeit: Ideen und Ideologien des kurzen 20. Jahrhunderts im globalen Wettstreit

Zwei Propagandabilder aus dem Zweiten Weltkrieg, die beide zu Bildikonen des 20. Jahrhunderts wurden. Links: US-Soldaten beim Aufrichten einer US-Flagge auf der japanischen Insel Iwojima, rechts: sowjetische Soldaten mit einer Flagge der UdSSR auf dem Reichstagsgebäude in Berlin. Beide Bilder wurden zu Propagandazwecken überarbeitet. Finden Sie heraus, was verändert wurde, indem Sie sich mit der jeweiligen Bildgeschichte beschäftigen.

„Durch vereinten Schlag" – sowjetische Propaganda-Postkarte aus der Zeit des Zweiten Weltkriegs. Finden Sie heraus, worin die Propaganda besteht, indem Sie den Bildaufbau analysieren.

Diese Karikatur bringt der amerikanische Daily Herald am 2. August 1946. Bildunterschrift damals: Zweie sind schon ein Verein – doch Viere würden besser sein.

Screenshot aus dem Aufklärungsfilm „Duck and Cover" der U.S. Federal Civil Defense Administration, 1951. Dieser Film richtete sich vor allem an Schulkinder.

Aufnahme der „Operation Desert Rock" von 1951: 2 796 US-Soldaten beobachteten aus lediglich elf Kilometern Entfernung die Explosion einer Atombombe.

Zeitgenössische Karikatur zum NATO-Doppelbeschluss.

Im Oktober 1981 kam es im Bonner Hofgarten zu mehreren Protesten; über eine Million Menschen demonstrierte gegen die Stationierung von Atomraketen in Deutschland.

KAPITEL 2 (LERNBEREICH 3)

2.1 Demokratie und Wirtschaftsliberalismus als Leitideen der USA im 20. Jahrhundert

Forschungsinteresse und Kompetenzerwerb

Unsere Lebenswirklichkeit wird auch durch Ideen und Ideologien gestaltet, die die Wahrnehmung und Entscheidungen von Menschen entscheidend beeinflussen. Um sich eigenverantwortlich und selbstbestimmt zu orientieren, ist es daher unerlässlich, Einblick in die einflussreichsten Gedanken und Theorien des 20. und 21. Jahrhunderts zu erhalten. Hierzu gehören für die westliche Welt unter der Führungsmacht der USA sicherlich der Demokratiegedanke, der Freiheitsbegriff und der Wirtschaftsliberalismus.

Vorgehen

In den sozialen Netzwerken, die Sie nutzen, entbrennt eine Debatte zum Thema „Freihandel" versus Protektionismus. Dabei werden unter anderem die EU und insbesondere die USA von einigen Teilnehmern der Debatte in Bezug auf ihre politischen Systeme und ihre Wirtschaftspolitik kritisiert; darüber hinaus wird der Kapitalismus ganz allgemein als unmenschlich gebrandmarkt. Andere Teilnehmer wiederum loben wahlweise die EU, die USA, deren Wirtschaftspolitik oder den Kapitalismus. Sie werden von Vertretern der verschiedenen Lager mehrfach dazu aufgefordert, sich zu beteiligen und Stellung zu beziehen.

Um sich hierzu eine eigene Meinung bilden zu können, ERARBEITEN Sie zunächst anhand der Materialien (M 1 bis M 4) den Zusammenhang zwischen dem populären National- und Sendungsbewusstsein der weißen amerikanischen Mittelschicht, der wirtschaftlichen Dynamik der USA und der Hegemonialpolitik der Vereinigten Staaten im 20. Jahrhundert. Am Beispiel von M 5 bis M 7 ENTDECKEN Sie dann die historischen Wurzeln des für das amerikanische Selbstverständnis so wichtigen Demokratie- und Freiheitsbegriffs in der räumlichen und politischen Entstehungsgeschichte der USA. M 3, M 4 und M 8 zeigen Ihnen dabei exemplarisch die Brüche und Widersprüchlichkeiten zwischen ausformulierten Leitbildern und tatsächlichem Handeln. Anhand von M 9 bis M 11 PROBLEMATISIEREN Sie nun die Begriffe „American Dream" und „American Way of Life". Mithilfe von M 12 bis M 14 ERARBEITEN Sie sich anschließend die theoretischen Grundlagen zum Wirtschaftsliberalismus und zu dessen Stellenwert als eine der Leitideen des politischen Handelns der USA und der gesamten westlichen Welt im 20. Jahrhundert. Anhand von M 15 und M 16 können Sie die Zusammenhänge zwischen Leitideen und internationaler Politik im sog. Ost-West-Konflikt NACHVOLLZIEHEN. M 17 bietet Ihnen schließlich die Gelegenheit einer Standortbestimmung für sich selbst, Ihr Land, Europa und die USA.

VERFASSEN Sie nun ein Thesenpapier und STELLEN Sie Ihre Ergebnisse den anderen Teilnehmern der Debatte ZUR VERFÜGUNG.

Materialauswahl

In diesem Kapitel überwiegen aus mehreren Gründen die Textquellen: Die Textquelle zum populären National- und Sendungsbewusstsein der weißen amerikanischen Mittelschicht im ausgehenden 19. Jahrhundert (M 1) zeigt bei genauerer Sprachbetrachtung typische Züge ideologischer Texte: religiöse Bezüge, klar ausformulierte Leitbilder zur Rechtfertigung und Bewertung eigener Handlungen und Zukunftsoptimismus in Verbindung mit der Erfüllung der eigenen Werte und Normen. Die kritische Auseinandersetzung hiermit kann Ihre Sprachsensibilität und Ihr Textverständnis schulen. Politische Texte (M 3, M 13, M 15, M 16, M 17) zeigen Ihnen exemplarisch, wie aus den eigenen Werten und Normen politisches Handeln wird bzw. wie dieses durch die Normen und Werte legitimiert wird. Die Auswirkungen theoretischer, wissenschaftlicher Schriften auf reales gesellschaftliches und politisches Handeln sowie dessen Folgen für uns alle zeigen sich im Zusammenspiel der Zitate von Adam Smith (M 12), politischen Texten wie Wilsons 14-Punkte-Plan (M 13) und darstellenden, geschichtswissenschaftlichen Texten (vgl. M 14). Karten (M 4) geben Ihnen Orientierung über politisches Handeln im geopolitischen Raum. Bildquellen (M 2, M 9, M 10, M 11) verdeutlichen Ihnen die Wechselwirkung zwischen Bildgestaltung und der dahinterstehenden Ideologie. Dies verschafft Ihnen darüber hinaus die Gelegenheit, anhand weiterer Beispiele über die Macht der Bilder zu sprechen.

1. **Erarbeiten Sie anhand von M 1 und M 2 das darin propagierte Selbstverständnis der amerikanischen Nation im ausgehenden 19. Jahrhundert. Erläutern Sie darüber hinaus, welche Maximen außenpolitischen Handelns sich daraus ableiten lassen.**

M 1 Herman Melville über die Rolle der USA (Mitte 19. Jahrhundert)

[...] Dem Hause der Knechtschaft entronnen, folgte Israel vor Zeiten nicht den Wegen der Ägypter. Ihm wurde eine besondere Offenbarung zuteil; ihm wurden neue Dinge unter der Sonne anvertraut. Und wir Amerikaner sind das einzige auserwählte Volk, das Israel der Gegenwart; wir tragen die Bundeslade mit den Freiheiten der Welt. Vor siebzig Jahren entrannen wir der Knechtschaft und außer unserem Erstgeburtsrecht – ein ganzer Erdteil ist ja unser – hat uns Gott als künftiges Erbe die weiten Reiche der politischen Heiden gegeben, die erst noch kommen und im Schatten unserer Bundeslade Ruhe finden sollen [...]. Gott hat vorherbestimmt, die Menschheit erwartet große Dinge von unserer Rasse und große Dinge keimen in unserer Seele. Die übrigen Nationen müssen bald hinter uns zurückbleiben. Wir sind die Pioniere der Welt, die Vorhut, die durch die Wildnis unversuchter Dinge geschickt wurde, um in der Neuen Welt, der unsrigen, einen neuen Pfad zu bahnen. In unserer Jugend liegt unsere Kraft, in unserer Unerfahrenheit unsere Weisheit. [...] Lang genug haben wir an uns selbst gezweifelt und uns gefragt, ob der politische Messias wirklich erschienen sei. Doch er ist da, in uns, und wir müssen nur seine Eingebungen zu Wort kommen lassen. Und wir wollen nie vergessen, daß mit uns zum ersten Mal beinah in der Geschichte der Erde nationale Selbstsucht zur schrankenlosen Menschenliebe wird; denn wir können Amerika selber nicht Gutes tun, ohne zugleich der Welt eine Wohltat zu erweisen.

Quelle: Melville: Weißjacke, 1948, S. 263 ff.

M 2

Gemälde „American Progress“ (Amerikanischer Fortschritt) von John Gast, 1872

2. Erläutern Sie kurz, welchen Zusammenhang US-Außenminister Blaine zwischen der angestrebten Außen- und der Wirtschaftspolitik seines Landes herstellt. Überlegen Sie, welche Umstände Blaine hierzu bewogen haben könnten.

M 3

US-Außenminister Blaine über das Prinzip der „Annexion durch Handel“ (1886)

Was wir brauchen, das sind die Märkte unserer Nachbarn im Süden [...], hätten wir uns diese erst gesichert, dann gäbe es neuen Auftrieb für unsere Industrien, die Nachfrage nach den Produkten des Farmers im Westen wüchse, der Grund und die Versuchung zum Streiken mit allen seinen üblen Begleiterscheinungen verschwände. [...] [Es ist] die höchste Pflicht der Vereinigten Staaten, die Ausdehnung ihres Außenhandels zu vergrößern. [...] Wir wären vorschnell zufrieden, wenn wir auf das verzichteten, was [...] so treffend Annexion durch Handel genannt [wurde].

Quelle: Wehler: Der Aufstieg des amerikanischen Imperialismus, 1974, S. 29.

3.

Skizzieren Sie anhand der Karte das außen- und sicherheitspolitische Auftreten der USA nach 1945. Überlegen Sie auch, wodurch sich dieses begründen lässt und inwiefern es für Deutschland zur Anwendung kam.

M 4 Militärstützpunkte und militärische Interventionen der USA seit dem Zweiten Weltkrieg

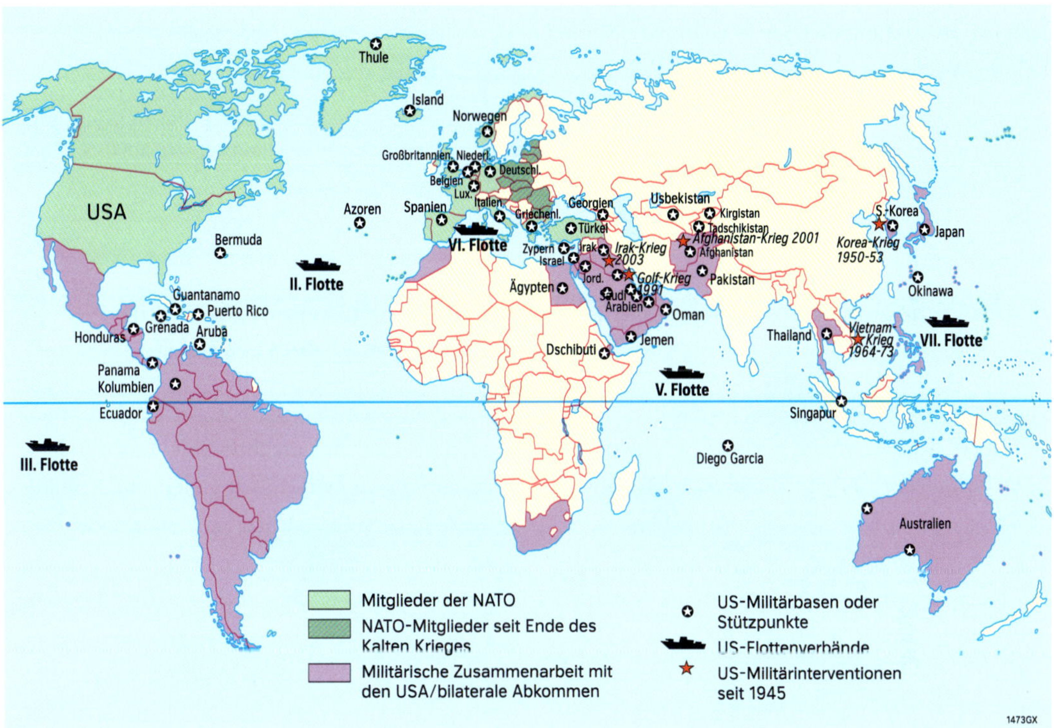

4.

Erläutern Sie anhand von M 5 und M 6 die Erwartungen der Siedler an ihr Land. Vergleichen Sie diese mit Ihren eigenen. Versuchen Sie Gemeinsamkeiten und Unterschiede zu erklären.

M 5 Die Erwartungen der Siedler an die „Neue Welt“

So sehr Bradford[1] auch die Homogenität der Gemeinschaft beschwor, die 1620 mit der Mayflower aus Holland nach Neu-England geflohen war, so unterschiedlich und spannungsgeladen war ihre wirkliche Zusammensetzung. Bei weitem nicht alle Schiffsinsassen gehörten zu den über Holland

1 William Bradford schrieb die History of Plymouth Plantation (1620–1647).

aus England fliehenden Pilgrims. Insbesondere für die vielen Abenteurer, die sich am natürlichen Reichtum Neu-Englands zu bereichern gedachten oder auf eigene Faust wie outlaws den direkten, wenn auch nicht den rechtlichen Herrschaftsbereich des britischen Königreiches verlassen wollten, stellte die Wildnis eine Verlockung dar. Für sie war Neu-England ganz konkret das „gelobte Land", wo „Milch und Honig fließt". Denn das noch unerschlossene, weite Land mit seinen dichten Wäldern und seinen halbnackten, „wilden" Bewohnern ließ Wünsche nach Freiheit und Befreiung, nach Autonomie oder gar Anarchie aufsteigen. Angesichts der äußeren Wildnis und nicht zuletzt durch den „demokratischen Grundzug" der [...] Gemeindeordnungen regte sich [...] politischer Protest gegen jede Form der Autorität. Dabei spielten Phantasien über die „Indianer", ihre angebliche „Unschuld vor dem Fall", ihre Wildheit und sexuelle wie politische Freiheit sicherlich eine ebenso große Rolle wie die Beute- und Landgier der Abenteurer.

Quelle: Brunotte: Puritanismus und Pioniergeist, 2000, S. 118 f.

Die Verheißung der Freiheit – der schwedische Naturforscher Peter Kalm berichtet (1753–1761)

M 6

Die Menschen vermehren sich hier schneller als in Europa. Und es scheint auch nicht schwierig, dafür Gründe zu finden. Sobald man alt genug ist, kann man ohne Furcht vor Armut heiraten. Es gibt soviel gutes Land, das noch unbestellt ist, daß ein jungverheirateter Mann ohne Schwierigkeiten ein Stück Grund und Boden erwerben kann. [...] Die Freiheiten, die er genießt, sind so groß, daß er sich wie ein Fürst auf seinen Besitzungen fühlen kann. Jeder, der Gott als den Schöpfer, Erhalter und Herrscher aller Dinge anerkennt und nichts gegen den Staat oder gegen den allgemeinen Frieden lehrt oder unternimmt, kann sich hier frei niederlassen, kann bleiben und seinem Gewerbe nachgehen, auch wenn seine religiösen Grundsätze noch so merkwürdig sind. Niemand wird hier wegen irriger Lehren, denen er nachhängt, belästigt, wenn er die oben genannten Grenzen nicht überschreitet. Und er wird durch die Gesetze so in seiner Person und seinem Eigentum geschützt und genießt solche Freiheiten, daß man von einem Bürger hier geradezu sagen kann, er lebe in seinem Haus wie ein König.

Quelle: Adams (Hg.): Die Amerikanische Revolution in Augenzeugenberichten, 1976, S. 19 f.

5. Erläutern Sie das in M 7 formulierte Verständnis der Rolle des Staates, seiner Bürger und deren Verhältnis zueinander. Vergleichen Sie Ihre Ergebnisse mit den diesbezüglichen Aussagen unseres Grundgesetzes. Diskutieren Sie dann unter Berücksichtigung von M 8, ob diese Prinzipien in den USA für alle Bevölkerungsgruppen gleichermaßen galten bzw. gelten.

M 7 Aus der Unabhängigkeitserklärung vom 4. Juli 1776

Wir halten diese Wahrheiten für in sich einleuchtend: daß alle Menschen gleich geschaffen sind; daß sie von ihrem Schöpfer mit gewissen unveräußerlichen Rechten ausgestattet sind, darunter Leben, Freiheit und Streben nach Glück; daß zur Sicherung dieser Rechte Regierungen unter den Menschen eingesetzt sind, die ihre gerechten Vollmachten von der Einwilligung der Regierten herleiten; daß, wenn immer eine Regierungsform diesen Zielen zum Schaden gereicht, es das Recht des Volkes ist, sie zu ändern oder abzuschaffen und eine neue Regierung einzusetzen, die sich auf solchen Grundsätzen aufbaut und ihre Macht in einer Weise organisiert, wie sie am geeignetsten erscheint, seine Sicherheit und sein Glück zu schaffen. [...] Wir, die Vertreter der Vereinigten Staaten von Amerika, versammelt im Allgemeinen Kongreß, rufen deshalb den höchsten Richter der Welt zum Zeugen an für die Rechtlichkeit unserer Absichten. Im Namen und in Vollmacht des guten Volkes dieser Kolonien geben wir feierlich bekannt und erklären, daß diese Vereinigten Kolonien sind und von Rechts wegen sein sollen freie und unabhängige Staaten, daß sie von jeder Untertanenpflicht gegen die britische Krone befreit sind, und daß jeder politische Zusammenhang zwischen ihnen und dem Staate Großbritannien völlig gelöst ist und sein soll, und daß sie als freie und unabhängige Staaten die volle Macht besitzen: Krieg zu führen, Frieden zu schließen, Bündnisse einzugehen, Handelsbeziehungen anzuknüpfen und alle anderen Handlungen und Dinge vorzunehmen, die unabhängige Staaten von Rechts wegen tun dürfen. Und zur Bekräftigung dieser Erklärung, in festem Vertrauen auf den Schutz der göttlichen Vorsehung, verpfänden wir uns gegenseitig unser Leben, unser Gut und unsere heilige Ehre.

Quelle: Lautemann: Amerikanische und Französische Revolution, 1981, S. 90 ff.

M 8 Rechnung über eine Lieferung von „Negersklaven" aus dem Jahre 1835

Rechnung über 10 Neger, heute an John B. Williamson von Georg Kremer gesandt, Namen und Preise wie folgt: nämlich:

Betsey Kackley	$ 410,-
Nancy Aulick	$ 515,-
Harry & Helen Miller	$ 1200,-
Mary Kootz	$ 600,-
Betsey Ott	$ 560,-
Isaac & Fanny Brent	$ 992,-
Lucinda Luckett	$ 467,50
George Smith	$ 510,-
	$ 5254,50

Betrag für meine Reiseauslagen und Unterhalt nach	
Nr. 9, in obiger Aufstellung nicht enthalten.	$ 39,50
Kremers Transportkosten für Nr. 9 nach Richmond	$ 51,-
Fuhrlohn	$ 6,-
	$ 5351,-

Ich habe heute die oben aufgeführten Neger zum Preise von fünftausenddreihunderteinundfünfzig Dollars einschließlich meiner Auslagen und sonstigen Spesen geliefert,

den 26. Mai 1835 John W. Pettman

Ich wollte eigentlich Nancys Kind zurücklassen, aber sie machte so ein verdammtes Theater, daß ich es ihr lassen musste. Da ich dafür hätte fünfzig Dollars kriegen können, so müssen sie vierzig Dollars zu obigem zulegen.

Quelle: Lautemann; Schlenke (Hgg.): Das bürgerliche Zeitalter 1815–1914, 1980, S. 508.

6. Erläutern Sie unter Berücksichtigung von M 9 und M 10 kurz die Begriffe „American Dream" und „American Way of Life". Überlegen Sie gemeinsam, inwiefern diese auch in Ihrer Lebenswelt eine Rolle spielen.

M 9

Angekommen im amerikanischen Traum: eine US-Familie vor ihrem Haus

M 10

„Pledge of allegiance“ – der Fahneneid auf die Verfassung

7. Sammeln Sie mithilfe von M 11 Beispiele, in denen amerikanische Produkte und Ideen unser alltägliches Leben begleiten. Erstellen Sie hierzu eine Tabelle, in der Sie nach verschiedenen Lebensbereichen und Produkten unterscheiden.

M 11

Schnelles Essen, viele Kalorien – auch deutsche Kinder konsumieren gerne Burger und Cola.

8. Erläutern Sie anhand von M 12 die Grundgedanken des Wirtschaftsliberalismus nach Adam Smith. Überlegen Sie, welches Menschenbild Smith dabei hat. Überlegen Sie auch, welche wirtschaftspolitischen Maximen sich aus den Gedanken von Adam Smith ergeben.
Vergleichen Sie, inwiefern diese Maximen sich im Wirtschaftssystem der USA, der BRD sowie in der Weltwirtschaftsordnung wiederfinden.
Erörtern Sie die Vorzüge und die Nachteile des sog. Wirtschaftsliberalismus.

Adam Smith: Der Wohlstand der Nationen

M 12

1. Egoismus als Triebfeder wirtschaftlichen Handelns

Jeder, der einem anderen irgendeinen Tausch anbietet, schlägt vor: Gib mir, was ich wünsche, und du bekommst, was du benötigst. Das ist stets der Sinn eines solchen Angebotes, und auf diese Weise erhalten wir nahezu alle guten Dienste, auf die wir angewiesen sind. Nicht vom Wohlwollen des Metzgers, Brauers und Bäckers erwarten wir das, was wir zum Essen brauchen, sondern davon, daß sie ihre eigenen Interessen wahrnehmen. Wir wenden uns nicht an ihre Menschen, sondern an ihre Eigenliebe, und wir erwähnen nicht die eigenen Bedürfnisse, sondern sprechen von ihrem Vorteil.

2. Egoistisches Handeln als Quell des Gemeinwohls

Der einzelne ist stets darauf bedacht, herauszufinden, wo er sein Kapital, über das er verfügen kann, so vorteilhaft wie nur irgend möglich einsetzen kann. Und tatsächlich hat er dabei den eigenen Vorteil im Auge und nicht etwa den der Volkswirtschaft. Aber gerade das Streben nach seinem eigenen Vorteil ist es, das ihn ganz von selbst oder vielmehr notwendigerweise dazu führt, sein Kapital dort einzusetzen, wo es auch dem ganzen Land den größten Nutzen bringt.

3. Freiheit der Märkte garantiert Wohlstand aller

Die Herstellung vollkommener Gerechtigkeit, uneingeschränkter Freiheit und weitgehender Gleichheit ist ganz einfach das Geheimnis, das allen drei Klassen höchsten Wohlstand am wirksamsten sichert.

Quelle: Smith: Der Wohlstand der Nationen, in: Entstehung und Verteilung des Sozialprodukts, 1974, S. 17, 369, 566.

9. Verdeutlichen Sie anhand von M 13, inwiefern der sog. 14-Punkte-Plan Wilsons durch die Ideenwelt des Wirtschaftsliberalismus geprägt ist.

M 13 Aus US-Präsident Wilsons 14-Punkte-Plan (8. Januar 1918)

[...]

1. Öffentliche Friedensverträge, öffentlich beschlossen, nach denen es keine privaten internationalen Abmachungen irgendwelcher Art geben darf. Vielmehr soll die Diplomatie stets frei und vor aller Öffentlichkeit sich abspielen.

2. Absolute Freiheit der Schiffahrt auf der See außerhalb der territorialen Gewässer sowohl im Frieden wie im Kriege, außer, wenn die See ganz oder teilweise auf Grund internationalen Vorgehens zur Erzwingung internationaler Verträge gesperrt wird.

3. Soweit als möglich die Aufhebung sämtlicher wirtschaftlicher Schranken und die Festsetzung gleichmäßiger Handelsbedingungen zwischen sämtlichen Nationen, die dem Frieden zustimmen und sich zu seiner Aufrechterhaltung vereinigen.

4. Angemessene Garantien, gegeben und genommen, daß die nationalen Rüstungen auf den niedrigsten Grad, der mit der inneren Sicherheit vereinbar ist, herabgesetzt werden.

5. Eine freie, offenherzige und absolut unparteiische Ordnung aller kolonialen Ansprüche, gegründet auf strenge Beachtung des Prinzips, daß bei Bestimmung aller derartiger Fragen der Souveränität das Interesse der betreffenden Bevölkerung gleiches Gewicht haben muß wie die billigen Ansprüche der Regierung, deren Rechtstitel festgesetzt werden soll.

[...]

14. Eine allgemeine Gesellschaft der Nationen muß auf Grund eines besonderen Bundesvertrages gebildet werden zum Zweck der Gewährung gegenseitiger Garantien für politische Unabhängigkeit und territoriale Integrität in gleicher Weise für die großen und die kleinen Staaten.

[...]

Quelle: Wilson: Memoiren und Dokumente über den Vertrag zu Versailles anno MCMXIX. Bd. 1923, S. 40–42; zit. nach: Deutsche Geschichte in Quellen und Darstellung, 2006, S. 453 f.

10. Verdeutlichen Sie unter Berücksichtigung von M 12 bis M 14, inwiefern die Weltwirtschaft des 20. Jahrhunderts von der Ideenwelt des Wirtschaftsliberalismus geprägt ist. Suchen Sie nach möglichen Ursachen. Erörtern Sie gemeinsam die Rolle und die Ziele der USA beim Entstehen der Weltwirtschaftsordnung am Ende des Zweiten Weltkriegs.

M 14 Der Historiker Manfred Görtemaker über die Konferenz von Bretton Woods und ihre Folgen

[...] So beriefen die USA im Sommer 1944 zur Neuordnung der durch den Zweiten Weltkrieg zerrütteten Weltwirtschaft eine internationale Konferenz aller Staaten, die im Kampf gegen Deutschland und Japan standen, nach Bretton Woods im amerikanischen Bundesstaat New Hampshire ein. Die Konferenz [...] fand vom 1. bis 22. Juli unter Beteiligung von 44 Ländern statt und sollte die strittigen Währungs-, Zahlungs- und Handelsfragen klären, die den Aufbau der Nachkriegsordnung belasteten.

Bei dem Treffen wurden zwei Organisationen gegründet: die „Internationale Bank für Wiederaufbau und Entwicklung (International Bank for Reconstruction and Development = IBRD, oft auch nur Weltbank genannt) und der „Internationale Währungsfonds" (IWF). Sie sollten eine möglichst offene Welthandelsordnung garantieren. Sie litten jedoch von Anfang an unter dem Handicap, daß trotz intensiver Bemühungen des amerikanischen Finanzministers Henry Morgenthau weder das Abkommen über die Weltbank noch die Vereinbarung über den Währungsfond von der Sowjetunion ratifiziert wurde.

Die Weltbank wurde mit einem Grundkapital von 7,6 Milliarden Dollar ausgestattet. Das Geld, das nahezu vollständig von den USA stammte, sollte dazu dienen, das kriegszerrüttete Europa wiederaufzubauen und den neu entstehenden Ländern in Afrika, Asien und Lateinamerika bei ihrer Entwicklung zu helfen. Hauptanliegen der Weltbank war es, wirtschaftliches Wachstum zu fördern und Kapital bereitzustellen, um staatliche Eingriffe und damit sozialistische Wirtschaftslenkung unnötig zu machen.

Mit 7,3 Milliarden Dollar, über die der Internationale Währungsfonds verfügen konnte, sollten vor allem jene Nationen unterstützt werden, die unter hohen Handelsdefiziten litten. Außerdem sollten die Mittel dazu beitragen, Währungen zu stabilisieren, die unter dem Druck interner wirtschaftlicher Probleme standen. Destruktive Handels- und Wirtschaftskriege, die in den dreißiger Jahren den Zusammenbruch der internationalen Ordnung mit verursacht hatten, sollten damit möglichst verhindert werden. Zudem bestanden die amerikanischen Vertreter in Bretton Woods darauf, daß das Wirtschaftssystem der Nachkriegszeit auf Gold und dem US-Dollar als Leitwährung basieren sollte. Da die USA über zwei Drittel der Goldreserven der Welt verfügten, kam diese Forderung nicht überraschend: Washington kontrollierte damit sowohl die Weltbank als auch den Internationalen Währungsfonds.

Die Beschlüsse von Bretton Woods traten nach der Ratifizierung durch 28 Staaten am 27. Dezember 1945 in Kraft. Die Sowjetunion, die sich anfangs beteiligt hatte, hielt sich – wie angesichts der Inhalte und Ziele der Konferenz kaum anders zu erwarten – abseits. Tatsächlich sollten die in Bretton Woods getroffenen internationalen Wirtschafts- und Währungsabkommen in der Folgezeit mehr als jedes andere Vertragswerk die Nachkriegszeit bestimmen: Sie bildeten die Grundlage der Außenwirtschaftsbeziehungen der westlichen Welt und stellten damit ein wichtiges Element des Ost-West-Konflikts dar, weil sich mit den Instrumenten des IWF und der Weltbank – wie später mit dem Allgemeinen Zoll- und Handelsabkommen (General Agreement on Tariffs and Trade = GATT) – die kommunistischen Staaten isolieren ließen. [...]

Quelle: Görtemaker: Der Beginn der Bipolarität. In: Internationale Beziehungen I. Der Ost-West-Konflikt, 2003, S. 10 f.

11. Erstellen Sie für M 15 eine Tabelle, in der Sie die beiden von Truman genannten Lebensformen einander gegenüberstellen. Ordnen Sie beide Lebensformen jeweils mindestens einem Staatswesen oder einem politischen System zu.

M 15

Aus einer Rede des US-Präsidenten Truman vor amerikanischen Volksvertretern (12. März 1947)

[...] In jüngster Zeit wurden den Völkern einer Anzahl von Staaten gegen ihren Willen totalitäre Regierungsformen aufgezwungen. Die Regierung der Vereinigten Staaten hat immer wieder gegen den Zwang und die Einschüchterungen in Polen, Rumänien und Bulgarien protestiert [...]. Zum gegenwärtigen Zeitpunkt der Weltgeschichte muß fast jede Nation zwischen alternativen Lebensformen wählen. Nur zu oft ist diese Wahl nicht frei. Die eine Lebensform gründet sich auf den Willen der Mehrheit und ist gekennzeichnet durch freie Institutionen, repräsentative Regierungsform, freie Wahlen, Garantien für die persönliche Freiheit, Rede- und Religionsfreiheit und Freiheit von politischer Unterdrückung. Die andere Lebensform gründet sich auf den Willen einer Minderheit, den diese der Mehrheit gewaltsam aufzwingt. Sie stützt sich auf Terror und Unterdrückung, auf die Zensur von Presse und Rundfunk, auf manipulierte Wahlen und auf den Entzug der persönlichen Freiheiten. Ich glaube, es muß die Politik der Vereinigten Staaten sein, freien Völkern beizustehen, die sich der angestrebten Unterwerfung durch bewaffnete Minderheiten oder durch äußeren Druck widersetzen. Ich glaube, wir müssen allen freien Völkern helfen, damit sie ihre Geschicke auf ihre eigene Weise selbst bestimmen können. Unter einem solchen Beistand verstehe ich vor allem wirtschaftliche und finanzielle Hilfe, die die Grundlage für wirtschaftliche Stabilität und geordnete politische Verhältnisse bildet. [...]

Quelle: Lautemann; Schlenke (Hgg.): Geschichte in Quellen. Bd. 7: Die Welt seit 1945, 1980, S. 576 f.

12. Erklären Sie, warum Foster Dulles in M 16 den sowjetischen Kommunismus als eine derartige Bedrohung des Weltfriedens betrachtet. Berücksichtigen Sie dabei auch Ihr bisher erworbenes Wissen zum politischen und wirtschaftlichen System der USA.
Erörtern Sie, welche Bedrohungen des Weltfriedens es aktuell gibt und welche Rolle das politische und wirtschaftliche System der USA dabei spielt.

M 16

Antikommunismus – der damalige US-Außenminister John Foster Dulles über den sowjetischen Kommunismus (1953)

[...] [I]ch habe keine Einwände dagegen in einer offenen Sitzung zu sagen [...], daß wir niemals einen sicheren Frieden oder eine glückliche Welt haben werden, solange der sowjetische Kommunismus ein Drittel aller Menschen, die es gibt, beherrscht und dabei ist, mindestens den Versuch zu machen, seine Herrschaft auf viele andere auszuweiten. [...]

Deswegen müssen wir immer die Befreiung dieser unterjochten Völker im Sinn behalten. Nun bedeutet Befreiung nicht einen Befreiungskrieg. Befreiung kann auch erreicht werden durch Vorgänge unterhalb der Kriegsschwelle. [...]

Die Bedrohung durch den sowjetischen Kommunismus ist meiner Meinung nach nicht nur die schwerste Bedrohung, der sich die Vereinigten Staaten je ausgesetzt sahen, sondern auch die schwerste Bedrohung, dem das, was wir westliche Kultur nennen, oder überhaupt jede Kultur, die vom Glauben an Gott geprägt ist, je ausgesetzt war. [...]

Quelle: Czempiel; Schweitzer: Weltpolitik der USA nach 1945, 1984, S. 125 f.

13. Erläutern Sie, welche gemeinsamen Werte laut Barack Obama Deutschland, Europa und die USA verbinden.
Diskutieren Sie gemeinsam über den Stellenwert der von Obama genannten Werte in Ihrem Leben. Erörtern Sie, welche Fortschritte und welche Probleme Obama wohl meint.
Teilen Sie seinen Zukunftsoptimismus? Begründen Sie Ihre Entscheidung.

M 17

Der scheidende US-Präsident Barack Obama über gemeinsame Werte, Deutschland und Europa

[...] Europa hält den außergewöhnlichen Fortschritt, der in 40, 50 Jahren erreicht wurde, vielleicht manchmal für zu selbstverständlich. Ich weiß um die manchmal großen Enttäuschungen in der Eurozone oder in der EU. Aber andererseits hat es wohl nie in der Geschichte Europas so viel Wohlstand und Sicherheit gegeben wie heute. Unsere gemeinsamen Werte, die Rede- und Religionsfreiheit, die Freiheit der Zivilgesellschaft, freie und faire Wahlen, all die Innovationen, die geschaffen wurden, werden letztlich den Weg weisen in eine bessere Zukunft. Ich hoffe, dass die Menschen das trotz einiger Probleme, die wir haben, zu schätzen wissen. [...]

Quelle: Brinkbäumer; Stark: Am Ende der Macht, Spiegel-Gespräch mit Barack Obama, in: Der Spiegel, Nr. 47/2016, S. 16 f.

DAS WICHTIGSTE IN KÜRZE

Der republikanische Senator Albert Beveridge (1862–1927) erklärte in einer Rede vor dem Kongress der Vereinigten Staaten im Jahre 1900, dass die Besiedlung des Kontinents und die Konsolidierung des Gebiets zwischen Atlantik und Pazifik für die amerikanische Geschichte des 19. Jahrhunderts prägend gewesen seien; das 20. Jahrhundert hingegen werde laut Beveridge dominiert durch die Verwaltung und Entwicklung anderer Länder, also durch das Streben der USA nach globaler Hegemonie. Der US-Politiker antizipierte in seiner Rede einen historischen Prozess, der das 20. Jahrhundert zum „American Century" machen sollte. Doch woher stammte dieses Selbst- und Sendungsbewusstsein? Wodurch wurde es legitimiert? Getragen wurde der oben genannte historische Prozess vor allem durch ein rasantes Bevölkerungswachstum sowie eine starke wirtschaftliche Entwicklung der USA. Die in Nordamerika äußerst dynamisch verlaufende **Industrialisierung** führte bereits gegen Ende des 19. Jahrhunderts zu Überproduktion und einer Sättigung des Binnenmarktes. Im Zuge der periodisch auftretenden Wirtschaftskrisen entstand im politischen Diskurs der USA somit bald die realpolitische Ansicht, dass Wohlstand und gesellschaftliche Ordnung von der Eroberung und Absicherung überseeischer Märkte abhängen, was wiederum eine starke Handels- und Kriegsflotte samt schlüssiger außen- und militärpolitischer Strategie erforderte. Die Weltmeere wurden dabei nicht länger als Barrieren, sondern als Verkehrsadern der Zukunft betrachtet, deren Kontrolle und Beherrschung entscheidend für das Schicksal der Völker und Staaten der Welt sei – ein Gedanke, der bis heute prägend ist für die amerikanische Außen- und Sicherheitspolitik.

Faktisch vollzog sich die allmähliche Ablösung der britischen durch die amerikanische **Hegemonie** in mehreren Schritten, zunächst auf dem nordamerikanischen Kontinent selbst, in den 1890er-Jahren dann in Lateinamerika, in der Zwischenkriegszeit im ostasiatischen Raum. Sie schloss mit der Verantwortungsübernahme für den Wiederaufbau Europas nach dem Ende des Zweiten Weltkriegs, dieser Prozess wurde stets – und wird es noch heute – begleitet von einem inneramerikanischen Diskurs zwischen den Befürwortern einer aktiveren Außenpolitik und den Verfechtern eines eher isolationistisch orientierten Politikstils.

Ideologisch legitimiert wurden der amerikanische Hegemonialanspruch und die imperiale Außenpolitik im Inneren und Äußeren durch ein sich in der zweiten Hälfte des 19. Jahrhunderts entwickelndes populäres National- und Sendungsbewusstsein, vor allem der weißen amerikanischen Mittelschicht, das die USA als das progressivste Land der Welt sah und sieht, das als „Gods own country" von Gott selbst dazu auserkoren ist, die „Segnungen der **Demokratie**" und den „**American Way of Life**" in alle Welt zu tragen. Der Drang nach individueller und gesellschaftlicher **Freiheit** wurde dabei – unter teilweiser Vernachlässigung der tatsächlichen historischen Ereignisse, der gesellschaftlichen Rahmenbedingungen und der wirtschaftlichen Dynamik – zum Leitgedanken allen individuellen und gesellschaftlichen Handelns erkoren. Der Staat wurde daher als demokratisches Gemeinwesen verstanden, das den rechtlichen Rahmen setzt und seinen Bürgern Sicherheit vor dem und durch das Gesetz garantiert. Glaubens-, Meinungs- und weitgehende Handlungsfreiheit der Bürger resultierten hieraus. Dabei gehört es jedoch zu den Besonderheiten der amerikanischen Gesellschaft, dass diese Prinzipien bis heute nicht auf alle Bevölkerungsgruppen gleiche Anwendung fanden.

Die Idee eines demokratischen Staatswesens ist dabei eine europäische Erfindung, deren Wurzeln in der griechisch-römischen Antike liegen. Die Keimzelle des amerikanischen Demokratieverständnisses findet

DAS WICHTIGSTE IN KÜRZE

sich in den 13 englischen Kolonien, die Anfang des 17. Jahrhunderts an der Ostküste Nordamerikas gegründet wurden. Die Siedler dieser Kolonien pflegten die Verfassungstradition ihres Mutterlandes und entwickelten sie weiter. Hierzu gehörten z. B. eine unabhängige Rechtsprechung, die Unverletzlichkeit des Eigentums, die Mitwirkung von Volksvertretern bei der Gesetzgebung und Steuerbewilligung sowie die gemeindliche Selbstverwaltung. Da viele Siedler strenggläubige Calvinisten und Puritaner waren, die ihr Mutterland verlassen hatten, um religiöser Bevormundung zu entgehen, war es ihnen besonders wichtig, ihre Religion ohne staatliche Einmischung auszuüben.

Die Abnabelung vom Mutterland allerdings war vor allem durch wirtschaftliche Konflikte bedingt. Die daraus resultierende Unabhängigkeitserklärung vom 4. Juli 1776 rechtfertigt den Bruch durch das Widerstands- und Naturrecht der europäischen Aufklärung. Die in der Unabhängigkeitserklärung formulierten Ideale (Freiheit, Gleichheit, Streben nach Glück) wurden zur Grundlage des „American Dream". Die Verfassung von 1787 setzte das in der Aufklärung geforderte Prinzip der Gewaltenteilung erstmals konsequent um, Legislative, Exekutive und Judikative der USA kontrollieren sich noch heute, über 200 Jahre später, wirkungsvoll gegenseitig.

Innerhalb der bis heute heterogenen, multiethnischen Einwanderungsgesellschaft der USA sind der Glaube an die Verfassung, die republikanischen Prinzipien, der „**American Dream**" sowie der „American Way of Life" bis in unsere Gegenwart die wichtigsten gesellschaftlichen Bindemittel. Identitätsstiftende nationalstaatliche Symbole und Symbolhandlungen wie das Hissen der US-Flagge, das Singen der Nationalhymne oder der tägliche Fahneneid (Pledge of Allegiance) als „Glaubensbekenntnis" an die Werte der Verfassung sind vielerorts bis heute tief in der Alltagskultur verwurzelt. Darüber hinaus inszenieren und vermarkten amerikanische Medien – allen voran das Hollywoodkino – den „American Way of Life" weltweit derartig erfolgreich, dass beinahe die gesamte westliche Welt diesen Mustern nacheifert. Kritiker sprechen in diesem Zusammenhang auch vom „amerikanischen Kulturimperialismus".

Der bereits zum Mythos verklärte und doch für den amerikanischen Lebensstil elementare Freiheitsbegriff findet dabei jedoch nicht nur Anwendung in der individuellen Lebensführung oder dem gesellschaftlichen Miteinander, er dominiert auch das wirtschaftliche Gebaren: Die US-Ökonomie ist tief geprägt vom Glauben an den ungezügelten **Kapitalismus**, das freie Spiel der Kräfte, in dem es angeblich jeder vom Tellerwäscher zum Millionär schaffen kann. Staatliche Reglementierung – auch im Sinne eines sozialen Ausgleichs – wird dabei stets kritisch beäugt und vor allem von konservativen Republikanern strikt abgelehnt. Ein viel beachtetes Beispiel hierfür bieten die massiven Proteste gegen die Einführung einer gesetzlichen Krankenversicherung unter **Präsident Obama** (Obamacare).

Nach außen wurde die wirtschaftliche Grundhaltung der USA im 20. Jahrhundert vor allem durch das Verfechten des sog. **Freihandels** deutlich, dessen Ziel die Beseitigung sämtlicher Handelshemmnisse wie Zölle, Einfuhrverbote etc. ist. In allerletzter Zeit scheint hier jedoch – getragen von den Ängsten der Modernisierungs- und Globalisierungsverlierer – ein Umdenken möglich. Die Wahl **Donald Trumps** zum 45. US-Präsidenten kündigt auch in diesem Zusammenhang eine Zeitenwende an.

DAS WICHTIGSTE IN KÜRZE

Die Idee des Freihandels selbst ist eine europäische Erfindung. Sie beschäftigt die Europäer bereits seit mehr als 250 Jahren. Ursprünglich wurde diese Theorie entwickelt, um den sog. **Merkantilismus** zu überwinden. Hierunter versteht man das Bestreben der (früh)neuzeitlichen Fürsten, heimische Firmen und Monopolbetriebe vor allem bei der Herstellung von Exportprodukten zu fördern, gleichzeitig wurden Importe verboten oder mit hohen Schutzzöllen belegt. Handel funktioniert jedoch nicht, wenn alle Marktteilnehmer nur exportieren wollen. Darüber hinaus wurden im merkantilistischen System viele Produkte stark verteuert; durch Handelsschranken geschützte inländische Betriebe nutzten häufig ihre Marktposition aus: Sie verkauften minderwertige Waren zu überhöhten Preisen, da sie keine ausländische Konkurrenz fürchten mussten. Vor allem gegen diese praktischen Missstände wandten sich die Gelehrten **Adam Smith** (1723–1790) und **David Ricardo** (1772–1823) in ihren Werken. Beide gelten deshalb heute nicht nur als Gründungsväter der modernen Volkswirtschaftslehre, sondern auch als Vordenker des Freihandels.

Laut Adam Smith ist der Freihandel eine Variante der Arbeitsteilung, dabei soll das eigennützige Streben der Menschen in einem nicht durch staatliche Eingriffe gehinderten freien Wettbewerb wie **von „unsichtbarer Hand" gelenkt** die Grundlage sein für eine zu gesellschaftlichem Wohlstand führende Arbeitsteilung. Jedes Land sollte sich demnach auf die Produkte spezialisieren, die es am besten und am günstigsten herstellen kann. – So weit die Theorie. In der Praxis zeigte sich jedoch, dass Industrieländer dazu neigen, auch Waren auszutauschen, die in beiden Ländern produziert werden. Hierzu entwickelte David Ricardo die **Theorie der „komparativen Kostenvorteile"**. Diese besagt, dass der Handel zwischen zwei Ländern grundsätzlich immer dann für beide von Vorteil ist, wenn bei ihnen unterschiedliche Produktionskostenstrukturen existieren. Der britische Ökonom **John Maynard Keynes** (1883–1946) zeigte später, dass Ricardos Theorie jedoch nur dann greift, wenn in beiden Ländern Vollbeschäftigung herrscht.

Smith und Ricardo publizierten ihre Theorien zu einer Zeit, als die Idee vom Freihandel noch im Gegensatz zum damals vorherrschenden Wirtschaftsdenken stand. In der Praxis setzten Europäer wie Amerikaner im 19. Jahrhundert zunächst noch auf den Protektionismus, um sich zu industrialisieren. Besonders hoch waren die Zölle dabei in den USA; im Durchschnitt lagen diese zwischen 35 % und 50 % – und zwar von 1820 bis zum Zweiten Weltkrieg. Erst danach bauten die USA ihre Zölle ab, zu einem Zeitpunkt, als sie bereits unangefochten globale ökonomische Supermacht waren – ein Muster, das sich in ähnlicher Form auch bei anderen Industrieländern beobachten lässt. Zwar forderte **US-Präsident Wilson** bereits gegen Ende des Ersten Weltkriegs *„die Aufhebung sämtlicher wirtschaftlicher Schranken und die Festsetzung gleichmäßiger Handelsbedingungen zwischen sämtlichen Nationen"* (siehe M 13), das Fundament unserer heutigen Weltwirtschaftsordnung wurde jedoch erst durch die **Beschlüsse von Bretton Woods** 1944/45 und den **ersten internationalen Freihandelsvertrag (GATT)** aus dem Jahr 1947 gelegt. Dieses Abkommen (GATT) wurde nach dem Untergang des Ostblocks durch die **Welthandelsorganisation (WTO)** abgelöst, doch die Ziele blieben die gleichen: Zölle und andere Handelshemmnisse sollten schrittweise abgebaut werden. 1995 wurde der Freihandel zudem auch auf Dienstleistungen ausgeweitet, dieses gesonderte Abkommen **(GATS)** wurde ebenfalls Teil der WTO. Beim Zustandekommen all dieser Vertragswerke fiel den Vereinigten Staaten eine Schlüsselrolle zu, die sie im Sinne ihrer eigenen Interessen und ihrer wirtschaftspolitischen Leitbilder aktiv zu nutzen verstanden.

FESTIGUNG – VERTIEFUNG

Weitere Herangehensweisen

- Gestalten Sie ein Erklärvideo, in dem Sie den Begriff „Wirtschaftsliberalismus“ erläutern.
- Gestalten Sie ein Erklärvideo, in dem Sie den Begriff „Demokratie“ erläutern.
- Gestalten Sie ein Erklärvideo, in dem Sie den Begriff „Freiheit“ erläutern.

Vertiefende Aspekte

- Analysieren Sie aktuelle Parteiprogramme. Untersuchen Sie, welche Schlüsselbegriffe des Wirtschaftsliberalismus jeweils verwendet werden und wie diese definiert werden.
- „Die unsichtbare Hand“– definieren Sie diesen Schlüsselbegriff von Adam Smith genauer, und beurteilen Sie, ob er auf heutige ökonomische und soziale Phänomene angewendet werden kann.
- Analysieren und vergleichen Sie die unterschiedlichen Positionen in der Debatte um ein Freihandelsabkommen wie TTIP oder CETA. Bilden Sie sich eine eigene Meinung.

Weiterführende Quellen und Hinweise

H 1 Hübner, Emil; Münch, Ursula: Das politische System der USA: Eine Einführung. 7. Auflage, München, C. H. Beck, 2013. Diese bewährte Einführung in das politische System der USA gibt u. a. einen kurzen Überblick über die Entwicklung der Vereinigten Staaten von den Urkolonien bis heute. Darüber hinaus werden in dem Band die Entwicklung des Staatsgebiets und der Immigration, der Föderalismus, die Parteien, das Wahlsystem, die Massenmedien, die Gewaltenteilung zwischen Präsident und Kongress, die Interessenverbände, das Gerichtswesen und die politische Kultur der USA beschrieben. Vergleiche mit der Bundesrepublik erleichtern dabei das allgemeine Verständnis.

H 2 Zamperoni, Ingo: Fremdes Land Amerika: Warum wir unser Verhältnis zu den USA neu bewerten müssen. Berlin, Ullstein Buchverlage, 2016. Der bekannte Journalist Ingo Zamperoni, der selbst mehrere Jahre in den USA gelebt hat, gibt hier interessante Einblicke in die amerikanische Gesellschaft. Das Buch ist in drei Teile gegliedert: Im ersten Teil behandelt Zamperoni die geschichtliche Einordnung der USA im 21. Jahrhundert. Der zweite Teil beschäftigt sich mit der neuen geopolitischen Rolle der Vereinigten Staaten. Im letzten Teil werden die Unterschiede und die Gemeinsamkeiten mit Deutschland analysiert.

H 3 Winter, Helen; Rommel, Thomas: Adam Smith für Anfänger: Der Wohlstand der Nationen. 5. Auflage, München, dtv, 2013. In dieser Lese-Einführung, wie es die Autoren selbst nennen, zeigen sie, dass Adam Smith, mit dessen Namen wir vor allem Begriffe wie die „unsichtbare Hand“, „Arbeitsteilung“ und „ökonomischer Liberalismus“ verbinden, nicht nur schottischer Nationalökonom und Vordenker des Wirtschaftsliberalismus war, sondern gerade auch ein Moralphilosoph, der das Wesen der Menschen untersuchte.

H 4 Internetangebot der Bundeszentrale für politische Bildung (bpb) zum Themenkomplex Freihandel versus Protektionismus. Auf diesen sehr informativen Seiten der bpb finden sich u. a. Texte und Infografiken zu wirtschaftswissenschaftlichen Grundbegriffen, zur Theorie und Geschichte des Freihandels, zu den Prinzipien des Welthandels und zu verschiedenen Freihandelsabkommen.

2.2 Marxismus und Leninismus als ideologische Grundlagen der UdSSR

Forschungsinteresse und Kompetenzerwerb

Unsere Lebenswirklichkeit wird auch durch Ideen und Ideologien gestaltet, die Wahrnehmung und Entscheidungen von Menschen entscheidend beeinflussen. Um sich eigenverantwortlich und selbstbestimmt zu orientieren, ist es daher unerlässlich, Einblick in die einflussreichsten Gedanken und Theorien des 20. und 21. Jahrhunderts zu erhalten, zu denen der Marxismus und der Leninismus sicherlich gehören.

Vorgehen

In einem kommunalen Jugendzentrum Ihrer Umgebung belegt eine Gruppierung Räume, die sich auf Plakaten und T-Shirts auf Karl Marx und den Kommunismus bezieht. Die Stimmen häufen sich, die dieser Gruppierung mit Verweis auf eine angeblich grundgesetzfeindliche linksextremistische Gesinnung und eine gefährliche Nähe zur ehemaligen DDR die Räume verwehren wollen. Um sich eine eigene Meinung zu bilden, verschaffen Sie sich einen Einblick in das Gedankengut des Marxismus und des Kommunismus.

Sie ERARBEITEN, wie Karl Marx und Friedrich Engels die bisherige Geschichte erklären und wie sie sich eine künftige Entwicklung vorstellen (M 1 bis M 4). Sie ERLÄUTERN Unterschiede und Gemeinsamkeiten zum Manifest der kommunistischen Partei in der Rede von Karl Marx in Den Haag 1872 (M 5). Sie BEURTEILEN dann anhand einer Grafik (M 6), inwiefern die russische Gesellschaft vor dem Ersten Weltkrieg in Marx' und Engels' Theorien passt. Sie NEHMEN danach STELLUNG dazu, ob Lenins Vorgehen in Russland im Sinne des Marxismus gerechtfertigt werden kann (M 7). Sie ERLÄUTERN schließlich, was Maxim Gorki mit dieser Anekdote über Lenin aussagen möchte (M 8). Neben den USA tritt 1917 mit der Russischen Revolution noch eine zweite Kraft auf, die den Anspruch hat, die Welt zu verändern. Aufbauend auf M 9 und M 10 BEURTEILEN Sie Unterschiede und Gemeinsamkeiten.

UNTERSUCHEN Sie, welche Gedanken von Marx und Lenin in der Verfassung der UdSSR von 1977 zu finden sind. NEHMEN Sie nun STELLUNG dazu, ob bzw. inwiefern der Bezug auf Karl Marx und den Kommunismus einen Widerspruch zur freiheitlich-demokratischen Ordnung des Grundgesetzes darstellt.

Materialauswahl

Zum Verständnis von Ideen und Ideologien kommt man um die Lektüre theoretischer Texte nicht herum. Ein sinnvoller Einstieg in das Gedankengut von Karl Marx und Friedrich Engels stellt ihre Schrift „Manifest der kommunistischen Partei" dar, die Ihnen in Auszügen in diesem Kapitel begegnen wird (M 1–M 3). Ihr wird eine späte Rede von Karl Marx aus Den Haag gegenübergestellt (M 5). In den Texten von Rosa Luxemburg, Wladimir Iljitsch Lenin und Maxim Gorki finden Sie Überlegungen vor, die jeweils auf ihre eigene Weise stark vom Marxismus beeinflusst worden sind (M 7, M 8, M 10). Die Verfassung der UdSSR lässt die Langzeitwirkung der leninistischen Interpretation von Marx' Ideen und deren Auswirkungen auf die Lebenswirklichkeit der Menschen in der UdSSR erkennen (M 11, M12). Stellvertretend für den Einfluss von Massenmedien bei der Verbreitung bolschewistischer Ideen begegnet Ihnen ein Propagandaplakat aus dem Jahr 1920 (M 9).

Karl Marx, der Begründer des Marxismus, wurde 1818 in Trier geboren. Er studierte in Bonn und Berlin Staatswissenschaften (dies entspricht einer Mischung aus der heutigen Volkswirtschaftslehre und der Politikwissenschaft), Philosophie und Geschichte. Da er sich im Vormärz für die liberale Bewegung engagierte und in diesem Sinn auch publizierte, musste er 1843 mit seiner Frau Jenny nach Paris flüchten. Dort verfasste er zusammen mit Friedrich Engels Schriften über den Sozialismus und den Kommunismus. Über Brüssel und Köln gelangte Marx schließlich nach London, wo er 1883 starb. Zu seinen Hauptwerken gehören das „Manifest der kommunistischen Partei“ und „Das Kapital“. Neben seiner schriftstellerischen Tätigkeit engagierte sich Marx auch immer in der internationalen Arbeiterbewegung.

Karl Marx, Porträt aus dem Jahr 1860

1. Erarbeiten Sie, wie Karl Marx und Friedrich Engels die bisherige Geschichte erklären und wie sie sich eine künftige Entwicklung vorstellen (M 1 bis M 4).
   Erläutern Sie Unterschiede und Gemeinsamkeiten zum Manifest der kommunistischen Partei in Marx‘ Rede in Den Haag 1872 (M 5).

Karl Marx über den bisherigen Gang der Geschichte

M 1

[...] Die Geschichte aller bisherigen Gesellschaft ist die Geschichte von Klassenkämpfen.

Freier und Sklave, Patrizier und Plebejer, Baron und Leibeigner, Zunftbürger und Gesell, kurz, Unterdrücker und Unterdrückte standen in stetem Gegensatz zu einander, führten einen ununterbrochenen, bald versteckten, bald offenen Kampf, einen Kampf, der jedesmal mit einer revolutionären Umgestaltung der ganzen Gesellschaft endete, oder mit dem gemeinsamen Untergang der kämpfenden Klassen. [...]

Die aus dem Untergange der feudalen Gesellschaft hervorgegangene moderne bürgerliche Gesellschaft hat die Klassengegensätze nicht aufgehoben. Sie hat nur neue Klassen, neue Bedingungen der Unterdrückung, neue Gestaltungen des Kampfes an die Stelle der alten gesetzt.

Unsere Epoche, die Epoche der Bourgeoisie, zeichnet sich jedoch dadurch aus, daß sie die Klassengegensätze vereinfacht hat. Die ganze Gesellschaft spaltet sich mehr und mehr in zwei große feindliche Lager, in zwei große einander direkt gegenüberstehende Klassen – Bourgeoisie und Proletariat. [...]

Quelle: Marx; Engels: Das Kommunistische Manifest, in: Ausgewählte Schriften in zwei Bänden, Bd. 1, 1970, S. 26.

M 2 Karl Marx über Verelendung und Revolution

[...] Alle bisherigen Bewegungen waren Bewegungen von Minoritäten oder im Interesse von Minoritäten. Die proletarische Bewegung ist die selbständige Bewegung der ungeheuren Mehrzahl im Interesse der ungeheuren Mehrzahl. Das Proletariat, die unterste Schichte der jetzigen Gesellschaft, kann sich nicht erheben, nicht aufrichten, ohne daß der ganze Ueberbau der Schichten, die die offizielle Gesellschaft bilden, in die Luft gesprengt wird.

[...] Alle bisherige Gesellschaft beruhte, wie wir gesehn haben, auf dem Gegensatz unterdrückender und unterdrückter Klassen. Um aber eine Klasse unterdrücken zu können, müssen ihr Bedingungen gesichert sein, innerhalb derer sie wenigstens ihre knechtische Existenz fristen kann. Der Leibeigene hat sich zum Mitglied der Kommune in der Leibeigenschaft herangearbeitet, wie der Kleinbürger zum Bourgeois unter dem Joch des feudalistischen Absolutismus. Der moderne Arbeiter dagegen, statt sich mit dem Fortschritt der Industrie zu heben, sinkt immer tiefer unter die Bedingungen seiner eignen Klasse herab. Der Arbeiter wird zum Pauper, und der Pauperismus entwickelt sich noch rascher als Bevölkerung und Reichthum.

Es tritt hiermit offen hervor, daß die Bourgeoisie unfähig ist, noch länger die herrschende Klasse der Gesellschaft zu bleiben und die Lebensbedingungen ihrer Klasse der Gesellschaft als regelndes Gesetz aufzuzwingen. Sie ist unfähig zu herrschen, weil sie unfähig ist, ihrem Sklaven die Existenz selbst innerhalb seiner Sklaverei zu sichern, weil sie gezwungen ist, ihn in eine Lage herabsinken zu lassen, wo sie ihn ernähren muß, statt von ihm ernährt zu werden. Die Gesellschaft kann nicht mehr unter ihr leben, d. h., ihr Leben ist nicht mehr verträglich mit der Gesellschaft.

Die wesentlichste Bedingung für die Existenz und für die Herrschaft der Bourgeoisklasse ist die Anhäufung des Reichthums in den Händen von Privaten, die Bildung und Vermehrung des Kapitals, die Bedingung des Kapitals ist die Lohnarbeit. Die Lohnarbeit beruht ausschließlich auf der Konkurrenz der Arbeiter unter sich. Der Fortschritt der Industrie, dessen willenloser und widerstandsloser Träger die Bourgeoisie ist, setzt an die Stelle der Isolierung der Arbeiter durch die Konkurrenz ihre revolutionäre Vereinigung durch die Association. Mit der Entwicklung der großen Industrie wird also unter den Füßen der Bourgeoisie die Grundlage selbst weggezogen, worauf sie produziert, und die Produkte sich aneignet. Sie produziert vor allem ihren eigenen Todtengräber. Ihr Untergang und der Sieg des Proletariats sind gleich unvermeidlich. [...]

Quelle: Marx; Engels: Das Kommunistische Manifest, in: Ausgewählte Schriften in zwei Bänden, Bd. 1, 1970, S. 36 f.

M 3 Karl Marx über die Diktatur des Proletariats

[...] Die kommunistische Revolution ist das radikalste Brechen mit den überlieferten Eigentumsverhältnissen; kein Wunder, daß in ihrem Entwicklungsgange am radikalsten mit den überlieferten Ideen gebrochen wird.

[...] Das Proletariat wird seine politische Herrschaft dazu benutzen, der Bourgeoisie nach und nach alles Kapital zu entreißen, alle Produktionsinstrumente in den Händen des Staats, d. h. des als herrschende Klasse organisierten Proletariats, zu zentralisieren und die Masse der Produktionskräfte möglichst rasch zu vermehren.

Es kann dies natürlich zunächst nur geschehen vermittelst despotischer Eingriffe in das Eigentumsrecht und in die bürgerlichen Produktionsverhältnisse, durch Maßregeln also, die ökonomisch unzureichend und unhaltbar erscheinen, die aber im Lauf der Bewegung über sich selbst hinaustreiben und als Mittel zur Umwälzung der ganzen Produktionsweise unvermeidlich sind. [...]

Sind im Laufe der Entwicklung die Klassenunterschiede verschwunden und ist alle Produktion in den Händen der assoziierten Individuen konzentriert, so verliert die öffentliche Gewalt den politischen Charakter. Die politische Gewalt im eigentlichen Sinne ist die organisierte Gewalt einer Klasse zur Unterdrückung einer andern. Wenn das Proletariat im Kampfe gegen die Bourgeoisie sich notwendig zur Klasse vereint, durch eine Revolution sich zur herrschenden Klasse macht und als herrschende Klasse gewaltsam die alten Produktionsverhältnisse aufhebt, so hebt es mit diesen Produktionsverhältnissen die Existenzbedingungen des Klassengegensatzes, die Klassen überhaupt, und damit seine eigene Herrschaft als Klasse auf.

An die Stelle der alten bürgerlichen Gesellschaft mit ihren Klassen und Klassengegensätzen tritt eine Assoziation, worin die freie Entwicklung eines jeden die freie Entwicklung aller ist. [...]

Quelle: Marx; Engels: Das Kommunistische Manifest, in: Ausgewählte Schriften in zwei Bänden, Bd. 1, 1970, S. 48.

Die Entwicklung der menschlichen Gesellschaft nach Marx

M 4

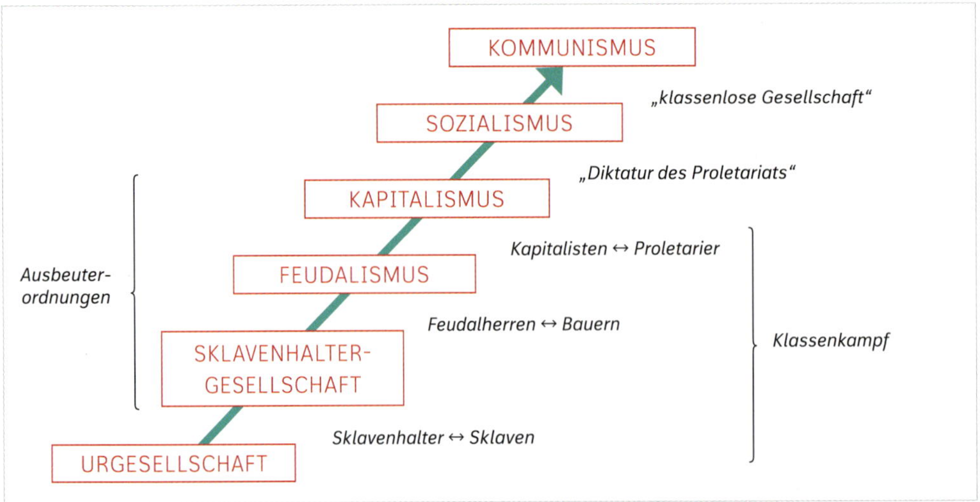

Quelle: Osburg, Florian: Tafelbilder im Geschichtsunterricht, 2. Aufl., Berlin, Volk und Wissen, 1975, S. 104.

M 5 Karl Marx über friedliche Formen der Revolution (1872)

[...] Der Arbeiter muß eines Tages die politische Gewalt ergreifen, um die neue Organisation der Arbeit aufzubauen [...]. Aber wir haben nicht behauptet, daß die Wege, um zu diesem Ziel zu gelangen, überall dieselben seien.

Wir wissen, daß man die Institutionen, die Sitten und die Traditionen der verschiedenen Länder berücksichtigen muß, und wir leugnen nicht, daß es Länder gibt, wie Amerika, England, und wenn mir eure Institutionen besser bekannt wären, würde ich vielleicht auch Holland hinzufügen, wo die Arbeiter auf friedlichem Wege zu ihrem Ziel gelangen können. Wenn das wahr ist, müssen wir auch anerkennen, daß in den meisten Ländern des Kontinents der Hebel unserer Revolutionen die Gewalt sein muß. [...]

Quelle: Marx: Rede über den Haager Kongreß, in: Marx, 1998, S. 359.

2. Beurteilen Sie anhand der Grafik M 6, inwiefern die russische Gesellschaft vor dem Ersten Weltkrieg in Marx' und Engels' Theorien passt. Nehmen Sie Stellung, ob Lenins Vorgehen in Russland im Sinne des Marxismus gerechtfertigt werden kann (M 7). Erläutern Sie, was Maxim Gorki mit dieser Anekdote über Lenin aussagen möchte (M 8).

M 6 Die russische Gesellschaft vor der Revolution

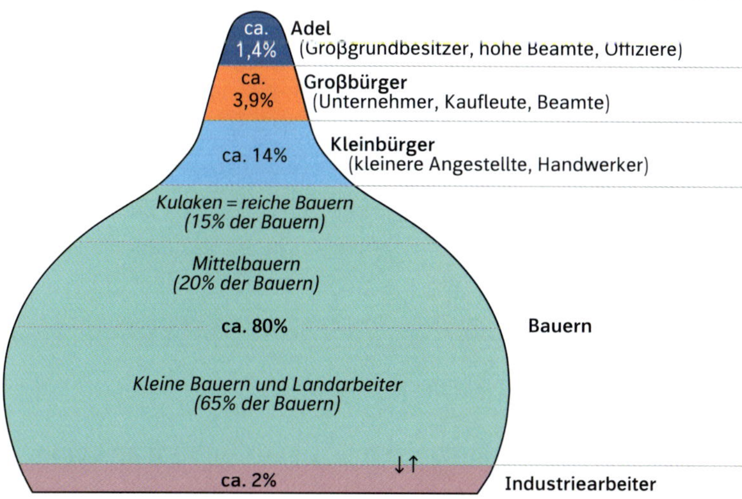

Besonderheit der russischen Gesellschaft: **Intelligenzija**
(Angehörige aller Schichten, bes. Studenten und Gebildete)

Quelle: Schmid: Fragen an die Geschichte – Das 20. Jahrhundert, 1999, S. 130.

Russische Revolution

In Russland hatte im Vergleich zu Westeuropa die Industrialisierung erst spät begonnen und noch kaum Veränderungen bewirkt. Auch soziale oder politische Veränderungen waren im 19. Jahrhundert ausgeblieben: Nach wie vor regierte der Zar autoritär, ein Bürgertum, wie es in Europa Stück für Stück einflussreicher geworden war, existierte kaum. Auf dem Land herrschten die gleichen feudalen Strukturen wie im Mittelalter.

Erst im Ersten Weltkrieg brachte der Unwillen über verlustreiche Schlachten und Versorgungsengpässe das Fass zum Überlaufen. Arbeiter- und Soldatenräte (russisch: Sowjets) bildeten sich, auch in der Duma, der Volksvertretung im zaristischen Russland, bekamen revolutionäre Strömungen die Oberhand. In dieser revolutionären Stimmung wurde eine neue Regierung aus gemäßigten Sozialisten und bürgerlich-liberalen Parteien gebildet, die sich zum Ziel setzte, eine parlamentarische Demokratie auszubilden, soziale Reformen in Gang zu bringen, aber auch den Krieg weiterzuführen.

Im April 1917 kehrte der Führer der radikalen Sozialisten, der Bolschewisten, der sich Lenin nannte, nach Russland aus dem Schweizer Exil zurück. Unterstützt wurde er durch die deutsche Reichsregierung, die sich davon eine Schwächung des Kriegsgegners Russland erhoffte. Da sich die provisorische russische Regierung nur zögerlich an Reformen wagte, der Krieg von der Mehrheit der Bevölkerung abgelehnt wurde und ein rechter Putschversuch nur mithilfe der Bolschewisten abgewehrt werden konnte, verlor die Regierung immer mehr an Einfluss und die Propaganda der Bolschewisten fand einen immer besseren Boden, der Umsturz rückte näher.

Unter Führung des bolschewistischen Revolutionärs Trotzki übernahm der Petrograder Sowjet den Befehl über die dortige Garnison. Auf diese Weise gelang den Bolschewisten der Staatsstreich in Petrograd und wenige Tage später in Moskau. Die Provisorische Regierung wurde vom Rat der Volkskommissare abgelöst, dessen Vorsitz Lenin übernahm. Umgehend wurden in den „Umsturzdekreten“ durch die Enteignung des Großgrundbesitzes und die Verstaatlichung der Industrie tief greifende Veränderungen des Gesellschaftssystems herbeigeführt.

Die von Lenin versprochenen Wahlen zur Nationalversammlung fanden im Spätherbst statt. Als die Bolschewisten in der Nationalversammlung keine Mehrheit bekamen und sich nicht durchsetzen konnten, löste Lenin diese gewaltsam auf mit der Begründung, „dass in der Periode des sozialistischen Aufbaus eine Diktatur bestehen muss, um den Sieg des Bolschewismus zu sichern“.

Aus den Widerständen gegen die bolschewistische Diktatur, zu der noch nationalistische Unabhängigkeitsbewegungen (z. B. Polen, Ukrainer, Armenier) kamen und die von ausländischen Truppen unterstützt wurden (auch in westlichen Ländern fürchtete man eine Ausbreitung des Bolschewismus), entwickelte sich ein blutiger Bürgerkrieg, der ca. 6,4 Millionen Menschen das Leben kostete. 1922 gründete sich der neue Staat der „Union der Sozialistischen Sowjetrepubliken“/UdSSR.

Kritik der deutschen Kommunistin Rosa Luxemburg an Lenin: M 7

[...] Lenin [...] vergreift [...] sich völlig im Mittel ... Der einzige Weg zur Wiedergeburt ist die Schule des öffentlichen Lebens selbst, uneingeschränkteste breiteste Demokratie, öffentliche Meinung. Gerade die Schreckensherrschaft demoralisiert [...]. Mit dem Erdrücken des politischen Lebens im ganzen Lande muss auch das Leben in den Sowjets immer mehr erlahmen. Ohne allgemeine

Wahlen, ungehemmte Presse- und Versammlungsfreiheit, freien Meinungskampf erstirbt das Leben in jeder öffentlichen Institution, wird zum Scheinleben, in dem die Bürokratie allein das tätige Element bleibt. Das öffentliche Leben schläft allmählich ein, einige Dutzend Parteiführer von unerschöpflicher Energie und grenzenlosem Idealismus dirigieren und regieren, unter ihnen leitet in Wirklichkeit ein Dutzend hervorragender Köpfe und eine Elite der Arbeiterschaft wird von Zeit zu Zeit zu Versammlungen aufgeboten, den Reden der Führer Beifall zu klatschen, vorgelegten Resolutionen einstimmig zuzustimmen, im Grunde also eine Cliquenwirtschaft – eine Diktatur allerdings, aber nicht die Diktatur des Proletariats, sondern die Diktatur einer Handvoll Politiker, d. h. Diktatur im bürgerlichen Sinne ... Freiheit nur für die Anhänger der Regierung, nur für die Mitglieder einer Partei – mögen sie auch noch so zahlreich sein – ist keine Freiheit. Freiheit ist immer nur Freiheit des anders Denkenden. [...]

Quelle: Luxemburg: Politische Schriften, Bd. 3, 1968, S. 134 ff.

M 8 Maxim Gorki über Lenin:

[...] Eines Abends in Moskau, in der Wohnung von E. P. Peschkowa, sagte Lenin, als er einer Beethoven-Sonate lauschte, die Isai Dobrowejn spielte: „Ich kenne nichts Besseres als die ‹Appassionata›, ich könnte sie jeden Tag hören. Eine erstaunliche, nicht menschliche Musik. Ich denke immer voller Stolz, der vielleicht naiv ist: Was für Wunder können die Menschen vollbringen!"

Und mit zusammengekniffenen Augen und einem kurzen Lachen fügte er nicht besonders fröhlich hinzu: „Doch kann ich die Musik nicht oft hören, sie greift die Nerven an, man möchte liebevolle Dummheiten sagen und den Menschen die Köpfe streicheln, die in einer widerwärtigen Hölle leben und so etwas Schönes schaffen können. Aber heutzutage darf man niemanden den Kopf streicheln – die Hand wird einem abgebissen, man muß auf die Köpfe einschlagen, mitleidslos einschlagen, obwohl wir, unserem Ideal nach, gegen jede Gewaltanwendung gegenüber Menschen sind. Hm-hm, ein teuflisch schweres Amt!"

Quelle: Gorki: Erinnerungen an Zeitgenossen, 1962, S. 212 f.

3. Neben den USA tritt 1917 mit der Russischen Revolution noch eine zweite Kraft auf, die den Anspruch hat, die Welt zu verändern.
Beurteilen Sie aufbauend auf M 9 und M 10 Unterschiede und Gemeinsamkeiten.

Revolution mit globalem Anspruch

M 9

Genosse Lenin säubert die Erde vom Unrat, Propagandaplakat, UdSSR, 1920

Lenin 1919 zur Weltrevolution

M 10

Es wird immer klarer, dass die über die ganze Welt heraufziehende sozialistische Revolution keinesfalls nur in dem Sieg des Proletariats eines jeden Landes über die eigene Bourgoisie bestehen wird [...]. Wir wissen aber, dass die Imperialisten das nicht zulassen werden, dass alle Länder gegen ihren inneren Bolschewismus gerüstet und nur mit dem Gedanken beschäftigt sind, wie sie den Bolschewismus bei sich zu Lande besiegen können. Somit wird die sozialistische Revolution nicht nur und nicht hauptsächlich ein Kampf der revolutionären Proletarier eines jeden Landes gegen die eigene Bourgoisie sein, nein, sie wird ein Kampf aller vom Imperialismus unterdrückten Kolonien und Länder, aller abhängigen Länder gegen den internationalen Imperialismus sein.

Quelle: Weber (Hg.): Lenin. Aus den Schriften 1895–1923, 1967, S. 233.

4. Untersuchen Sie, welche Gedanken von Marx und Lenin in der Verfassung der UdSSR von 1977 zu finden sind.

M 11 Sowjetische Verfassung von 1977, bis zum Ende der UdSSR in Kraft

Die Große Sozialistische Oktoberrevolution, von den Arbeitern und Bauern Rußlands unter Führung der Kommunistischen Partei mit Wladimir I. Lenin an der Spitze vollbracht, stürzte die Macht der Kapitalisten und Gutsbesitzer, sprengte die Fesseln der Unterdrückung, errichtete die Diktatur des Proletariats und schuf den Sowjetstaat – einen Staat neuen Typs – als Hauptinstrument zum Schutze der revolutionären Errungenschaften und zum Aufbau des Sozialismus und Kommunismus zum Sozialismus. [...]

Artikel 1. Die Union der Sozialistischen Sowjetrepubliken ist ein sozialistischer Staat des ganzen Volkes, der den Willen und die Interessen der Arbeiter, der Bauern und der Intelligenz, der Werktätigen aller Nationen und Völkerschaften des Landes zum Ausdruck bringt. [...]

Artikel 6. Die führende und lenkende Kraft der sowjetischen Gesellschaft, der Kern ihres politischen Systems, der staatlichen Organe und gesellschaftlichen Organisationen ist die Kommunistische Partei der Sowjetunion (KPdSU). Die KPdSU ist für das Volk da und dient dem Volk. Mit der marxistisch-leninistischen Lehre ausgerüstet, legt die Kommunistische Partei die Grundrichtung der gesellschaftlichen Entwicklung, die Linie der Innen- und Außenpolitik der UdSSR fest, leitet sie die große schöpferische Tätigkeit des Sowjetvolkes und verleiht seinen Kampf für den Sieg des Kommunismus planmäßigen, wissenschaftlich begründeten Charakter.

Quelle: Georg Brunner, Boris Meissner (Hgg.): Verfassungen der kommunistischen Staaten, Paderborn/München/Wien/Zürich, Schöningh, 1980, S. 385–387.

M 12 Sowjetverfassung 1977

Briefmarke aus der Sowjetunion, 1977

DAS WICHTIGSTE IN KÜRZE

Karl Marx und Friedrich Engels

Als das Zeitalter der **Industrialisierung** und die bürgerlichen Revolutionen zumindest West- und Mitteleuropa verändert hatten und die Verelendung weiter Teile der Fabrikarbeiter unübersehbar geworden war, entwickelten **Karl Marx** und **Friedrich Engels** eine neue Betrachtungsweise von Geschichte und Gesellschaft. Ihrer Idee vom historischen Materialismus entsprechend war die Geschichte eine Abfolge von Klassenkämpfen, in denen es bislang darum gegangen ist, Produktionsmittel zu besitzen und dadurch Herrschaft über andere ausüben zu können. Der Grundbesitz als das wesentliche Produktionsmittel des Mittelalters, dessen Wirtschaftssystem sie als „Feudalismus" (lat. feudum = Land) bezeichnen, war inzwischen vom Kapital abgelöst worden. Damit war die Ausbeutung von Menschen in eine neue Phase gekommen: Da sich Kapital im Gegensatz z. B. zu Naturalien in unbegrenzter Masse anhäufen lässt, kennt im Kapitalismus auch die Ausbeutung keine Grenzen. Durch das soziale Absinken immer größerer Volksmassen stehen immer mehr günstige Arbeitskräfte zur Verfügung. Den immer größeren Profiten aufseiten immer weniger Menschen steht daher die Verelendung von immer mehr Menschen gegenüber.

Allerdings schafft der **Kapitalismus** durch seinen Zwang zu immer effektiveren Arbeiten – z. B. durch die fortschreitende Mechanisierung – die theoretische Möglichkeit, alle Menschen ohne zu viel Arbeit angemessen zu versorgen. Kapitalismus und bürgerliche Gesellschaft waren in den Augen von Marx und Engels daher eine historische Phase, die nicht übersprungen werden durfte.

Die Zukunft sahen Marx und Engels in einer mehr oder weniger nahen Revolution: Da bald eine große Zahl von stupider, aber anstrengender Arbeit und schlechten Lebensverhältnissen psychisch wie physisch verelendeter Menschen einer kleinen Gruppe, die großen Reichtum akkumuliert hat, gegenüberstehen wird, sahen sie den Zusammenbruch oder die Revolution der gesellschaftlichen Verhältnisse als unvermeidbar an.

Allerdings sollte es nun in der Revolution nicht um die Bereicherung einer neuen Klasse mit Produktionsmitteln gehen - dieser Kreislauf sollte vielmehr durchbrochen werden. In einer Phase des Sozialismus sollten Produktionsmittel vielmehr vergemeinschaftet werden, sodass in Zukunft ein Leben ohne Unterdrückung, Entfremdung und Ausbeutung möglich wäre. Dieses angestrebte Fernziel der Geschichte bezeichnen Marx und Engels als „Kommunismus".

Dass die Revolution und die Phase des Sozialismus mit Gewalt, Krieg und Entbehrungen verbunden sein werden, darüber machten sich bereits Marx und Engels keine Illusionen. Allerdings beobachtete Marx in der zweiten Hälfte des 19. Jahrhunderts auch Ansätze zur Demokratisierung von Gesellschaften und räumte ein, dass es auch demokratische Wege zum **Kommunismus** geben müsse.

DAS WICHTIGSTE IN KÜRZE

Lenin und die Revolution in Russland

Ausgerechnet in einem Land, in dem es kaum Kapitalisten und kaum Industriearbeiter gab, sondern in dem größtenteils noch der Feudalismus des Mittelalters herrschte, sollte der folgenreichste Versuch einer sozialistischen Revolution unternommen werden. **Wladimir Iljitsch Lenin** gelang es durch geschickte Propaganda, vor allem aber durch strategisch geschickte gewaltsame Aktionen die Macht in Russland für sich und seine Bolschewisten, eine Gruppe radikaler kommunistischer Revolutionäre, in Beschlag zu nehmen.

Lenins Ansicht nach war eine Revolution nur möglich, wenn eine Gruppe entschlossener Revolutionäre ohne Rücksicht auf demokratische Mehrheiten handelte und vollendete Tatsachen schaffte. In diesem Sinne verstand er auch unter der von Marx und Engels angedachten „Diktatur des Proletariats" die Diktatur seiner Partei, der **Bolschewisten**. Die Revolution führte Russland in einen blutigen Bürgerkrieg, der ca. 6,4 Millionen Menschen das Leben kostete, an dessen Ende Lenin aber die „Union der Sozialistischen Sowjetrepubliken", die **UdSSR**, ausrufen konnte. Das politische System der UdSSR blieb bis zu ihrem Ende von der leninistischen Parteiendiktatur geprägt.

Welches Urteil Karl Marx und Friedrich Engels über den in der Sowjetunion praktizierten und von dort in die Staaten des Ostblocks exportierten „real existierenden Sozialismus" gefällt hätten, können wir heute nicht wissen. Sicherlich hätte Marx Zweifel daran gehabt, dass man die historische Phase der bürgerlichen Revolutionen und des Kapitalismus einfach überspringen kann, wie dies in der Sowjetunion versucht wurde. Möglicherweise hätte er auch nicht geglaubt, dass seine im Kern emanzipatorischen Ideen und Heilsversprechen zur dauerhaften Legitimation autoritärer Regime herangezogen werden würden. Abseits solcher Spekulationen steht fest: Seine Ideen waren – zum Teil anders interpretiert – im 20. Jahrhundert auch außerhalb des Ostblocks wirksam und werden Ihnen in diesem Buch noch begegnen.

FESTIGUNG – VERTIEFUNG

Weitere Herangehensweisen

- Gestalten Sie ein Erklärvideo, in dem Sie den Marxismus oder die Russische Revolution erläutern.

Vertiefende Aspekte

- Analysieren Sie aktuelle Parteiprogramme. Untersuchen Sie, welche Schlüsselbegriffe des Marxismus jeweils verwendet werden und wie diese definiert werden.
- „Je ne suis pas marxiste“ - „Ich bin kein Marxist“ - mit diesem Zitat aus dem Jahr 1870 hat Karl Marx für viel Verwirrung bei den Anhängern seiner Lehre gesorgt. Erläutern Sie, was er damit gemeint haben könnte.
- „Verelendung“ und „Akkumulation“ - definieren Sie diese Schlüsselbegriffe genauer, und beurteilen Sie, ob sie auf heutige ökonomische und soziale Phänomene angewendet werden können.
- Stellen Sie in einem Referat die weitere Entwicklung der UdSSR unter Lenin und Stalin dar.

Weiterführende Quellen und Hinweise

H 1 Woodfin, Rupert; Zarate, Oscar: Marxismus [ein Sachcomic], Überlingen, Bern, TibiaPress, 2011. Etwas mehr Einblick in Karl Marx und sein Gedankengut erhält man in diesem undogmatischen und unterhaltsamen Sachcomic.

H 2 Marx, Karl; Engels, Friedrich: Manifest der Kommunistischen Partei, Stuttgart 2014. Zum Einstieg in die „richtige“ Lektüre der Schriften von Karl Marx und Friedrich Engels empfiehlt sich das „Manifest“, z. B. in der Edition aus der Reihe „Was bedeutet das alles?“ des Reclam-Verlages.

H 3 Rosa Luxemburg, Spielfilm, Tschechoslowakei/Deutschland 1986, Buch und Regie: Margarethe von Trotta (als DVD erhältlich). Der mehrfach ausgezeichnete Autorenfilm erzählt die Geschichte der deutsch-polnischen Revolutionärin Rosa Luxemburg und zeichnet gleichzeitig ein eindringliches Bild der deutschen Gesellschaft vor und während des Ersten Weltkriegs.

H 4 Panzerkreuzer Potemkin, Spielfilm, Russland 1925, Buch: Nina Ferdinandowna Agadschanowa, Regie: Sergei Eisenstein (als DVD erhältlich). Der Stummfilm des Regisseurs Sergei Eisenstein wurde am 21. Dezember 1925 im Moskauer Bolschoi-Theater als offizieller Jubiläumsfilm zur Feier der Revolution des Jahres 1905 uraufgeführt. Mit virtuoser und bahnbrechend moderner Filmsprache werden die historischen Ereignisse zu einer Veranschaulichung der leninistischen Revolutionstheorie stilisiert.

2.3 Ende der Anti-Hitler-Koalition und Beginn der bipolaren Welt

Forschungsinteresse und Kompetenzerwerb

Winston Churchill sagte in einer Rede am 5. März 1946: „From Stettin in the Baltic to Trieste in the Adriatic an iron curtain has descended across the Continent." Im folgenden Abschnitt beschäftigen Sie sich mit dem Ende der Anti-Hitler-Koalition und mit dem Beginn der bipolaren Welt. Gegen den gemeinsamen Feind standen die Siegermächte des Zweiten Weltkriegs noch vereint, doch dies änderte sich rasch und eine Zweiteilung Europas manifestierte sich. Die Containment-Politik als Strategie diplomatischen Handelns zementierte den Status quo zwischen dem kapitalistischen Westen und dem sozialistischen Osten. In der Auseinandersetzung mit der Argumentation beider Lager erkennen Sie den Wert der Freiheit und der Menschenrechte.

Vorgehen

Ihre Schule nimmt am bayernweiten Wettbewerb zum Thema „Diplomatie gestern – heute – morgen" mit einem Radiofeature als eigenem Beitrag teil. Ihre Projektgruppe ist verantwortlich für den historischen Teil. Sie entscheiden sich für eine Auseinandersetzung mit der Nachkriegszeit und dem Übergang von der Anti-Hitler-Koalition zur bipolaren Welt.

Zu Beginn VERSCHAFFEN Sie sich anhand von Kartenmaterial EINEN ÜBERBLICK über die Ausdehnung des sowjetischen Machtbereichs zwischen 1937 und 1945. Ausgehend vom Telegramm Churchills VOLLZIEHEN Sie den Wandel der Allianzen NACH. Sie ANALYSIEREN den Stellenwert des Marshallplans für die Spaltung Europas und SETZEN SICH mit der sowjetischen Perspektive in Bezug auf die Entwicklungen kritisch AUSEINANDER. Sie ORDNEN anschließend die Maßnahmen im Zuge der Berlin-Blockade in die gesamthistorische Gemengelage EIN.

GESTALTEN Sie nun das Radiofeature und GEHEN Sie darin insbesondere auf die diplomatischen Herausforderungen dieser Zeit EIN.

Materialauswahl

Zum Einstieg und zur Abrundung steht Ihnen Kartenmaterial zur Verfügung, das die komplexen Entwicklungen dieser Zeitperiode visualisiert. Sie arbeiten mit der Kommunikation zwischen den beteiligten Regierungschefs und hochrangigen Politikern beider Seiten. Auf dieser Basis bewerten Sie historische Sinnbildungen unter dem Gesichtspunkt der Perspektivität und bauen dadurch ein reflektiertes Geschichtsbewusstsein auf. Ein darstellender Text ordnet die Ausrichtung der US-Politik in den gesamthistorischen Rahmen ein. Die Karikatur und das Schaubild zum Marshallplan ergänzen die Textquellen.

1. Verschaffen Sie sich anhand von Kartenmaterial einen Überblick über die Ausdehnung des sowjetischen Machtbereichs zwischen 1937 und 1945.

Ausdehnung des sowjetischen Machtbereichs

M 1

Darstellung der Ausdehnung des Machtbereichs der Sowjetunion 1937 bis 1945

2. Vollziehen Sie den Wandel der Allianzen anhand des Telegramms und des darstellenden Textes nach.

M 2 „Der eiserne Vorhang“

Telegramm des britischen Premierministers Winston Churchill an US Präsident Harry Truman, 12. Mai 1945:

Die Lage in Europa beunruhigt mich zutiefst. [...] Es liegt offen zutage, daß unsere bewaffnete Macht auf dem europäischen Kontinent binnen kurzem dahinschwinden wird und dort nur noch bescheidene Kräfte zur Niederhaltung Deutschlands verbleiben.

[...] Ich habe mich stets um die Freundschaft der Russen bemüht; aber ihre falsche Auslegung der Jalta-Beschlüsse, ihre Haltung gegen Polen, ihr überwältigender Einfluß auf dem Balkan bis hinunter nach Griechenland, die uns von ihnen in Wien bereiteten Schwierigkeiten, die Verkoppelung ihrer Macht mit der Besetzung und Kontrolle so ungeheurer und weiter Gebiete, die von ihnen inspirierte, kommunistische Taktik in so vielen anderen Ländern und vor allem ihre Fähigkeit, lange Zeit große Armeen im Felde stehen zu lassen, beunruhigen mich ebensosehr wie Sie. [...] Ein eiserner Vorhang ist vor [der sowjetischen] Front niedergegangen. Was dahinter vorgeht, wissen wir nicht. Es ist kaum zu bezweifeln, daß der gesamte Raum östlich der Linie Lübeck-Triest-Korfu schon binnen kurzem völlig in ihrer Hand sein wird. Zu all dem kommen noch die weiten Gebiete, die die amerikanischen Armeen zwischen Eisenach und der Elbe erobert haben, die aber, wie ich annehmen muß, nach der Räumung durch Ihre Truppen in ein paar Wochen gleichfalls der russischen Machtsphäre einverleibt sein werden. General Eisenhower wird alle nur möglichen Maßnahmen treffen müssen, um eine zweite Massenflucht der Deutschen nach Westen zu verhindern, wenn dieser enorme moskowitische Vormarsch ins Herz Europas erfolgt. [...] Damit werden uns russisch besetzte Territorien von vielen hundert Kilometer Tiefe wie ein breites Band von Polen abschneiden. [...]

Quelle: Lautemann; Schlenke (Hgg.). Weltkriege und Revolutionen 1914–1945, 1961, S. 574 f.

M 3 Umschwung der US-Politik

Der Wechsel der US-Politik von der Opposition gegen einen europäischen Zusammenschluss zu dessen Förderung lässt sich recht präzise auf das Jahr 1947 datieren. [...] Der folgenschwere Umschwung der amerikanischen Politik von der Zusammenarbeit mit der Sowjetunion zu der des „containment“, der Eindämmung des vermuteten Expansionsdrangs der Sowjetunion, fand statt, nachdem die USA und Großbritannien den Eindruck gewonnen hatten, dass Stalins Politik darauf ausgerichtet sei, in der dem Westen, bzw. Großbritannien, zugestandenen Einflusszone (Persien, Türkei, Griechenland) Fuß zu fassen. Den unmittelbaren Anlass lieferten die Ereignisse in Griechenland. Dort konnte sich die Regierung nur mit britischer Militärhilfe gegen kommunistische Kampfgruppen behaupten. Im Februar 1947 musste die Londoner Regierung einen Offenbarungseid leisten. Sie teilte der US-Regierung mit, dass Großbritannien seine Hilfe an Griechenland sofort einstellen müsse, unabhängig davon, welche Folgen sich daraus ergeben würden. Allein die Vereinigten Staaten besaßen die Statur, das durch den britischen Rückzug entstandene

Machtvakuum zu füllen, und wenn sie sich nicht dem Risiko aussetzen wollten, ihren Einfluss und ihr Prestige in Europa zu verlieren, hatten sie für Großbritannien einzuspringen. Sie übernahmen die britischen Verpflichtungen. Am 11. März 1947 verkündete Harry S. Truman in seiner berühmten Rede jene neue Maxime der amerikanischen Politik, die als „Truman Doktrin" in die Geschichte eingegangen ist.

Quelle: Brunn: Die europäische Einigung von 1945 bis heute, 2002, S. 38 ff.

3. Analysieren Sie den Stellenwert des Marshallplans für die Spaltung Europas.

M 4

Rede des amerikanischen Außenministers George C. Marshall an der Harvard Universität, 5. Juni 1947

Ich brauche Ihnen, meine Herren, nicht zu sagen, daß die Weltlage sehr ernst ist. Allen denkenden Menschen muß dies klar sein. [...]

Bei der Prüfung der Erfordernisse für den Wiederaufbau Europas wurden die Verluste an Menschenleben, die sichtbaren Zerstörungen von Städten, Fabriken, Bergwerken und Eisenbahnnetzen richtig eingeschätzt, doch wurde es im Laufe der verflossenen Monate offenbar, daß diese sichtbaren Zerstörungen wahrscheinlich weniger folgenschwer sind wie die Desorganisation des ganzen Gefüges der europäischen Wirtschaft. In den letzten zehn Jahren sind die Verhältnisse im höchsten Grade anomal gewesen. Die fieberhaften Vorbereitungen auf den Krieg und die noch fieberhafteren Anstrengungen für die Fortführung des Krieges haben alle Zweige des nationalen Wirtschaftslebens in Mitleidenschaft gezogen. [...] In vielen Ländern ist das Vertrauen in die eigene Währung schwer erschüttert. Das wirtschaftliche Gefüge Europas ist während des Krieges vollständig zusammengebrochen. [...]

Abgesehen von der demoralisierenden Wirkung auf die ganze Welt und der Möglichkeit der Entstehung von Unruhen als Folge der Verzweiflung der betroffenen Völker sind die Folgen für die Wirtschaft der Vereinigten Staaten offenkundig. Logischerweise müssen die Vereinigten Staaten alles, was in ihrer Macht steht, unternehmen, um zu der Rückkehr normaler wirtschaftlicher Verhältnisse beizutragen, denn ohne diese ist eine politische Stabilität und ein gesicherter Friede unmöglich. Unsere Politik richtet sich nicht gegen irgendein Land oder eine Anschauung, sondern gegen Hunger, Armut, Verzweiflung und Chaos. Ihr Ziel ist die Wiederbelebung einer leistungsfähigen Weltwirtschaft, die das Entstehen politischer und sozialer Zustände, in denen freiheitliche Einrichtungen gedeihen können, ermöglichen soll. Ich bin davon überzeugt, daß eine solche Hilfe nicht von Fall zu Fall, je nachdem sich Krisen entwickeln, gegeben werden sollte. Jede Hilfe die unsere Regierung in Zukunft gewähren mag, sollte Heilung und nicht bloß Linderung bringen. Ich bin davon überzeugt, daß jede Regierung, die am Wiederaufbau mitarbeiten will, die volle Unterstützung der Vereinigten Staaten finden wird. Eine Regierung aber, die darauf hinarbeitet, den Wiederaufbau anderer Länder zu behindern, kann von uns keine Hilfe erwarten. Darüber hinaus müssen Regierungen, politische Parteien oder Gruppen, die das menschliche Elend verewigen wollen, um davon politisch oder sonstwie zu profitieren, mit der Gegnerschaft der Vereinigten Staaten rechnen.

Es ist aber klar, daß, ehe die Vereinigten Staaten in ihren Anstrengungen, die Lage zu lindern und der europäischen Welt auf ihrem Weg zur Wiedergesundung zu helfen, ernstlich fortfahren können, die europäischen Länder in Bezug auf die Erfordernisse der Lage und des Anteils, den sie selbst übernehmen werden, zu einer Verständigung kommen müssen, um jede etwa von der Regierung der Vereinigten Staaten unternommene Aktion mit dem nötigen Nachdruck durchzuführen. Es wäre für die Regierung der Vereinigten Staaten weder angemessen noch wirkungsvoll, wenn sie in einseitiger Weise ein Programm aufstellen würde, das dazu bestimmt ist, Europa wirtschaftlich wieder auf eigene Füße zu stellen. Das ist Sache der Europäer. Ich glaube, daß die Initiative von Europa ausgehen muß. Die Rolle unseres Landes sollte in freundschaftlicher Hilfe bei dem Aufstellen eines europäischen Programms und in der späteren Unterstützung eines solchen bestehen, sofern es uns ausführbar zu sein scheint. Das Programm sollte von den europäischen Nationen gemeinsam aufgestellt und von einer Anzahl derselben, wenn nicht von allen, gebilligt sein. […]

Quelle: Marshall: Rede an der Harvard University, 5. Juni 1947, in: Bundeskanzleramt – Zentralbüro für ERP-Angelegenheiten in Zusammenarbeit mit der ECA Sondermission für Österreich (Hg.): Österreichisches ERP-Handbuch, 1950, S. 28–31.

M 5

Karikatur aus der britischen Besatzungszone, 17. Juli 1947: „Von dem Onkel dürft ihr nichts annehmen“

Marshallplan in Zahlen

M 6

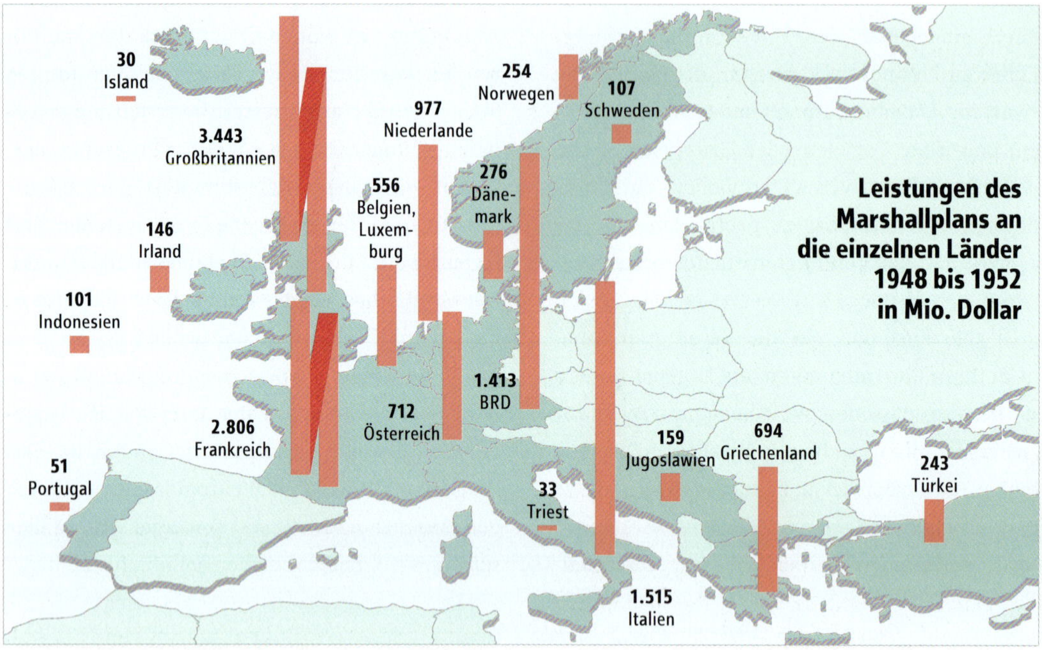

Leistungen des Marshallplans an die einzelnen Länder

4. Setzen Sie sich anschließend mit der sowjetischen Perspektive in Bezug auf die Entwicklungen kritisch auseinander.

Zwei Lager

M 7

Rede des Sowjetpolitikers Andrej Shdanows auf der Konferenz der kommunistischen Parteien Europas, 22. September 1947

Das durch den Zweiten Weltkrieg veränderte Kräfteverhältnis zwischen der Welt des Kapitalismus und der Welt des Sozialismus hat die Bedeutung der Außenpolitik des Sowjetstaates noch erhöht und die Maßstäbe seiner außenpolitischen Aktivität erweitert. Die Aufgabe der Sicherung eines gerechten demokratischen Friedens faßte alle Kräfte des antiimperialistischen und antifaschistischen Lagers zusammen. Auf dieser Grundlage wuchs und erstarkte die freundschaftliche Zusammenarbeit der UdSSR und der demokratischen Länder in allen Fragen der Außenpolitik. Diese Länder und vor allem die Länder der neuen Demokratie, Jugoslawien, Polen, die Tschechoslowakei und Albanien, die eine große Rolle in dem Befreiungskrieg gegen den Faschismus gespielt haben sowie Bulgarien, Rumänien, Ungarn und zum Teil auch Finnland, die sich der antifaschistischen Front in der Nachkriegsperiode angeschlossen haben, erwiesen sich als standhafte Kämpfer für den Frieden, für die Demokratie und für ihre Freiheit und Unabhängigkeit gegen alle Versuche der USA und Englands, ihre Entwicklung zurückzudrehen und sie erneut unter das imperialistische Joch zu zwingen.

[...] Bereits während des Zweiten Weltkrieges wuchsen in England und in den USA ständig die Aktivitäten der reaktionären Kräfte, die danach strebten, das gemeinsame Vorgehen der alliierten Mächte zu hintertreiben, den Krieg in die Länge zu ziehen, die UdSSR ausbluten zu lassen und die faschistischen Aggressoren vor einer vollständigen Zerschmetterung zu retten. Die Sabotierung der zweiten Front durch die angelsächsischen Imperialisten mit Churchill an der Spitze spiegelte klar diese Tendenz wider, die im Grunde genommen eine Fortsetzung der „München-Politik“ unter neuen, veränderten Verhältnissen darstellte. Aber solange der Krieg andauerte, wagten die reaktionären Kreise Englands und der USA nicht, der Sowjetunion und den demokratischen Ländern mit offenem Visier entgegenzutreten, weil sie sich wohl bewußt waren, daß die Sympathien der Volksmassen in der ganzen Welt ungeteilt auf der Seite der Sowjetunion und der demokratischen Länder waren. [...]

Bereits im Laufe der Besprechungen auf der Berliner Konferenz der drei Mächte im Juli 1945 zeigten die anglo-amerikanischen Imperialisten, daß sie nicht gewillt waren, die legitimen Interessen der Sowjetunion und der demokratischen Länder zu berücksichtigen.

Quelle: Lautemann; Schlenke (Hgg.):
Die Welt seit 1945, 1980, S. 156 f.

M 8 US-Diplomat George F. Kennan über die Beziehungen der USA zur UdSSR (1947)

In these circumstances it is clear that the main element of any United States policy toward the Soviet Union must be that of a long-term, patient but firm and vigilant containment of Russian expansive tendencies. [...] This would of itself warrant the United States entering with reasonable confidence upon a policy of firm containment, designed to confront the Russians with unalterable counterforce at every point where they show signs of encroaching upon the interest of a peaceful and stable world.

Quelle: X. "The Sources of Soviet Conduct".
Foreign Affairs 25, no. 4 (1947), S. 566–582.

5. Ordnen Sie nun die Maßnahmen im Zuge der Berlin-Blockade in die gesamthistorische Gemengelage ein.

Berlin-Blockade

M 9

[...] In der Nacht zum 24. Juni 1948 sperren sowjetische Truppen alle Zufahrtswege nach West-Berlin. Die Gas- und Stromversorgung der Westsektoren wird von Seiten des Sowjetsektors drastisch eingeschränkt. [...]

Die Westalliierten verteidigen ihre Rechte in Berlin. Auf Initiative von US-Militärgouverneur Lucius D. Clay stellen sie über eine Luftbrücke die Versorgung West-Berlins sicher. Mit fast 200.000 Flügen während der Berlin-Blockade werden rund 1,5 Millionen Tonnen lebenswichtiger Güter nach Berlin transportiert. Alle zwei bis drei Minuten landet eine Maschine auf einem der drei West-Berliner Flughäfen. „Rosinenbomber" werden die Flugzeuge im Volksmund genannt. Durch den zähen Durchhaltewillen der West-Berliner und die Unterstützung der Westmächte scheitert die Berlin-Blockade und wird nach fast einem Jahr im Mai 1949 aufgehoben.

[...]

Während der Blockade forcieren die Sowjets die Teilung Berlins. [...] Die Berliner Blockade ist ein erster Höhepunkt des Kalten Krieges. Sie lässt die USA zur „Schutzmacht" Berlins werden und trägt auch zur emotionalen Annäherung von Westalliierten und Westdeutschen bei.

Quelle: Grau; Haunhorst; Würz: Berlin-Blockade 1948 (Stand: 22.02.2016), in: Lebendiges Museum Online, Stiftung Haus der Geschichte der Bundesrepublik Deutschland, abgerufen unter: www.hdg.de/lemo/kapitel/nachkriegsjahre/doppelte-staatsgruendung/berlin-blockade-1948.html [02.12.2016].

M 10

Berliner beobachten die Landung eines „Rosinenbombers" auf dem Flughafen Tempelhof (1948).

M 11 Die bipolare Welt im Kalten Krieg

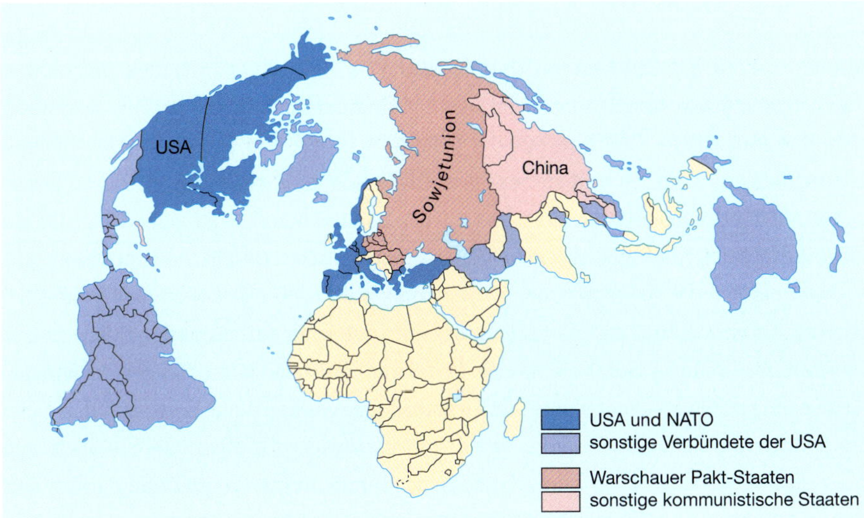

Grafische Darstellung der bipolaren Welt zur Zeit des Kalten Kriegs

Von der Vision der „Einen Welt" zur bipolaren Welt

Die Alliierten hatten vor Ende des Zweiten Weltkriegs eine gemeinsame Vision, die sich in der Unterzeichnung der Atlantik-Charta manifestierte: Durch eine Politik der „Einen Welt" sollte allen Völkern und Nationen der Erde kollektive Sicherheit gewährleistet sein. Im Zuge dessen wurden 1945 die Vereinten Nationen (UNO) gegründet, die sich als Nachfolgeorganisation des in der Zwischenkriegszeit gescheiterten Völkerbundes verstand. Doch die unterschiedlichen Interessen der Mächte, allen voran USA und UdSSR, verhinderten den Erfolg der Vision.

Durch die militärische Machtposition der USA war es ein Anliegen Stalins, möglichst große Sicherheit durch die Errichtung einer Pufferzone rund um die UdSSR zu schaffen. Daher wandelte er all jene Länder, die im Zuge des Vordringens während des Krieges in die sowjetische Einflusssphäre gefallen waren, in Satellitenstaaten der UdSSR um, die durch ihre Abhängigkeit von der Schutzmacht seinen politischen Vorstellungen hörig waren.

Die Konkurrenz um die Einflusssphäre der beiden Führungsmächte USA und UdSSR wurde durch Bündnisse mit ihren jeweiligen Partnern manifestiert, die sich im direkten Gegensatz zu jenen des anderen Blocks aufstellten. So wurde dem Marshallplan der Rat für gegenseitige Wirtschaftshilfe (RGW bzw. COMECON) auf sowjetisch dominierter Seite entgegengesetzt. Nach der Gründung der NATO scheiterte zunächst das Vorhaben einer Europäischen Verteidigungsgemeinschaft (EVG). 1955 erfolgte die Gründung der Bundeswehr, womit die Aufnahme in die NATO verbunden war. Somit war die NATO bis an die Grenze des sowjetischen Einflussbereiches vorgedrungen, was Moskau mit der Gründung des Warschauer Paktes, des Militärbündnisses der sowjetischen Seite, beantwortete.

In den folgenden Jahrzehnten buhlten die Blöcke um die Länder der damals so genannten Dritten Welt: Durch Entwicklungshilfe und andere Unterstützungsmaßnahmen wurden von beiden Lagern ausgehend Kontakte auf allen Kontinenten gepflegt, um sicherzugehen, dass der eigene Einfluss größer ist als der der Konkurrenz. So weitete sich die Konfrontation letztlich auf nahezu alle Weltregionen aus und ließ kaum tatsächlich blockfreie Staaten zurück - die bipolare Welt war Realität geworden.

DAS WICHTIGSTE IN KÜRZE

Im Zweiten Weltkrieg war für die Sowjetunion Unterstützung im Kampf gegen Hitlers Deutschland sowie die weiteren Achsenmächte Italien, Japan und deren Verbündete überlebenswichtig. Aus diesem Grund bildete sich eine **Anti-Hitler-Koalition** aus der UdSSR, den USA und Großbritannien mit dem Ziel, die Nationalsozialisten zu stoppen und zu besiegen. Diese Koalition war ideologisch von großen Gegensätzen geprägt. Auf der einen Seite standen die westlichen parlamentarischen Demokratien, die eine marktwirtschaftliche Wirtschaftsordnung sowie ein freiheitlich-pluralistisches Gesellschaftsmodell pflegten und für dessen Verbreitung in der Welt einstanden. Im Gegensatz dazu trieb die Sowjetunion unter Stalin die seit der Oktoberrevolution von 1917 anvisierte Neuordnung hin zu einer sozialistischen Planwirtschaft voran und strebte nach der „Diktatur des Proletariats“. Den demokratischen Vorstellungen des Westens setzte die UdSSR einen Einparteienstaat entgegen. Diese Unterschiede wurden durch die Koalition lediglich oberflächlich überwunden, um dem gemeinsamen Feind vereint entgegenzutreten. Dadurch blieb lange Zeit verborgen, dass die amerikanischen Forderungen nach einer „gemeinsamen Weltordnung“ (one world) nicht mit jenen der Sowjetunion, nämlich mit dem Primat eigener Sicherheit, vereinbar waren.

Die **Postponement-Politik** (Politik der Verschiebung) wurde vor allem vonseiten der USA wiederholt angewendet, um Entscheidungen, die nicht mit eigenen Vorstellungen vereinbar waren, zeitlich begrenzt hinzunehmen, sodass das übergeordnete Ziel nicht gefährdet wurde. Die Konferenzen von Teheran (1943) und Jalta (1945) noch während des Krieges zeigen, wie schwer es den Verbündeten fiel, sich auf eine gemeinsame Nachkriegsordnung zu einigen. Schon zu dieser Zeit wurde von Winston Churchill das expansionistische Streben der Sowjetunion nach Europa hinein kritisch gesehen. Nach dem Sieg über Hitler sollten diese Fakten planmäßig zurück auf die Tagesordnung gesetzt werden – um aber den offenen Konflikt direkt nach Kriegsende zu vermeiden, wurden sie auch weiterhin verschoben. So wurde unter anderem die Westverschiebung Polens nur unter dem Druck der Umstände von den Westalliierten hingenommen. Zunächst wurden aufgrund dieser Kontroverse auch keine genauen Grenzverläufe festgelegt, um eine spätere Revision offen zu halten.

Die Leitgedanken der USA waren die Einhaltung der Grundsätze der Demokratie, das nationale Selbstbestimmungsrecht und die Verwirklichung einer ungeteilten Welt ohne Handelsschranken. Dagegen setzte die Sowjetunion auf die Ausdehnung des kommunistischen Herrschaftsbereiches durch die Etablierung von **Satellitenstaaten** in einem Gürtel um das eigene Staatsgebiet herum. Taktisch baute Stalin dabei vor allem auf die Politik einer „Schaffung vollendeter Tatsachen“, indem er in eroberten Gebieten ohne Rücksprache eigene Vorstellungen durchsetzte. Auch personell war er die beständige Größe in den Verhandlungen der drei Mächte – Roosevelt (USA) aufgrund seines plötzlichen Todes, und Churchill (GB) aufgrund seiner Abwahl, wurden durch Truman und Attlee abgelöst. Diesen Vorteil setzte Stalin geschickt ein. Darauf reagierte Truman rasch mit einer spürbaren Abkühlung der Beziehungen durch die Einstellung von bislang gewährten Hilfskrediten und Sachleistungsunterstützung von den USA für die UdSSR noch bevor der Zweite Weltkrieg beendet war. Stalin verweigerte seinerseits die Durchführung demokratischer Wahlen in den von den Nationalsozialisten befreiten Gebieten. Das Zerwürfnis der Anti-Hitler-Koalition trat im Zuge der Potsdamer Konferenz im Juli/August 1945 offen zutage, als entgegen der vorherigen Zielsetzung keine Einigung erzielt und somit kein Abkommen, sondern lediglich ein Schlussprotokoll ohne völkerrechtliche Bindung geschlossen werden konnte. Auch der so ersehnte Friedensvertrag scheiterte an diesem Zerwürfnis.

DAS WICHTIGSTE IN KÜRZE

Aus dieser Konstellation entstand der Eindruck eines „Eisernen Vorhangs", ein Begriff, der, von Churchill geprägt, bald in aller Munde war. Er bezeichnete die Teilung Europas und der Welt entlang einer Linie von der Ostsee bis zum Mittelmeer, auf der einen Seite die Macht- und Einflusssphäre der Westalliierten, auf der anderen die sowjetische. In der Folge entstanden in Westeuropa demokratische Regierungsformen, während östlich des **Eisernen Vorhangs** kommunistische Politiker unter sowjetischer Führung an die Macht gelangten. Im Laufe der Zeit wurde aus der Metapher auch eine reale Grenze, die zunehmend befestigt wurde und deren Überschreitung mehr und mehr unmöglich wurde bis hin zum Bau der Berliner Mauer 1961, an der etliche Menschen ihr Leben ließen.

Zur gleichen Zeit litt ganz Europa unter den Kriegsfolgen und benötigte dringend wirtschaftliche Unterstützung, die die USA in Form des European Recovery Programs, besser bekannt als **Marshallplan**, zur Verfügung stellten. Die finanziellen Hilfen wurden allen Staaten Europas angeboten, jedoch an eine Bedingung gekoppelt: Die Wirtschaftsordnung im Empfängerland musste frei und wettbewerbsorientiert sein. Dafür gab es neben Geld auch Rohstoffe, Lebensmittel und andere notwendige Waren als Sofortmaßnahmen. Doch Stalin untersagte den Ländern in seiner Einflusssphäre die Annahme des Angebots und verschärfte so die Spaltung zusätzlich. Zur Unterstützung der osteuropäischen Länder gewährte die Sowjetunion ähnliche Hilfsleistungen im Rahmen des **Comecon**-Programms (Rat für gegenseitige Wirtschaftshilfe).

Im Juni 1948 führten die Westalliierten eine Währungsreform in den drei westlichen deutschen Besatzungszonen durch. Diese sollte auch auf Westberlin ausgedehnt werden, wo die Westalliierten ebenfalls die Kontrolle innehatten. Als Reaktion darauf schnitt die Sowjetunion Westberlin von den westlichen Besatzungszonen durch die Sperrung aller Zugänge rigoros ab. Ziel dieser Aktion war es, ganz Berlin unter sowjetische Kontrolle zu bringen. Außerdem wollte Stalin verhindern, dass in den drei westlichen Besatzungszonen ein demokratischer Staat gegründet wurde. Die **Berlin-Blockade** dauerte fast ein Jahr an (24. Juni 1948 – 12. Mai 1949), wurde jedoch durch den beherzten Einsatz des US-Militärgouverneurs Lucius D. Clay unterminiert, der eine Luftbrücke einrichten ließ. Die gesamte Versorgung der Stadt Westberlin erfolgte aus der Luft. Lebensmittel, Baumaterial für die zerstörte Stadt und notwendige Rohstoffe wie Brennmaterial wurden der Bevölkerung mithilfe von Landungen im Minutentakt an drei strategisch gelegenen Berliner Flughäfen zur Verfügung gestellt. Dies war gerade im Winter die einzige Chance, das Leben vieler Westberliner zu retten. Die Dankbarkeit der Berliner spiegelt sich in dem Begriff „Rosinenbomber" wider, mit dem die Versorgungsflieger bezeichnet wurden – viele Piloten warfen kurz vor der Landung kleine Päckchen mit Rosinen und anderen Süßigkeiten für die wartenden Kinder ab.

FESTIGUNG – VERTIEFUNG

Weitere Herangehensweisen

- Erläutern Sie anhand der Rede Andrej Shdanows und der Truman-Doktrin demokratische Gegebenheiten aus unterschiedlichen Perspektiven.
- Begründen Sie den jeweiligen Umfang der Leistungen im Zuge des Marshallplans an die Staaten Westeuropas.
- Bewerten Sie den diplomatischen Effekt der Containment-Politik und gehen Sie dabei auf Erfolge und Misserfolge ein.

Vertiefende Aspekte

- Analysieren Sie die aktuelle weltpolitische Situation und beurteilen Sie vor dem Hintergrund Ihrer erworbenen Kenntnisse, ob erneut eine bipolare Spaltung der Welt droht.
- Recherchieren Sie die Entwicklung der Beziehungen zwischen der Sowjetunion und China im Kalten Krieg vor dem Hintergrund der bipolaren Weltordnung.
- Recherchieren Sie anhand der Karikatur typische Allegorien (bildliche Darstellung abstrakter Sachverhalte durch eine konkrete Gestalt oder einen Gegenstand) für Länder.

Weiterführende Quellen und Hinweise

H 1 Applebaum, Anne: Der Eiserne Vorhang – Die Unterdrückung Osteuropas 1944–1956. Aus dem Engl. von Martin Richter, Bonn, Bundeszentrale für politische Bildung, 2014. Der Prozess der kommunistischen Unterwerfung Zentral- und Osteuropas durch die Sowjetunion ist für die Geschichte Europas bedeutend, aber weitgehend unbeachtet. Die Autorin zeichnet diesen Prozess anhand der Beispiele Polens, Ungarns und der SBZ/DDR von der Besetzung durch die Rote Armee ab 1944 bis zum Aufstand in Ungarn 1956 eindringlich nach.

H 2 Harry S. Truman Library and Museum. Diese Homepage gibt einen vertieften Einblick in die Arbeit von Harry S. Truman während seiner Präsidentschaft. Es finden sich audiovisuelle Materialien und ein umfangreiches Onlinearchiv.

H 3 Marvano: Berlin, Egmont Comic Collection, Berlin, 2012. In dieser Graphic Novel verarbeitet der belgische Künstler Marvano die Erlebnisse eines Piloten vom Einsatz im Krieg bis zur Luftbrücke während der Berlin-Blockade.

KAPITEL 2 (LERNBEREICH 3)

2.4 Krisen, Kriege und ihre Bewältigung im Kalten Krieg

Forschungsinteresse und Kompetenzerwerb

Im Verlaufe des Kalten Kriegs kam es wiederholt zu direkten und indirekten Auseinandersetzungen zwischen der USA und der UdSSR, die die Welt an den Rand eines atomaren Kriegs brachten. Sie werden anhand des Koreakriegs, der Kubakrise und des Vietnamkriegs verstehen lernen, wie es zu den jeweiligen Konflikten kam und welche militärischen und diplomatischen Mittel zu deren Lösung ergriffen wurden. Darüber hinaus erfahren Sie, welche Auswirkungen diese Konflikte für alle Beteiligten hatten. Somit kennen Sie grundlegende Strukturen der Entwicklung seit 1945 und erkennen in diesen Grundlagen heutiger Lebenswirklichkeit.

Vorgehen

Auch nach der Auflösung der Sowjetunion wurden Konflikte und Kriege wiederholt als „Stellvertreterkrieg" bezeichnet. Diese zunächst anachronistisch anmutende Begrifflichkeit nehmen Sie als Anlass, eine Plakatausstellung über die Ursachen und die Folgen ausgewählter (Stellvertreter-)Kriege und Konflikte seit dem Ende des Zweiten Weltkriegs zu konzipieren.

Dazu BETRACHTEN Sie zunächst den Kriegsverlauf in Korea und BEGRÜNDEN, warum dieser Krieg als erster Stellvertreterkrieg im Kalten Krieg gilt (M 1–M 2). Sie ERARBEITEN anhand von M 3 und M 4, welcher Auslöser zur Kubakrise führte. Mithilfe der Materialien M 3 bis M 5 ANALYSIEREN Sie die Reaktionen der jeweiligen Konfliktparteien und BEURTEILEN, inwiefern diese angemessen sind. Sie VERSCHAFFEN SICH basierend auf Chruschtschows Brief an Kennedy EINEN ÜBERBLICK (M 6) darüber, welche Lösungen für den Konflikt vorgeschlagen werden, und BEURTEILEN basierend auf M 7, welche Konsequenzen die Kubakrise für das Verhältnis zwischen der USA und der UdSSR hatte. Anhand von M 8 und M 9 BILDEN Sie sich ein URTEIL darüber, welche Auswirkungen der Vietnamkrieg für die betroffene Bevölkerung in Vietnam sowie für das (inter)nationale Ansehen der USA hatte.

ERSTELLEN Sie zum Koreakrieg, zur Kubakrise, zum Vietnamkrieg sowie zu mindestens einem weiteren, von Ihnen selbst gewählten Konflikt eine Plakatausstellung, die in Ihrer Schule gezeigt wird. BEURTEILEN Sie auf jedem Plakat, ob der Begriff „Stellvertreterkrieg" zutreffend ist.

Materialauswahl

Kriege formen oft in ihrem Verlauf die Landkarte und verschieben Grenzen zwischen Staaten. Im Fall des Koreakriegs kam es zu mehreren drastischen Grenzveränderungen, die am Kartenmaterial M 1 gut ablesbar sind. Auch die Karten in M 4 und M 8 vermitteln die große Relevanz der geografischen Bedingungen für politische und militärische Entscheidungen. Einen Eindruck von der propagandistischen Nutzung von Kriegen vermitteln Ihnen die Fotos in M 2 und M 8. Mit den Reden Kennedys und Chruschtschows erhalten Sie unmittelbaren Einblick in die veröffentlichte Meinung der beiden Staatslenker. Ein fundiertes Urteil über die beiden Regierungschefs bietet die Analyse in M 7. Die Karikatur (M 5) veranschaulicht die zeitgenössische Sicht auf die zwischenstaatliche Problematik und die Analyse eines Historikers (M 9) liefert Ihnen zusammenfassend eine Bewertung des Vietnamkriegs.

M 1 Der Koreakrieg (1950–1953)

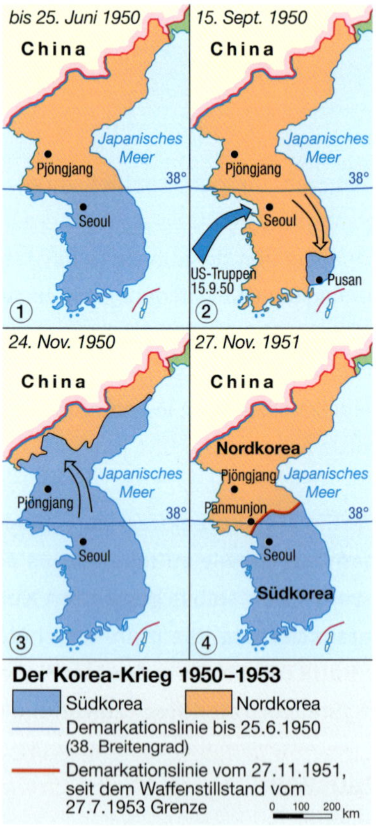

M 2 Der Koreakrieg als internationaler Konflikt

Propagandabild aus dem Koreakrieg 1951 zum Nachschub der US-Luftwaffe

Ähnlich wie in Deutschland war Korea nach dem Ende des Zweiten Weltkriegs geteilt und beide Hälften gehörten jeweils den sich gegenüberstehenden Interessensphären an: Der Norden war mit der UdSSR verbündet, der Süden stand unter US-amerikanischem Einfluss. Erste Kriegshandlungen gingen 1950 von Nordkorea aus, das mit chinesischer Unterstützung den Süden aufgrund des Bestrebens, ganz Korea zu beherrschen, zu erobern suchte. Um den eigenen Partner zu schützen entsandten die USA Truppen und es entwickelten sich jahrelange Kampfhandlungen, die mal die eine, mal die andere Seite führend wirken ließen. Schließlich jedoch endeten die Bemühungen an genau jener Demarkationslinie, die bereits 1950 bestanden hatte, nämlich dem 38. Breitengrad. Ein räumlicher Gewinn war also von keiner Seite zu verbuchen. Obwohl der Einsatz von Nuklearwaffen diskutiert worden war, blieb es bei konventioneller Kriegsführung, wodurch jedoch ebenfalls eine Vielzahl an Opfern, auch unter der Zivilbevölkerung, zu beklagen war. Schätzungen gehen von mehr als 2 Millionen zivilen Todesopfern aus.

Anders als in Deutschland, wo die Teilung 1990 auch formal überwunden werden konnte, besteht die koreanische Teilung bis heute. Der Norden ist ein verarmtes Entwicklungsland, das mittlerweile vom Enkel (Kim Jong Un) des zur Zeit des Koreakriegs amtierenden Machthabers (Kim Il Sung) angeführt wird. Südkorea ist weiterhin ein Verbündeter der USA.

1. Erarbeiten Sie anhand von M 3, weshalb die Stationierung sowjetischer Raketen auf Kuba von Kennedy als Bedrohung gesehen wurde und welche Reaktion darauf erfolgen sollte.

M 3 Fernsehansprache von John F. Kennedy zur Kubakrise (22. Oktober 1962)

Meine Regierung hat, wie angekündigt, den militärischen Aufbau der Sowjets auf der Insel Kuba auf das genaueste überwacht. In der vergangenen Woche haben eindeutige Beweise die Tatsache erhärtet, dass gegenwärtig eine Reihe offensiver Raketenabschussrampen auf dieser in ein Gefängnis verwandelten Insel vorbereitet wird. Der Zweck dieser Basen kann nur sein, eine nukleare Angriffskapazität gegen die westliche Hemisphäre zu schaffen. [...]

Wir leben nicht mehr in einer Welt, in der nur das tatsächliche Abfeuern von Waffen eine solche Bedrohung für die Sicherheit einer Nation darstellt, dass ein Höchstmaß an Gefahr gegeben ist. Nukleare Waffen haben eine derartige Zerstörungskraft und ballistische Raketen sind derartig schnell, dass jede wesentlich gesteigerte Möglichkeit für ihren Einsatz oder jede plötzliche Veränderung ihrer standortmäßigen Aufstellung sehr wohl als eine definitive Bedrohung des Friedens angesehen werden kann. Viele Jahre lang haben beide, die Sowjetunion und die Vereinigten Staaten, diese Tatsache anerkannt und die standortmäßigen Kernwaffen mit großer Vorsicht gehandhabt, damit niemals der prekäre status quo gestört würde, der sicherstellte, dass diese Waffen nur im Falle einer lebensentscheidenden Herausforderung eingesetzt würden. Unsere eigenen strategischen Raketen sind niemals unter dem Deckmantel der Geheimhaltung und Täuschung in das Gebiet irgendeines anderen Landes gebracht worden, und unsere Geschichte – im Gegensatz zu der sowjetischen nach dem Zeiten Weltkrieg – zeigt, dass wir nicht danach streben, irgendein anderes Land zu beherrschen oder zu erobern oder seiner Bevölkerung unser System aufzuzwingen. [...]

Aber dieser geheime, rasche und außergewöhnliche Aufbau kommunistischer Raketen in einem Gebiet, das dafür bekannt ist, eine besondere und historische Beziehung zu den Vereinigten Staaten und den Nationen der westlichen Hemisphäre zu haben, und zwar unter Verletzung sowjetischer Zusicherungen und unter Missachtung der amerikanischen Politik und der Politik der westlichen Hemisphäre, diese plötzliche, insgeheim getroffene Entscheidung, zum ersten Mal strategische Waffen außerhalb des sowjetischen Territoriums zu stationieren – ist eine bewusste provokatorische und ungerechtfertigte Änderung des status quo, die von den Vereinigten Staaten nicht akzeptiert werden kann, wenn sowohl Freund als auch Feind jemals wieder an unseren Mut und unsere Zusage glauben sollen.

Die dreißiger Jahre dieses Jahrhunderts haben uns eine deutliche Lehre erteilt: Aggressives Verhalten führt, wenn man ihm freien Lauf lässt und keinen Einhalt gebietet, letztlich zum Kriege. Unsere Nation ist gegen den Krieg. Und wir stehen auch zu unserem Wort. Unser festes Ziel muss es daher sein, zu verhindern, dass diese Raketen gegen unser oder irgendein anderes Land benutzt werden, und ihre Entfernung oder Beseitigung aus der westlichen Hemisphäre sicherzustellen. [...] Wir werden weder voreilig noch unnötigerweise die Folgen eines weltweiten Atomkrieges riskieren, bei dem selbst die Früchte des Sieges nur Asche auf unseren Lippen wären – aber wir werden auch niemals und zu keiner Zeit vor diesem Risiko zurückschrecken, wenn wir ihm uns stellen müssen.

[...]

Quelle: Bulletin der Europäischen Wirtschaftsgemeinschaft. 1962, Nr. 3. Luxemburg: Amt für amtliche Veröffentlichung der Europäischen Gemeinschaften. „Rundfunk- und Fernsehansprache des amerikanischen Präsidenten, John F. Kennedy, zur Kuba-Frage vom 22. Oktober 1962“, S. 568–572.

2. Beurteilen Sie anhand der Karte sowie der Karikaturen, inwiefern die Sichtweise der USA, die Stationierung sowjetischer Raketen auf Kuba als feindlichen Akt zu betrachten, angemessen ist.

Stationierung und Reichweite der sowjetischen und amerikanischen Raketen

M 4

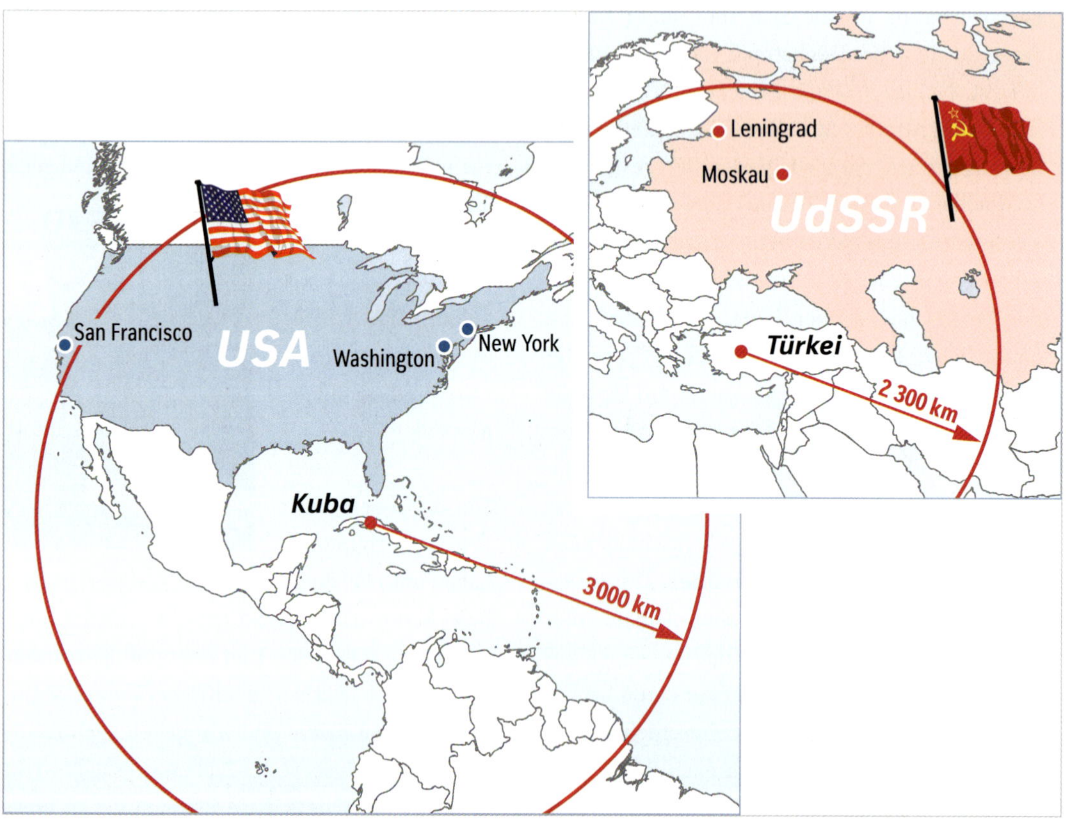

M 5

Karikatur: „Intolerable, having your rockets on my doorstep!“

M 6

Karikatur: “Over The Garden Wall”

3. Erarbeiten Sie anhand des Briefes von Nikita Chruschtschow an Kennedy, welche Lösung er für den Konflikt anbietet.

M 7

Brief von Nikita Chruschtschow an John F. Kennedy (27. Oktober 1962)

[...] Ich verstehe, dass Ihnen die Sicherheit der Vereinigten Staaten am Herzen liegt, Herr Präsident, denn das ist die erste Pflicht eines Präsidenten. Aber auch wir sind über die gleichen Fragen beunruhigt; ich habe als Vorsitzender des Ministerrates der UdSSR die gleichen Verpflichtungen. Sie waren besorgt über die Tatsache, dass wir Kuba mit Waffen unterstützt haben, um sein Verteidigungspotential zu stärken. Genau: Verteidigungspotential; denn welche Waffen Kuba auch immer besitzen mag, es lässt sich mit Ihnen nicht auf eine Stufe stellen, weil der Größenunterschied so groß ist, besonders in Anbetracht der modernen Vernichtungsmittel. Unser Ziel war und ist, Kuba zu helfen; und niemand kann den humanitären Charakter unserer Motive in Zweifel ziehen, die sich darauf richten, Kuba in die Lage zu bringen, dass es friedlich leben und sich so entwickeln kann, wie sein Volk es wünscht. Sie möchten die Sicherheit Ihres Landes garantieren, und das ist verständlich. Doch Kuba möchte das gleiche; alle Länder wollen ihre Sicherheit erhalten. [...]

Ich denke, es wäre möglich, diese Kontroverse schnell zu beenden und die Lage zu normalisieren; dann könnten die Menschen aufatmen, in Anbetracht der Tatsache, dass die Staatsmänner, die die Verantwortung tragen, vernünftig denken, sich ihrer Verantwortung bewusst und fähig sind, komplexe Fragen zu lösen, ohne die Dinge in eine militärische Katastrophe zu treiben.Ich mache daher folgenden Vorschlag: Wir sind bereit, die Waffen, die Sie für offensiv halten, aus Kuba abzuziehen. Wir sind bereit, dies durchzuführen und diese Zusage in den Vereinten Nationen zu geben. Ihre Vertreter werden eine Erklärung des Inhalts abgeben, dass die Vereinigten Staaten ihrerseits in Anbetracht der Besorgnis und des Unbehagens in der Sowjetunion ihre entsprechenden Waffen aus der Türkei abziehen. [...] Wenn wir diese Zusage machen [...], werden wir im Rahmen des Sicherheitsrates eine Erklärung abgeben, in der die sowjetische Regierung feierlich verspricht, die Unantastbarkeit der Grenzen und der Souveränität der Türkei zu respektieren [...]. Die Vereinigten Staaten werden im Rahmen des Sicherheitsrates eine ähnliche Erklärung in Bezug auf Kuba abgeben. Sie werden erklären, dass die Vereinigten Staaten die Unantastbarkeit der Grenzen und der Souveränität Kubas respektieren, werden versprechen, sich nicht in seine inneren Angelegenheiten einzumischen. [...]

Quelle: Greiner: Kuba-Krise, 1988, S. 326 ff.

4. Erarbeiten Sie anhand der Darstellung des Historikers John Swift, welche Auswirkungen die Kubakrise hatte, und analysieren Sie, wie er Kennedys und Chruschtschows Handeln in der Krise beurteilt.

M 8 Der Historiker John Swift über Kennedys und Chruschtschows Handeln in der Kubakrise

Kennedy certainly came out of the crisis with a reputation greatly enhanced in the west. Khrushchev, for his part, was deemed by his colleagues to have suffered a humiliation, and the crisis was one of the issues that led to his being deposed in October 1964.

Certainly once the enormity of the situation became clear to both men, they showed responsible leadership and a determination to find a peaceful resolution. Both rejected hard-line advice and were careful not to escalate the crisis. Khrushchev might even be said to have shown greater courage in making what was publicly seen as the larger concessions.

In the aftermath of the crisis they both worked to improve relations and prevent a recurrence of such a confrontation. The 'hotline', allowing direct communication between both leaders, was installed and the Partial Test Ban Treaty of September 1963 signified a first step towards arms controls. Kennedy's hope to build on these steps, brutally ended by his assassination in November 1963, further heightened his statesman-like image.

However, both men had acted recklessly in bringing the crisis about. Khrushchev (and Castro) should have realised the dangers of surreptitiously introducing nuclear weapons into Cuba. They could not realistically be kept secret, and the US reaction should have been predictable. Conventional forces, perhaps a couple of Soviet armoured brigades, should have been enough to deter a US invasion of Cuba, without risking a major confrontation. Kennedy, for his part, allowed his vendetta against Castro to overcome good sense. Operation Mongoose was hardly the act of a statesman. He also rejected the use of discreet diplomacy. A secret message to Moscow, requiring the quiet removal of the missiles, might have avoided a confrontation, though admittedly giving Khrushchev the chance to prevaricate until the missiles were operational. But perhaps Kennedy felt he had to make a tough stand after the Bay of Pigs, and – though there is no proof of this – he may have had an eye on the impact this would have on the forthcoming Congressional elections. In the final analysis, the world was fortunate that the greatest crisis of the Cold War arose when it did. In 1962, Kennedy and Khrushchev had days to consider their position and think through their options. At a later date, when technological advances had made missile launch times shorter and submarines quieter and when decisions could be made in minutes, the consequences could easily have been catastrophic. After the Cuban Missile Crisis, both sides were careful to avoid such circumstances. One Cuban Missile Crisis was enough.

Quelle: Swift, John: The Cuban Missile Crisis, in: History Review, Ausgabe 57, März 2007, S. 10–11.

5. Recherchieren Sie zu den beiden Bildikonen des Vietnamkriegs und analysieren Sie die Komplexität der zivilen Opfer dieses Kriegs.

Trauma Vietnamkrieg

M 9

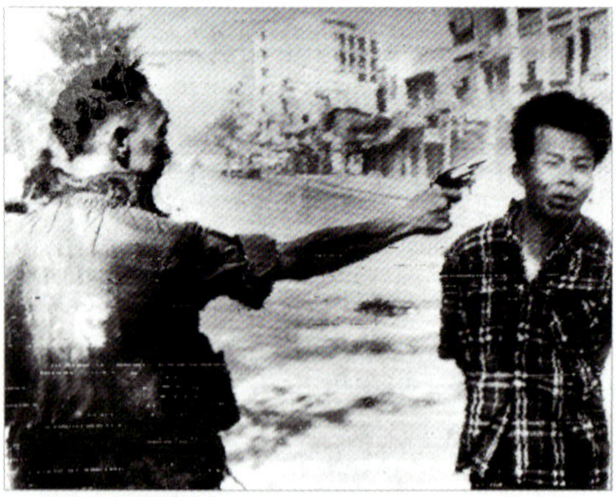

Bild oben: Brigadegeneral Nguyen Loan, Chef der südvietnamesischen Nationalpolizei, erschießt in den Straßen von Saigon am 01.02.1968 den gerade festgenommenen 34-jährigen FNL-Kämpfer Nguyen Van Lém („Kampfname" Bay Lop), den er verdächtigt, unmittelbar an der Ermordung der Familie eines Polizeioffiziers beteiligt gewesen zu sein. Die Aufnahme machte Eddie Adams von der Presseagentur AP. Das in zahlreichen Medien Europas und der USA veröffentlichte Foto wurde zum Foto des Jahres gewählt und mit dem Pulitzer-Preis ausgezeichnet.

Bild rechts: Politische und militärische Überblickskarte zum Vietnamkrieg.

Bild nächste Seite: Südvietnamesische Soldaten begleiten Kinder, die nach einem Napalm-Angriff der südvietnamesischen Armee aus ihrem Dorf fliehen. Dieses Foto vom 8. Juni 1972, das Nick Üt machte, der im Auftrag der Presseagentur AP im Vietnamkrieg unterwegs war, wurde zum Pressefoto des Jahres 1972 gewählt. Ein Jahr später erhielt Üt den Pulitzer-Preis. Nahezu alle Tageszeitungen druckten dieses Bild mit dem nackten Kind Phan Thi Kim Phüc. Ganz rechts sieht man den bekannten amerikanischen Fotografen David Burnett einen Film wechseln. Das Bild trug wesentlich zur Diskreditierung des amerikanischen Vietnamengagements bei.

M 10 Der Historiker Marc Frey über die Folgen des Vietnamkriegs

Der Krieg hat in Vietnam tiefe Wunden hinterlassen, die bis heute nicht verheilt sind. [...] Vietnam [hat] ökologisch, sozial und wirtschaftlich unter den Spätfolgen des Krieges zu leiden. Dies gilt auch für Laos und besonders für Kambodscha, wo der Vietnamkrieg eine Spirale der Gewalt in Gang setzte, deren Auswirkungen nach wie vor die Geschicke des Landes bestimmen. [...] Der Krieg beeinflusste die Einstellung vieler Amerikaner zu ihrem Land und führte zu einer kritischen Überprüfung [...] der Überzeugung, dass die Nation der Einwanderer anderen Staaten und Völkern ein Vorbild sein könne. In (West-) Deutschland veränderte der Vietnamkrieg das bis weit in die sechziger Jahre hinein ausgesprochen positive Amerikabild. Gut zwanzig Jahre nachdem die Amerikaner Deutschland vom Nationalsozialismus befreit hatten, bildete sich ein weit verbreiteter Anti-Amerikanismus, der das Nachdenken vieler junger Deutscher über Amerika beeinflusste.

Quelle: Frey: Geschichte des Vietnamkriegs, 2006, S. 9 f.

6. Analysieren Sie die Bedeutung der Stellvertreterkriege aus Sicht der USA und bewerten Sie vor diesem Hintergrund den Umfang des US-amerikanischen Engagements weltweit.

M 11 Darstellung der Domino-Theorie in Bezug auf Asien

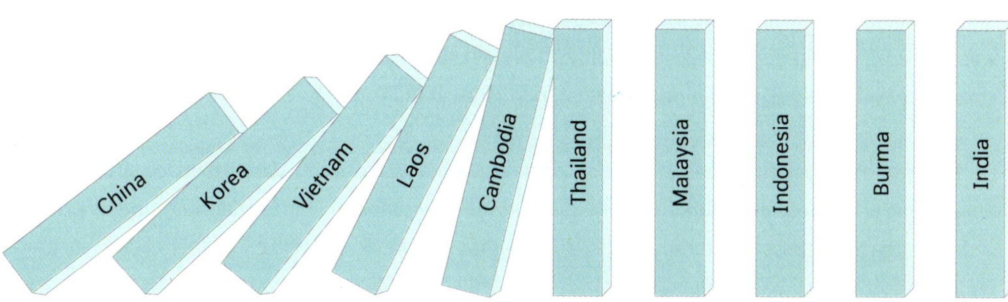

DAS WICHTIGSTE IN KÜRZE

Koreakrieg

Korea war 1910 von Japan annektiert worden und wurde nach Japans Niederlage im Zweiten Weltkrieg zunächst am 38. Breitengrad in zwei Besatzungszonen geteilt (USA – Südkorea, Sowjetunion – Nordkorea). Nach Abzug der jeweiligen Truppen blieb die Trennung erhalten, im Süden wurde der proamerikanische Syngman Rhee Präsident, während im Norden eine von der Sowjetunion und China unterstützte Regierung unter dem Kommunisten **Kim Il Sung** herrschte. Beide beanspruchten jeweils die Herrschaft über ganz Korea für sich. Im Juni 1950 marschierten nordkoreanische Truppen mit Unterstützung Chinas in Südkorea ein und eroberten große Teile des Landes. Daraufhin entsandten die USA Truppen nach Südkorea und konnte in einem Gegenangriff die nordkoreanischen Truppen zurückdrängen. Schließlich kam es zu einem Stillstand in der Nähe der ursprünglichen Grenze. In den USA gab es Forderungen nach einem Einsatz von Nuklearwaffen, die jedoch von Präsident **Truman** abgelehnt wurden. 1953 wurde ein Waffenstillstand geschlossen, allerdings besteht die Teilung Koreas bis heute. Millionen Zivilisten verloren im Krieg ihr Leben, der Norden ist heute ein verarmtes Entwicklungsland.

Im Rahmen des Kalten Kriegs gilt der Koreakrieg als erster **Stellvertreterkrieg**. Er führte zu einem zunehmenden Misstrauen zwischen den USA und der Sowjetunion und zum Beginn des Rüstungswettlaufs. Die USA gaben ihre Politik der Entmilitarisierung in Europa auf, was in Westdeutschland unter anderem die Wiedereinführung der Wehrpflicht ermöglichte.

Kubakrise

Auf **Kuba** kam es 1959 zur Machtübernahme durch die Rebellen um den kommunistischen Revolutionär Fidel **Castro**, der den bisher von den USA unterstützten Diktator Fulgencio Batista stürzte. Nach einer entschädigungslosen Enteignung von amerikanischem Besitz sprachen die USA einen Handelsboykott gegenüber Kuba aus und brachen die diplomatischen Beziehungen ab, woraufhin das sowjetische Politbüro seine Unterstützung zusagte. **Chruschtschow** sah in dem Bündnis mit Kuba die Möglichkeit, Mittelstreckenraketen vor der Haustür der USA zu stationieren und somit den strategischen Nachteil gegenüber den USA auszugleichen, die bereits Raketen in der Türkei, in England und Italien stationiert hatten.

Die Sowjetunion begann deshalb im Juli 1962, Militär auf Kuba zu stationieren Am 14. Oktober entdeckten amerikanische Aufklärungsflugzeuge die Raketenstellungen auf Kuba. **Kennedy** reagierte auf die Entdeckung mit der Anordnung einer Seeblockade und forderte von Chruschtschow die Entfernung der bereits aufgebauten Raketen. Im Beraterstab Kennedys gab es zu diesem Zeitpunkt verschiedene Positionen, was den Umgang mit der Krise betraf. Während die „Hawks“ für einen Luftangriff und eine Invasion Kubas eintraten, wollten die „Doves“ eine möglichst friedliche Konfliktlösung herbeiführen.

Der Konflikt spitzte sich zu, als bekannt wurde, dass die Raketen nahezu einsatzbereit waren und zudem ein US-Spionageflugzeug bei einem Aufklärungsflug über Kuba abgeschossen wurde. Kennedy und Chruschtschow verhandelten unterdessen weiterhin über Briefe, Telegramme und Rundfunkansprachen und versuchten, eine friedliche Lösung zu finden. Chruschtschow bot Kennedy schließlich in einem Brief an, die Raketen aus Kuba abzuziehen, wenn die USA dafür im Gegenzug ihre Raketen aus der Türkei abziehen würden. Kennedy ging auf

DAS WICHTIGSTE IN KÜRZE

das Angebot ein und die Krise endete am 28. Oktober. Die Tatsache, dass beide Politiker versuchten, überstürzte Reaktionen zu vermeiden und sich der Tragweite ihrer Entscheidungen bewusst waren, ermöglichte eine politische Lösung einer Situation, die die Welt an den Rand eines atomaren Krieges brachte.

Als Folge der Kubakrise wurde der „**heiße Draht**" zwischen Washington und Moskau eingerichtet, eine Fernschreiberverbindung, die es den jeweiligen Präsidenten erlaubte, im Fall einer Krise innerhalb von Sekunden miteinander in Kontakt zu treten. Die Krise führte auch zu ersten Verhandlungen über eine Rüstungskontrolle und zu Bemühungen, direkte Konfrontationen in Zukunft zu vermeiden.

Vietnamkrieg

Der Zweite Indochinakrieg, besser bekannt als **Vietnamkrieg**, dauerte von 1955 bis 1975 an. Innenpolitische Spannungen traten offen zutage und das Land spaltete sich in einen nördlichen, kommunistischen Teil unter Führung der Viet Minh (später Vietcong genannt) und einen südlichen Teil. Die USA beteiligten sich ab 1965 mit Bodentruppen am Vietnamkrieg, da sie nicht tatenlos zusehen wollten, wie der Süden des Landes vom Norden einverleibt wurde. Berüchtigt war das amerikanische Vorgehen, Luftschläge gegen Vietcong-Stellungen zu fliegen, die aufgrund der dichten Dschungelvegetation jedoch kaum zielgerichtet erfolgen konnten. Daher griff die US Air Force auf Napalmbomben zurück, die eine starke Brandwirkung erzielten und viele Unbeteiligte schwer verletzten und töteten. Auch Agent Orange, ein Entlaubungsmittel, kam zum Einsatz, das als chemische Waffe eingesetzt nicht nur die Wälder lichtete, sondern Reisfelder und Wasserreservoirs zerstörte, was der Zivilbevölkerung schweren Schaden zufügte. Das Engagement der USA belief sich im Jahr 1969 auf 500 000 Soldaten in Vietnam. Dagegen verfolgte der Vietcong eine zunehmende Guerillastrategie und griff hauptsächlich aus dem Hinterhalt an.

Der kommunistische Norden konnte dem Druck der USA widerstehen, da der Vietcong mit Waffenlieferungen aus China und der Sowjetunion unterstützt wurde. Es kam jedoch nicht zum direkten Aufeinandertreffen amerikanischer und sowjetischer Truppen, weil die UdSSR keine eigenen Soldaten entsandte. Somit handelt es sich um einen Stellvertreterkrieg im Rahmen des Kalten Kriegs.

Aufgrund der andauernden Erfolglosigkeit erwogen die Amerikaner unter John F. Kennedy bereits den Rückzug ihrer Truppen, doch nachdem dieser ermordet worden war, änderte sein Nachfolger Lyndon B. Johnson die Pläne und schickte sogar noch zusätzliche Truppen nach Vietnam. 1968 kam es erneut zur Kehrtwende, nachdem die Tet-Offensive des Vietcongs verheerende Folgen für die Verbündeten der USA hatte. Die US-Armee zog sich zurück, überließ Südvietnam sich selbst und handelte mit Nordvietnam einen Waffenstillstand aus. In der Folge eroberten die Truppen des Nordens 1975 die südvietnamesische Hauptstadt Saigon und siegten im Krieg.

Die Opferzahlen unter den Vietnamesen belaufen sich während der 20-jährigen Kriegszeit auf etwa drei bis vier Millionen, wobei jedes dritte Opfer ein Zivilist war. Die US-Militärs beklagten über 55 000 Tote. Der befürchtete Dominoeffekt trat ein und Laos und Kambodscha wurden in der Folge ebenfalls kommunistisch. Noch heute gilt der Vietnamkrieg in den USA als nationales Trauma, da er eine empfindliche militärische Niederlage darstellt.

FESTIGUNG – VERTIEFUNG

Weitere Herangehensweisen

- Simulieren Sie ein Streitgespräch zwischen den „Doves" (Vertreter der friedlichen Option der Blockade) und den „Hawks" (Vertreter eines Luftangriffs auf Kuba) in der Kubakrise bezüglich des weiteren Vorgehens nach der Entdeckung der sowjetischen Raketenbasen.
- Diskutieren Sie, ob man von Gewinnern und Verlierern der Kubakrise sprechen kann.
- Recherchieren Sie, worauf sich die Dominotheorie bezieht, und diskutieren Sie, inwiefern die sich daraus ableitende Politik der USA sinnvoll war.

Vertiefende Aspekte

- Recherchieren Sie, welche Zwischenfälle es im Verlauf des Kalten Kriegs gab, die die Welt kurz vor einen atomaren Krieg brachten.
- Die Facebook-Richtlinien gestatten keine Darstellung nackter Menschen. Um diese Richtlinie durchzusetzen, hat Facebook einen automatischen Algorithmus aktiviert, der das Hochladen solcher Bilder unmöglich macht. Durch diesen Algorithmus ist es auch Facebook-Gruppen, die sich mit dem Vietnamkrieg befassen, nicht möglich, das ikonische Foto (M 8 unten) zu verwenden. Diskutieren Sie diese Entwicklung.
- Der deutsche Agrochemiekonzern Bayer hat im Jahr 2016 den US-Saatguthersteller Monsanto übernommen. Im Zuge der Übernahme gab es große Bedenken, ob durch die Vergangenheit Monsantos auch das deutsche Unternehmen Schaden im Vermarktungsbereich erleiden könnte. Recherchieren Sie in diesem Zusammenhang die Vorwürfe gegen Monsanto im Zusammenhang mit der Verwendung von Agent Orange im Vietnamkrieg. Bewerten Sie, ob die Firmenübernahme auch der Bayer AG schadet.
- Der Vietnamkrieg wird häufig als Trauma des amerikanischen Volkes bezeichnet. Recherchieren Sie Einzelschicksale von verwundeten US-Soldaten und deren Angehörigen und gestalten Sie dazu eine Infobroschüre.
- Recherchieren Sie den Verlauf des „Wettlaufs ins All" als weiteres Beispiel für die Systemkonkurrenz zwischen Ost und West.

Weiterführende Quellen und Hinweise

H 1 Greiner, Bernd: Die Kuba-Krise. Die Welt an der Schwelle zum Atomkrieg, München, C. H. Beck, 2010. Bernd Greiner, Wissenschaftler im Hamburger Institut für Sozialforschung und Honorarprofessor für Neuere Geschichte/Zeitgeschichte an der Universität Hamburg, beschäftigt sich in seinem Buch aus der Reihe C. H. Beck Wissen mit der Eskalation der Kubakrise, ihrer politischen Lösung sowie den Nachwirkungen.

H 2 Thirteen Days. Spielfilm, USA 2000, Regie: Roger Donaldson. In diesem amerikanischen Politthriller geht es in einer Mischung aus Dokumentation und Thriller um die Kubakrise aus Sicht der USA.

H 3 Williams, T. (Ed.): Post-traumatic stress disorder of Vietnam veterans, Cincinnatti, Ohio, Disabled American Veterans, 1980. In diesem Buch gewähren die Autoren einen Einblick in die Auswirkungen der Posttraumatischen Belastungsstörung nach Kriegserfahrungen und analysieren auch die Auswirkungen auf die Familienangehörigen.

KAPITEL 2 (LERNBEREICH 3)

2.5 Erfolge und Misserfolge der Entspannungspolitik

Forschungsinteresse und Kompetenzerwerb

„Der Krieg ist eine bloße Fortsetzung der Politik mit anderen Mitteln."[1] (Carl von Clausewitz, Vom Kriege, 1832–1834, 1. Buch, 1. Kapitel, Unterkapitel 24). Im 19. Jahrhundert wurden diplomatische Bemühungen vor dem Hintergrund geführt, dass bei ihrem Scheitern eine kriegerische Auseinandersetzung folgt. Dies wurde allgemein akzeptiert, bis die Erfahrung zweier Weltkriege das fatale Potenzial der Strategie offenbarte. Der Kalte Krieg mit seinen technischen Errungenschaften führte dieses Prinzip schließlich ad absurdum, da der Overkill (die Möglichkeit, die Weltbevölkerung durch atomare Bewaffnung mehrfach auszulöschen) andere Lösungsoptionen notwendig machte. Sie erkennen nun in diesem Kapitel Strategien des diplomatischen Handelns und bewerten vor dem Hintergrund der aufgeführten Quellen deren Wirksamkeit. Dadurch verstehen Sie Chancen und Grenzen internationaler Politik in der Gegenwart.

Vorgehen

Aus aktuellem Anlass entscheidet sich Ihre Schule für die Gestaltung einer Projektwoche „Meilensteine der Diplomatie", deren Abschluss eine Ausstellung bildet. Sie sind Teil des Projektteams und recherchieren in diesem Zusammenhang Höhepunkte der Diplomatie zur Zeit des Kalten Kriegs. Ihr Ziel ist die Konzeption des Teils der Ausstellung über diesen Zeitraum.

Sie ARBEITEN zuerst einen generellen Überblick über die Zeit aus dem Schaubild HERAUS. Dann SETZEN Sie SICH mit der Reaktion der Großmächte auf die Kubakrise AUSEINANDER und ORDNEN Egon Bahrs Rede „Wandel durch Annäherung" in die internationale Perspektive EIN. Sie BEURTEILEN die Wirkung von Willy Brandts neuer Ostpolitik und stellen in diesem Zusammenhang die Bedeutung seines Kniefalls dar. Sie DISKUTIEREN, ob die KSZE-Schlussakte als Erfolg im Verhältnis zwischen Ost und West gewertet werden kann, und BEWERTEN die Perspektive einer Textquelle in Bezug auf die SALT-II-Verhandlungen. Sie REFLEKTIEREN, welche Konsequenzen der daraus folgende NATO-Doppelbeschluss für die diplomatischen Beziehungen hatte.

BRINGEN Sie die herausgearbeiteten Ergebnisse in einen sinnvollen ZUSAMMENHANG und BEREITEN Sie diese für die Ausstellung entsprechend grafisch und inhaltlich AUF. EVALUIEREN Sie nach der Ausstellung, inwiefern Ihre Recherchen und deren Aufbereitung zu einem Wandel im Verständnis der Rolle von Diplomatie in internationalen Konflikten geführt haben.

Materialauswahl

Das Schaubild gibt einen ersten Überblick über entscheidende Ereignisse der weltweiten Entspannungspolitik während des Kalten Kriegs. Der folgende darstellende Text knüpft hieran an und bietet eine Einschätzung der ersten Kontaktaufnahme der Großmächte. Im folgenden Quellentext lernen Sie die deutsche Perspektive kennen. Es folgt eine Kurzinformation zu den Ostverträgen, gefolgt von einer Fotografie des Bundeskanzlers Willy Brandt, den Sie bei einer seiner entscheidendsten Szenen sehen. Informationen rund um die KSZE-Schlussakte entnehmen Sie einem darstellenden Text sowie einem Schaubild und einem Auszug aus dem Vertragswerk. In dem darauffolgenden Artikel zum SALT-II-Abkommen erhalten Sie eine zeitgenössische Beurteilung zu den damaligen Verhandlungen zum Abrüstungsabkommen. Abgerundet wird die Information durch ein Schaubild. Die Entwicklungen rund um den NATO-Doppelbeschluss erläutert ein darstellender Text mit einer Fotografie.

1 Clausewitz: Vom Kriege, 2016, S. 28.

1. Arbeiten Sie zuerst einen generellen Überblick über die Zeit aus dem Schaubild heraus und setzen Sie sich danach mit der Reaktion der Großmächte auf die Kubakrise auseinander.

M 1 „Fieberkurve" der amerikanisch-sowjetischen Beziehungen 1945–1988

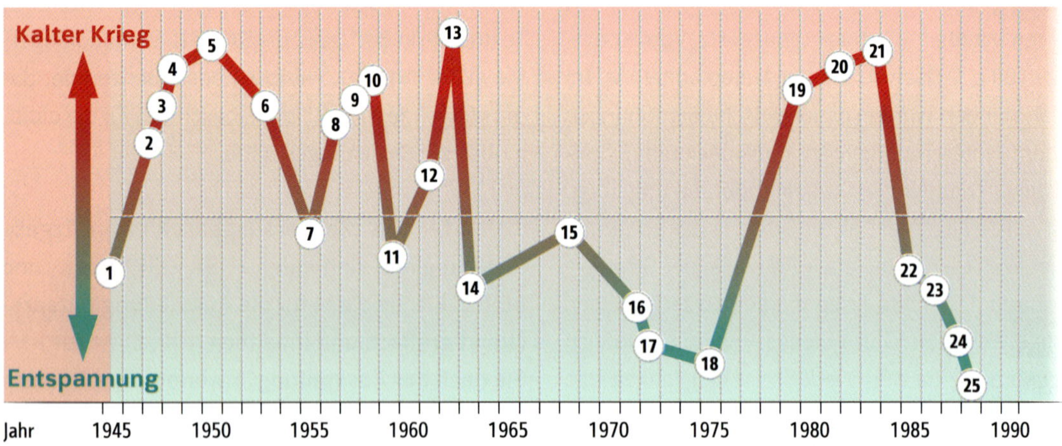

1	1945	Ende des Zweiten Weltkrieges
2	1947	Truman-Doktrin und Marshall-Plan
3	1948	Kommunistischer Umsturz in der CSSR, Beginn Berlin Blockade
4	1949	Gründungen: NATO, BRD, DDR, China
5	1950	Korea-Krieg
6	1953	Stalins Tod
7	1955	Genfer Gipfelkonferenz der Siegermächte
8	1956	Aufstand in Ungarn, Suez-Krise
9	1957	Sputnik-Schock
10	1958	sowjetisches Berlin-Ultimatum
11	1959	Gipfeltreffen in Camp David
12	1961	Bau der Berliner Mauer
13	1962	Kuba-Krise
14	1963	Vertrag über Atomteststopp und „heißer Draht"
15	1968	Atomwaffensperrvertrag und „Prager Frühling"
16	1971	Berlin-Abkommen
17	1972	SALT-I-Vertrag
18	1975	KSZE-Schlussakte von Helsinki
19	1979	NATO-Doppelbeschluss
20	1981	Kriegsrecht in Polen
21	1983	Abbruch Rüstungskontrollverhandlungen in Genf
22	1985	Gipfeltreffen in Genf
23	1986	Gipfeltreffen in Reykjavik
24	1987	Gipfeltreffen in Washington
25	1988	Gipfeltreffen in Moskau

M 2 Kubakrise und Entspannungspolitik

[…] Mit der Kuba-Krise und dem Bau der Berliner Mauer hat der „Kalte Krieg" einen Höhepunkt erreicht. Die direkte Konfrontation der beiden Supermächte lässt auf beiden Seiten die Erkenntnis wachsen, dass ein Nuklearkrieg unter allen Umständen vermieden und Maßnahmen zur Verbesserung der Krisenkommunikation eingeleitet werden müssen. Im Juni 1963 wird ein „heißer Draht" (eine direkte Fernschreibverbindung) zwischen dem Weißen Haus in Washington und dem Kreml in Moskau installiert.

Die Supermächte verzichten von nun an auf direkte militärische Konfrontationen. Im Umgang miteinander setzen sie auf eine Entspannungspolitik. Außerdem verlagern sie ihre Interessen: Die USA greifen in Indochina in den Vietnam-Krieg ein; die Sowjetunion hat Probleme an ihrer

Grenze zu China. Die Welt blickt in den 1960er Jahren immer weniger nach Deutschland und Berlin. Dies bedeutet aber auch, dass die Deutschlandpolitik zunehmend zu einer Angelegenheit der Deutschen selbst wird.

Quelle: Grau; Würz: Kuba-Krise, in: Lebendiges Museum Online, Stiftung Haus der Geschichte der Bundesrepublik Deutschland, abgerufen unter: www.hdg.de/lemo/kapitel/geteiltes-deutschland-gruenderjahre/kalter-krieg/kuba-krise.html [02.12.2016].

2. Ordnen Sie Egon Bahrs Rede „Wandel durch Annäherung" in die internationale Perspektive ein und erklären Sie den Stellenwert der Ostverträge.

M 3 „Wandel durch Annäherung"

Egon Bahr in einer Rede vom 15. Juli 1963

[...] Heute ist klar, dass die Wiedervereinigung nicht ein einmaliger Akt ist, der durch einen historischen Beschluss an einem historischen Tag auf einer historischen Konferenz ins Werk gesetzt wird, sondern ein Prozess mit vielen Schritten und vielen Stationen. Wenn es richtig ist, was Kennedy sagte, dass man auch die Interessen der anderen Seite anerkennen und berücksichtigen müsse, so ist es sicher für die Sowjet-Union unmöglich, sich die Zone zum Zwecke einer Verstärkung des westlichen Potentials entreißen zu lassen. Die Zone muss mit Zustimmung der Sowjets transformiert werden. Wenn wir so weit wären, hätten wir einen großen Schritt zur Wiedervereinigung getan. [...]

Wenn es richtig ist, und ich glaube, es ist richtig, dass die Zone dem sowjetischen Einflussbereich nicht entrissen werden kann, dann ergibt sich daraus, dass jede Politik zum direkten Sturz des Regimes drüben aussichtslos ist. Diese Folgerung ist rasend unbequem und geht gegen unser Gefühl, aber sie ist logisch. Sie bedeutet, dass Änderungen und Veränderungen nur ausgehend von dem zurzeit dort herrschenden verhassten Regime erreichbar sind. Das ist nicht ganz so erschreckend, wie es klingt, nachdem wir schließlich mit diesem Regime schon eine ganze Weile zu tun haben und auch auf der verschämten Ebene der Treuhandstelle für den Interzonenhandel sprechen. [...]

Der amerikanische Präsident hat die Formel geprägt, dass so viel Handel mit den Ländern des Ostblocks entwickelt werden sollte, wie es möglich ist, ohne unsere Sicherheit zu gefährden. Wenn man diese Formel auf Deutschland anwendet, so eröffnet sich ein ungewöhnlich weites Feld. Es wäre gut, wenn dieses Feld zunächst einmal nach den Gesichtspunkten unserer Möglichkeiten und unserer Grenzen abgesteckt würde. Ich glaube, sie sind sehr viel größer als alle Zahlen, die bisher genannt wurden. [...]

Eine materielle Verbesserung müsste eine entspannende Wirkung in der Zone haben. Ein stärkeres Konsumgüterangebot liegt in unserem Interesse. In der Sowjetunion ist der Konsumwunsch gewachsen und hat zu positiven Wirkungen beigetragen. Es ist nicht einzusehen, warum es in der Zone anders sein sollte. [...]

Man könnte sogar die Sorge haben, dass dann die Unzufriedenheit unserer Landsleute etwas nachlässt. Aber eben das ist erwünscht, denn das ist eine weitere Voraussetzung dafür, dass in dem Prozess zur Wiedervereinigung ein Element wegfallen würde, das zu unkontrollierbaren Entwicklungen führen könnte und damit zu zwangsläufigen Rückschlägen führen müsste. [...]

Die Bundesregierung hat in ihrer letzten Regierungserklärung gesagt, sie sei bereit, ‚über vieles mit sich reden zu lassen, wenn unsere Brüder in der Zone sich einrichten können, wie sie wollen. Überlegungen der Menschlichkeit spielen hier für uns eine größere Rolle als nationale Überlegungen.' Als einen Diskussionsbeitrag in diesem Rahmen möchte ich meine Ausführungen verstanden wissen. Wir haben gesagt, dass die Mauer ein Zeichen der Schwäche ist. Man könnte auch sagen, sie war ein Zeichen der Angst und des Selbsterhaltungstriebes des kommunistischen Regimes. Die Frage ist, ob es nicht Möglichkeiten gibt, diese durchaus berechtigten Sorgen dem Regime graduell so weit zu nehmen, dass auch die Auflockerung der Grenzen und der Mauer praktikabel wird, weil das Risiko erträglich ist. Das ist eine Politik, die man auf die Formel bringen könnte: Wandel durch Annäherung. [...]

Quelle: Bahr: [Rede vom 15. Juli 1963], in: Deutschland Archiv, Heft 8/1973, S. 862–865.

3. **Beurteilen Sie die Wirkung von Willy Brandts neuer Ostpolitik und stellen Sie in diesem Zusammenhang die Bedeutung seines Kniefalls dar.**

Ostverträge

Sondierungsgespräche zu einem deutsch-sowjetischen Vertrag begannen bereits kurz nach dem Amtsantritt der von SPD/FDP geführten Regierung. Das Ziel waren Gewaltverzichtsverträge mit der Sowjetunion und Polen. Als der Vertragsentwurf öffentlich wurde, löste dies in der Gesellschaft starken Widerstand aus. Es war die Rede von „Verzichtspolitik" und dem „Ausverkauf der deutschen Interessen". Dagegen erhoben sich Stimmen, die im Vertragswerk eine Anerkennung der politischen Realitäten in Europa erkannten. Ein wichtiger Aspekt, der schließlich zur Akzeptanz des Vertrags in der deutschen Öffentlichkeit führte, war das Festhalten der Bundesregierung am Ziel der Wiedervereinigung Deutschlands. Der vertraglich geregelte Grenzverlauf entspannte die Situation zwischen Ost und West (Oder-Neiße-Linie). Für sein herausragendes Engagement wurde Willy Brandt im Jahr 1971 mit dem Friedensnobelpreis ausgezeichnet.

M 4 Willy Brandt in Warschau 1970

Kniefall Willy Brandts am 7. Dezember 1970 am Mahnmal für den Aufstand im Warschauer Ghetto

Willy Brandt schreibt über den Moment des Kniefalls in seinen Erinnerungen:
„Immer wieder bin ich gefragt worden, was es mit dieser Geste auf sich gehabt habe. Ob sie etwa geplant gewesen sei? Nein, das war sie nicht. Meine engen Mitarbeiter waren nicht weniger überrascht als jene Reporter und Fotografen [...].

Ich hatte nichts geplant, aber Schloß Wilanow, wo ich untergebracht war, in dem Gefühl verlassen, die Besonderheit des Gedenkens am Ghetto-Monument zum Ausdruck bringen zu müssen. Am Abgrund der deutschen Geschichte und unter der Last der Millionen Ermordeten tat ich, was Menschen tun, wenn die Sprache versagt."

Quelle: Willy Brandt: Erinnerungen, 1989, S. 214.

4. Vergleichen Sie den Stellenwert der KSZE in Ost und West.

M 5 Konferenz über Sicherheit und Zusammenarbeit in Europa (KSZE)

Der Warschauer Pakt schlägt schon 1967 eine Konferenz über Sicherheit und Zusammenarbeit in Europa (KSZE) vor. Die Konferenz soll vor allem zur Auflösung der bestehenden Allianzen beitragen und die USA – als nicht-europäischen Staat – aus Europa hinausdrängen. Im Zuge der weltweiten Entspannungspolitik sowie nach Inkrafttreten der Ostverträge und des Grundlagenvertrages Mitte der 1970er Jahre wächst dann in Ost und West das Interesse an einer weitreichenden Verständigung. Schließlich wird die KSZE am 3. Juli 1973 in Helsinki eröffnet. An der Konferenz nehmen 7 Staaten des Warschauer Paktes, 13 neutrale Länder und die 15 NATO-Staaten teil. Die Beteiligung der USA und Kanadas erfolgt auf ausdrücklichen Wunsch der EG-Staaten.

Nach zweijährigen Verhandlungen in Genf wird die KSZE-Schlussakte am 1. August 1975 in Helsinki unterschrieben. Die unterzeichnenden Staaten verpflichten sich in dieser Absichtserklärung zur Unverletzlichkeit der Grenzen, zur friedlichen Regelung von Streitfällen, zur Nichteinmischung in die inneren Angelegenheiten anderer Staaten sowie zur Wahrung der Menschenrechte und Grundfreiheiten. Außerdem wird die Zusammenarbeit in den Bereichen Wirtschaft, Wissenschaft und Umwelt vereinbart. In Folgekonferenzen soll die Umsetzung der KSZE-Schlussakte in den einzelnen Staaten geprüft werden.

Die Bundesrepublik Deutschland und die Deutsche Demokratische Republik nehmen gleichberechtigt an der KSZE teil. Für das SED-Regime ist dies ein wichtiger Schritt zur internationalen Anerkennung. Der DDR geht es vor allem um die Anerkennung des Status quo in Europa und um die Nichteinmischung in ihre inneren Angelegenheiten. Die Menschenrechte werden jedoch auch nach Unterzeichnung der Schlussakte nicht beachtet. Deshalb spricht sich die CDU/CSU-Opposition im Bundestag gegen die KSZE aus. Für sie täuschen die Beschlüsse von Helsinki nur über die Wirklichkeit hinweg.

Quelle: Grau: KSZE (Stand: 08.10.2014), in: Lebendiges Museum Online, Stiftung Haus der Geschichte der Bundesrepublik Deutschland, abgerufen unter: www.hdg.de/lemo/kapitel/geteiltes-deutschland-krisenmanagement/konfrontation-und-annaeherung/ksze.html [02.12.2016].

Konferenz über Sicherheit und Zusammenarbeit in Europa

M 6

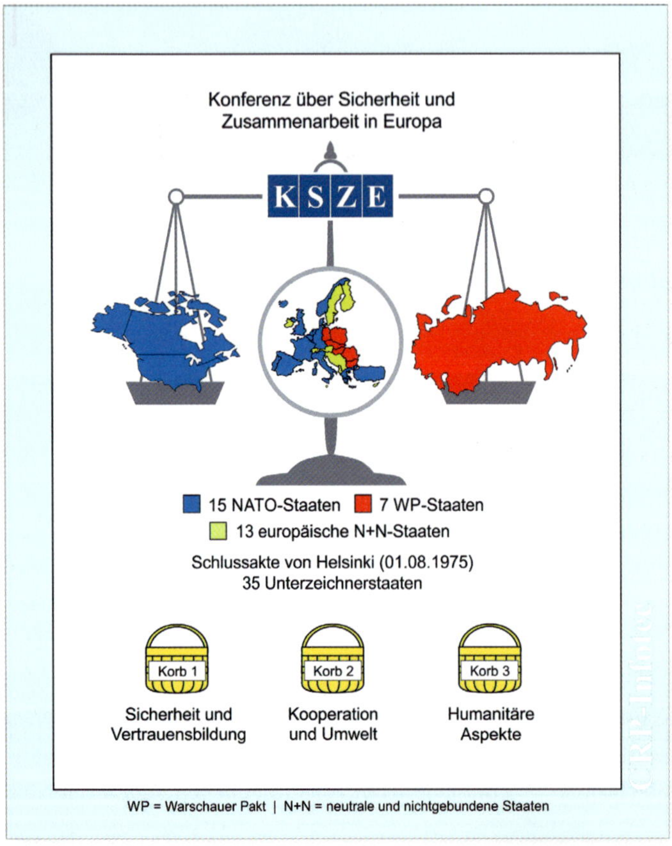

M 7 Auszug aus der Schlussakte der KSZE-Konferenz von Helsinki 1975

Die Teilnehmerstaaten werden die Menschenrechte und Grundfreiheiten, einschließlich der Gedanken-, Gewissens-, Religions- oder Überzeugungsfreiheit für alle ohne Unterschied der Rasse, des Geschlechts, der Sprache oder der Religion achten. Sie werden die wirksame Ausübung der zivilen, politischen, wirtschaftlichen, sozialen, kulturellen sowie der anderen Rechte und Freiheiten, die sich alle aus der dem Menschen innewohnenden Würde ergeben und für seine freie und volle Entfaltung wesentlich sind, fördern und ermutigen.

Quelle: Konferenz über Sicherheit und Zusammenarbeit in Europa, Schlussakte, S. 8, abgerufen unter: www.osce.org/de/mc/39503?download=true [02.12.2016].

5. Bewerten Sie die Perspektive des Spiegel-Artikels in Bezug auf die SALT-II-Verhandlungen, und reflektieren Sie, welche Konsequenzen der daraus folgende NATO-Doppelbeschluss für die diplomatischen Beziehungen hatte.

M 8 Daten und Fakten zum Salt-II-Vertrag

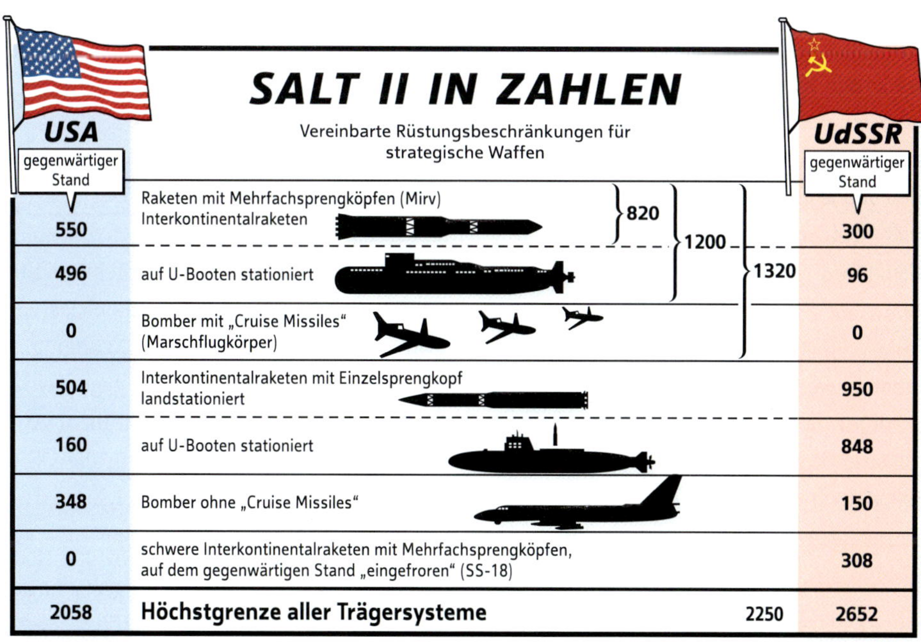

Grafik erstellt nach Abbildung aus: SPIEGEL 24/1979, S. 126.

Salt II: Abrüstung – die große Lüge

M 9

[...] Laut Carter ist [das zweite Abkommen zur strategischen Rüstungsbegrenzung (Salt II)] ein „Beitrag zum Frieden“ – vor allem aber ist es zunächst einmal ein neuer Anreiz für eine neue Runde im Wettrüsten. [...]

Der „Beitrag zum Frieden“ (Carter) wurde auf nahezu 300 Sitzungen innerhalb von fast sieben Jahren ausgehandelt – und ist in seinen Grundzügen schon seit etwa einem Jahr fertig. Nahezu jeden Monat einmal wurde seither die unmittelbar bevorstehende End-Einigung angekündigt, wurden Gipfeltermine und -schauplätze gehandelt, bis es dann schließlich am 9. Mai offiziell wurde. „Gott sei Dank, endlich haben wir es geschafft“, stöhnte Amerikas Außenminister Cyrus Vance nach einer letzten Begegnung mit dem sowjetischen Washington-Botschafter Anatolij Dobrynin – und pries die Vereinbarung als „eine Botschaft der Hoffnung für uns und für alle Menschen in der Welt“. [...]

Ein Vertrag mit wechselseitiger Rechtspflicht zur Abrüstung – das hat es in der von Kriegen gezeichneten Menschheitsgeschichte noch nicht gegeben. Und auch das noch nicht: Ein deutscher Regierungschef reiste in die USA, weil er erklärtermaßen den inneramerikanischen Ratifizierungsprozeß – Salt II muß von mindestens 67 der 100 US-Senatoren gebilligt werden – beeinflussen wollte.

Helmut Schmidt vorige Woche beim Empfang der Ehrendoktorwürde der Harvard University über Salt II: „Dieser Vertrag ist ein Stück Weltgeschichte. Er ist auch ein Stück Weltsicherheit und Sicherheit meines eigenen Landes.“ Über alle drei nationalen Fernsehsender warb der Kanzler für Salt II.

Und anderswo klangs nicht weniger begeistert. Edward Kennedy würdigte Salt II als „historische Leistung“, Polens [Zeitung] „Trybuna Ludu“ feierte den Vertrag gar als „die beste Nachricht, welche die Welt in den letzten Jahren zu hören bekam“.

Zu fragen bleibt, ob Realisten wie Schmidt und Kennedy tatsächlich an ihre feierlichen Worte glauben. Zwar: Die Salt-Unterhändler haben ein Papier ausgearbeitet, in dem festgelegt ist, daß tatsächlich abgerüstet werden muß. [...] Außerdem: Salt II setzt Höchst- und Zwischengrenzen fest, die ein Ende des quantitativen Rüstungswettlaufs bei strategischen Waffen signalisieren. Und drittens: Der Vertrag enthält sogar Bestimmungen, die den qualitativen Rüstungswettlauf, wenn auch zunächst nur langsam, zum Stillstand bringen könnten. Aber ein Sieg über den Moloch Rüstung ist damit angesichts der gigantischen Waffenarsenale, die sich Ost und West zugelegt haben, noch keineswegs errungen. [...]

Denn alle guten Ansätze werden überschattet von der Realität der großen Zahl: Der Salt-II-Vertrag legt nicht nur Beschränkungen fest, sondern auch Obergrenzen, die genug Spielraum für eine neue Variante des Rüstungswettlaufs lassen. 2250 Trägersysteme für strategische Waffen gestehen sich die beiden Supermächte gegenseitig zu – und das allein heißt schon nicht mehr Abrüstung, das heißt Aufrüstung. Denn die USA haben die Grenze noch gar nicht erreicht, verfügen bislang erst über gut 2000 Systeme. [...]

Quelle: Salt II: Abrüstung – die große Lüge, in: Der Spiegel 24/1979, S. 125 ff.

M 10 Wettrüsten

Mitte der 1970er Jahre ersetzt die Sowjetunion ihre auf Westeuropa gerichteten atomaren Mittelstreckenraketen durch moderne SS-20-Raketen mit größerer Sprengkraft. Die Bundesregierung unter Helmut Schmidt sieht dadurch das strategische Gleichgewicht in Europa in Gefahr. In seiner vielbeachteten Rede im Londoner International Institute for Strategic Studies fordert Schmidt 1977 die NATO zu Gegenmaßnahmen auf, um das qualitative und quantitative Übergewicht der Sowjetunion im Bereich der Mittelstreckenraketen auszugleichen. Mit dieser Zielsetzung verabschieden die Außen- und Verteidigungsminister der NATO-Mitgliedstaaten am 12. Dezember 1979 in Brüssel den NATO-Doppelbeschluss.

Der Beschluss sieht Verhandlungen mit der UdSSR über den Abbau der Mittelstreckenraketen vor. Bei einem Scheitern der Gespräche wollen die USA aber nach vier Jahren - also Ende 1983 - ebenfalls atomare Mittelstreckenraketen in Europa stationieren. Der NATO-Doppelbeschluss führt in vielen westeuropäischen Ländern zu einem Erstarken der Friedensbewegung, die gegen die Nachrüstung Stellung bezieht. In der Bundesrepublik kann sie Hunderttausende Bürger mobilisieren. Der Friedensbewegung schließen sich auch Teile der SPD an. Schließlich kann sich Bundeskanzler Schmidt seiner eigenen Partei nicht mehr sicher sein.

Am 30. November 1981 beginnen in Genf die Abrüstungsverhandlungen zwischen den USA und der UdSSR. Bis November 1983 bleiben sie jedoch ergebnislos. Der Deutsche Bundestag stimmt deshalb am 22. November 1983 mit den Stimmen von CDU/CSU und FDP der Stationierung neuer US-Mittelstreckenraketen in der Bundesrepublik zu. Noch während der zweitägigen Debatte protestieren Anhänger der Friedensbewegung gegen die Nachrüstung. Einen Tag nach dem Beschluss des Bundestages bricht die Sowjetunion die Genfer Gespräche ab.

Quelle: Grau; Haunhorst: Wettrüsten (Stand: 05.05.2003), in: Lebendiges Museum Online, Stiftung Haus der Geschichte der Bundesrepublik Deutschland, abgerufen unter: www.hdg.de/lemo/kapitel/geteiltes-deutschland-krisenmanagement/konfrontation-und-annaeherung/wettruesten.html [02.12.2016].

M 11

22. Oktober 1983: Eine halbe Million Menschen demonstriert im Bonner Hofgarten für Frieden und Abrüstung

DAS WICHTIGSTE IN KÜRZE

Die dreizehn Tage währende **Kubakrise** im Jahr 1962 verdeutlichte der Weltöffentlichkeit die Gefahren eines jederzeit latent drohenden Atomkriegs. Aufgrund der Stationierung von sowjetischen Mittelstreckenraketen auf Kuba drohte der US-Präsident John F. Kennedy mit dem Einsatz von Atomwaffen gegen die UdSSR. Dies konnte abgewendet werden und in der Folge etablierte sich eine Neuordnung der sowjetisch-amerikanischen Beziehungen.

Eine Folge der Kubakrise war die Etablierung des sog. **Roten Telefons** oder auch „heißen Drahts" zwischen Washington und Moskau. Die technische Umsetzung bestand einerseits in einer Fernschreiberverbindung via London, Kopenhagen, Stockholm und Helsinki, andererseits in einer Funkverbindung via Tanger (Marokko). Mit der direkten Verbindung der beiden mächtigsten Männer der Welt sollten Missverständnisse und Friedensgefährdungen durch Irrtümer verhindert werden.

Eine weitere unmittelbare Reaktion auf die Kubakrise war das **Atomteststoppabkommen** (Treaty Banning Nuclear Weapon Tests in the Atmosphere, in Outer Space and Under Water), das 1963 in Kraft trat und dem neben den USA und der UdSSR weitere Staaten beitraten. In dem Abkommen wurde festgeschrieben, dass Atomwaffentests und andere Kernexplosionen nicht durchgeführt werden dürfen, wenn die Gefahr radioaktiven Niederschlags über die Grenzen des durchführenden Staates hinaus besteht. Selbst Tests im Weltall sind durch das Abkommen untersagt worden.

Im **Atomwaffensperrvertrag** (NVV, Treaty on the Non-Proliferation of Nuclear Weapons) von 1969 verpflichteten sich die Atommächte USA, Großbritannien, Frankreich, UdSSR und die Volksrepublik China auf den sofortigen Stopp der weiteren Verbreitung von Atomwaffen und der dazugehörigen Technologie.

Die deutsch-deutschen Beziehungen erlebten nach dem Schock des Mauerbaus eine Phase der Entspannung Anfang der 1970er-Jahre. Diese Zeit wird als **neue Ostpolitik** unter dem Kanzler Willy Brandt bezeichnet. Maßgeblich daran beteiligt war der Abschluss des **Viermächteabkommens über Berlin** am 3. September 1971. Hier wurde der Status der geteilten Stadt Berlin rechtssicher festgelegt und die Möglichkeiten des Zugangs aus der Bundesrepublik in die Stadt wurden verbindlich vereinbart. Für die Bewohner Westberlins stellte dieses Abkommen eine große Erleichterung dar.

Ein weiterer Meilenstein der neuen Ostpolitik war die Unterzeichnung des **Vertrags über die Grundlagen** der Beziehungen zwischen der Bundesrepublik Deutschland und der Deutschen Demokratischen Republik von 1972. Beide deutschen Staaten betrachten sich erstmals als gleichberechtigt. Mit dem Vertrag geht jedoch keine völkerrechtliche Anerkennung der DDR einher, was sich niederschlägt in der Tatsache, dass keine Botschaften, sondern lediglich Ständige Vertretungen in beiden Ländern eingerichtet werden. Egon Bahr, der Chef-Unterhändler der BRD, kommentierte den Vertragsabschluss mit den Worten: „Bisher hatten wir keine Beziehungen, jetzt werden wir schlechte haben – und das ist der Fortschritt." (Pressekonferenz nach Unterzeichnung des Vertrags).

DAS WICHTIGSTE IN KÜRZE

Von 1973 bis 1975 wurde der Ost-West-Dialog weiter intensiviert. Im Zuge dessen fand die **Konferenz über Sicherheit und Zusammenarbeit in Europa (KSZE)** statt. Insgesamt nahmen 35 Staaten an der Konferenz teil. In der KSZE-Schlussakte, die 1975 in Helsinki unterzeichnet wurde, verpflichteten sich die Staaten zur friedlichen Regelung von Streitfällen, zur Anerkennung der Unverletzlichkeit der Grenzen und zur Nichteinmischung in innere Angelegenheiten anderer Staaten. Die ebenfalls vertraglich verankerte Wahrung der Menschenrechte und Grundfreiheiten wurde insbesondere im Westen als großer Erfolg gefeiert. Darüber hinaus wurde eine weitreichende Kooperation über die Blockgrenzen hinweg etabliert. Sowohl in der Wirtschaft als auch in den Bereichen Wissenschaft und Umwelt entstanden vielfältige Formen der Zusammenarbeit. Auch wenn es sich bei der KSZE-Schlussakte nicht um einen völkerrechtlichen Vertrag, sondern um eine Selbstverpflichtung der unterzeichnenden Nationen handelte, bot sie die Möglichkeit, internationale Kontakte über den Eisernen Vorhang hinweg zu initialisieren.

Am 18. Juni 1979 wurde nach siebenjährigen Verhandlungen in Wien der **SALT-II-Vertrag** (Strategic Arms Limitation Talks) von Jimmy Carter und Leonid Breschnew unterzeichnet. Das Vorgängerabkommen SALT I hatte zwar die Limitierung von Langstreckenraketen festgelegt, seine Wirkung verpuffte jedoch durch den Verzicht auf Beschränkung der Mittelstreckenraketen. SALT II glich dieses Defizit aus und legte fest, dass die USA und die UdSSR bis 1985 eine bestimmte Anzahl von Waffensystemen nicht überschreiten durften. Trotz Unterzeichnung des Vertrags durch den amerikanischen Präsidenten und den sowjetischen Staatschef wurde das Abkommen nicht durch den US-Senat ratifiziert. Dies scheiterte am zeitgleich stattfindenden Einmarsch sowjetischer Truppen in Afghanistan. Inhaltlich hielten jedoch beide Nationen die vereinbarten Obergrenzen faktisch weitgehend ein.

Als Reaktion auf die Modernisierung der sowjetischen atomaren Mittelstreckenraketen ab Mitte der 1970er-Jahre kam es 1979 zum **NATO-Doppelbeschluss**. Dieser forderte Verhandlungen zwischen der UdSSR und der NATO zum Rückbau dieser Mittelstreckenraketen. Die NATO-Staaten verliehen ihrer Forderung Nachdruck, indem sie für den Fall des Scheiterns der Gespräche ebenfalls die Stationierung atomarer Mittelstreckenraketen in Europa ankündigten. Als Zeitraum für den Rückbau legte die NATO vier Jahre fest. Tatsächlich kam es zu Verhandlungen, jedoch blieben diese ergebnislos. In der Folge ließ der Deutsche Bundestag die Stationierung amerikanischer atomarer Mittelstreckenraketen auf dem Gebiet der Bundesrepublik zu. Dieser Vorgang wurde kontrovers in der Bevölkerung diskutiert und führte zu massiven Protesten.

FESTIGUNG – VERTIEFUNG

Weitere Herangehensweisen

- Untersuchen Sie, inwieweit Egon Bahr als Vordenker von Willy Brandts neuer Ostpolitik gelten kann.
- Bewerten Sie die kritische Haltung der Friedensbewegung zum NATO-Doppelbeschluss. Stellen Sie dabei die zeitgenössische Informationslage sowie die heutige Perspektive gegenüber.
- Helmut Kohl gilt als Kanzler der Einheit. Beurteilen Sie, inwieweit frühere Kanzler bereits hierfür Grundlagen gelegt haben.

Vertiefende Aspekte

- Vollziehen Sie nach, welche Rolle der Regierungswechsel hin zur sozialliberalen Koalition hinsichtlich der Neuausrichtung des deutsch-deutschen Verhältnisses spielte (vgl. H 1).
- Stellen Sie die wirtschaftlichen Beziehungen zwischen der BRD und der DDR nach dem Mauerbau dar. Diskutieren Sie die Gründe für die Kontinuität im Wirtschaftsverkehr (vgl. H 2).
- Als Folge der KSZE-Schlussakte entstanden zahlreiche internationale Jugendaustauschprogramme. Arbeiten Sie die positiven Folgen für künftige Beziehungen zwischen den beteiligten Staaten heraus.
- Vergleichen Sie die aktuelle Entwicklung der diplomatischen Beziehungen des Westens zum Iran mit der historischen Entwicklung diplomatischer Beziehungen zur Zeit des Kalten Kriegs.

Weiterführende Quellen und Hinweise

H 1 Nakath, Detlef: Von der Konfrontation zum Dialog. Zum Wandel des Verhältnisses zwischen beiden deutschen Staaten, in: Aus Politik und Zeitgeschichte, 45/2003, S. 40–46. In diesem Aufsatz vollzieht der Autor Ursachen und Folgen des sich ändernden Umgangs beider deutscher Staaten nach. Er berücksichtigt dabei die politische ebenso wie die gesellschaftliche Ebene und beurteilt den persönlichen Einsatz westdeutscher Spitzenpolitiker.

H 2 Rosenberger, Sigrid Elisabeth: Der Faktor Persönlichkeit in der Politik: Leadershipanalyse des Kanzlers Willy Brandt, Wiesbaden, VS Verlag, 2005, darin besonders S. 72–91. In dieser Monografie geht die Autorin auf die Bedeutung der Person eines Politikers/einer Politikerin und deren Persönlichkeit ein. Welche Anforderungen die höchsten Staatsämter an ihre Inhaber stellen, wird im Buch greifbar, gerade vor dem Hintergrund bedeutender Krisen. Gleichzeitig bieten die Ausführungen Hinweise dazu, mit welchen Kompetenzen auf Krisen reagiert werden kann.

H 3 Schönfelder, Jan; Erices, Rainer: Willy Brandt in Erfurt – das erste deutsch-deutsche Gipfeltreffen 1970, Berlin, Ch. Links Verlag, 2010. Das Buch bietet einen Blick hinter die Kulissen der deutsch-deutschen Diplomatie der Regierungschefs bei ihrem ersten Zusammentreffen nach dem Ende des Zweiten Weltkriegs.

GELERNT!

2.1 Demokratie und Wirtschaftsliberalismus als Leitideen der USA im 20. Jahrhundert

Sie erkennen den Entstehungskontext und die Bedeutung des Demokratie- und Freiheitsbegriffs für die USA. Sie erkennen die Wirkungszusammenhänge zwischen der amerikanischen Wirtschaftsdynamik, dem National- und Sendungsbewusstsein der USA und der daraus resultierenden Hegemonialpolitik sowie deren Folgen für die westliche Welt. Sie begreifen den Ursprung und die Theorie des Freihandels sowie dessen besonderen Stellenwert für die amerikanische Wirtschaftspolitik.

2.2 Marxismus und Leninismus als ideologische Grundlagen der UdSSR

Sie erkennen, dass Marx und Engels im Kontext der Industrialisierung und der damit einhergehenden Verelendung weiter Bevölkerungsteile sich die bisherige Geschichte als eine Abfolge von Klassenkämpfen vorstellten. Sie erfassen darüber hinaus die Bedeutung Lenins und der Theorien von Marx und Engels für die Entstehung der UdSSR.

2.3 Ende der Anti-Hitler-Koalition und Beginn der bipolaren Welt

Es ist Ihnen bewusst, dass die Zusammenarbeit der beiden Großmächte USA und UdSSR aufgrund der ideologischen Differenzen und der Uneinigkeit über die Nachkriegsordnung in Deutschland und Europa nicht länger möglich war und dies zu einer bipolaren Welt und schließlich zur Entstehung des Kalten Kriegs geführt hat. Die Auseinandersetzung mit der Argumentation der beiden Lager schärft Ihren Blick für den Wert der Freiheit und der Menschenrechte.

2.4 Krisen, Kriege und ihre Bewältigung im Kalten Krieg

Sie erfassen die Logik hinter den militärischen Auseinandersetzungen in der Ära des Kalten Kriegs. Ihnen ist bewusst, dass eine direkte Kriegsführung mit Nuklearwaffen zwischen der USA und der UdSSR nicht möglich war, ohne die Erde als gemeinsame Lebensgrundlage aller Menschen zu zerstören. Sie haben verstanden, dass es trotzdem zu kriegerischen Auseinandersetzungen, sog. Stellvertreterkriegen kam. Mit dem Koreakrieg, der Kubakrise und dem Vietnamkrieg sind Ihnen drei beispielhafte Konflikte jener Zeit bekannt. Sie realisieren, wie knapp die Welt damals vor einem atomaren Krieg stand.

2.5 Erfolge und Misserfolge der Entspannungspolitik

Sie haben verstanden, dass die Erfahrungen der Kubakrise zu einem Umdenken innerhalb der beiden Lager des Kalten Kriegs führen mussten. Die politischen Führer der USA und der UdSSR erkannten die Chancen diplomatischer Kontakte und die Notwendigkeit von Abkommen zur Rüstungsbegrenzung und Abrüstung. Anhand verschiedener Abkommen können Sie die Möglichkeiten und Grenzen der Diplomatie nachvollziehen. Sie erkennen den Stellenwert der Neuen Ostpolitik von Willy Brandt für die Annäherung von Ost- und Westdeutschland.

KAPITEL 3 (LERNBEREICH 4)

Historische Lebenswirklichkeiten in Deutschland: Deutsch-deutsche Geschichte vom Ende des Zweiten Weltkriegs bis zur Wiedervereinigung

Straßenkämpfe in Berlin am 17. Juni 1953

Fußball-Weltmeisterschaft 1954, Fritz Walter mit dem Jules-Rimet-Pokal, links: Horst Eckel

Demo in Gießen 1982. Das asymmetrische Geschlechterverhältnis war neben dem Recht auf Abtreibung ein Hauptthema der Frauenbewegung in der BRD.

Ehrentribüne am 7. Oktober 1989 in Ostberlin zur Abnahme der Militärparade

Massendemo am 4. November 1989 auf dem Alexanderplatz

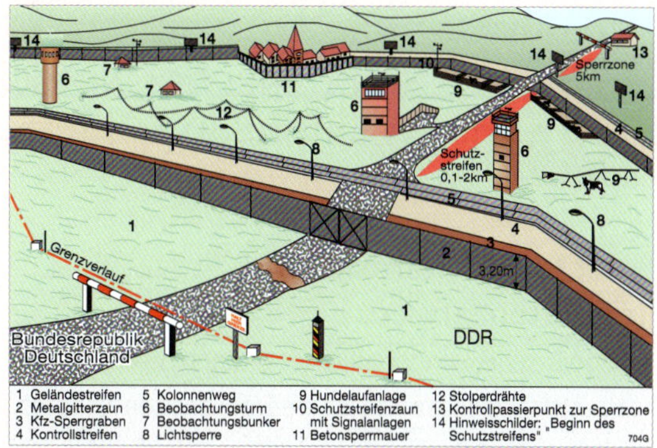

Infotafel an der Grenze zur DDR in Westberlin

November 1989: Ostdeutsche Grenzpolizisten blicken durch ein Loch in der Mauer.

Brandenburger Tor in Berlin zu DDR-Zeiten (im Vordergrund die Berliner Mauer) und heute

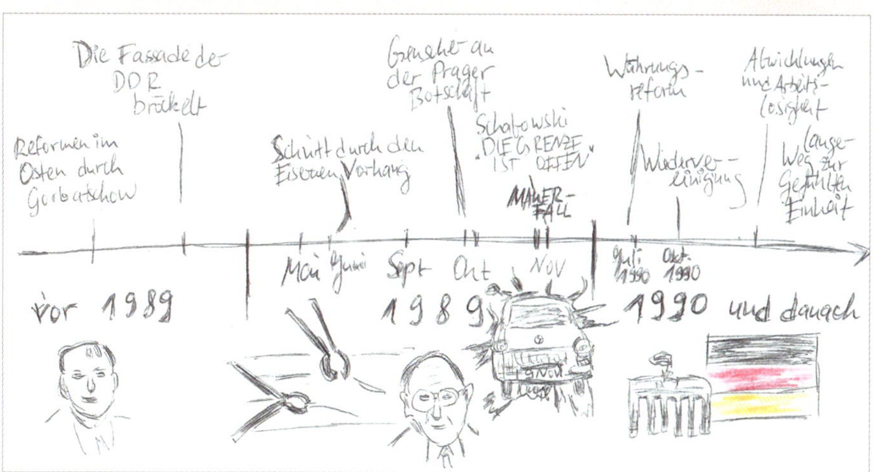

Zeitstrahl zur Wiedervereinigung

KAPITEL 3 (LERNBEREICH 4)

3.1 Innenpolitische, wirtschaftliche und gesellschaftliche Entwicklung in beiden Staaten

Forschungsinteresse und Kompetenzerwerb

Das politische, wirtschaftliche, gesellschaftliche und kulturelle Leben in den beiden deutschen Staaten unterschied sich teilweise erheblich. Sie werden die unterschiedlichen Lebenswirklichkeiten der Bundesrepublik Deutschland und der DDR beurteilen lernen. Sie werden durch das Untersuchen von Hintergründen und Zusammenhängen in die Lage versetzt, sich mit unterschiedlichen Deutungen der historischen Entwicklungen in West und Ost auseinanderzusetzen. Dadurch reflektieren Sie die damit verbundenen ideologischen und politischen Interessen. Sie werden durch den Vergleich die Vorzüge der freiheitlich-demokratischen Grundordnung der Bundesrepublik Deutschland noch stärker schätzen lernen.

Vorgehen

Die DDR trug den Begriff „Demokratie" im Namen, die Bundesrepublik nicht. Sie sollen für einen Internetblog zum Thema Nachkriegszeit einen Eintrag verfassen, der sich mit der Frage befasst, welcher der beiden deutschen Staaten in der Nachkriegszeit dem Anspruch genügte, demokratisch zu sein.

Als Grundlage nutzen Sie eine Definition des Begriffs „Demokratie". Danach UNTERSUCHEN Sie den Machtanspruch der Staatsführung in Ost und West auf der formellen und auf der faktischen Ebene. Hieran anschließend INTERPRETIEREN Sie die Stellung der und den Umgang mit Andersdenkenden, aber auch den Umgang mit vermeintlichen Staatsfeinden in den beiden deutschen Staaten. Um DARZUSTELLEN, dass Demokratie nicht nur das politische Leben betrifft, sondern auch gesellschaftlich relevant ist, BEFASSEN Sie SICH anhand des unterschiedlichen Frauenbildes mit der soziokulturellen Entwicklung in Westdeutschland und der DDR. Zum Schluss ANALYSIEREN Sie die Auswirkungen unterschiedlicher politischer Systeme und der daraus resultierenden unterschiedlichen Wirtschaftssysteme auf das Alltagsleben und den Wohlstand der Menschen im geteilten Deutschland.

FASSEN Sie Ihre Ergebnisse IN EINE STRUKTUR, die auch optisch dem modernen Anspruch eines Internetblogs entspricht, und ERSTELLEN Sie einen Blogeintrag. UNTERSUCHEN Sie die Wahrnehmung Ihrer Arbeit und Ihrer Zielsetzung anhand der Kommentare, die Ihre Leser unter Ihrem Blog hinterlassen.

Materialauswahl

Schwerpunkt im methodischen Vorgehen wird die Analyse zeitgenössischer Quellen, unmittelbarer Augenzeugenberichte und insbesondere anschaulichen Bildmaterials sein. Sekundärliteratur ergänzt die Darstellung aus dem Abstand der Zeit. Die innenpolitische Entwicklung lässt sich durch eine Gegenüberstellung der Regierungschefs und der Regierungsparteien verdeutlichen. Die gesellschaftliche Auseinanderentwicklung zeigt sich anhand des unterschiedlichen Frauenbildes mithilfe visueller Medien besonders klar. Die wirtschaftliche Divergenz erschließt sich aus der Gegenüberstellung statistischer Daten zu ausgewählten Konsumgütern sowie im bildlichen Vergleich der Qualität von Konsumwaren in Ost und West.

M 1 Demokratiedefinition

[Demokratie] ist ein Sammelbegriff für moderne Lebensformen und politische Ordnungen.

1) D. ermöglicht insofern moderne Lebensformen, als sie a) die Freiheit individueller Entscheidungen und Handlungen sowie individuelle Verantwortung ermöglicht, b) die individuelle Gleichheit vor Recht und Gesetz garantiert sowie Minderheiten schützt und c) zahllose Formen gesellschaftlicher Vereinigungen ermöglicht, d. h. kollektives und solidarisches Handeln auf eine freiwillige Grundlage stellt (und z. B. in Form der Koalitionsfreiheit schützt). [auch: liberale Demokratie]

2) D. schafft die Grundlage für eine Vielfalt moderner politischer Ordnungen, deren gemeinsames Kennzeichen die Volkssouveränität und die Beschränkung politischer Herrschaft ist [...].

Quelle: Schubert; Klein: Das Politiklexikon, 2016, S. 78.

1. Untersuchen Sie, welche manipulativen Methoden in dem folgenden Plakat Verwendung finden, und interpretieren Sie die Intentionen des Plakaterstellers.

Noch vor Gründung der DDR fusionierten im April 1946 in der sowjetischen Besatzung die beiden Parteien KPD und SPD zur Sozialistischen Einheitspartei Deutschlands (SED). Im Westen wurde dieser Zusammenschluss als Zwangsvereinigung dargestellt, da die KPD und die Sowjetunion massiv auf die Vereinigung drängten und zahlreiche ablehnende Sozialdemokraten Sanktionen erdulden mussten.

M 2

Plakat von 1946 gegen die Zwangsvereinigung der KPD mit der SPD zur SED

Regierungschefs von 1949 bis 1990

M 3

Bundesrepublik Deutschland	Deutsche Demokratische Republik
Konrad Adenauer, CDU, 1949–1963	Otto Grotewohl, SED, 1949–1964
Ludwig Erhard, CDU, 1963–1966	Willi Stoph, SED, 1964–1973
Kurt Georg Kiesinger, CDU, 1966–1969	Horst Sindermann, SED, 1973–1976
Willy Brandt, SPD, 1969–1974	Willi Stoph, SED, 1976–1989
Helmut Schmidt, SPD, 1974–1982	Hans Modrow, SED/PDS, 1989–1990
Helmut Kohl, CDU, 1982–1998	Lothar de Maizière, CDU, 1990

Die innenpolitische Situation in der Bundesrepublik war während der Regierungszeit Konrad Adenauers vor allem durch Konsolidierung und Stabilisierung des demokratischen Lebens geprägt. Die CDU warb mit dem Slogan „Keine Experimente!" – genau das, was sich die Bürger nach der turbulenten Kriegszeit wünschten. Eine tief greifende Veränderung trat mit dem Auftreten der studentischen 68er-Bewegung ein, die sich zunächst gegen den Vietnamkrieg, dann gegen das in den Augen der jungen Menschen verstaubte und unbewegliche politische System wandte. Die Innenpolitik der DDR sah vorwiegend eine Kontrolle der Bürger durch den Staatsapparat vor, wobei auch darauf geachtet wurde, die Jugend über die FDJ möglichst frühzeitig in das System einzubinden.

2. Beurteilen Sie den Wert Andersdenkender für die politische Stabilität in beiden deutschen Staaten und ordnen Sie diesen in das demokratische Selbstverständnis des jeweiligen Systems ein.

Regierungserklärung des Bundeskanzlers Konrad Adenauer vor dem Deutschen Bundestag am 21. Oktober 1949

M 4

Konrad Adenauer (CDU) wird am 20. September 1949 durch Bundestagspräsident Dr. Erich Köhler zum ersten Kanzler der Bundesrepublik Deutschland vereidigt.

Ich bin nicht der Auffassung, daß es den Interessen der Gesamtbevölkerung, den Interessen Deutschlands besser gedient hätte, wenn man etwa eine Koalition zwischen CDU/CSU und der Sozialdemokratischen Partei eingegangen wäre. Ich bin der Auffassung, daß die Opposition eine Staatsnotwendigkeit ist, daß sie eine staatspolitische Aufgabe zu erfüllen hat, daß nur dadurch, daß Regierungsmehrheit und Opposition einander gegenüberstehen, ein wirklicher Fortschritt und eine Gewöhnung an demokratisches Denken zu erzielen ist. Ich bin weiter der Auffassung:

bei den labilen Verhältnissen, wie sie in Deutschland herrschen, ist es viel richtiger, wenn die immer vorhandene Opposition sich klar im Parlament selbst zeigt, als wenn sie, da infolge einer großen Koalition im Parlament keine wesentliche Opposition hätte ausgeübt werden können, außerhalb des Parlaments in nicht kontrollierbarer Weise um sich greift.

Quelle: Deutscher Bundestag. Stenographisches Protokoll der 5. Sitzung, 1949, S. 22.

M 5 Zeitzeugenbericht Siegfried Bergers zum 17. Juni 1953

Vom Volksaufstand am 17. Juni wurde ich, wie wohl alle, überrascht. [...] Es war allerdings insbesondere seit der 2. Parteikonferenz der SED im Juli 1952 unübersehbar geworden, daß die Politik der SED Staat und Partei in eine tiefe Krise geführt hatte. Die Versorgungslage hatte sich dramatisch verschlechtert als Folge der Reparationsleistungen an die UdSSR, der verstärkten militärischen Rüstung [und] der anschwellenden Flüchtlingswelle [...]. Verhaftungen und politische Prozesse nahmen sichtbar zu. Als dann im Frühjahr/Frühsommer 1953 von der SED gefordert wurde, auf „freiwilliger" Basis einer allgemeinen Normerhöhung um zehn Prozent zuzustimmen, die einen Angriff auf die Lohntüten meiner Kollegen bedeutete, wuchs der Unwillen in der Bevölkerung und unter meinen Kollegen immer mehr. [...]

Der Zug von mehr als 2.000 Teilnehmern verlief ruhig und diszipliniert. Allerdings wurde er immer länger, denn weitere Einzelpersonen und Gruppen schlossen sich an. [...]

Als die Polizisten uns ihre Gewehrläufe auf die Brust drückten und riefen: „Zurück, oder wir schießen!", kam der Zug langsam zum Halten. Ich erklärte den Vopos, daß wir Arbeiter aus Köpenick wären, aber sie sagten, wenn wir nicht zurückgingen, hätten sie Befehl zu schießen. Langsam bewegte sich die Masse hinter uns zurück. Als die Entfernung zur Polizistenkette etwa gut 50 m betrug, schossen sie doch. Wir hatten etwa 3-5 Verletzte, die wir alle mit in den Westsektor nehmen konnten. Dies war das Ende unseres über fünf Stunden dauernden Protestmarsches. [...]

Quelle: Berger: „Ich nehme das Urteil nicht an", Schriftenreihe des Berliner Landesbeauftragten für die Unterlagen des Staatssicherheitsdienstes der ehemaligen DDR, 1998, S. 16–18.

Briefmarke der Deutschen Post AG aus dem Jahre 2003 zum 50. Jahrestag des Volksaufstandes in der DDR am 17. Juni 1953

3. Bewerten Sie den Umgang mit vermeintlichen Feinden der Staatsordnung in Ost und West, und erläutern Sie, welche Schlüsse über das Vorhandensein eines Vertrauensverhältnisses zwischen DDR-Führung und der Bevölkerung der DDR der Text zulässt.

Radikalenerlass der Bundesrepublik Deutschland 1972

M 6

[...] Die Regierungschefs der Länder haben in einer Besprechung mit dem Bundeskanzler am 28. 1. 1972 auf Vorschlag der Ständigen Konferenz der Innenminister der Länder die folgenden Grundsätze beschlossen [...]:

„1. Nach den Beamtengesetzen in Bund und Ländern darf in das Beamtenverhältnis nur berufen werden, wer die Gewähr dafür bietet, daß er jederzeit für die freiheitliche demokratische Grundordnung im Sinne des Grundgesetzes eintritt, sind Beamte verpflichtet, sich aktiv innerhalb und außerhalb des Dienstes für die Erhaltung dieser Grundordnung einzusetzen.

Es handelt sich hierbei um zwingende Vorschriften.

2. Jeder Einzelfall muß für sich geprüft und entschieden werden. [...]"

Quelle: Ministerialblatt für das Land Nordrhein-Westfalen, 25. Jahrgang, 29.02.1972, Nr. 20, S. 342.

Ministerium für Staatssicherheit („Stasi") der DDR

M 7

[...] Die Allgegenwart des Ministeriums für Staatssicherheit (MfS), der „Stasi", ist den meisten Bundesbürgern bis zur „Wende" von 1989/90 eher unbekannt geblieben, den Menschen in der DDR hingegen ist sie ständig bewusst gewesen. Ohne permanent in Erscheinung zu treten, stellte sie dennoch ein Element ihres Alltags dar. Die Anfang der siebziger Jahre einsetzende Entspannungspolitik, welche die SED-Führung zu einer gewissen Öffnung der DDR zwang, bedeutete für das MfS eine „außerordentliche Belastungsprobe" (Erich Mielke), da offen repressive Maßnahmen aus Gründen eines möglichen internationalen Reputationsverlustes tunlichst vermieden werden sollten.

Durch eine erhebliche Aufstockung des Personals, durch Verstärkung der Kontrolle sowie verfeinerte Methoden der Bespitzelung wurden die Aktivitäten der Staatssicherheit erhöht, um die Bevölkerung flächendeckend und zugleich präventiv überwachen zu können. Gleichzeitig blieben Gewaltanwendung, Freiheitsberaubung, Unterdrückung, Einschüchterung und andere Repressionen im Einzelfall nach wie vor weiter Praktiken des MfS. Ab Mitte der siebziger Jahre kam im Bevölkerungsdurchschnitt ein IM (Inoffizieller Mitarbeiter) auf 100 DDR-Bürgerinnen und -Bürger, insgesamt standen 1989 91 000 hauptamtliche und 173 000 Inoffizielle Mitarbeitende im Dienst des MfS.

[...]

Jede Art von abweichendem Verhalten konnte dazu führen, in die Fänge der Stasi zu geraten.

Ein Opfer des MfS berichtet: „Im Januar ,86, da war ich 19 1/2, stellte ich den Ausreiseantrag. Erst mal passierte gar nichts. Dann eine Aussprache im Betrieb. Dann wieder nichts. Wochenlang, monatelang diese Warterei [...]. Am 31. Mai 1988 wurde ich abgeholt. Frühmorgens im Betrieb warteten vier Herren. Hielten mir einen Ausweis unter die Nase und nahmen mich mit – zur „Klärung eines Sachverhalts". Plötzlich, im Auto, erkannte ich den einen: Anfang 20, der Anorak, die Frisur [...]. Den hatte ich am vorigen Wochenende gesehen! Mit meinen Eltern war ich in Berlin zum Einkaufen. [...] Wegen der kleinsten Einzelheiten wurde man stundenlang gelöchert. Und der Vernehmer drohte: „Wenn Sie nicht reden, haben wir noch andere Mittel! " Doch der totale Schock kam abends: „Sie haben Ihre Anzeigepflicht verletzt, dafür gibt es zwei bis fünf Jahre. Dazu geheime Nachrichtenübermittlung, das heißt zwei bis zwölf Jahre. Sie bleiben hier" (zit. nach Gisela Helwig, Die letzten Jahre der DDR, S. 120). Die junge Frau konnte erst nach zweieinhalbjähriger Haft am 8. März 1989 durch Freikauf in die Bundesrepublik übersiedeln. [...]

Quelle: Heydemann: Gesellschaft und Alltag in der DDR, in: Informationen zur politischen Bildung, Bd. 270, 2001, S. 48.

4. Zeigen Sie die unterschiedliche Stellung der Frau in der Gesellschaft der DDR und der Bundesrepublik auf. Beurteilen Sie, inwiefern die Entwicklung des Frauenbildes in Westdeutschland demokratischen Prinzipien entspricht, in der DDR jedoch nicht. Diskutieren Sie die Nachteile staatlich vorgegebener Rollenverteilungen.

Das Frauenbild in der Bundesrepublik Deutschland unterschied sich vom Frauenbild der DDR. Während in Westdeutschland Frauen traditionelle Rollen übernehmen sollten und erst durch die feministische Bewegung Zug um Zug Gleichberechtigung erkämpften, wurden die Frauen der DDR in die Rolle der werktätigen und der Gesellschaft dienenden Arbeiterin hineingepresst.

M 8 Frauenbewegung in der Bundesrepublik Deutschland

Am 6. Juni 1971 erschien in einem der auflagenstärksten Wochenmagazine der Bundesrepublik ein Manifest, das Öffentlichkeit und Gesetzgeber in Aufruhr versetzte: 374 Frauen gaben öffentlich bekannt, abgetrieben zu haben. Damit bekannten sie sich zu einer Straftat, die nach der geltenden Gesetzeslage mit Gefängnis von ein bis fünf Jahren geahndet werden konnte. Dieses Manifest kann als erstes sichtbares Zeichen einer beginnenden Formierung der neuen Frauenbewegung in der Bundesrepublik gewertet werden. Mit den Protesten gegen die durch den Paragraphen 218 des Strafgesetzbuches geregelte Gesetzgebung zur Abtreibung wurde ab dem Frühjahr 1971 ein Prozeß der Selbstorganisation in Gang gesetzt, aus dem eine soziale Bewegung hervorging, die mit ihren Forderungen und Aktionen die Protestgeschichte der Bundesrepublik für etwa ein Jahrzehnt mit prägte.

Quelle: Bayerische Staatsbibliothek: „Wir haben abgetrieben." Manifest im Stern, 6. Juni 1971 in: 100(0) Schlüsseldokumente zur deutschen Geschichte im 20. Jahrhundert, abgerufen unter: www.1000dokumente.de/index.html?c=dokument_de&dokument=0142_ste&l=de [02.12.2016].

Frauenbild der 1950er-Jahre – BRD und DDR im Vergleich

M 9

Einzug der Technik in die Küche: Hausfrau in Westdeutschland mit Wasch- und Küchenmaschine, Aufnahme 1958.

Frauenbild in der DDR

5. Vergleichen Sie die Quantität und die Qualität der Produktion in den zwei deutschen Staaten. Beurteilen Sie, welche Implikationen dies für den Wohlstand in Ost und West hat.

Das Wirtschaftssystem der Bundesrepublik Deutschland nennt sich soziale Marktwirtschaft. Das bedeutet, dass die Wirtschaftssubjekte Entscheidungsfreiheit besitzen und sich an Angebot und Nachfrage in der ökonomischen Entwicklung orientieren. Dabei werden die wirtschaftlich Schwächsten von der Gesellschaft solidarisch unterstützt. In der DDR herrschte jedoch die sog. zentrale Planwirtschaft, d. h., alle wirtschaftlichen Vorgaben wurden vom Staat gemacht. Die Wirtschaftssubjekte mussten sich danach richten und hatten nicht die Freiheit, selbst zu entscheiden.

M 10

Konsumgütervergleich BRD - DDR 1988

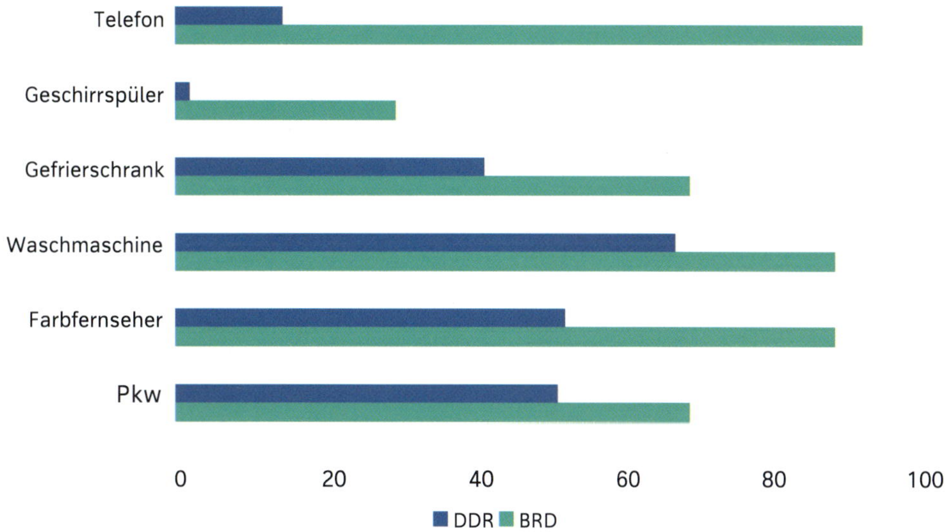

Quelle: Autorentext auf der Basis statistischer Daten aus: Wirtschaft und Statistik 1988 (BRD 1988), Statistisches Jahrbuch der DDR (DDR 1988), vgl. Geißler, Rainer: Materielle Lebensbedingungen, in: Bundeszentrale für politische Bildung (Hg.): Informationen zur politischen Bildung, Band 324, Bonn, Bundeszentrale für politische Bildung, 2014, S. 11.

M 11

Autoentwicklung in der DDR und in der BRD

Der letzte „Trabant" rollt 1991 in Zwickau vom Band.

Modellentwicklung einer westdeutschen Autoreihe

DAS WICHTIGSTE IN KÜRZE

Innenpolitische Entwicklung in den beiden deutschen Staaten

Wohl existierten in der **DDR** diverse **Blockparteien**, aber die Sozialistische Einheitspartei Deutschlands (**SED**), die 1946 aus der Zwangsvereinigung der Kommunistischen Partei Deutschlands (**KPD**) mit der Sozialdemokratischen Partei Deutschlands (**SPD**) hervorging, war faktisch die alleinregierende Staatspartei. Zur Absicherung des eigenen Herrschaftsanspruchs wurde 1950 das Ministerium für Staatssicherheit (**MfS**, umgangssprachlich: **Stasi**) gegründet. Die Aufgabe des MfS bestand darin, die Bevölkerung zu überwachen, einzuschüchtern und innenpolitische Gegner zu verfolgen. Hierzu griff man auch auf Foltermaßnahmen zurück, um den Willen vermeintlicher Staatsgegner zu brechen. Ein weit gespanntes Überwachungsnetz sicherte die Weiterexistenz der DDR. Oppositionelle Bewegungen waren zum Großteil durch die Stasi infiltriert. Kleine Gruppen wurden geduldet, solange sie nicht in der Öffentlichkeit auftraten. Trotzdem erhoben sich Teile der Bevölkerung im Jahre 1953 gegen das Regime. Die mit sowjetischer Hilfe erfolgte blutige Niederschlagung des Aufstandes führte zu einer tiefen Furche zwischen Führung und Volk. Um einer permanenten Abwanderung vor allem von Fachkräften Einhalt zu gebieten, wurde von der DDR im Jahre 1961 die berühmte Mauer um Westberlin gebaut. Die DDR glich fortan aus westlicher Sicht einem Gefängnis. Diese Wahrnehmung teilten auch viele DDR-Bürger, von denen etliche bei Fluchtversuchen ihr Leben ließen.

Die Bundesrepublik Deutschland galt bei ihrer Gründung im Jahre 1949 als Provisorium, das nur kurzfristig bestehen sollte, bis eine Wiedervereinigung Deutschlands erfolgte. In den darauffolgenden 40 Jahren entwickelte sich der junge Staat jedoch zu einem politisch stabilen Gebilde. Die ersten Jahre waren geprägt von einer starken Regierung mit einer starken innerparlamentarischen Opposition. Dies ermöglichte die Wiedergewinnung des Vertrauens der Bürger in den Staat. Ebenso wirkte die Wirtschaftswunderzeit positiv auf die Stimmung der Menschen. Das politische System war von Anfang an auf Vermeidung der Fehler der Weimarer Republik ausgerichtet, indem etwa die 5-%-Klausel bei Bundestagswahlen eingeführt wurde, was zu einer Reduzierung der Anzahl parlamentarisch vertretener Parteien, aber auch zu klaren Regierungsbildungen beitrug. Die **Gewaltenteilung** wurde stets als wichtiges Staatsprinzip einer **Demokratie** hochgehalten und respektiert. Ebenso war das föderalistische System ein Garant eines Bundesstaates mit gleichberechtigten Bundesländern, die ihrerseits darauf achteten, ausufernde Zentralisierung zu verhindern, beispielsweise im Bildungssystem. Der **Pluralismus** der Meinungen war und ist ein entscheidender Faktor im politischen Alltag. Auch wenn Spannungen, etwa während der Wiederbewaffnungsdebatte in den Jahren 1953 bis 1955 oder während der **68er**-Studentenunruhen, zu übereiltem Handeln des Staates verführte, gelang es der Bundesrepublik immer wieder, sich zu reformieren und die zivile Gesellschaft zu stärken.

Wirtschaftliche Entwicklung in den beiden deutschen Staaten

Die Wirtschaft in der DDR war durch die von der UdSSR vorgegebene **Planwirtschaft** geprägt. Ihr waren alle wirtschaftspolitischen Entscheidungen untergeordnet. Auch wenn unter Ulbricht zunächst versucht wurde, ein Nebeneinander von zentraler Kommandowirtschaft und erweiterter Selbstständigkeit der Unternehmen zu schaffen, wurde dieser Plan nach der Machtübernahme **Erich Honeckers** verworfen und fortan wurden die Prinzipien der sozialistischen Planwirtschaft streng verfolgt. Hierzu wurden die landwirtschaftlichen Betriebe endgültig zu Landwirtschaftlichen Produktionsgenossenschaften (**LPGs**) zwangskollektiviert. Privatunternehmen wurden enteignet und zu Volkseigenen Betrieben (**VEBs**), die der direkten staatlichen Kontrolle unterstanden, umgewandelt. Obschon die DDR bis 1980 den höchsten Lebensstandard aller **RGW**-

DAS WICHTIGSTE IN KÜRZE

Staaten (RGW – Rat für gegenseitige Wirtschaftshilfe) hatte, bröckelte das Wirtschaftssystem zunehmend, da die DDR sich permanent verschulden musste, um die ineffiziente Wirtschaft zu stützen. Die Versorgungssituation für die DDR-Bürger verschlechterte sich aufgrund der Mangelwirtschaft permanent. Insbesondere durch den Empfang westlichen Fernsehens wurde der Unterschied zum Lebensstandard im Westen den Menschen in Ostdeutschland bewusst.

Die BRD profitierte zunächst von der bereits vor ihrer Gründung einsetzenden Wirtschaftshilfe durch die USA (**Marshallplan**). Dies hatte das sog. Wirtschaftswunder zur Folge. Die Westdeutschen erfuhren einen zunächst ständig steigenden Wohlstand. Die Bundesrepublik entwickelte sich zur Industriegesellschaft und später zur postindustriellen Dienstleistungsgesellschaft – eine Entwicklung, die in der DDR ausblieb. Den Motor des Fortschritts bildete der **Mittelstand**. Auch wenn die Wachstumsraten in den 1960er-Jahren abnahmen und die Wirtschaft vor allem durch Krisen in den 1970er- und 1980er-Jahren erschüttert wurde, war die bundesdeutsche ökonomische Kraft so stabil, dass sie weiterhin für einen hohen Lebensstandard sorgte. Dennoch stieg die Arbeitslosigkeit stark an. Die Einkommensunterschiede wuchsen und die Schere zwischen Arm und Reich öffnete sich immer weiter. Das System der sozialen Marktwirtschaft sorgte durch das sog. soziale Sicherungsnetz dafür, dass keiner äußerste wirtschaftliche Not erleiden musste, was auch zur Sicherung des sozialen Friedens beitrug.

Gesellschaftliche Entwicklung in den beiden deutschen Staaten

Auf beiden Seiten der Grenze im geteilten Nachkriegsdeutschland wurden die historisch gewachsenen gesellschaftlichen Strukturen unterschiedlich aufgebrochen. Während sich in der BRD die Gesellschaft nach dem Vorbild der USA zunehmend öffnete, baute man im Osten einen totalitären Staat sowjetischer Prägung auf.

Die SED hatte durch ein Kadersystem in den Betrieben, den Vereinen und den Schulen einen tief greifenden Einfluss auf das Alltagsleben der Bürger. Freizeitaktivitäten waren entweder rein privater Natur oder staatlich gelenkt bzw. beeinflusst. Der Leistungssport wurde in der DDR stark gefördert, wenn auch nicht immer mit gesundheitsschonenden Methoden, da man ihn als festen Bestandteil des Klassenkampfes ansah, denn hier waren Leistungen möglich, die über denen des Westens lagen. Das Regime betonte die Rolle der Frau als sozialistisch gleichberechtigte Partnerin im Alltag und gleichzeitig im Berufsleben. Die Erziehung der Jugend konzentrierte sich auf ein marxistisch-leninistisches Weltbild. Hierzu entstand eine Jugendorganisation, die Freie Deutsche Jugend (**FDJ**). Die von der Führung laut propagierte klassenlose Gesellschaft wurde jedoch durch das System der Privilegien für Parteifunktionäre und andere bevorzugte Bevölkerungsgruppen ad absurdum geführt. Die Versorgungsunterschiede der DDR-Bürger führten zu einer deutlich spürbaren ideologischen Abgrenzung zwischen den unterschiedlichen gesellschaftlichen Schichten.

Durch die freiheitlich-demokratische Grundordnung der Bundesrepublik war und ist es jeder Bürgerin und jedem Bürger möglich, sich frei zu entfalten, auch wenn dies teilweise durch Gesetze reglementiert ist. Kunst, Kultur und Massensport konnten sich weitgehend ohne politischen Einfluss, jedoch häufig mit finanzieller Unterstützung durch den Staat entfalten. Ein gravierender Unterschied zur DDR bestand in der Reisefreiheit der westdeutschen Bevölkerung. Gesellschaftliche Veränderungen konnten von unten ausgehend erfolgen, wie etwa am Beispiel der ökologischen Bewegung deutlich sichtbar. Auch die Friedens- und Anti-Atomkraft-Bewegung zeugen von der gesellschaftlichen Wandlungsfähigkeit der Bundesrepublik.

FESTIGUNG – VERTIEFUNG

Weitere Herangehensweisen

- Diskutieren Sie die Folgen für das eigene Leben, wenn Sie in der DDR aufgewachsen wären und dort leben würden.
- Erörtern Sie, weshalb der DDR-Pkw Trabant, stellvertretend für die meisten Produkte im Osten, in den Jahrzehnten seiner Herstellung äußerlich kaum Veränderungen erfuhr, während westliche Produkte dynamischen Veränderungen unterlagen.

Vertiefende Aspekte

- Sprache ändert sich. Sprache spiegelt gesellschaftliche Entwicklung und Kultur wider. Diskutieren Sie die Auseinanderentwicklung der deutschen Sprache im geteilten Deutschland (vgl. H 1).
- Beurteilen Sie, inwieweit Ihre Analyseergebnisse bei der Erforschung der Wirtschaftsleistung und des Wohlstandes in Ost und West durch die Anfangsentwicklung der beiden deutschen Staaten vorprogrammiert waren (vgl. H 2 und H 3).
- Untersuchen Sie die staatlichen Überwachungsmechanismen in der DDR (vgl. H 4).
- Der Antifaschismus war eine Staatsdoktrin der DDR. Recherchieren Sie, welche Einflüsse ehemalige Nazis auf das Staatssystem der DDR tatsächlich hatten (vgl. H 5).

Weiterführende Quellen und Hinweise

H 1 Hellmann, Manfred W.: Divergenz und Konvergenz – Sprachlich-kommunikative Folgen der staatlichen Trennung und Vereinigung Deutschlands, in: Karin Eichhoff-Cyrus und Rudolf Hoberg (Hg.): Die deutsche Sprache zur Jahrtausendwende – Sprachkultur oder Sprachverfall? (= Duden-Reihe, Thema Deutsch, Band 1), Mannheim und Wiesbaden, Dudenverlag, 2000, S. 247–275. Hellmann zeigt anhand wissenschaftlicher Analysen und Statistiken die unterschiedliche Entwicklung der deutschen Sprache in der DDR und der Bundesrepublik Deutschland sowie die Annäherung sprachlichen Gebrauchs in der Zeit nach der Wiedervereinigung.

H 2 Bührer, Werner: Wirtschaft in beiden deutschen Staaten, Teil 1, in: Bundeszentrale für politische Bildung (Hg.): Informationen zur politischen Bildung, Bd. 256, Bonn, Bundeszentrale für politische Bildung, 2002. Bührer stellt in seinem Aufsatz einen Abriss über die wirtschaftliche und gesellschaftliche Entwicklung der Bundesrepublik Deutschland dar.

H 3 Ciesla, Burghard: Wirtschaft in beiden deutschen Staaten, Teil 2, in: Bundeszentrale für politische Bildung (Hg.): Informationen zur politischen Bildung, Bd. 256, Bonn, Bundeszentrale für politische Bildung, 2002. Ciesla befasst sich in seinem Aufsatz mit der wirtschaftlichen und gesellschaftlichen Entwicklung der Deutschen Demokratischen Republik.

H 4 Schroeder, Klaus: Der SED-Staat, Geschichte und Strukturen der DDR, München/Weimar/Wien, Böhlau, 2013. Hier werden die Geschichte der DDR und das politische System übersichtlich dargestellt.

H 5 Leide, Henry: NS-Verbrecher und Staatssicherheit. Die geheime Vergangenheitspolitik der DDR, Göttingen, Vandenhoek & Ruprecht, 2005. Leide wertete zahlreiche MfS-Akten und Unterlagen der DDR-Staatsanwaltschaft aus, um die Verstrickungen ehemaliger NS-Parteimitglieder im SED-Staat zu analysieren und zu bewerten.

3.2 Auswirkungen des Ost-West-Konflikts auf (Gesamt-)Deutschland (Politik, Wirtschaft, Gesellschaft, Kultur)

Forschungsinteresse und Kompetenzerwerb

Das geteilte Deutschland – die Deutsche Demokratische Republik und die Bundesrepublik Deutschland – ist für heutige Schulabgänger oder Auszubildende nur eine historische Begebenheit, nicht mehr Lebensrealität, obwohl diese Vergangenheit erst gut 26 Jahre zurückliegt. Zeitzeugen und unzählige erhaltene Dokumente geben Aufschluss über die Lebensbedingungen in einem geteilten Staat, der zwei unterschiedliche, gänzlich entgegengesetzte Staatsformen durchlebte: eine Diktatur mit einem Einparteiensystem, gelenkt von der damaligen Sowjetunion, und eine föderale Republik mit einem parlamentarischen Regierungssystem, beeinflusst von den westlichen und demokratischen Siegermächten nach dem Zweiten Weltkrieg. Vor dem Hintergrund, dass es einmal zwei deutsche Staaten und damit auch Bürger dieser zweier Staaten gab, soll die eigene Berufs- und Lebensplanung reflektiert werden.

Vorgehen

Im Rahmen Ihrer Praktika müssen Sie immer wieder Tätigkeitsberichte schreiben. Dieses Mal sollen Sie den Praktikumsbericht erweitern: Beschreiben Sie in Ihrem Praktikumsbericht, welche Schullaufbahn möglich ist und welches Bewerbungsverfahren Sie in Bayern heute für eine universitäre oder betriebliche Ausbildung durchlaufen müssen. Erweitern Sie den Bericht durch Kenntnisse, wie sich der Ost-West-Konflikt auf sowohl westdeutsche als auch ostdeutsche junge Menschen in ihrem Ausbildungswerdegang auswirkte. Beziehen Sie dabei sowohl die wirtschaftlichen, kulturellen als auch politischen Auswirkungen dieses Konflikts in Ihre Überlegungen ein. Wie lebte ein Jugendlicher in Ostdeutschland? Wie hätten Sie sich damals gefühlt?

Der Schilderung des späteren Bundespräsidenten Richard von Weizsäcker ENTNEHMEN Sie die Lebensbedingungen junger Menschen in Westdeutschland nach dem Zweiten Weltkrieg und deren Auswirkungen auf die beruflichen Pläne. Sie MACHEN sich mit den Grundsätzen des Sozialismus VERTRAUT und ERARBEITEN dann, welche Lebensbedingungen sich für die Menschen in Ost und West im Laufe dieses Konflikts ergaben und wie der Einzelne darauf reagierte. Sie BESCHÄFTIGEN sich mit der Frage, in welchem der beiden Systeme Sie lieber gelebt hätten. Sie ERARBEITEN, welche verbindenden und welche teilenden Aspekte der Kalte Krieg für jeden Einzelnen hervorbrachte.

VERFASSEN Sie einen Bericht über Ihre Erkenntnisse!

Materialauswahl

Anhand eines Erfahrungsberichts von Richard von Weiszäcker spüren Sie den Lebensbedingungen nach dem Zweiten Weltkrieg nach. „Moralische Gebote“ als Beschlüsse eines SED-Parteitags sowie Bildmaterial, Kartenmaterial und eine Statistik zu den Fluchtbewegungen aus der frühen DDR ermöglichen den tieferen Blick in die Entstehungsgeschichte der DDR. Demgegenüber lernen Sie durch persönliche Berichte und das Grundgesetz der Bundesrepublik Deutschland, inwieweit der Staat in das Leben seiner Bürger eingegriffen hat und welche Folgen dies hatte.

Mit der bedingungslosen Kapitulation des Deutschen Reiches am 8. Mai 1945 übernahmen die Allierten die Kontrolle über Deutschland. Die vier Siegermächte USA, Frankreich, Großbritannien und die Sojwetunion beschlossen, ihre jeweiligen Besatzungszonen durch einen Kontrollrat gemeinsam zu regieren. Hierbei wurde im Potsdamer Abkommen von 1945 immer wieder betont, dass Deutschland als wirtschaftliche und politische Einheit regiert werden sollte. Schnell zeigten sich aber große Differenzen zwischen den Großmächten, und es entwickelten sich zwei unterschiedliche Systeme, die die Welt bis in die 1990er-Jahre unter dem bereits 1947 von Walter Lippmann verwendeten Begriff „The Cold War" – „Kalter Krieg" prägen sollten. Die ehemaligen Kriegspartner konnten sich nicht auf einen Friedensvertrag für Deutschland einigen, sondern versuchten, ihre Vorstellungen einer neuen Regierungsform rücksichtslos umzusetzen: Die Sowjetunion war nicht gewillt, das Selbstbestimmungsrecht der Völker zu akzeptieren, und setzte auf die Installierung einer kommunistisch dominierten Regierung, während die USA und Großbritannien und schließlich auch Frankreich auf eine modernisierte Demokratie setzten. Mit der Umsetzung dieser gänzlich unterschiedlichen Staatsformen begann die Spaltung der Welt in zwei große Lager und damit der sog. Ost-West-Konflikt, dessen wichtigster Schauplatz Deutschland sein sollte.

1. **Stellen Sie aus dem Erfahrungsbericht des späteren Bundespräsidenten Richard von Weizsäcker sowohl die Wünsche als auch die tatsächlichen Lebensbedingungen der Menschen in der Westzone nach dem Ende des Zweiten Weltkriegs zusammen.**

Leben nach dem Krieg **M 1**

Während dieser ersten Nachkriegsmonate lebte man wieder einmal wie in prätechnischen Zeiten. Der Geldverkehr war dem Tauschhandel gewichen, die Zeitung durch das Gerücht ersetzt. An die Stelle eines geregelten Postumlaufs waren Pfarramtsstafetten oder fahrende Privatboten getreten. Man musste sich auf das Lebensnotwendige konzentrieren [...]. Nunmehr begann eine ungewohnte Freiheit, in der man sich neu orientieren wollte, sich aber auch verlaufen konnte. [...] Wir stellten die Universität auf eine harte Probe. Was hatte sie zu bieten? Womit konnte sie uns überzeugen? Die jahrhundertealten abstrakten Gedankengebäude des Zivilrechts zum Beispiel – was hatten sie mit den Mühen des menschlichen Alltags zu tun? Was halfen die großen geistigen Entwürfe und Ideologien beim Wettbewerb um Brotkarten, Zigaretten und Kanonenöfen? Stadt und Universität [Göttingen] waren, fünfzehn Kilometer von der sowjetisch besetzten Zone entfernt, mit Flüchtlingen überfüllt. Soweit es Stundentenbuden gab, waren sie zumeist ungeheizt. [...] Wissenschaftliche Literatur in den Seminaren war kaum zugänglich. [...] Gewiß waren die materiellen Lebensbedingungen in diesen ersten Nachkriegsjahren dürftig. Schwer zu ertragen war dies nicht, weil alle gleichermaßen davon betroffen waren. Viele liefen in abgetragenen und umgefärbten Uniformteilen herum. Übergewichtsprobleme hatte niemand. BaföG war eine unbekannte Vokabel. Man hatte und brauchte wenig. Gewitzte Leute lebten, wie immer in solchen Zeiten, vom Schwarzhandel.

Quelle: Weizsäcker: Vier Zeiten, 1999; S. 97 f. und S. 104.

2. Erfassen Sie das Menschenbild durch die Umsetzung der „Moralischen Gebote" für die Menschen in der Ostzone, und entwickeln Sie eigene Beispiele, wie diese „Gesetze" im alltäglichen Leben umgesetzt werden könnten.

M 2

Zehn Gebote sozialistischer Moral, Beschluß des 5. Parteitags der SED, in: Neues Deutschland, 12. Juli 1958.

Das moralische Gesicht des neuen sozialistischen Menschen, der sich in diesem edlen Kampf um den Sieg des Sozialismus entwickelt, wird bestimmt durch die Einhaltung der grundlegenden Moralgesetze:

1. Du sollst Dich stets für die internationale Solidarität der Arbeiterklasse und aller Werktätigen sowie für die unverbrüchliche Verbundenheit aller sozialistischer Länder einsetzen.
2. Du sollst Dein Vaterland lieben und stets bereit sein, Deine ganze Kraft und Fähigkeit der Verteidigung der Arbeiter- und Bauern-Macht einzusetzen. [...]
4. Du sollst gute Taten für den Sozialismus vollbringen, denn der Sozialismus führt zu einem besseren Leben für alle Werktätigen. [...]
7. Du sollst stets nach Verbesserung Deiner Leistung streben, sparsam sein und die sozialistische Arbeitsdisziplin festigen. [...]
10. Du sollst Solidarität mit den um ihre nationale Befreiung kämpfenden und den ihre nationale Unabhängigkeit verteidigenden Völkern üben.

Diese Moralgesetze, diese Gebote der neuen, sozialistischen Sittlichkeit sind ein fester Bestandteil unserer Weltanschauung.

Quelle: Lautemann; Schlenke (Hgg.): Die Welt seit 1945, 1980, S. 315.

Die wirtschaftliche Unterstützung Amerikas und die damit verfolgte Eindämmungspolitik gegenüber der kommunistischen Sowjetunion mündeten für Westdeutschland im Juni 1948 in der Währungsreform, die gleichzeitig eine neue Wirtschaftsordnung zur Folge hatte und Ausdruck der westlichen Alliierten für eine Staatsgründung war. Die Sowjetunion reagierte darauf mit der Blockade Berlins, der Viersektoren-Stadt, die umgeben war von sowjetischem Besatzungsgebiet. Ziel war es, Berlin unter sowjetische Kontrolle zu bringen. Elf Monate lang wird Berlin von den Westalliierten aus der Luft versorgt. Am 12. Mai 1949 gibt die Sowjetunion auf. Die deutsche Staatsneugründung beschleunigt sich durch diese Ereignisse erheblich, sodass am 23. Mai 1949 das Grundgesetz der Bundesrepublik Deutschland in Kraft tritt. Deutschland hat in diesen Jahren etwa 50 Millionen Einwohner auf einer Fläche von 249 000 km². Wenig später, am 7. Oktober 1949, wird die endgültige Spaltung der beiden deutschen Staaten vollzogen: die Deutsche Demokratische Republik ist gegründet. Hier leben fortan 18,3 Millionen Menschen auf 108 000 km².

3. Erklären sie anhand der Karte Berlins sowie der Flagge der DDR und der Statistik, welche Lebensbedingungen sich mit der Gründung der DDR für ihre Bürger ergaben.

M 3

Aufteilung Berlins in Besatzungszonen 1949

M 4

Flagge der DDR

M 5 Fluchtbewegung aus der DDR und dem Ostsektor von Berlin – 1949–1961

Jahr/Monat	Personen	davon: Jugendliche bis unter 25 Jahre in Prozent
1949	129 245	-
1950	197 788	-
1951	165 648	-
1952	182 393	-
1953	331 390	48,7
1954	184 198	49,1
1955	252 870	49,1
1956	279 189	49,0
1957	261 622	52,2
1958	204 092	48,2
1959	143 917	48,3
1960	199 188	48,8
1961	207 026	49,2

Quelle: Monatsmeldungen des Bundesministeriums für Vertriebene, Flüchtlinge und Kriegsgeschädigte, in: Rühle, Jürgen; Holzweißig, Gunter: Der 13. August. Die Mauer von Berlin, 3. Aufl., Köln, Edition Deutschland Archiv, 1988, S. 154.

Berliner Mauer 1962

Die DDR-Führung riegelte am Sonntag, dem 13. August 1961, die Sektorgrenzen rund um Westberlin gänzlich ab. Wieder war Berlin Ausdruck der sich entgegenstehenden Systeme: Nach der Gründung der Europäischen Wirtschaftsgemeinschaft (EWG) 1957 durch die Unterzeichnung der Römischen Verträge stabilisierte sich Westdeutschland wirtschaftlich und etablierte sich auch weltpolitisch langsam. Dies hatte zur Folge, dass die Sowjetunion den Westen als noch größere Bedrohung wahrnahm und die Attraktivität, die der Westen offensichtlich bot, mit aller Macht unterbinden musste. Chruschtschow wollte Berlin unter seinen Einfluss bringen, stieß damit aber bei einem Treffen mit dem US-Präsidenten John F. Kennedy im Sommer 1961 auf taube Ohren. So ließ man die Grenze abriegeln, stellte den S-Bahn- und U-Bahn-Verkehr ein, versetzte Polizei und Militär auf der Ostseite in Alarmbereitschaft. In den folgenden Tagen wurde mitten in Berlin eine 150 km lange Mauer errichtet, gesäumt vom sog. Todesstreifen, dem Niemandsland zwischen Ost und West. Gleichzeitig befahl man den Grenzschützern, gegen Verräter und Grenzverletzer die Waffe einzusetzen. Wenige Tage nach der Grenzschließung gab es das erste Todesopfer, ihm sollten viele weitere folgen. Der Westen reagierte ebenfalls mit Alarmbereitschaft seiner Truppen, keine der beiden Seiten wollte aber einen weiteren Schritt wagen, um nicht Auslöser für einen atomaren Gegenschlag zu sein.

4. Arbeiten Sie den Weg der Berufsplanung in der DDR heraus. Vergleichen Sie diese mit Ihren eigenen Wünschen und Überlegungen zur Berufsplanung. Setzen Sie der Berufsplanung der DDR den Artikel 12 des Grundgesetzes der Bundesrepublik Deutschland entgegen.

Berufswege in der DDR — M 6

„Was willst du eigentlich mal werden?", fragt die zehnjährige Heike ihren Freund Ralf. „Autoschlosser, Tierpfleger oder Matrose", antwortet er, der im gleichen Alter ist wie sie. „Und du?" fragt Ralf. „Friseuse, Gärtnerin oder Kosmetikerin, wie meine Tante Gina", erwidert das Mädchen. [...] Aber während sie sich noch ihren Träumen vom künftigen Beruf hingeben, haben dort die Planer die ersten Sterne vom Himmel geholt. [...] Ob Heike und Ralf 50 oder 170 Berufe im Angebot vorfinden, bestimmt sich zunächst nach der regionalen Wirtschaftsstruktur, [... und] wer nicht, wie üblich, die 10. Klasse abschließt, sondern nur die 8. Klasse schafft, dem stehen weniger Wahlmöglichkeiten und geringer qualifizierte Berufe zur Verfügung. [...] Mitte der 6. Klasse forderte sie der Klassenleiter schon auf, ihre Berufswünsche zu Papier zu bringen. Die ärztliche Reihenuntersuchung, die sie absolvierten, ergab, daß Heike und Ralf gesundheitlich für die gewünschten Berufe geeignet waren. In der 7. Klasse stießen jedoch ihre Berufsvorstellungen zum ersten Mal auf Hindernisse. [...] Heike und ihre Mitschülerinnen sollten auf die von den Betrieben gewünschten Berufe „Feinoptiker", „Facharbeiter für Schreibtechnik", „Zerspannungsfacharbeiter" mit der Spezialisierung Drehen, Fräsen und Schleifen „orientiert", also gelenkt werden. Nahezu 50 Prozent aller Ausbildungsplätze entfielen auf diese Berufe. [...] Eine Abfolge von Vorträgen und Fragstunden, denen sich die Klasse von Heike und Ralf in den Klassen 7 und 8 unterziehen mußten, sowie individuelle Beratungen in der 9. Klasse wurden nun aufgeboten, um sie zu beeinflussen. [...] Heike bewarb sich als „Wirtschaftskaufmann" in einem Handelsbetrieb, Ralf als „Zerspannungsfacharbeiter". Nun kann alles seinen geregelten Gang gehen: als Bewerbungsunterlagen reichten sie die Bewerberkarte ein, die sie von der Schule erhalten, ein Abschlußzeugnis mit der Beurteilung der 9. Klasse, ein Bewerbungsschreiben, den Lebenslauf, die „Ärztlichen Hinweise zur Berufswahl" und drei Paßbilder. Innerhalb von 28 Tagen müssen die Betriebe ihnen mitteilen, ob sie angenommen werden. Dazwischen werden sie noch zu einem persönlichen Gespräch eingeladen, an dem auch ihre Eltern teilnehmen. [...] Heike und Ralf [...] müssen dennoch nicht befürchten, am Ende der 10. Klasse ohne Ausbildungsvertrag dazustehen. Sie haben das Recht und gleichermaßen die Pflicht zu einer Berufsausbildung!

Quelle: Jander: Jugend in der DDR, in: Geschichte betrifft uns 1/2006, S. 12.

Grundgesetz für die Bundesrepublik Deutschland Art. 12 — M 7

(1) Alle Deutschen haben das Recht, Beruf, Arbeitsplatz und Ausbildungsstätte frei zu wählen. Die Berufsausübung kann durch Gesetz oder auf Grund eines Gesetzes geregelt werden.

(2) Niemand darf zu einer bestimmten Arbeit gezwungen werden, außer im Rahmen einer

herkömmlichen allgemeinen, für alle gleichen öffentlichen Dienstleistungspflicht.

(3) Zwangsarbeit ist nur bei einer gerichtlich angeordneten Freiheitsentziehung zulässig.

5. Vergleichen Sie anhand der unterschiedlichen Materialien die Jugendkultur in Ost und West. Nehmen Sie Stellung dazu, in welchem der beiden Staaten Sie lieber gelebt hätten.

M 8

[...] Spätestens seit 1964 gehörten Hippies – als Repräsentanten von Ungebundenheit, Freiheit, Euphorie, Ekstase und Rausch – und so genannte „Gammler“ auch zum alltäglichen Bild der europäischen Metropolen. In der Bundesrepublik setzten die Beat- und Rock-Musik sowie die Einführung der „Pille“ zur Empfängnisverhütung Mitte der sechziger Jahre ebenfalls eine kulturelle und sexuelle Revolution in Gang, bei der sich die traditionellen Geschlechterrollen verwischten und der Kampf um lange Haare sowie um Jeans- und Gammel-Look sich zum „Vehikel der Emanzipation von autoritärer Kontrolle in Familie, Schule und Betrieb und Öffentlichkeit“ entwickelte. [...]

Quelle: Görtemaker: Kleine Geschichte der Bundesrepublik Deutschland, 2003, S. 195 f.

M 9 Jugend in der DDR

Jugendkultur zwischen MZ und Speckitonne

M 10

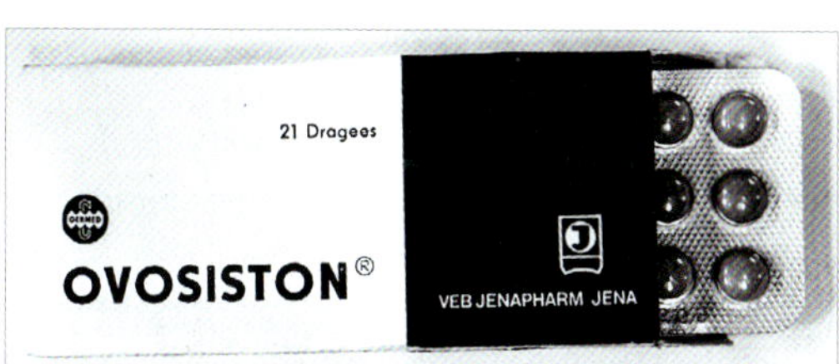

Erste Anti-Baby-Pille der DDR

Kulturentwicklung in beiden Staaten

M 11

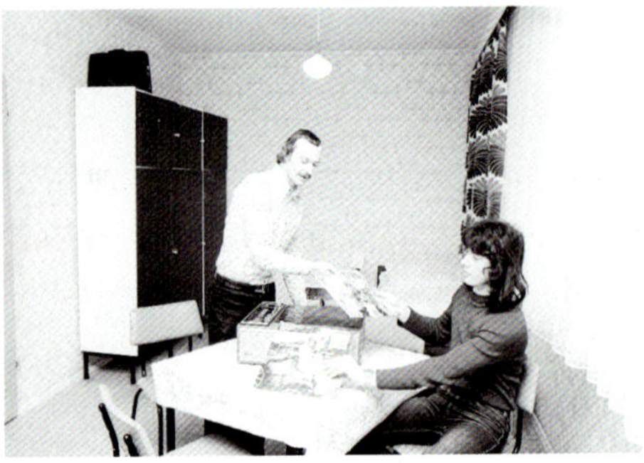

Ostberlin 1976: Zwei junge Männer im Arbeiterwohnheim mit Schallplatten und einem Plattenspieler auf dem Tisch.

Thomas M. hat gespart, um sich in Ungarn wenigstens ein paar der begehrten Schallplatten kaufen zu können, [...] eine Schallplatte kostet schwarz getauscht umgerechnet 100 Ostmark. Das ist sehr viel Geld, wenn man bedenkt, dass diese Summe etwa einem Drittel seines monatlichen Lehrlingslohnes entspricht.

Quelle: Dokumentationszentrum Alltagskultur der DDR (Hg.): Alltag: DDR, 2012, S. 256.

Der Ost-West-Konflikt ist im Laufe seiner mehr als vier Jahrzehnte immer wieder durch unterschiedliche Phasen der Annäherung, der Stagnation und der Abwendung geprägt. Ziel der westdeutschen Politik blieb es aber immer, die Wiedervereinigung der beiden Staaten zu vollziehen. Diese neue Ostpolitik wurde ab 1970 mit Kanzler Willy Brandt verfolgt. Die schlechte wirtschaftliche Lage der Sowjetunion, die schlechten Lebensbedingungen der Menschen in der DDR und der Mut der damaligen Bundesregierung machten erste Schritte in diese Richtung möglich. Schlagwörter sind hier der Moskauer Vertrag, das Viermächteabkommen für Berlin, die Ostverträge und die Anerkennung der DDR. Mit dem Beginn der 1980er-Jahre konnten sich sowohl die Sowjetunion als auch die DDR inneren, bisher mit aller Härte vermiedenen, Reformen nicht mehr verweigern. Mit Bundeskanzler Helmut Kohl und seinen auf Entspannung abzielenden Versuchen, mit der Sowjetunion und der DDR-Führung ins Gespräch kommen, kam es Schritt für Schritt zu weiteren Annäherungen, was immerhin 1987 zu einem deutsch-deutschen Gipfeltreffen von Kanzler Kohl und dem Staatschef der DDR Erich Honecker führte. Zu jener Zeit begann auch in der Sowjetunion mit Staatschef Michail Gorbatschow eine neue Ära. Gorbatschow wollte den Sozialismus modernisieren und neu gestalten und die Blockkonfrontation von Ost und West beenden. Diese Gedanken überforderten die Führung der DDR, konnten aber den Weg gen Westen nicht aufhalten. Die Jahre 1988 und 1989 waren dann entscheidend, denn die Sowjetunion entließ ihre sozialistischen „Staatskinder" in die Freiheit, wenn sie dies wollten. Es galt die „Freiheit der Wahl", also die Wahl zwischen Sozialismus und Kapitalismus. Polen und Ungarn waren daher die ersten Staaten, die sich lösten und im Mai 1989 ihre Grenzen zu Österreich öffneten, was eine Flüchtlingswelle aus der DDR zur Folge hatte und damit das endgültige Ende des DDR-Regimes einläutete. Die Massenausreisen bescherten den kleinen entstandenen Bürgerbewegungen der DDR, die die Montagsdemonstrationen durchführten und so allen Bürgern Mut machten, ihren Protest öffentlich zum Ausdruck zu bringen, großen Zulauf. Noch am 7. Oktober beging die dafür blinde Staatsführung der DDR mit viel Pomp den 40. Jahrestag der DDR, nur zwei Tage später demonstrierten 70 000 Menschen friedlich in Leipzig mit der Parole: „Wir sind das Volk!". Erstmals griffen die Sicherheitskräfte der DDR nicht ein, sondern ließen die Demonstranten gewähren. Nun überschlugen sich die Ereignisse. Erich Honecker musste als Staats- und Parteichef am 18. Oktober 1989 zurücktreten. Währenddessen gingen die Demonstrationen ungebrochen weiter und verstärkten so den Druck, dass die gesamte Regierung am 8. November zurücktrat und sich die Berliner Mauer, die Grenzen am 9. November 1989 öffneten.

DAS WICHTIGSTE IN KÜRZE

Ost-West-Konflikt

Der Ost-West-Konflikt, auch „Kalter Krieg“ genannt, entwickelte sich nach dem Ende des Zweiten Weltkriegs zwischen den Westmächten und der Sowjetunion mit ihren Satellitenstaaten. Der wichtigste Schauplatz dieses Konflikts war das geteilte und von den Siegermächten besetzte Deutschland. Der Westen, darunter die USA, Großbritannien und Frankreich, sahen für „ihren“ deutschen Teil die Entmilitarisierung, Entnazifizierung, Demokratisierung und Dezentralisierung vor, wohingegen die Sowjetunion eine sozialistisch-kommunistische Regierungs- und Gesellschaftsform durchsetzen wollte. Neben dem Ost-West-Konflikt oder der Bezeichnung „Kalter Krieg“ wird auch immer wieder von einer „bipolaren Welt“ gesprochen oder von zwei Blöcken, die durch einen „Eisernen Vorhang“, nämlich entgegengesetzte politische, militärische und ideologische Einstellungen voneinander getrennt sind. Der Konflikt weitete sich auf viele andere Staaten aus und erlebte immer wieder unterschiedliche Phasen mit kritischen Punkten wie der **Kubakrise** oder dem **Vietnamkrieg**. Datiert wird der Ost-West-Konflikt auf 1947 bis 1991.

Bundesrepublik Deutschland (BRD)

Die BRD wurde am 23. Mai 1949 mit dem Inkrafttreten des Grundgesetzes gegründet; Hauptstadt war Bonn. Festgelegte und unveränderliche Grundsätze sind: Demokratie, Rechtsstaatlichkeit und Gewaltenteilung. Erster Bundespräsident der neuen Republik wird am 8. September 1949 Theodor Heuss (FDP). Am 15. September wird Konrad Adenauer (CDU) der erste Bundeskanzler. Das noch besetzte und von den Westmächten kontrollierte Deutschland machte sich ab diesem Zeitpunkt langsam auf den Weg zur Westintegration und zur internationalen Anerkennung. Meilensteine sind hierbei: Gründung der Europäischen Gemeinschaft für Kohle und Stahl (EGKS) zusammen mit Frankreich, Italien, den Niederlanden, Luxemburg und Belgien (1951) und damit Grundsteinlegung der heutigen Europäischen Union, Beendigung des Kriegszustandes mit Deutschland durch die drei Westmächte (1951), Aufnahme in die **NATO** (1955), Mitgliedschaft bei den Vereinten Nationen **(UNO)** (1973).

Deutsche Demokratische Republik (DDR)

Die DDR gründete sich nach dem Willen der Sowjetunion am 7. Oktober 1949. Mit der Sozialistischen Einheitspartei Deutschlands **(SED)**, deren Erster Sekretär Walter Ulbricht alle Geschicke der Republik lenken sollte, wurde ein Einparteiensystem errichtet. Wilhelm Pieck wurde der Präsident der DDR, Otto Grotewohl Regierungschef. Das neue System wurde vollkommen nach dem stalinistischen Vorbild der Sowjetunion aufgebaut, was bedeutete, dass alle Lebensbereiche vom Staat durchdrungen und kontrolliert wurden. Dies missfiel vielen Bürgern der DDR, weshalb es am 17. Juni 1953 zum sog. Volksaufstand in der DDR kam, der mithilfe sowjetischer Panzer und Waffengewalt niedergeschlagen wurde. Mehr als 100 Menschen bezahlten mit dem Tod und mehrere Tausend wurden verhaftet. Nach dem Aufstand verschärfte die Staatsmacht ihre Kontrolle und Disziplinierung der Bevölkerung durch die **Staatssicherheit.** 1955 erhielt die DDR formal die Souveränität durch die Sowjetunion, war jedoch durch den **Warschauer Pakt** etwa fest in den Ostblock eingebunden. Durch weitere Maßnahmen wie Zwangskollektivierung der Landwirtschaft und Enteignung versuchte die SED-Führung ihre Macht auszubauen, was 1961 durch den Bau der Mauer noch bekräftigt werden sollte. Die Berliner Mauer stand bis 1989 weltweit als Symbol der Unterdrückung und Unfreiheit.

FESTIGUNG – VERTIEFUNG

Weitere Herangehensweisen

- Auch heute gibt es noch geteilte Staaten. Informieren Sie sich über weitere zurzeit noch geteilte Staaten und untersuchen Sie diese im Hinblick auf Unterschiede und Gemeinsamkeiten.
- Arbeiten Sie die Merkmale der Herrschaftsformen Diktatur und Demokratie heraus und beziehen Sie jeweils auch deren Varianten ein.
- Nehmen Sie Stellung zur Aussage der Bundeskanzlerin Angela Merkel am 25. Jahrestag des Mauerfalls: „Natürlich war die DDR ein Unrechtsstaat." (Rede der Bundeskanzlerin auf dem Landesparteitag der CDU in Wismar am 8. November 2014)

Vertiefende Aspekte

- Recherchieren Sie weitere Zeitzeugenberichte junger Menschen in der DDR und in der BRD in den verschiedenen Jahrzehnten des Ost-West-Konflikts.
- Tragen Sie weitere Lebensbereiche zusammen, auf die sich der Ost-West-Konflikt direkt auswirkte: Sportereignisse (Fußball, Olympia), Kirche, Staatssicherheit, Reisefreiheit etc.
- Recherchieren Sie, welche der heutigen im Bundestag vertretenen Parteien ein Überbleibsel der DDR-Geschichte ist und wie die Partei zu ihrer Geschichte steht und damit umgeht.

Weiterführende Quellen und Hinweise

H 1 Weber, Jürgen: Deutsche Geschichte. 1945 bis 1990. Grundzüge. Bayerische Landeszentrale für politische Bildungsarbeit, München 2010. Dies ist eine einführende Lektüre zur deutschen Geschichte in knapper Form.

H 2 Dokumentationszentrum Alltagskultur der DDR. Das Dokumentationszentrum Alltagskultur der DDR in Eisenhüttenstadt ist ein Museum, das es sich zur Aufgabe gemacht hat, sich den materiellen Kulturgütern der DDR zu widmen, diese aufzubewahren und daraus Zeitgeschichte zu machen.

H 3 Nutzen Sie das Portal „Lebendiges Museum online" als Hilfe für weitere Themenbereiche der deutsch-deutschen Geschichte.

H 4 Florian Henckel von Donnersmarck: Das Leben der Anderen (Film, 2006). Im Mittelpunkt dieses mehrfach auch international ausgezeichneten Dramas stehen die Ostberliner Kulturszene und die Arbeit der Staatssicherheit der DDR.

H 5 Gedenkstätte Berlin Hohenschönhausen, Genslerstr. 66, Berlin. Die Gedenkstätte im früheren Stasigefängnis bietet ein umfangreiches und teilweise kostenloses, staatlich gefördertes Programm im Rahmen der Demokratieerziehung an.

3.3 Deutsch-deutsches Verhältnis – die „deutsche Frage"

Forschungsinteresse und Kompetenzerwerb

Das Verhältnis der Bundesrepublik Deutschland zur Deutschen Demokratischen Republik war nicht konstant, sondern geprägt von politischen Veränderungen und Erfordernissen. Sie werden verstehen lernen, dass politische Entscheidungen sowohl von ideologischen Schwerpunkten als auch von sich verändernden gesellschaftlichen Bedingungen abhängig sind. Ihr Blick für staatlichen Reformbedarf als Element des Reagierens auf historischen Wandel wird geschärft.

Vorgehen

Zum Schuljubiläum soll eine Ausstellung neben der Schulgeschichte auch die politische Entwicklung nachzeichnen. Ihre Klasse soll dabei eine Wandzeitung für die wichtigsten Etappen des deutsch-deutschen Verhältnisses in der Nachkriegszeit entwerfen.

Dazu BEFASSEN Sie SICH zunächst mit der Ausgangssituation in Deutschland nach dem Zweiten Weltkrieg. Danach UNTERSUCHEN Sie den Einfluss der Besatzungsmächte auf das deutsch-deutsche Verhältnis in der Entstehungszeit der beiden deutschen Staaten. Die Entwicklung Deutschlands hätte nach dem Zweiten Weltkrieg auch anders verlaufen können, wenn die politischen Entscheidungsträger sich in bestimmten Situationen anders positioniert hätten. Eine mögliche andere Weichenstellung implizierte die sog. Stalin-Note als auch die Verhinderung der Wiederbewaffnung. So DISKUTIEREN Sie, ob das sowjetische Angebot eine echte Alternative gewesen wäre und ob sich die Ziele und die Befürchtungen der Wiederbewaffnung bestätigten. Die Beweggründe für den Mauerbau und seine Folgen sowie der sich anschließende Wandel der innerdeutschen Beziehungen RUNDEN Ihre ANALYSEN AB.

FASSEN Sie Ihre Ergebnisse IN EINE STRUKTUR, die für die Präsentation als Wandzeitung geeignet ist.

Materialauswahl

Schwerpunkt im methodischen Vorgehen wird die Analyse zeitgenössischer Quellen und politischer Positionierungen sein. Die politisch gespaltene Situation des geteilten Deutschlands lässt sich visuell durch eine Karte verdeutlichen. Der politische Wandel und die Positionierungen der politischen Entscheidungsträger lassen sich mit offiziellen Dokumenten und Verlautbarungen nachzeichnen. Diese Dokumente zeigen aber auch, wie offizielle Statements zur politischen Täuschung bzw. zur Leugnung der Realität eingesetzt werden. Positionierungen der Medien, die hier stellvertretend für einen Teil der öffentlichen Meinung stehen, lassen sich pointiert über Karikaturen und Interviews darstellen.

1. Befassen Sie sich mit der in der Potsdamer Konferenz (17. Juli bis 2. August 1945) geregelten territorialen Ausgangssituation in Deutschland nach dem Zweiten Weltkrieg und stellen Sie diese in Stichpunkten dar.

Territoriale Regelungen des Potsdamer Abkommens M 1

2. Untersuchen Sie den Einfluss der Besatzungsmächte auf das deutsch-deutsche Verhältnis in der Entstehungszeit der beiden deutschen Staaten. Vergleichen Sie die Vorstellung der UdSSR und der Westalliierten bezüglich der Zukunft Deutschlands. Begründen Sie, weshalb Stalins Vorschlag auf Ablehnung in der BRD stieß.

Besatzungsstatut für die Bundesrepublik Deutschland aus dem Jahre 1949 M 2

In Ausübung der den Regierungen Frankreichs, der Vereinigten Staaten und des Vereinigten Königreichs auch weiterhin vorbehaltenen obersten Regierungsgewalt, verkünden wir […] hiermit gemeinsam das Besatzungsstatut:

1. Die Regierungen […] wünschen und beabsichtigen, daß das deutsche Volk während des Zeitraums, in dem die Aufrechterhaltung der Besetzung als Notwendigkeit erachtet wird, das größtmögliche Maß an Selbstregierung besitzt, das mit der Besetzung vereinbar ist. Der Bundesstaat und die in ihm zusammengeschlossenen Länder sollen volle gesetzgebende, vollziehende und rechtsprechende Gewalt nach den Bestimmungen des Grundgesetzes und der Landesverfassungen besitzen. […]

2. Um die Erreichung der ursächlichen Ziele der Besetzung zu gewährleisten, behalten sich die Besatzungen ausdrücklich Machtbefugnisse […] mit Bezug auf die folgenden Gebiete vor.

a) Die Entwaffnung und Entmilitarisierung […]; b) die Kontrollmaßnahmen für das Ruhrgebiet bezüglich [...] ausländischer Interessen in Deutschland und der Forderungen an Deutschland; c) auswärtige Angelegenheiten [...], f) die Einhaltung des Grundgesetzes und der Länderverfassungen, g) die Überwachung des Außenhandels und des Devisenverkehrs; h) die Überwachung innerer Maßnahmen [...].

3. [...] Die Besatzungsbehörden behalten sich jedoch das Recht vor, auf Anweisung ihrer Regierungen die Ausübung der gesamten Gewalt ganz oder teilweise wieder zu übernehmen [...].

Quelle: Amtsblatt der Hohen Alliierten Kommission in Deutschland, Nr. 1, 23.9.1949, S. 13-15, in: Niehuss; Lindner (Hg.): Besatzungszeit, Bundesrepublik und DDR 1945-1969, 2003, S. 185–189.

Ab 1950 wurde die Errichtung einer Europäischen Verteidigungsgemeinschaft (EVG) unter Einbeziehung der Bundesrepublik diskutiert. Hierdurch wollte man einerseits Westdeutschland in ein gemeinsames Militärbündnis einbinden, gleichzeitig aber auch die Bipolarität zwischen den USA und der UdSSR durchbrechen und Europa als weiteren Global Player ins Spiel bringen. Um die EVG zu verhindern, bot Stalin 1952 an, über die Wiedervereinigung Deutschlands zu verhandeln. Deutschland sollte einen Friedensvertrag und eine gesamtdeutsche Regierung erhalten. Im Gegenzug sollte der neue Staat neutral sein und die Alliierten ihre Besatzungstruppen abziehen.

M 3 Erste Stalin-Note: ein sowjetisches Angebot für Friedensvertrag und Wiedervereinigung

Die UdSSR sandte im Jahre 1952 an die westlichen Besatzungsmächte insgesamt vier diplomatische Noten ähnlichen Inhalts.

[...] Die Sowjetregierung hält es für notwendig, die Regierung der Vereinigten Staaten von Amerika darauf aufmerksam zu machen, daß, obwohl seit Beendigung des Krieges in Europa bereits etwa sieben Jahre vergangen sind, immer noch kein Friedensvertrag mit Deutschland abgeschlossen wurde. [...]

Der Abschluß eines Friedensvertrages mit Deutschland wird für das deutsche Volk die Bedingungen eines dauerhaften Friedens herbeiführen, die Entwicklung Deutschlands als eines einheitlichen, unabhängigen, demokratischen und friedliebenden Staates in Übereinstimmung mit den Potsdamer Beschlüssen fördern und dem deutschen Volk die Möglichkeit einer friedlichen Zusammenarbeit mit anderen Völkern sichern.

Grundlagen des Friedensvertrages mit Deutschland [...]

1. Deutschland wird als einheitlicher Staat wiederhergestellt. Damit wird der Spaltung Deutschlands ein Ende gemacht, und das geeinte Deutschland gewinnt die Möglichkeit, sich als unabhängiger, demokratischer, friedliebender Staat zu entwickeln. 2. Sämtliche Streitkräfte der Besatzungsmächte müssen spätestens ein Jahr nach Inkrafttreten des Friedensvertrages aus Deutschland abgezogen werden. [...] 7. Deutschland verpflichtet sich, keinerlei Koalitionen oder Militärbündnisse einzugehen, die sich gegen irgendeinen Staat richten, der mit seinen Streitkräften am Kriege gegen Deutschland teilgenommen hat. Das Territorium Deutschlands ist durch die Grenzen bestimmt, die durch die Beschlüsse der Potsdamer Konferenz der Großmächte festgelegt wurden. [...]

Quelle: Jäckel: Die deutsche Frage 1952–1956, 1957, S. 23–25.

M 4

Rezeption der Stalin-Note in westdeutschen Medien

Westdeutsches Plakat gegen die Stalin-Note, 1952

„Ich weiß nicht, was soll es bedeuten ...?", Frankfurter Rundschau 1952.

3. Stellen Sie die konträren Positionen zur Wiederbewaffnung in Westdeutschland gegenüber, und erläutern Sie, inwieweit und in welcher Form das innerdeutsche Verhältnis im Fokus der Remilitarisierungsdiskussion steht. Beachten Sie hierbei auch die Ergebnisse aus Aufgabe 2.

Bereits nach Gründung der Bundesrepublik Deutschland strebte die erste Bundesregierung unter Konrad Adenauer die Souveränität des jungen Staates an. Um dieses Ziel zu erreichen, nutzte er die Bipolarität zwischen den Westalliierten und der Sowjetunion aus, indem er die Westintegration der Bundesrepublik als Gegengewicht zur DDR betonte. Nachdem die Idee einer EVG scheiterte, sollte Westdeutschland einen eigenen Militärbeitrag zur Sicherheit Europas leisten. Dem Widerstand Frankreichs begegneten die USA mit der Androhung, ansonsten die amerikanischen Truppen aus West-Europa abzuziehen und Frankreich nicht weiter zu unterstützen. Darüber hinaus verstand es Adenauer, seinen Verhandlungspartnern die Notwendigkeit einer Wiederbewaffnung im Rahmen einer europäischen Friedenssicherung zu verdeutlichen.

Die Pariser Verträge aus dem Jahre 1955 sicherten der Bundesrepublik Deutschland Souveränitätsrechte zu, wenn auch unter westalliiertem Vorbehalt. Daraufhin wurde im selben Jahr die Bundeswehr gegründet. Die DDR zog 1956 mit der Gründung der Nationalen Volksarmee (NVA) nach. Bereits im Vorfeld gab es ab 1950 scharfe Diskussionen in der BRD, ob eine Wiederbewaffnung sinnvoll sei. Die geplante Europäische Verteidigungsgemeinschaft kam nicht zustande.

M 5 Ja zur Wiederbewaffnung

Memorandum von Bundeskanzler Adenauer über den Schutz der BRD vom 29. August 1950:

1. [...] Das Vertrauen, daß die westliche Welt in der Lage sein würde, Angriffshandlungen gegen Westeuropa rasch und wirksam zu begegnen, ist in einem besorgniserregenden Ausmaß im Schwinden begriffen und hat zu einer gefährlichen Lethargie der deutschen Bevölkerung geführt.

2. Der ganze Ernst der Situation ergibt sich aus der Betrachtung der in der Ostzone versammelten sowjetischen Kräfte und der dort im beschleunigten Aufbau befindlichen Volkspolizei. [...]

Als Gegenkräfte stehen in Westdeutschland diesen Gegnern je 2 amerikanische und britische Divisionen und einige französische Verbände gegenüber. [...] Das Problem der Sicherheit des Bundes stellt sich zunächst unter dem äußeren Gesichtspunkt. Die Verteidigung des Bundes nach außen liegt in erster Linie in den Händen der Besatzungstruppen. [...]

Der Bundeskanzler hat ferner wiederholt seine Bereitschaft erklärt, im Falle der Bildung einer internationalen westeuropäischen Armee einen Beitrag in Form eines deutschen Kontingents zu leisten. [...]

Quelle: Stenografische Berichte des Deutschen Bundestages, 191. Sitzung, 8. Februar 1952, S. 8159–8160.

M 6 Nein zur Wiederbewaffnung

Gustav Heinemann trat am 9. Oktober 1950 aus Protest über die geplante Wiederbewaffnung als Bundesinnenminister zurück. In einer Rede vom 21. November 1951 sagte Heinemann, der später Bundespräsident wurde, zur Wiederbewaffnung:

[...] Wenn gleichwohl von der Bundesregierung eine westdeutsche Aufrüstung weiter betrieben wird, so werden offenbar andere Zwecke [verfolgt] als die des unmittelbar notwendigen Schutzes [...]. Angesichts der Tatsache des zweigeteilten Deutschlands muss die Bemühung um eine Wiedervereinigung die beherrschende sein. Der Bundeskanzler denkt darüber anders. Für ihn ist westdeutsche Aufrüstung der Hebel für die Erlangung westdeutscher Souveränität. [...] Wenn der Weg des Bundeskanzlers zu Ende gegangen wird, so sehe ich ein dreifaches Ergebnis voraus: Das eine Ergebnis wird sein, daß die Bundesrepublik Deutschland eine Scheinsouveränität erlangt. Ein anderes Ergebnis wird die vertiefte Spaltung Deutschlands und eine erhöhte Kriegsgefahr sein. Unbestreitbar wird westdeutsche Aufrüstung verschärfend und keinesfalls entspannend wirken. Rußland wird reagieren. Wir stehen vor der Frage, ob wir durch das, was hier in Westdeutschland geschehen soll, nicht gerade die Lawine in Gang setzen, vor der wir uns schützen wollen. Russland hat wiederholt erklärt, dass es eine westdeutsche Aufrüstung keinesfalls dulden werde. [...]

Quelle: Heinemann: Verfehlte Deutschlandpolitik, Irreführung und Selbsttäuschung, 1969, S. 19 f.

4. Analysieren Sie den Inhalt, vor allem auch die Sprache des Interviews, und zeigen Sie auf, wie sich die zunehmende Verschlechterung der deutsch-deutschen Beziehungen darin widerspiegelt. Interpretieren Sie, inwiefern die Anwendung der Hallstein-Doktrin das Verhältnis der beiden deutschen Staaten erschwerte.

Bereits direkt nach der Gründung der DDR 1949 erhob Konrad Adenauer einen Alleinstellungsanspruch für die Bundesrepublik Deutschland. Alleine die Bundesrepublik sei demokratisch legitimiert, für das gesamte deutsche Volk zu sprechen. Diese Position wurde auch von den Westalliierten vertreten.

Hallstein-Doktrin

M 7

In einem Interview mit dem Chefredakteur des Nordwestdeutschen Rundfunks, H. Wendt, am 11. Dezember 1955, erklärt der Leiter der Politischen Abteilung des Auswärtigen Amts, Ministerialdirektor W. Grewe, die Positionen der sog. Hallstein-Doktrin.

[...]

Frage:

Ist es richtig, daß auf dieser Botschafter-Konferenz die Politik der Bundesregierung dahingehend definiert worden ist, daß sie die diplomatischen Beziehungen mit jedem Staat abbrechen würde, der etwa Pankow [Berlin-Pankow: Sitz der DDR-Regierung] anerkennt?

Antwort:

[...] Klar ist – und das haben wir oft genug deutlich gemacht –, daß die Intensivierung der Beziehungen mit Pankow von uns als eine unfreundliche Handlung empfunden wird. Auf unfreundliche Akte anderer Staaten kann man mit verschieden gestuften Maßnahmen reagieren, kann entweder seinen Botschafter zunächst einmal zur Berichterstattung zurückberufen, oder man kann auch einen weiteren Abbau einer solchen Mission vornehmen. Kurz, es gibt eine ganze Reihe von Maßnahmen, die noch vor dem Abbruch der diplomatischen Beziehungen liegen. [...] Aber soviel ist klar, daß diese ganze Frage für uns in der Tat eine äußerst ernste Frage ist und daß in dem Augenblick, in dem das Problem der Doppelvertretung Deutschlands bei dritten Staaten auftaucht, wir wahrscheinlich gar nicht anders können, als sehr ernste Konsequenzen daraus zu ziehen. [...]

Frage:

Nun könnte natürlich jemand einwenden: Warum stellt ihr keine diplomatischen Beziehungen zu Polen, der CSR oder den südosteuropäischen Staaten her, nachdem ihr ja solche mit Moskau eingegangen seid?

Antwort:

[...] Wenn wir in Moskau die Tatsache hinnehmen, daß in Zukunft dort neben unserem Botschafter auch ein Botschafter des Pankow-Regimes sein wird, so nur deswegen, weil die Sowjetunion in ihren Beziehungen zu uns eben eine ganz besondere Stellung einnimmt. Sie gehört zu den ehemaligen vier Besatzungsmächten. [...] Wenn wir die Beziehungen mit Moskau aufgenommen haben, obgleich solche Beziehungen zur „DDR“ bestehen, so doch nur mit der Maßgabe, die ja auch in dem Notenwechsel mit Moskau ihren Ausdruck gefunden hat, daß diese diplomatischen Beziehungen ein Mittel sein sollen auf dem Wege zur Überwindung der Spaltung und zur Wiederherstellung der Einheit Deutschlands. [...]

Quelle: Jede Anerkennung der „DDR“ ein unfreundlicher Akt, in: Bulletin des Presse- und Informationsamtes der Bundesregierung vom 13. Dezember 1955, Nr. 233, S. 1993 f.

5. Diskutieren Sie die Darstellung des Staatsratsvorsitzenden der DDR. Gehen Sie auch auf Gründe und Folgen des Mauerbaus ein. Berücksichtigen Sie hierbei auch Ihr eigenes Demokratieverständnis. Interpretieren Sie schließlich die Karikatur und zeigen Sie die Folgen des Mauerbaus für das Selbstverständnis der Deutschen als ein Volk auf.

Der überraschende Mauerbau 1961 schien die Chance auf Verbesserung der deutsch-deutschen Beziehungen endgültig zu verbauen.

M 8 Niemand hat die Absicht ...

Auszug aus der Pressekonferenz des Staatsratsvorsitzenden der DDR, Walter Ulbricht, in Ostberlin am 15. Juni 1961

Annamarie Doherr (Frankfurter Rundschau): Ich möchte eine Zusatzfrage stellen: Herr Vorsitzender! Bedeutet die Bildung einer Freien Stadt [Berlin] Ihrer Meinung nach, daß die Staatsgrenze am Brandenburger Tor errichtet wird? Und sind Sie entschlossen, dieser Tatsache mit allen Konsequenzen Rechnung zu tragen?

Walter Ulbricht: Ich verstehe Ihre Frage so, daß es in Westdeutschland Menschen gibt, die wünschen, daß wir die Bauarbeiter der Hauptstadt der DDR dazu mobilisieren, eine Mauer aufzurichten. Mir ist nicht bekannt, daß eine solche Absicht besteht. [...] Niemand hat die Absicht, eine Mauer zu errichten. Ich habe vorhin schon gesagt: Wir sind für vertragliche Regelung der Beziehungen zwischen Westberlin und der Regierung der Deutschen Demokratischen Republik. Das ist der einfachste und normalste Weg zur Regelung dieser Fragen.

Quelle: Bundesministerium für gesamtdeutsche Fragen (Hg.): Dokumente zur Deutschlandpolitik IV/6 (1961), S. 925–928.

M 9 Flüchtlinge in Zahlen

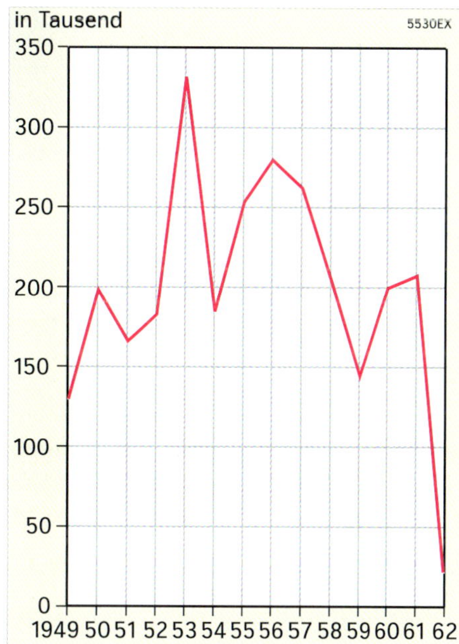

Innerdeutsche Flüchtlinge aus der DDR in die Bundesrepublik von 1949 bis 1962

DDR-Staatsratsvorsitzender Walter Ulbricht (links) bei der internationalen Pressekonferenz im Haus der Ministerien in Berlin (Ost) am 15.06.1961.

Brüder

M 10

Karikatur von Hanns-Erich-Köhler (1949 sic!): 1945 – 1955 – 1965

6. Arbeiten Sie die Gründe für die Richtungsänderung in der Entwicklung des innerdeutschen Verhältnisses heraus (siehe Kap. 2.5, M 3 Egon Bahr: „Wandel durch Annäherung“). Skizzieren Sie anschließend die konkreten Schritte der praktischen Umsetzung der Entspannungspolitik im Verhältnis zwischen den beiden deutschen Staaten.

Durch das Verhalten des DDR-Regimes hatte sich ab dem Jahre 1961 die Konfrontation zwischen den beiden deutschen Staaten zugespitzt. Politische Prozesse sind jedoch in einer Demokratie niemals starr, sondern bieten immer die Chance der Veränderung. Erste Beispiele einer Entspannungspolitik zwischen der BRD und der DDR zeigten sich nach Ende der Regierung Adenauer. Im Passierscheinabkommen vom 17. Dezember 1963 kommen die DDR und die BRD überein, dass es den Westberlinern zunächst für einen kurzen Zeitraum ermöglicht wurde, Verwandte in Ostberlin zu besuchen. Das Transitabkommen vom 17. Dezember 1971 sicherte einen Transitverkehr zwischen der BRD und Westberlin. Der Grundlagenvertrag zwischen West- und Ostdeutschland unterstreicht eine Gleichberechtigung der zwei Staaten. Darüber hinaus werden Felder der Zusammenarbeit definiert.

Neue Ostpolitik

M 11

Willy Brandt, Bundeskanzler von 1969 bis 1974, über die deutsch-deutschen Beziehungen in seiner Regierungserklärung vom 28. Oktober 1969

[...] Aufgabe der praktischen Politik in den jetzt vor uns liegenden Jahren ist es, die Einheit der Nation dadurch zu wahren, daß das Verhältnis zwischen den Teilen Deutschlands aus der gegenwärtigen Verkrampfung gelöst wird. [...]

20 Jahre nach Gründung der Bundesrepublik Deutschland und der DDR müssen wir ein weiteres Auseinanderleben der deutschen Nation verhindern, also versuchen, über ein geregeltes Nebeneinander zu einem Miteinander zu kommen.

Dies ist nicht nur ein deutsches Interesse, denn es hat seine Bedeutung auch für den Frieden in Europa und für das Ost-West-Verhältnis. [...] Eine völkerrechtliche Anerkennung der DDR durch die Bundesregierung kann nicht in Betracht kommen. Auch wenn zwei Staaten in Deutschland existieren, sind sie doch füreinander nicht Ausland; ihre Beziehungen zueinander können nur von besonderer Art sein. [...]

Die Bundesregierung wird den USA, Großbritannien und Frankreich raten, die eingeleiteten Besprechungen mit der Sowjetunion über die Erleichterung und Verbesserung der Lage Berlins mit Nachdruck fortzusetzen. Der Status der unter der besonderen Verantwortung der Vier Mächte stehenden Stadt Berlin muß unangetastet bleiben. [...]

Wir begrüßen es, daß der innerdeutsche Handel wieder zunimmt. [...] Die Bundesregierung hält einen weiteren Ausbau der nachbarlichen Handelsbeziehungen für wünschenswert. [...]

Quelle: Stenografische Berichte des Deutschen Bundestages, 5. Sitzung, 28. Oktober 1969, S. 21–34.

M 12 Neuordnung der Beziehungen durch den sog. Grundlagenvertrag

Auszug aus dem Vertrag über die Grundlagen zwischen der Bundesrepublik Deutschland und der DDR vom 21. Dezember 1972

Artikel 1
Die Bundesrepublik Deutschland und die Deutsche Demokratische Republik entwickeln normale gutnachbarliche Beziehungen zueinander auf der Grundlage der Gleichberechtigung.

Artikel 2
Die Bundesrepublik Deutschland und die Deutsche Demokratische Republik werden sich von den Zielen und Prinzipien leiten lassen, die in der Charta der Vereinten Nationen niedergelegt sind, insbesondere der souveränen Gleichheit aller Staaten, der Achtung der Unabhängigkeit, Selbständigkeit und territorialen Integrität, dem Selbstbestimmungsrecht, der Wahrung der Menschenrechte und der Nichtdiskriminierung.

Artikel 3
Entsprechend der Charta der Vereinten Nationen werden die Bundesrepublik Deutschland und die Deutsche Demokratische Republik ihre Streitfragen ausschließlich mit friedlichen Mitteln lösen und sich der Drohung mit Gewalt oder der Anwendung von Gewalt enthalten. [...]

Artikel 7
[Beide deutsche Staaten] erklären ihre Bereitschaft, im Zuge der Normalisierung ihrer Beziehungen praktische und humanitäre Fragen zu regeln. Sie werden Abkommen schließen [...].

Quelle: Bulletin des Presse- und Informationsamtes der Bundesregierung vom 8. November 1972, Nr. 155, S. 1842–1844.

DAS WICHTIGSTE IN KÜRZE

Westbindung der Bundesrepublik Deutschland

Schon kurz nach Kriegsende zeigten sich Risse im Verhältnis zwischen den USA und der UdSSR. Der **Marshallplan** (1947), der amerikanische Kredite für alle europäischen Staaten vorsah, wurde für die Ostblockstaaten durch die Sowjetunion abgelehnt, da diese eine Bindung ihrer **Satellitenstaaten** an die USA befürchtete. In Deutschland profitierten somit nur die westlichen Besatzungszonen von dieser amerikanischen Hilfe.

Die am 23. Mai 1949 gegründete Bundesrepublik Deutschland war zunächst dem Besatzungsstatut der westalliierten Siegermächte unterworfen. Um jedoch dem jungen Staat eine politische und wirtschaftliche Bewegungsfreiheit zu ermöglichen, beschränkten sich die Westalliierten zunehmend auf **Vorbehaltsrechte** und räumten der Bundesrepublik eine eingeschränkte **Souveränität** ein. Durch das Petersberger Abkommen vom November 1949 erlangte die Bundesregierung auch außenpolitische Handlungsfreiheiten, die es ihr ermöglichten, internationalen Organisationen beizutreten.

Bundeskanzler Adenauer konzentrierte sich angesichts der unklaren sowjetischen Europapolitik auf eine Westanbindung der Bundesrepublik Deutschland. Eine etwaige Wiedervereinigung der beiden deutschen Staaten wurde nicht als politischer Schwerpunkt gesehen. Diese bot jedoch die Sowjetunion 1952 unter der Bedingung einer deutschen militärischen Neutralität den alliierten Westmächten an. Stalin beabsichtigte hiermit, die Bildung einer Europäischen Verteidigungsgemeinschaft (**EVG**) zu verhindern. Sowohl die Westalliierten als auch die BRD lehnten die Stalin-Note ab. Die Pariser Verträge (1954) ermöglichten der BRD einen Beitritt zur **NATO**. Die in der **Potsdamer Konferenz** (1945) beschlossene Demilitarisierung Deutschlands wurde 1955 de facto durch die Gründung der Bundeswehr im Westen und 1956 der Nationalen Volksarmee in der **DDR** ausgehebelt.

Ostbindung der DDR

In der sowjetischen Besatzungszone war die Nachkriegssituation noch schwieriger als im Westen, denn die UdSSR zielte von Beginn an auf eine Umgestaltung des politischen, wirtschaftlichen und gesellschaftlichen Lebens im Sinne des eigenen sozialistischen politischen Systems. Bereits 1946 wurden die SPD und die **KPD** zwangsvereint zur Sozialistischen Einheitspartei Deutschlands (**SED**), die auch ab 1949 die Führung im neugegründeten Staat DDR (Deutsche Demokratische Republik) übernahm. Alle anderen Parteien waren im Machtgefüge der SED untergeordnet (**Blockparteien**) und praktisch bedeutungslos. Die Konfrontation zwischen den beiden deutschen Staaten spiegelte somit den Ost-West-Konflikt wider.

Die DDR war daher in Bezug auf ihre Existenz auf die Anbindung an die Sowjetunion angewiesen. Hilfe für die Aufrechterhaltung des SED-Machtanspruchs durch die Rote Armee der UdSSR war bereits am 17. Juni 1953 nötig, als ein Arbeiteraufstand ausbrach. Im Gedenken an diese Ereignisse hat die Bundesrepublik den 17. Juni zum Feiertag erkoren, wodurch das Verhältnis der beiden deutschen Staaten einen weiteren Bruch erlitt. Ebenso trieb die Hallstein-Doktrin die Ostbindung der DDR voran, denn ein diplomatischer Austausch mit dem deutschen Nachbarstaat war nur noch unter Vermittlung durch die sowjetische Führung möglich.

DAS WICHTIGSTE IN KÜRZE

Die Gründung der Nationalen Volksarmee (**NVA**) erfolgte erst im Jahre 1956, also nach der Entstehung der westdeutschen Bundeswehr, gleichwohl wurden Militärstrukturen bereits 1952 durch die Errichtung der Kasernierten Volkspolizei geschaffen. Die NVA wurde sogleich auch in den **Warschauer Pakt**, das Militärbündnis des Ostblocks, eingebunden, zumal die Rote Armee direkten Einfluss auf den Aufbau der NVA nahm.

Auch wirtschaftlich war die DDR an die Strukturen der UdSSR und deren Satellitenstaaten angebunden. Die konträren Wirtschaftssysteme in Ost (**Planwirtschaft**) und West (Marktwirtschaft) trugen somit ebenfalls zur Spaltung bei.

Starke Abwanderungsströme aus der DDR führten schließlich im Jahre 1961 zum Bau der Berliner Mauer. Dies war schließlich die finale Entscheidung, die die deutsche Teilung unüberwindbar erscheinen ließ.

Alleinvertretungsansprüche/Spannungen im deutsch-deutschen Verhältnis

Die **Alleinvertretungsansprüche** auf beiden Seiten verhinderten ebenfalls eine Annäherung der beiden deutschen Staaten. Sowohl die DDR als auch die Bundesrepublik waren darauf bedacht, ihre Interessensphären abzustecken und hierfür auch ihre Verbündeten einzubinden. Es war außenpolitisch sehr ungern gesehen, wenn verbündete oder befreundete Staaten mit dem „Feind“ korrespondierten.

Entspannungspolitik

Die Spannungen zwischen den beiden deutschen Staaten, die sich nun auch militärisch gegenüberstanden, wuchsen. Erst nach Adenauer begann etwa durch das Passierscheinabkommen unter Bundeskanzler Erhard ein Wandel im Verhalten. Dessen Nachfolger intensivierten diese Bestrebungen, den „Wandel durch Annäherung“ (so das von Egon Bahr geprägte Konzept), und dies führte schließlich unter Willy Brandt zu den Ostverträgen (1970) und somit zur Öffnung der Bundesrepublik Deutschland gegenüber den Staaten des Warschauer Paktes und vor allem gegenüber der DDR. Dies vereinfachte auch die privaten Beziehungen zwischen Ost- und Westdeutschen. Auch die damaligen Medien, wie z. B. das Fernsehen, durch die Einblicke der DDR-Bürger in das Leben im Westen möglich waren, trugen dazu bei, dass der kulturelle Austausch nicht gänzlich abgebrochen ist.

Schließlich wurde die Entspannung durch **Gorbatschows** Politik (Glasnost und Perestroika) Ende der 1980er-Jahre entscheidend vorangetrieben.

FESTIGUNG – VERTIEFUNG

Weitere Herangehensweisen

- Diskutieren Sie, welche positiven und negativen Auswirkungen die Annahme der Stalin-Note für Deutschland und Europa hätte haben können.
- Interpretieren Sie das Erscheinungsjahr (1949) der Karikatur M 8, obschon die Mauer erst 1961 entstand. Gehen Sie hierbei auf die Intention des Karikaturisten ein. Beurteilen Sie, ob die Vision des Karikaturisten nur Zufall war oder auf der Bewertung der subjektiven Entwicklungen basierte.

Vertiefende Aspekte

- Parteien verändern im Laufe der Zeit ihre dogmatischen Schwerpunkte. Analysieren Sie den Wandel der FDP während der sozialliberalen Koalition der 1970er-Jahre unter dem Eindruck der neuen Ostpolitik (vgl. H 1).
- Untersuchen Sie anhand von Karikaturen, wie westdeutsche Medien mit der Zweistaatlichkeit Deutschlands während der sozialliberalen Koalition 1969–1974 (Ära Brandt) umgingen (vgl. H 2).
- Recherchieren Sie die Reaktionen der DDR auf die Stalin-Noten und stellen Sie diese der westdeutschen Reaktion gegenüber (vgl. H 3).
- Stellen Sie die wirtschaftlichen Beziehungen zwischen der Bundesrepublik und der DDR nach dem Mauerbau dar. Diskutieren Sie die Gründe für die Kontinuität im Wirtschaftsverkehr (vgl. H 4).

Weiterführende Quellen und Hinweise

H 1 Borowsky, Peter: Sozialliberale Koalition und innere Reformen, in: Zeiten des Wandels, Deutschland 1961–1974 (= Informationen zur politischen Bildung, Heft 258), hg. von der Bundeszentrale für politische Bildung, Bonn, Bundeszentrale für politische Bildung, 1998, S. 31–39. Der Autor fasst die grundlegenden Reformen der 1970er-Jahre zusammen und geht hierbei auch auf die politischen Auseinandersetzungen innerhalb der Regierung ein.

H 2 Marienfeld, Wolfgang: Die Geschichte des Deutschlandproblems im Spiegel der politischen Karikatur, 2. erw. Aufl., Bonn, Bundeszentrale für politische Bildung, 1991. Der Autor kommentiert eine Sammlung mit Hunderten von Karikaturen zum Deutschlandproblem der Nachkriegszeit bis zur Wiedervereinigung.

H 3 Wettig, Gerhard: Die Note vom 10. März 1952 im Kontext von Stalins Deutschland-Politik seit dem Zweiten Weltkrieg, in: Jürgen Zarusky (Hg.): Die Stalin-Note vom 10. März 1952. Neue Quellen und Analysen, München, Oldenbourg, 2002, S. 139–196. Der Autor betrachtet die Stalin-Noten aus verschiedenen Perspektiven und zeichnet das Bild eines geplanten und kalkulierten Handelns Stalins zur Ausweitung der sowjetischen Macht.

H 4 Fäßler, Peter E.: Zwischen „Störfreimachung“ und Rückkehr zum Tagesgeschäft; die deutsch-deutschen Wirtschaftsbeziehungen nach dem Mauerbau (1961–1969), in: Bundeszentrale für politische Bildung (Hg.): Deutschland Archiv, Zeitschrift für das vereinigte Deutschland 45 (2012), 2, S. 294–304. Der Autor weist nach, dass der deutsch-deutsche Wirtschaftsverkehr kaum von den politischen Spannungen beeinflusst war, sondern durchgehend nahezu reibungslos verlief.

KAPITEL 3 (LERNBEREICH 4)

3.4 Hintergrund und politische, wirtschaftliche und gesellschaftliche Auswirkungen von sozialer Marktwirtschaft und Planwirtschaft

Forschungsinteresse und Kompetenzerwerb

Jeder von uns wirtschaftet tagtäglich, weswegen man sich dem Thema nicht entziehen kann, auch wenn fallende Aktienkurse, Staatsverschuldungen und Bankrott Wörter sind, die viele lieber ausblenden wollen. Die Bundesrepublik Deutschland ist heute eines der Beispiele für ein erfolgreiches Wirtschaftssystem. Welcher Weg dazu nötig war und wie jeder Einzelne davon betroffen ist, lernen Sie im Folgenden kennen. Sie erarbeiten sich im Weiteren die Kompetenz, ihr Handeln als Wirtschaftssubjekt zu reflektieren und die Grundmuster der Wirtschaft und ihrer unterschiedlichen Systeme zu verstehen. Vor dem Hintergrund eines geteilten Deutschlands mit den Staaten BRD und DDR lernen Sie die beiden dort gelebten Wirtschaftssysteme kennen, nachdem Sie sich mit dem Ursprung der Marktwirtschaft als solche auseinandergesetzt haben. Begriffe wie Wirtschaftswunder und Zentralwirtschaft können Sie definieren, genauso wie Sie Zusammenhänge herstellen zwischen staatlichen Interventionen und den Auswirkungen auf den Einzelnen.

Vorgehen

Rätsel oder Quizze sind immer wieder ein beliebter Zeitvertreib, ganz gleich ob in diversen Zeitungen oder unterwegs verfügbar auf mobilen Geräten. Es müssen neue Fragen und Antworten aus dem Bereich der Wirtschaft und der Geschichte der Bundesrepublik Deutschland sowie der Deutschen Demokratischen Republik gefunden werden. Achten Sie dabei darauf, dass Fragen mit unterschiedlichem Schwierigkeitsgrad gestellt werden.

Dazu LERNEN Sie als Erstes, ausgehend von einer Vorstellung, was „Wirtschaften" überhaupt bedeutet, den Kreislauf und Ihr eigenes Handeln als Wirtschaftssubjekt KENNEN. Mit Ludwig Erhard und der Einführung einer neuen Wirtschaftsordnung für die Bundesrepublik Deutschland ERKENNEN Sie, welche Folgen das System auf den einzelnen Bürger hat und BEURTEILEN die Entwicklung und die heutige Situation. Danach ERSCHLIESSEN Sie SICH das Wirtschaftskonzept der DDR. Vergleichend können Sie dann den Erfolg der beiden unterschiedlichen Systeme BEWERTEN und ein URTEIL über die Leistungsfähigkeit und die Leistungsgrenzen von Wirtschaftssystemen FÄLLEN.

Entwerfen Sie 15 Fragen und Antworten!

Materialauswahl

Im Vordergrund stehen zuerst wissenschaftliche Texte sowie Schaubilder zum Wirtschaftskreislauf, damit die eigene Position als Marktteilnehmer eingeordnet werden kann. Ein Bild und ein Text von Ludwig Erhard und unterschiedliche Definitionen des Konzepts ermöglichen das Nachzeichnen der Entwicklung der sozialen Marktwirtschaft in der BRD und die Begegnung mit dem Konzeptgeber. Mit ausgewählten Zeitzeugenberichten lässt sich der Wirtschaftsordnung der DDR nachspüren. Schwerpunkt des methodischen Vorgehens sind danach Statistiken zur Wirtschaftssituation in beiden deutschen Staaten, um auf dieser Basis in einem Vergleich verschiedener Wirtschaftssysteme die bisherigen Entwicklungen und die heutige Situation beurteilen zu können. Hier wird sich der Kreis schließen.

1. Fassen Sie die Grundzüge der Marktwirtschaft zusammen und erklären Sie in diesem Zusammenhang die beiden Wirtschaftskreisläufe.

Menschenbild der Marktwirtschaft

M 1

Arbeit kostet den Menschen Zeit und auch Energie. Die meisten denken wohl mit Sympathie an das Märchen vom Schlaraffenland, wo Milch und Honig fließen und den Menschen die gebratenen Tauben in den Mund fliegen, wo also eine Befriedigung der materiellen Bedürfnisse ohne jede Anstrengung vollzogen werden kann. Und sie wären sehr froh, wenn sie mehr freie Zeit und mehr Geld hätten. Daher haben wir ein Interesse daran, mit möglichst wenig Arbeit möglichst viel Geld zu verdienen. Wir sind Egoisten. Damit sind die wichtigsten Elemente des Menschenbildes der Marktwirtschaft schon beschrieben. Denn wie jedes System baut die Marktwirtschaft auf bestimmten Annahmen und Erkenntnissen auf. Die Ausgangspunkte der Marktwirtschaft sind:

- Der Mensch hat Bedürfnisse und muss sie befriedigen.
- Der Mensch ist ein soziales Wesen, er lebt und agiert in einer Gesellschaft.
- Der Mensch ist egoistisch, sein Bestreben ist wesentlich darauf gerichtet, dass es ihm selbst gut geht.

[...] Die Stärke der Marktwirtschaft [...] liegt darin, dass sie nicht versucht, den menschlichen Egoismus auszumerzen, sondern ihn in Betracht zieht und ausnutzt. [...] Wenn der Mensch gut leben will, braucht er andere, die ihm das ermöglichen. Wenn wir einmal von kriminellen Möglichkeiten, an anderer Leute Geld zu kommen, absehen, bleibt dafür nur eine Chance: Der Egoist muss anderen nützlich sein. [...] Antrieb des ökonomischen Handels ist das Interesse, Gewinn zu erzielen. Dieser Gewinn lässt sich aber nur realisieren, wenn ein Marktteilnehmer auch für andere gewinnbringend ist. Nur wenn er Produkte anbietet, die anderen ein Bedürfnis in der erwarteten Qualität und zu einem akzeptablen Preis befriedigen, kann er seinen Vorteil sichern. Produziert er Murks, bleibt er darauf sitzen, hat keinen Gewinn erzielt und seine Aufwendungen vergeudet. Die Marktwirtschaft geht also vom menschlichen Egoismus aus, nutzt ihn jedoch zur Sicherung des Gemeinwohls.

Quelle: Stratenschulte: Wirtschaft in Deutschland, 2006, S. 20 f.

M 2

Der Einfache Wirtschaftskreislauf

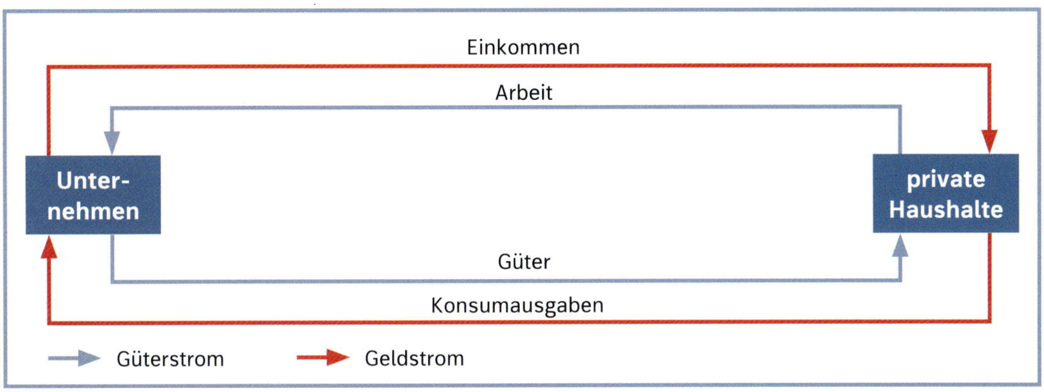

M 3

Der Erweiterte Wirtschaftskreislauf

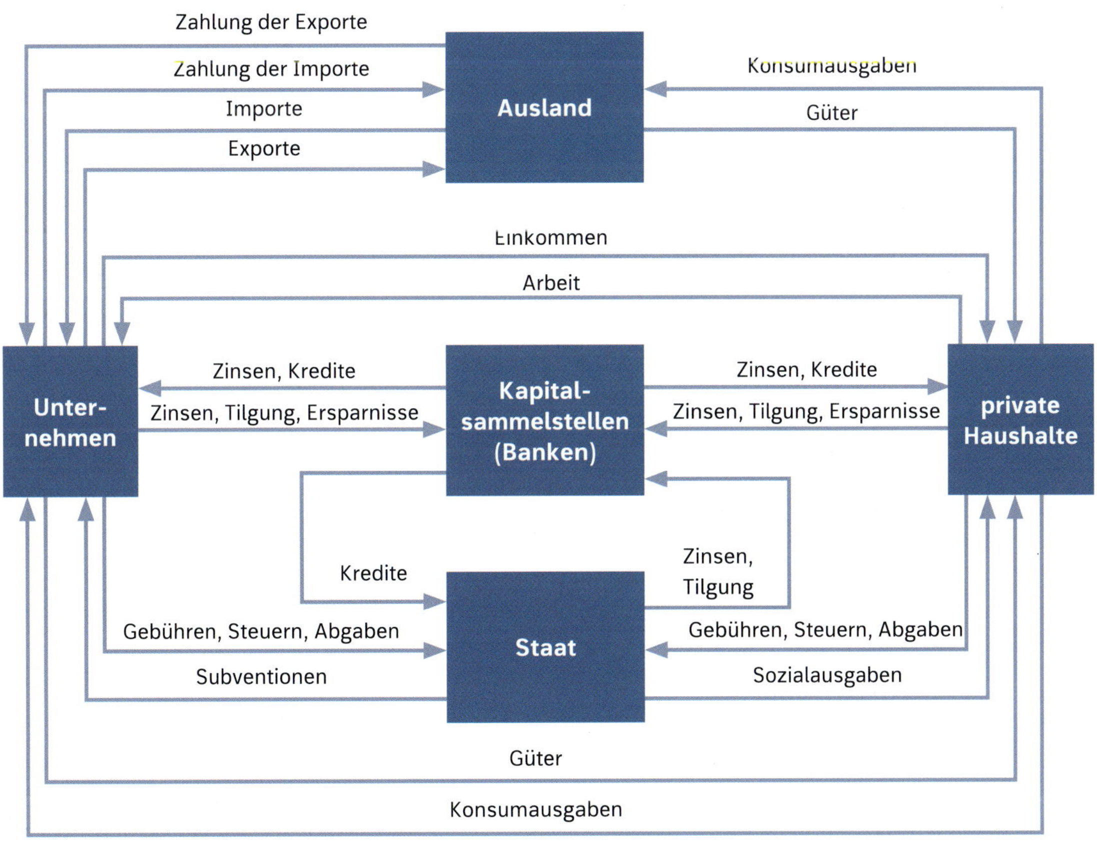

Mit dem **Marshallplan** von 1947 wollten die USA den gänzlichen Zusammenbruch der westeuropäischen Wirtschaft nach dem Ende des Zweiten Weltkriegs verhindern und es Westdeutschland mit der Zustimmung der anderen Westmächte ermöglichen, das eigene industrielle Potenzial wieder zu nutzen. Die bislang betriebene Rationierung und Zuteilungswirtschaft förderte nur den entstandenen Schwarzmarkt und konnte die Bedürfnisse der Bevölkerung kaum decken. Die sich im Umlauf befindliche Reichsmark war weitgehend wertlos, was somit am 20. Juni 1948 zu einem radikalen Einschnitt führte: zur Währungsreform. Die Reichsmark wurde abgeschafft und die Deutsche Mark eingeführt. Dieser erste Schritt gilt als Motor für den damit beginnenden wirtschaftlichen Aufschwung Westdeutschlands, führte zur Staatsgründung der Bundesrepublik Deutschland 1949 und förderte zugleich den Willen der Bevölkerung zur Demokratie. Zeitgleich erfolgte eine Wirtschaftsreform, ein neues System wurde eingeführt.

2. **Erschließen Sie sich das Konzept der sozialen Marktwirtschaft und arbeiten Sie die Unterschiede zur freien Marktwirtschaft heraus. Erklären Sie, welche Aufgabe der Staat in der sozialen Marktwirtschaft übernimmt.**

M 4

„[Ich will, dass der Einzelne sagen kann:] ‚Ich will mich aus eigener Kraft bewähren, ich will das Risiko des Lebens selbst tragen, will für mein Schicksal selbst verantwortlich sein. Sorge du, Staat, dafür, daß ich dazu in der Lage bin."

Quelle: Erhard: Wohlstand für alle, 1957, S. 251.

M 5

Das Konzept der sozialen Marktwirtschaft

Die deutsche Wirtschaftspolitik orientiert sich seit Mitte des 20. Jahrhunderts am Konzept der Sozialen Marktwirtschaft. Es geht zurück auf Ludwig Erhard, der von 1949 bis 1963 der erste Bundeswirtschaftsminister der Bundesrepublik Deutschland war. Die zentrale Idee besteht darin, die Freiheit aller, die als Anbieter oder Nachfrager am Markt teilnehmen, zu schützen und gleichzeitig für sozialen Ausgleich zu sorgen. Erstmals schriftlich erwähnt wurde der Begriff „Soziale Marktwirtschaft" von Erhards Mitstreiter Alfred Müller-Armack, 1952 Leiter der wirtschaftspolitischen Grundsatzabteilung im BMWi und ab 1958 Staatssekretär für Europapolitik. [...]

Märkte sorgen über den Preismechanismus für den Ausgleich von Angebot und Nachfrage: Sind besonders begehrte Güter knapp, steigt deren Preis. Das drängt Nachfrage zurück und bietet zugleich Gewinnmöglichkeiten für zusätzliche Anbieter. Anbieter werden versuchen, die Produktion so kostengünstig wie möglich zu gestalten. So kommt es zu einer effizienten

Verwendung der Produktionsmittel und zu günstigen Preisen für die Verbraucher. Dafür ist wichtig, dass Wettbewerb mit offenem Marktzugang herrscht und Marktmacht verhindert wird. Der Marktmechanismus erhöht dann die Konsummöglichkeiten, motiviert die Anbieter zu Innovationen und technischem Fortschritt und verteilt Einkommen und Gewinn nach individueller Leistung. Es ist eine wichtige Aufgabe des Staates, den Rahmen für einen funktionierenden Wettbewerb zu schaffen. Gleichzeitig muss er die Bereitschaft und die Fähigkeit der Menschen zu eigenverantwortlichem Handeln und mehr Selbständigkeit fördern.

Der zweite Grundsatz der sozialen Marktwirtschaft neben dem freien Markt ist der soziale Ausgleich. Dieser soll die Freiheit des Marktes möglichst nicht einschränken, aber eine soziale Absicherung für diejenigen bereit stellen, die aufgrund von Alter, Krankheit oder Arbeitslosigkeit keine Markteinkommen erzielen können. Zu einer Sozialen Marktwirtschaft gehören zudem nicht nur gute Wettbewerbsbedingungen und ein gutes Investitionsklima, sondern auch soziale Teilhabe sowie Chancengerechtigkeit. [...]

Im Mai 1990 wurde die Soziale Marktwirtschaft im Vertrag über die Schaffung einer Währungs-, Wirtschafts- und Sozialunion zwischen der Bundesrepublik und der ehemaligen DDR rechtlich als gemeinsame Wirtschaftsordnung verankert.

Quelle: Bundesministerium für Wirtschaft und Energie: [Stichpunkt: Soziale Marktwirtschaft], abgerufen unter: www.bmwi.de/DE/Themen/Wirtschaft/soziale-marktwirtschaft.html [02.12.2016].

M 6

„Sozial" steht für soziale Gerechtigkeit und Sicherheit, „Marktwirtschaft" für wirtschaftliche Freiheit. Wirtschaftliche Freiheit bedeutet, dass Verbraucher frei entscheiden können, wie sie ihr Einkommen verwenden. Die Eigentümer der Produktionsmittel können frei wählen, ob sie ihre Arbeitskraft, Sachgüter oder unternehmerischen Fähigkeiten zur Verfügung stellen (Gewerbefreiheit, Berufsfreiheit und Freiheit der Eigentumsnutzung). Unternehmen haben die Freiheit, Güter nach ihrer Wahl herzustellen und abzusetzen. Käufern und Verkäufern von Gütern steht es frei, sich neben anderen um das gleiche Ziel zu bemühen (Wettbewerbsfreiheit). [...] So ist es etwa Aufgabe der Wirtschaftspolitik, die negativen Folgen [...] [wie] Arbeitslosigkeit [...] zu dämpfen. Die Einkommens- und Vermögensverteilung soll zugunsten der leistungsschwächeren Bevölkerungsgruppen staatlich korrigiert werden; es findet eine Umverteilung [...] statt. [...] Der Staat übernimmt Aufgaben, die der Markt nicht oder nur sehr eingeschränkt erfüllen kann, wie etwa struktur- oder bildungspolitische Aufgaben. [...] Die Soziale Marktwirtschaft hält grundsätzlich an der Souveränität des Individuums fest. Diese sollte allerdings dort ihre Grenze finden, wo fundamentale Rechte und Interessen anderer beeinträchtigt werden. Das Grundziel [dieser Wirtschaftsordnung] heißt entsprechend: „So viel Freiheit wie möglich, so viel staatlicher Zwang wie nötig." Ihre Aufgabe ist es, auf der Grundlage von Markt und Wettbewerb das Prinzip der Freiheit mit dem des sozialen Ausgleichs und der sozialen Gerechtigkeit zu verknüpfen.

Quelle: Buscher (Hg.): Wirtschaft heute. 2009, S. 30.

M 7

Statistik der Entwicklung des Jahreseinkommens und der Kaufkraft in der BRD

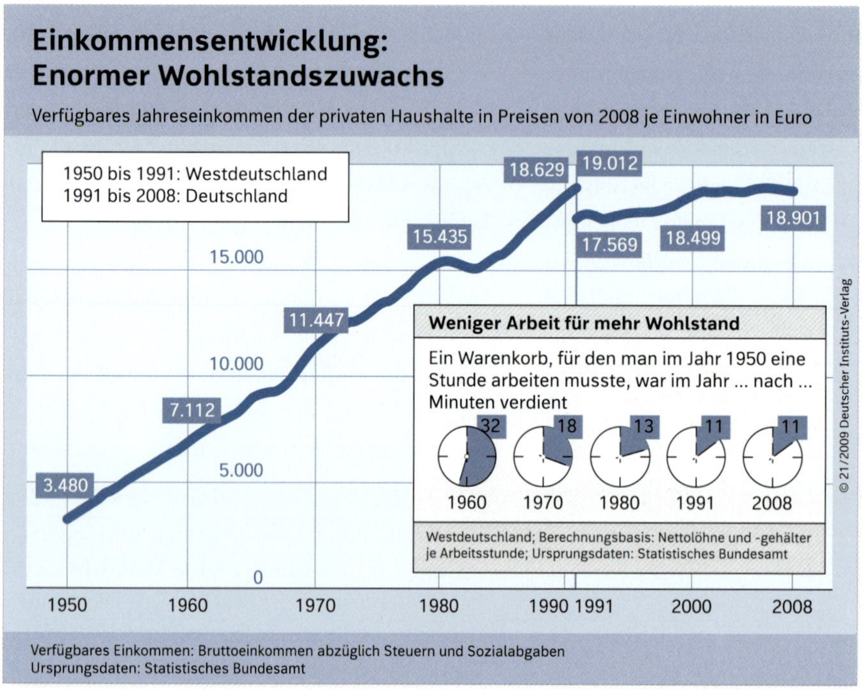

Quelle: Institut der deutschen Wirtschaft, Köln

Kaufkraft der Lohnminute

Verdienst in Euro je Stunde		1.29	2.94	6.50
		1960	1970	1980
	Einheit	Preis Euro	Preis Euro	Preis Euro
Mischbrot	1 kg	0.41	0.69	1.33
Markenbutter	250 g	0.83	0.96	1.20
Vollmilch	1 l	0.22	0.38	0.58
Eier	10 St.	1.07	0.97	1.29
Schweinekotelett	1 kg	3.32	4.29	5.73
Kabeljau	1 kg	1.19	2.35	4.81
Speisekartoffeln	2,5 kg	0.36	0.66	0.96
Edamer	1 kg	2.37	3.41	5.64
Bohnenkaffee	500 g	4.50	4.31	5.88
Flaschenbier	0,5 l	0.32	0.33	0.42
Herrenanzug	1 St.	86.41	102.77	170.39
Damenkleid	1 St.	33.64	43.05	72.03
Damen-Pumps	1 Paar	18.41	22.70	54.51
Haushaltsstrom u. Grundgebühr	200 kWh	12.86	14.42	22.52
Benzin (Normalbenzin)	1 l	0.31	0.29	0.58

Westdeutschland
Verdienste: Nettolohn- und Gehaltssumme je geleisteter Stunde in der Gesamtwirtschaft
Zahlen: Statistisches Bundesamt; Institut der deutschen Wirtschaft Köln, 2017

Der Wiederaufbau in der BRD verlief so gut, dass heute oft in diesem Zusammenhang vom „Wirtschaftswunder" gesprochen wird. Hilfreich für diesen Aufschwung in den ersten beiden Jahrzehnten nach der Einführung der sozialen Marktwirtschaft war auch der festgelegte Wechselkurs der Weltwährungen. Die Gesellschaft konnte konsumieren, weil Wohlstand nun nicht mehr nur einer kleinen

Oberschicht vorbehalten war, sondern sich eine neue Mittelschicht herausbildete. Stück für Stück entwickelte sich die Agrargesellschaft zu einer Dienstleistungsgesellschaft, was auch einen Wandel der Arbeitssektoren mit sich brachte. Immer mehr Menschen waren nun im tertiären Sektor, also im Bereich Dienstleistung, tätig oder waren Beschäftigte im öffentlichen Dienst, im Sozial- oder Gesundheitswesen. Fortschritt in anderen Ländern, Konflikte und dann die beiden Ölkrisen von 1973 und 1979/1980 ließen die soziale Marktwirtschaft einige Male straucheln und zwangen sie immer wieder zu Reformen und Anpassungen an das sich ändernde und globalisierende Wirtschaftsgefüge der gesamten Welt. Stichworte hierzu sind die Verlagerung der Produktion in Billiglohnländer oder die Defizite im Ausbildungsbereich und die damit steigende Arbeitslosigkeit der westdeutschen Bevölkerung.

3. **Bewerten Sie die Leistungen der sozialen Marktwirtschaft heute vor dem Hintergrund ihrer Entstehung.**

M 8 Statistik zu den Sozialausgaben heute

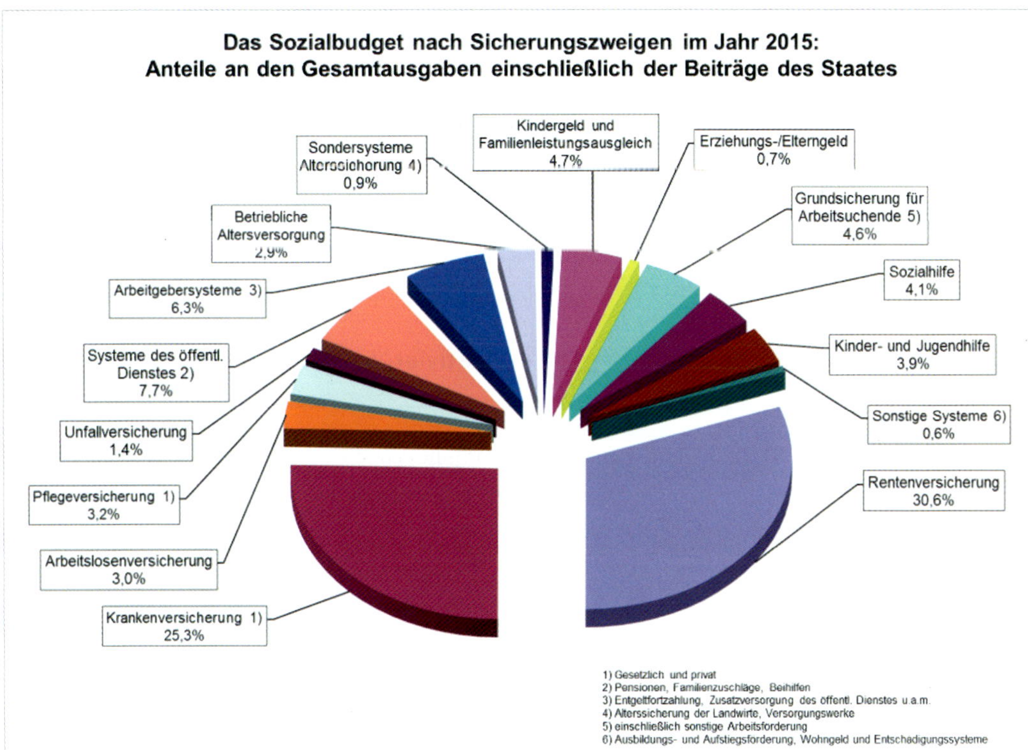

Bundesministerium für Arbeit und Soziales: Sozialbudget 2015, S. 6, abgerufen unter: www.bmas.de/SharedDocs/Downloads/DE/PDF-Publikationen/a230-15-sozialbudget-2015.pdf; jsessionid=09C5BC891E7DCF038973E2A51B554B78?__blob=publicationFile&v=3 [20.03.2017].

4. Arbeiten Sie in M 9 bis M 12 die Grundzüge der Planwirtschaft der DDR heraus und setzen Sie sich mit der Grundstimmung der Menschen auseinander.

Die Zahnbürste der Republik M 9

Der Kulturwaren-Manager Karl Robert Schnick [...]

„Wir bekamen den Auftrag, die standardisierte Herstellung einer neuen, von einem Arzt entwickelten Zahnbürste, Mukodent, zu planen. Ich rechnete durch, was alles machbar war. Es zeigte sich, dass sich eine Standardisierung der Fertigung für einzelne Regionen der DDR [(Deutsche Demokratische Republik)] nicht lohnte – die Bevölkerungszahl war zu klein. Es musste schon die Nachfrage der gesamten DDR einbezogen werden. Deshalb schlug ich schließlich vor, eine automatische Fertigung für die gesamte DDR aufzubauen. Meine Berechnungen fanden Anklang und unser Chef erklärte die Zahnbürste Mukodent für die gesamte DDR als verbindlich. Das hieß, dass der Handel nur noch dieses Produkt vertreiben durfte. So etwas ließ sich in der zentralen Planwirtschaft anordnen. Damit war der Absatz gesichert und wir begannen damit, die Produktion aufzubauen. Die Vorteile der Mukodent waren wirklich immens: Unsere Zahnbürste kostete nur 27 Pfennig. Traditionell hergestellte Zahnbürsten mit Schweineborsten lagen bei 1,50 Mark. Damit begannen auch die Probleme: Der Handel kam bei dem geringen Preis nicht mehr auf seinen Planumsatz und beschwerte sich. Er bekam schließlich die Genehmigung, die Bürsten für 60 Pfennig verkaufen zu dürfen. Darin war eine erhebliche Gewinnspanne enthalten, die der Staat über die Steuern des Handels wieder einzog.

Quelle: Thießen (Hg.): Zwischen Plan und Pleite, 2001, S. 130.

Die Kollektivierung der Landwirtschaft M 10

[...] Von den mehr als 850.000 bäuerlichen Privatbetrieben, die die Agrarwirtschaft der DDR zu Beginn der Fünfzigerjahre prägten, existierten am Ende des Jahres 1960 nur noch weniger als 20.000. Die übrigen waren. [...] in Landwirtschaftliche Produktionsgemeinschaften (LPG) eingegliedert worden. [...] Sie veränderten das Dorf als Produktions- und Sozialverband grundlegend, entzogen den landwirtschaftlichen Produzenten die Verfügungsgewalt über ihren Boden und schufen auf diesem Wege jene großargraischen Strukturen, die für die ostdeutsche Landwirtschaft bis heutigen Tage charakteristisch sind. [...]

„Damit ist in der DDR die Befreiung der Bauern beendet“, verkündete Walter Ulbricht in seiner Funktion als Erster Stellvertreter des Vorsitzenden des Ministerrates in einer Regierungserklärung [...] 1960 und zog damit den vermeintlichen Schlussstrich unter die mehr als acht Jahre andauernde Kollektivierung der Landwirtschaft in der DDR. [...]

Quelle: Schöne: Frühling auf dem Lande?, 2010, S. 9 f.

M 11 Aufbauenthusiasmus: Der Krieg muss überwunden werden

Herr Lustig (Pseudonym) kam 1951 als 29-Jähriger ins EKO (Eisenhüttenkombinat Ost, hier wurde Eisen und Stahl abgebaut), er arbeitete zuerst als Schmelzer, war später Meister und zuletzt Abteilungsleiter.

„Das waren schon schwere Zeiten, aber schöne Zeiten. [...] Die gesamte Arbeit, die hat also in der Richtung Spaß gemacht, weil wir gewusst haben, dass es von unserer Arbeit abhängt, wie wir leben. [...] Ich kann mich sehr gut erinnern, wenn z.B. ein Hochofen irgend`nen technologischen Stillstand gehabt hat und dieser Stillstand ging über Schichtwechsel, dass wir dageblieben sind und haben so lange mitgearbeitet mit der anderen Schicht, die uns ablöste, bis der Hochofen wieder lief. Das war ´ne Selbstverständlichkeit. [...] Und ich kann mich noch gut erinnern, dass also ooch anschließend, nachdem die Arbeit beendet war, wir gemeinsam dann unsere Arbeit beim Glas Bier noch mal durchgesprochen haben und das Kollektiv sich dadurch geformt hat. Da hat jeder für den anderen eingestanden, da ist jeder für den anderen dagewesen. Das war ein schönes Gefühl. Wir haben ja immer das Ziel vor Augen gehabt: Der Krieg muss überwunden werden, wir sind in ´ne neue Zeit jetzt reingewachsen, wir müssen versuchen, eben einen Staat aufzubauen, wo die Arbeiter und Bauern also die Macht haben. Und da hat man sein Bestes gegeben. Und es ging vorwärts. Von Jahr zu Jahr wurde es besser [...].

Quelle: Höck; Reifarth: Die DDR: Geschichte, Politik, Kultur, Alltag, 2004, S. 69.

M 12

Ein Spottgedicht, das bei einem in Jena verhafteten Zeissianer [Fa. Zeiss: Glasherstellung in Jena, um 1953] gefunden wurde, gibt die Zeitstimmung wieder:

An die Befreier! (...)
Die Preise sind hoch,
die Zonen sind fest geschlossen,
die Kalorien sinken Schritt für Schritt,
es hungern wieder nur dieselben Volksgenossen,
die Bonzen hungern nur im Geiste mit.
Die Braunen sind vertrieben,
die Roten sind am Ziel,
die Bonzen sind geblieben,
es war nur ein Farbenspiel.
Hände falten, Köpfe senken,
und nur an die Einheit denken.
Komm Herr Pieck,
sei unser Gast
und gib uns,
was du uns versprochen hast.
Nicht nur Rüben und Kohl,
sondern was du frisst mit Grothewohl.
Nichts im Magen,
nichts auf dem Teller,
nichts auf dem Boden,
nichts im Keller.
Selbst auf dem Klo kein Kreppapier,
trotzdem, Pieck,

wir folgen dir!
Deutschland, Deutschland ohne alles,
ohne Butter, ohne Speck,
und das bisschen Marmelade
frisst uns die Verwaltung weg.

Quelle: Scheer: Die Sozialistische Planwirtschaft der DDR, in: Konrad-Adenauer-Stiftung (Hg.): Die Sozialistische Planwirtschaft der DDR. Vom Scheitern einer wirtschaftspolitischen Ideologie, 2010, S. 22 f.

5. Vergleichen Sie die Zahlen des Statistischen Jahrbuchs der DDR mit den Zahlen über die Lebensbedingungen der Bürger in der BRD (M 13, 14 und M 7).

M 13 Einkommen in der DDR

Durchschnittliches monatliches Arbeitseinkommen der vollbeschäftigten Arbeiter und Angestellten			
Jahr	Insgesamt in Mark	Jahr	Insgesamt in Mark
1949	295	1975	897
1955	439	1980	1030
1960	558	1985	1140
1970	762	1987	1243

Quelle: Statistisches Jahrbuch der Deutschen Demokratischen Republik 1988, hrsg. von der Staatlichen Zentralverwaltung für Statistik, 33. Jahrgang, Staatsverlag der Deutschen Demokratischen Republik, Berlin 1988, S. 129, abgerufen unter: www.digizeitschriften.de/dms/img/?PID=PPN514402644_1988|log69&physid=phys335#navi [20.03.2017].

M 14 Einzelhandelsverkaufspreise ausgewählter Waren in der DDR

Warenart	Einheit	1970	1975	1980	1985	1986	1987
		Mark					
Nahrungs- und Genußmittel							
Kartoffeln, ohne Frühkartoffeln, abgepackt[1)]	5 kg	0,85	0,85	0,85	0,85	0,85	0,85
Äpfel[2)]	kg	1,96	1,76	1,75	2,07	2,01	2,06
Zitronen	kg	5,00	5,00	5,00	5,00	5,00	5,00

Warenart	Einheit	1970	1975	1980	1985	1986	1987
		Mark					
Weizen-Auszugmehl, abgepackt in 1 060-g-Packung	kg	1,32	1,32	1,32	1,32	1,32	1,32
Roggenmischbrot[3]	kg	0,52	0,52	0,52	0,52	0,52	0,52
Weißbrot	kg	1,00	1,00	1,00	1,00	1,00	1,00
Vollmilch-Schokoladentafel.........	100 g	3,85	3,85	3,85	3,85	3,85	3,85
Rindfleisch, Schmorfleisch ohne Knochen	kg	9,80	9,80	9,80	9,80	9,80	9,80
Trinkmilch, 2,2% Fettgehalt, in Flaschen[4]	1/2 Liter	0,36	0,36	0,36	0,34	0,34	0,34
Käse, Gouda, 30% Fett in Trockenmasse	kg	7,20	7,20	7,20	7,20	7,20	7,20
Tafelbutter, abgepackt in 250-g-Packung	kg	9,60	9,60	9,60	9,60	9,60	9,60
Margarine, billigste Sorte, abgepackt in 250-g-Packung	kg	2,00	2,00	2,00	2,00	2,00	2,00
Klarer mit Weinbrand „Goldbrand“, 32%	0,7 Liter	–	14,50	14,50	14,50	14,50	14,50
Vollbier, hell, 11,0 bzw. 11,5% Stammwürzgehalt	0,33 Liter	0,48	0,48	0,48	0,48	0,48	0,48
Filter-Zigaretten, mittlere Preislage	Stück	0,16	0,16	0,16	0,16	0,16	0,16
Rauchtabak, Feinschnitt	50 g	3,00	3,00	3,00	3,00	3,00	3,00
Bohnenkaffee „Rondo“	kg	70,00	70,00	70,00	70,00	70,00	70,00

1) Ab 1965 für die Hauptstadt Berlin, Stand Oktober; für Städte über 100 000 Einwohner 0,83 M, für die übrigen Städte und Gemeinden 0,79 M. Ohne Abpackungszuschlag von 0,05 M.

2) Jahresdurchschnittspreise.

3) 85% Roggen-, 15% Weizenmehl; ohne Hauptstadt Berlin.

4) Bis 1982 2,5% Fettgehalt. Ab 1982 1 Liter im Schlauchbeutel 0,66 M.

Statistisches Jahrbuch der Deutschen Demokratischen Republik 1988, hrsg. von der Staatlichen Zentralverwaltung für Statistik, 33. Jahrgang, Staatsverlag der Deutschen Demokratischen Republik, Berlin 1988, S. 282, abgerufen unter: www.digizeitschriften.de/dms/img/?PID=PPN514402644_1988|log69&physid=phys335#navi [20.03.2017, Auszug].

6. Fassen Sie abschließend die wichtigsten Merkmale der beiden Wirtschaftssysteme zusammen und beurteilen Sie diese im Hinblick auf ihren Erfolg.

DAS WICHTIGSTE IN KÜRZE

Ökonomie

Die Ökonomie oder die Wirtschaft mit all ihren Einrichtungen dient der planvollen Deckung der menschlichen Bedürfnisse. Die Unternehmen sowie die privaten und öffentlichen Haushalte sind für die Herstellung, den Verbrauch, die Zirkulation und die Verteilung der Güter des menschlichen Bedarfs zuständig.

Marktwirtschaft

Der Ausdruck „Marktwirtschaft“ beschreibt das Modell einer ganz bestimmten Wirtschaftsordnung und geht weltanschaulich auf den Liberalismus zurück, der sich im 17. und 18. Jahrhundert entwickelte. Die Marktteilnehmer und nicht der Staat bestimmen hierbei, welche Waren hergestellt werden, welche Produktionsverfahren hierzu eingesetzt werden und zu welchem Preis die Waren verkauft werden. Dies richtet sich nach den Grundsätzen von Angebot und Nachfrage. Jeder entscheidet in einer Marktwirtschaft dem Grundsatz der Freiheit entsprechend, wie er seine Mittel, sein Eigentum und seine Arbeitskraft verwendet. Der Staat schafft im System einer freien Marktwirtschaft die Rahmenbedingungen: ein funktionierendes Rechtssystem, Schutz und Sicherheit für die Bürger und Infrastruktur, die von allen genutzt werden kann. Weitere staatliche Eingriffe sind in der Theorie dieser Wirtschaftsordnung nicht vorgesehen. Dies hat zur Folge, dass sich jeder Teilnehmer selbst anstrengen muss, um Teilhaber zu sein.

Adam Smith (1723–1790)

Adam Smith gilt allgemein als der Begründer der Volkswirtschaftslehre. Der gebürtige Schotte beschäftigte sich mit der Rolle der Arbeitsteilung, des freien Marktes und des Staates. Sein Hauptwerk: „Wohlstand der Nationen – Eine Untersuchung seiner Natur und seiner Ursachen“ (An Inquiry into the Nature and Causes of the Wealth of Nations; übertragen aus dem Englischen von H.C. Recktenwald, München 1978) erschien 1776 und gilt bis heute als Hauptwerk zur Nationalökonomie als Theorie und Wissenschaft. Darin stellt Smith die These auf, dass jeder Mensch grundsätzlich zu seinem eigenen Wohl wirtschaftet. Indem er dies tut, erbringt er automatisch und durchaus ungewollt auch Leistungen für die gesamte Gesellschaft, weswegen alle vom Egoismus des Einzelnen profitieren.

Soziale Marktwirtschaft

Ludwig Erhard und Alfred Müller-Armack gelten als Schöpfer der sozialen Marktwirtschaft in der Bundesrepublik in den Nachkriegsjahren des 20. Jahrhunderts. Die soziale Marktwirtschaft gilt auch als Gesellschaftsordnung, deren Grundideen bis heute die Grundlage der deutschen Wirtschafts- und Sozialordnung sind. Damit versteht sich die soziale Marktwirtschaft als dritter Weg zwischen dem Kapitalismus und der Planwirtschaft. Die Prinzipien des Wettbewerbs und der Freiheit sollen mit sozialem Ausgleich und sozialer Gerechtigkeit in Einklang gebracht werden. Bildungs- und strukturpolitische Aufgaben werden von staatlicher Seite übernommen, die Entscheidungsfreiheit der einzelnen Marktteilnehmer bleibt bestehen. Eine bewusste staatliche Gestaltung der Gesellschaftsordnung wird für notwendig erachtet, um die Entscheidungs- und Handlungsspielräume des Individuums auf der einen Seite zu erhalten, auf der anderen Seite aber auch dort zu begrenzen, wo das wirtschaftliche Handeln des Einzelnen schädigend für die Gemeinschaft sein könnte. Mit der Wettbewerbsordnung der sozialen Marktwirtschaft werden innovative Produktionsverfahren gefördert, das Einkommen wird nach Leistung verteilt und die

DAS WICHTIGSTE IN KÜRZE

Vormachtstellung einzelner Unternehmen wird durch entsprechende gesetzliche Vorgaben reguliert. Die Eigenverantwortung des einzelnen Marktteilnehmers bleibt bei alledem erhalten. Wer aber nicht dazu in der Lage ist, seine Existenz aus eigener Kraft zu sichern, dem wird mit vielfältigen sozialpolitischen Maßnahmen ein menschenwürdiges Leben ermöglicht. Es kommt also darauf an, dass das Verhältnis von staatlichen Eingriffen und der Selbstverantwortung des Einzelnen im Gleichgewicht bleibt.

Planwirtschaft

Diese Wirtschaftsordnung wird nach dem deutschen Ökonom Walter Eucken (1891–1950) auch „Zentralverwaltungswirtschaft“ genannt und ist gesellschaftspolitisch eng mit dem **Sozialismus** verbunden. Hier werden Produktion und Verteilung von Gütern und Dienstleistungen planmäßig und zentral gesteuert. Der Staat greift also direkt und nachhaltig ein. Die Planwirtschaft folgt einem hierarchischen Aufbau, es existieren sog. Einzelpläne für Haushalte und Betriebe, die sich dem Gesamtplan, der politisch gewünscht ist und in Gesetzen festgelegt wird, unterordnen müssen. Diese Pläne sind mittel- oder langfristig angelegt, entweder mittelfristig für etwa 5 Jahre oder langfristig für 10 Jahre. Die Planungsbehörde bestimmt, was, wie und für wen produziert wird. Dabei können die Bedürfnisse des Einzelnen lediglich abgeschätzt werden. Nicht nur die Produktionsverfahren und die Mengen werden festgelegt, sondern auch die Preise, womit ein Markt, der mittels Angebot und Nachfrage funktioniert, nicht existiert. Auch Löhne richten sich nach staatlichen Vorgaben und nicht nach der Leistung des Einzelnen. In einer Zentralverwaltungswirtschaft kann kaum oder nur sehr langsam auf sich ändernde Bedürfnisse oder äußere Bedingungen reagiert werden, weswegen es in vielen Planwirtschaftssystemen immer wieder zur Knappheit von Gütern kam, was zur Unzufriedenheit in der Bevölkerung führte. Hinzu treten der fehlende Wettbewerb, der Innovationen verhindert. Das Ziel der Planwirtschaft ist es, jedem die gleichen Chancen zu ermöglichen, die Risiken des eigenen Handelns und von Fehlentscheidungen aber sehr gering zu halten. Im Zuge politischer Umbrüche, qualitativ schlechter Produkte und Versorgungsengpässen wurden die meisten Planwirtschaften, die eng an die ehemalige kommunistische Sowjetunion gebunden waren, im ausgehenden 20. Jahrhundert abgeschafft. Es fand ein langsamer und mühsamer Übergang zur Marktwirtschaft statt. Heute findet man diese Wirtschaftsordnung noch in Nordkorea oder Kuba sowie in wenigen anderen Ländern.

Wirtschaftswunder

Mit der Einführung der sozialen Marktwirtschaft in der Bundesrepublik Deutschland erlebte die Wirtschaft einen rasanten Aufstieg, der sich in sinkenden Arbeitslosenzahlen und wachsendem materiellem Wohlstand bemerkbar machte. Um von einem Wunder sprechen zu können, griffen zu jener Zeit alle getroffenen Maßnahmen: Der von den USA ins Leben gerufene Marshallplan als europäische Aufbauhilfe, die Währungsreform von 1948 und die Durchsetzungsfähigkeit von Ludwig Erhard, die soziale Marktwirtschaft als neue Wirtschafts- und Gesellschaftsordnung einzuführen. Nicht zuletzt trug der unbedingte Arbeitswille der Menschen dazu bei, dass all dies gelang. Dadurch entstanden neue Unternehmen, Waren wurden produziert und ins Ausland verkauft und die Kaufkraft der Bevölkerung erhöhte sich, sodass sich ein gewisser Wohlstand einstellte.

FESTIGUNG – VERTIEFUNG

Weitere Herangehensweisen

- Versetzen Sie sich in folgende Lage: Sie sind Politiker und sollen für das Wahlprogramm Ihrer Partei drei Maßnahmen bzw. Gesetzesvorhaben im Sinne der Ziele der sozialen Marktwirtschaft entwickeln.
- Fertigen Sie, vergleichbar mit den Kreisläufen in M 2 und M 3, ein Diagramm oder Struktogramm für den Wirtschaftskreislauf der DDR an.
- Erstellen Sie eine Liste mit Kritikpunkten sowohl an der sozialen Marktwirtschaft als auch an der Planwirtschaft.

Vertiefende Aspekte

- Recherchieren Sie Informationen zum Sozialversicherungssystem der Bundesrepublik Deutschland und erläutern Sie die einzelnen Säulen der sozialen Absicherung in Kurzvorträgen.
- Die Schweiz hat 2013 in einer Volksabstimmung beschlossen, dass Managergehälter von den Aktionären bestimmt werden. Informieren Sie sich über die Initiative, die Abstimmung und die Haltungen von Politik und Wirtschaft dazu. Diskutieren Sie, ob eine solche Regelung auch für die BRD gelten sollte.
- Beschreiben Sie im Rahmen eines Referats die Grundprinzipien der Wirtschaftstheorie von Adam Smith.
- Analysieren Sie die Rolle von Ludwig Erhard und seinem Staatssekretär Alfred Müller-Armack bei der Etablierung der sozialen Marktwirtschaft in der Bundesrepublik Deutschland in der Nachkriegszeit.
- Recherchieren Sie weitere Länder, die eine planwirtschaftsähnliche Wirtschaftsordnung führen oder geführt haben.
- Erläutern Sie das Motto von Walter Ulbricht: „Überholen ohne einzuholen!“.

Weiterführende Quellen und Hinweise

H 1 Karl Marx, Friedrich Engels: Manifest der kommunistischen Partei, Stuttgart, Reclam, 2004. Dieses Werk enthält die grundlegenden Positionen des Kommunismus über den Klassenkampf und die Überwindung des Kapitalismus. Es gilt als Ideengeber und wurde in fast alle Sprachen der Welt übersetzt.

H 2 Steiner, André: Von Plan zu Plan. Eine Wirtschaftsgeschichte der DDR. Berlin, Aufbau-Taschenbuch, 2007. Eine kompakte Einführung in die Abhängigkeiten einer Gesellschaft vom Wirtschaftssystem. André Steiner stellt alle Sachverhalte in einer gut verständlichen Sprache dar.

H 3 Abelshauser, Werner: Deutsche Wirtschaftsgeschichte. Von 1945 bis zur Gegenwart. 2. überarb. u. erw. Auflage, Bonn, Bundeszentrale für politische Bildung, 2011. Dem Autor gelingt die Darstellung der Zusammenhänge von deutscher Geschichte und der Geschichte der deutschen Wirtschaft nach 1945. Heutige und zukünftige Herausforderungen können mit historischen Begründungen eingeordnet und bewertet werden.

3.5 Widerspruch und Protest in der Bundesrepublik seit den 1960er-Jahren

Forschungsziele und Kompetenzerwerb

„Die 68er sind an allem schuld" – mit diesem Refrain bringt der Satiriker Rainald Grebe eine in der konservativen Publizistik verbreitete Haltung ironisierend auf den Punkt, die in den Jugendrevolten der späten 1960er-Jahre den Ausgangspunkt zahlreicher sozialer und kultureller Fehlentwicklungen sehen. Andere dagegen neigen zu einer fast schon verklärenden Haltung gegenüber dieser Zeit und sehen in dem Jahr 1968 zum Teil sogar eine Art „Gründungsjahr" der Bundesrepublik. Wer hat recht? Fest steht, dass mit der Studentenrevolte und den daraus resultierenden Neuen Sozialen Bewegungen viele Aspekte von Staat, Gesellschaft und Politik folgenreich infrage gestellt und neu diskutiert wurden und werden: Erziehung, Bildung, Sexualität, politische Beteiligung, Umgang mit der Geschichte ...

Sie werden in diesem Kapitel Gelegenheit haben, sich mit diesen Entwicklungen auseinanderzusetzen. Dabei können Sie erkennen, dass sozialer Konflikt in einer offenen Gesellschaft weniger eine Bedrohung als vielmehr eine Chance zur Modernisierung und Weiterentwicklung darstellt. Sie lernen politische und popkulturelle Äußerungen als Teil sozialer Diskurse einzuordnen und zu verstehen, die Ihnen auch im Alltag begegnen.

Vorgehen

Im Rahmen eines Radioprojekts sollen Sie ein Manuskript für ein Radiofeature zum Thema „Protest" zusammenstellen. Dazu recherchieren Sie anhand von Quellen die Entwicklung von Protestbewegungen in der Bundesrepublik der letzten 50 Jahre.

Zunächst ERARBEITEN Sie aus den Materialien M 1 bis M 4 Motive und Anliegen der Jugendrevolte der 1960er-Jahre. Sie BEURTEILEN dann, ob sich der Song „Macht kaputt, was euch kaputt macht" von Rio Reiser (M 5) zur akustischen Verdeutlichung dieser Revolte eignet. Sie VERSCHAFFEN SICH anhand der Materialien M 6 und M 7 einen ÜBERBLICK über Ziele und Methoden der RAF und BEURTEILEN dann, ob die RAF in den Kontext der 68er-Bewegung einzuordnen ist oder nicht. Sie ÜBERLEGEN auch, ob die RAF in einen Radiobeitrag zum Thema „Protest" einbezogen werden sollte und wie sich das Thema am besten darstellen ließe. Sie UNTERSCHEIDEN mithilfe des Interviewbeitrags von Daniel Cohn-Bendit (M 8) die aus der 68er-Revolte entstandenen politischen Bewegungen von herkömmlichen linken Bewegungen. Dazu greifen Sie auch auf Materialien aus dem Kapitel 2.2 (Ideologien) zurück. Aus dem Krefelder Appell (M 9) ENTNEHMEN Sie die zentralen INHALTE der westdeutschen Friedensbewegung und NEHMEN vor dem Hintergrund der internationalen Konstellationen dieser Zeit aus heutiger Sicht dazu STELLUNG. Sie ZEIGEN am Parteiprogramm der Grünen von 1981 (M 10) AUF, welche verschiedenen Protestbewegungen in dieser Partei zusammenkamen. Sie ERLÄUTERN wesentliche Unterschiede der Grünen zu den damals im Bundestag vertretenen Parteien. Dann VERGLEICHEN Sie die Aussagen Petra Kellys von 1983 (M 11) mit denen Joschka Fischers von 1995 (M 12). Sie ANALYSIEREN Unterschiede und Gemeinsamkeiten in der Haltung zu Menschenrechten und militärischer Gewalt und ERLÄUTERN an diesem Beispiel die Problematik des Wandels von einer Protest- zur (damals noch potenziellen) Regierungspartei. Zurück zu unserem Ausgangspunkt, der Jugendrevolte von 1968: Der Historiker Heinrich August Winkler beurteilt in seinem Text (M 14) die Folgen von „68" für die Bundesrepublik. Sie FASSEN seine Aussagen in Thesen ZUSAMMEN und NEHMEN STELLUNG dazu. Mit dem Lied „Ihr lieben 68er" von PeterLicht (M 15) begegnet Ihnen dann ein Protestsong ganz anderer Art.

ERLÄUTERN Sie das in diesem Song dargestellte Verhältnis zur Generation der „68er".

Materialauswahl

Sie finden in diesem Kapitel eine Reihe von Texten von Beteiligten oder Sympathisanten bundesrepublikanischer Protestbewegungen, die Ihnen Einblick in subjektive Motivationen und Ziele gewähren. Unterschieden werden sollte dabei auch zwischen Texten, die in konkreten politischen Auseinandersetzungen entstanden sind, und solchen, die eine erinnernde Perspektive einnehmen. Protestbewegungen werden immer auch von Medienerzeugnissen begleitet und oft auch getragen. Hier begegnen Ihnen populäre Fotos und Songs. Mit den Bands Ton Steine Scherben und PeterLicht setzen Sie sich mit Vertretern unterschiedlicher Generationen auseinander. Songs bieten sich dafür an, das Lebensgefühl einer bestimmten Subkultur im Radiofeature zu verdeutlichen.

1. **Erarbeiten Sie aus den Materialien M 1 bis M 4 Motive und Anliegen der Jugendrevolte der 1960er-Jahre.**

Reinhard Mohr, Die Liebe zur Revolution

M 1

Der 22. Juni 1962 war ein lauer Frühsommertag. Jedenfalls in München-Schwabing. In den traumhaft warmen Abend hinein tanzte ein junges Pärchen zu den Jazzklängen zweier Gitarrenspieler, barfuß und wie auf Wolken schwebend. Doch die friedliche Szene war nicht von Dauer. Eine Polizeistreife schritt ordnungsgemäß wegen »ruhestörenden Lärms« ein und versuchte, die beiden Gitarrenspieler festzunehmen. Innerhalb kürzester Zeit entwickelte sich daraus eine heftige Straßenschlacht zwischen Polizei und Jugendlichen.

Auch an den folgenden Tagen gingen die so genannten »Schwabinger Twistkrawalle« weiter. Resultat: Viele Verletzte, vor allem Jugendliche, und insgesamt zweihundert Festnahmen. Den »übermütigen Radaubrüdern« und »Halbstarken«, so schrieben die Zeitungen damals, gehe es »wohl zu gut«. Das hörte man oft in dieser Zeit: »Euch geht es wohl zu gut!« Nicht selten wurde hinzugefügt: »Es muss wohl wieder Krieg geben, damit Zucht und Ordnung zurückkehren.«

Es war die Zeit, als Bundespräsident Heinrich Lübke während einer Afrikareise die Anwesenden schon mal mit »Sehr verehrte Damen und Herren, liebe Neger!« begrüßte und im Fernsehen Lou van Burg, ein Thomas Gottschalk der frühen 1960er Jahre, die TV-Show »Der Goldene Schuss« präsentierte. Lou van Burg war sehr populär. Wahrscheinlich deshalb, weil er, obwohl im tadellosen Frack auftretend, dem »Edeka«-Filialleiter von nebenan wie aus dem Gesicht geschnitten war. [...] »Zu gut« ging es den meisten Leuten wahrlich nicht. Aber vielleicht erschien manchen alles viel zu glatt, zu oberflächlich, zu spießig. Zu fett und selbstgefällig. Hohl und verlogen, engstirnig, verklemmt und autoritätshörig. Sollte das nun das ganze Leben sein? War man dafür geboren worden? [...]

»We've gotta get out of this place!«, sang Eric Burdon mit seinen »Animals« und traf damit eine Stimmung unter vielen Jugendlichen. Bloß raus ins Freie, Ferne, Fremde! Weg aus der vermufften Enge von Elternhaus, Schule und Erziehungsheim, weg aus der Provinz, wo sich die Väter nach Feierabend im »Goldenen Hirschen« die Kante gaben, bevor sie schnarchend ins Ehebett fielen.

Eine tiefe Sehnsucht äußerte sich bei vielen, etwas für das man später, mit den linken Philosophen Ernst Bloch und Herbert Marcuse, die Begriffe »Prinzip Hoffnung« und »konkrete Utopie« fand. [...] Die diffus schillernde Vorstellung eines großartigen, aufregenden und glücklichen Lebens jenseits vorgeformter Bahnen und ausgetretener Pfade war eines der ganz großen Motive jener Revolte, die die Jahreszahl 1968 trägt. [...]

Quelle: Mohr: Die Liebe zur Revolution – Vom Richtigen und vom Falschen, in: Cohn-Bendit; Dammann (Hgg.): 1968 – Die Revolte, 2007, S. 19 ff.

M 2 Wolfgang Kraushaar über „Sexuelle Revolution“

[...] Mit keinem anderen Schlagwort werden die sechziger Jahre enger in Verbindung gebracht als mit der »Sex-Welle« oder der »sexuellen Revolution«. Die Anzeichen einer neuen Libertinage[1], die diesmal nicht auf eine Boheme[2] oder irgendeine privilegierte soziale Schicht beschränkt blieb, sondern die moderne Massengesellschaft insgesamt erfasste, waren unübersehbar. Für die Illustrierten, Magazine und Gazetten[3] schien es jedenfalls kaum ein dringlicheres Thema zu geben. Der Kinsey-Report, Oswalt Kolles Illustriertenserien über »Das Wunder der Liebe«, »Dein Kind – das unbekannte Wesen«, »Deine Frau – das unbekannte Wesen«, »Dein Mann – das unbekannte Wesen« und die sogenannten Aufklärungsfilme boten dafür den entsprechenden Stoff. Und mit [...] der Antibabypille war historisch erstmals eine Voraussetzung geschaffen, Sexualleben und Fortpflanzung gesellschaftlich folgenreich voneinander entkoppeln zu können.

[...] In einer Zeit, in der voreheliche Beziehungen nicht toleriert wurden, erschien [die Idee freier sexueller Selbstverwirklichung] als ein gezielter Anschlag auf die von Elternhaus, Schulen und Kirchen ultimativ geforderten Tugenden, auf die Spießermoral insgesamt. Wer die Institutionen der bürgerlichen Gesellschaft nachhaltig in Frage stellen wollte, konnte das kaum effektiver als auf diesem Wege. Das Programm der sexuellen Revolution war — wie die zahlreichen, in diesen Jahren aufbrechenden Konflikte um die Darstellung sexueller Praktiken und Verhütungsmethoden in Schülerzeitungen bestätigten — eine einzige Provokation.

[...] Doch wie sich nur allzu rasch herausstellte, hatten die selbsternannten Revolutionäre ihre Rechnung ohne den Wirt gemacht und der Wirt waren diesmal die Frauen. Die neugewonnene genitale Freiheit war männlich definiert und vor allem auf ihre Kosten gegangen. Insofern konnte es kaum verwundern, dass dies zu Gegenreaktionen führte. Resultat war [...] eine Revolte in der Revolte. Die Frauen im SDS griffen ihre Gefährten an und verlangten nach sexueller wie politischer Autonomie. [...]

Quelle: Kraushaar: Achtundsechzig, 2008, S. 95 ff.

1 Freizügigkeit, Zügellosigkeit

2 Unkonventionelles Künstlermilieu

3 Abwertend für Zeitung

Bilder aus der Studentenrevolte

M 3

Rudi Dutschke bei einer Demonstration gegen den Vietnamkrieg im April 1968

Studentendemonstration am 7. März1967 gegen die Notstandsgesetze

Uschi Obermaier auf einer Demonstration für die Freilassung eines Kommunarden im Jahre 1970

Peter Schneider über eine Episode der Weihnachtszeit 1967

M 4

Tags zuvor war er von Mitgliedern der Evangelischen Studentengemeinde gebeten worden, sie am Weihnachtsabend in die Gedächtniskirche zu begleiten. Sie wollten dort Plakate gegen den Krieg in Vietnam aufstellen. Mit Nirumand und einer dünnen Schar von Genossen machte man sich auf den Weg zur Gedächtniskirche.

Dutschke ging als erster in den Kirchenraum und setzte sich in eine der vorderen Reihen. Kaum hatten auch die Freunde von der Evangelischen Studentengemeinde den Raum betreten, entrissen ihnen Gottesdienstbesucher die Plakate, trampelten darauf herum und trieben die Demonstranten mit Fäusten und Schlägen zum Ausgang. Eines der Plakate zeigte unter dem Foto eines gefolterten Vietnamesen den Bibelvers Matthäus 25, 40: »Was ihr getan habt einem unter diesen meiner geringsten Brüdern, das habt ihr mir getan.« In dem Tumult erklomm Dutschke die Kanzel, um auf die Vorgänge im Kirchenschiff aufmerksam zu machen – womöglich wollte er aus dem Stegreif sogar eine Weihnachtsansprache halten. »Liebe Brüder und Schwestern«, begann er, kam aber nicht weiter, da er von der Kanzel gezerrt wurde. Ein empörter Kirchenbesucher – ein Kriegsveteran, wie sich später herausstellte – schlug mit seinem Krückstock auf Dutschkes Kopf ein. [...]

An Dutschkes Kanzelauftritt in der Gedächtniskirche schieden sich die Geister der alten und der jungen Generation. In aller Regel identifizierten sich die Väter mit dem Krückstock schwingenden Kriegsveteranen, die Söhne und Töchter ergriffen Partei für den Kanzelstürmer. Sie fühlten sich bestätigt, als sich herausstellte, daß sich Friedrich-Wilhelm Heinrich Wachau, der Kriegsveteran mit dem Krückstock, fröhlich als ‚uralter Nazi' und SA-Mann bekannte und stolz darauf war, daß er mit ‚seinem Mensurarm' immer noch ‚gut schlagen' konnte. Hunderte von zuvor nur anpolitisierten Töchtern und Söhnen haben damals vorzeitig das Weihnachtsfest verlassen und die Tür zum Elternhaus für lange Zeit zugeschlagen. [...]

Quelle: Schneider: Rebellion und Wahn – Mein 68, 2008, S. 238 f.

2. Beurteilen Sie nun, ob sich der Song „Macht kaputt, was euch kaputt macht" von Rio Reiser (M 5) zur akustischen Verdeutlichung dieser Revolte eignet.

M 5 Macht kaputt, was euch kaputt macht! – Songtext von Rio Reiser (1969)

Radios laufen, Platten laufen,
Filme laufen, TV's laufen,
Reisen kaufen, Autos kaufen,
Häuser kaufen, Möbel kaufen.
Wofür?

Refrain:
Macht kaputt, was euch kaputt macht!
Züge rollen, Dollars rollen,
Maschinen laufen, Menschen schuften,
Fabriken bauen, Maschinen bauen,
Motoren bauen, Kanonen bauen.
Für wen?
[...]
Bomber fliegen, Panzer rollen,
Polizisten schlagen, Soldaten fallen,
Die Aktien schützen, Die Chefs schützen,
Das Recht schützen, Den Staat schützen.
Vor uns!
Refrain:
Macht kaputt, was euch kaputt macht!

Quelle: Ton Steine Scherben: Macht kaputt, was euch kaputt macht, Musik: Steitz/Möbius. Text: Steitz/Möbius. Published: 1971 David Volksmund Prod. GbR.

3. Verschaffen Sie sich anhand der Materialien M 6 und M 7 einen Überblick über Ziele und Methoden der RAF. Beurteilen Sie, ob die RAF in den Kontext der 68er-Bewegung einzuordnen ist oder nicht. Überlegen Sie auch, ob die RAF in einen Radiobeitrag zum Thema „Protest" einbezogen werden sollte und wie sich das Thema am besten darstellen ließe.

M 6

Bedrohung durch den Linksterrorismus: Gründungsaufruf der Roten Armee Fraktion (RAF) vom 5. Juni 1970

Den Jugendlichen im Märkischen Viertel habt ihr die Baader-Befreiungs-Aktion zu erklären [...]. Den kinderreichen Familien, den Jungarbeitern und Lehrlingen, den Hauptschülern, den Familien in den Sanierungsgebieten, den Arbeiterinnen von Siemens und AEG-Telefunken, von SEL und Osram, den verheirateten Arbeiterinnen, die zu Haushalt und Kindern auch noch den Akkord schaffen müssen – verdammt!

Denen habt ihr die Aktion zu vermitteln, die für die Ausbeutung, die sie erleiden, keine Entschädigung bekommen durch Lebensstandard, Konsum, Bausparvertrag, Kleinkredite, Mittelklassewagen. Die sich den ganzen Kram nicht leisten können, die da nicht dran hängen. Die alle Zukunftsversprechen ihrer Erzieher und Lehrer und Hausverwalter und Fürsorger und Vorarbeiter und Meister und Gewerkschaftsfunktionäre und Bezirksbürgermeister als Lügen entlarvt haben und nur noch Angst vor der Polizei haben. Denen – und nicht den kleinbürgerlichen Intellektuellen – habt ihr zu sagen, daß jetzt Schluß ist, daß es jetzt losgeht, daß die Befreiung Baaders nur der Anfang ist! Daß ein Ende der Bullenherrschaft abzusehen ist! Denen habt ihr zu sagen, daß wir die Rote Armee aufbauen, das ist ihre Armee. [...]

Ohne gleichzeitig die Rote Armee aufzubauen, verkommt jeder Konflikt, jede politische Arbeit im Betrieb [...] zu Reformismus, d. h.: Ihr setzt nur bessere Disziplinierungsmittel durch, bessere Einschüchterungsmethoden, bessere Ausbeutungsmethoden. Das macht das Volk kaputt, das macht nicht kaputt, was das Volk kaputt macht! Ohne die Rote Armee aufzubauen, können die Schweine alles machen, können die Schweine weitermachen: Einsperren, Entlassen, Pfänden, Kinder stehlen, Einschüchtern, Schießen, Herrschen. Die Konflikte auf die Spitze treiben heißt: Daß sie nicht mehr können, was sie wollen, sondern machen müssen, was wir wollen. [...] Die Klassenkämpfe entfalten. Das Proletariat organisieren!

Quelle: Miermeister; Staadt (Hgg.): Provokationen, 1980, S. 209 ff.

M 7

Chronologie der RAF (Auswahl)

2./3. April 1968	In zwei Frankfurter Kaufhäusern explodieren nachts Brandsätze. Die Täter Andreas Baader, Gudrun Ensslin, Thorwald Proll und Horst Söhnlein werden im Oktober zu je drei Jahren Haft verurteilt.
14. Mai 1970	Während eines Haftausgangs von Andreas Baader in das Deutsche Zentralinstitut für soziale Fragen in Berlin befreien ihn die Journalistin Ulrike Meinhof und andere mit Waffengewalt aus der Haft. Kurz darauf erscheint die erste Erklärung der sog. Baader-Meinhof-Gruppe mit dem Titel „Die Rote Armee aufbauen".
Juni bis August 1970	Baader, Ensslin, Meinhof und andere absolvieren in einem Camp der Palästinenserorganisation Fatah in Jordanien eine militärische Ausbildung.
29. Oktober 1970	RAF-Mitglieder erbeuten bei Banküberfällen in Berlin mehr als 200 000 Mark. In den folgenden Jahren finanziert sich die RAF überwiegend aus Banküberfällen.

15. Juli 1972	Bei einer Fahndung in Hamburg erschießt ein Polizist die mutmaßliche Terroristin Petra Schelm. Am 22. Oktober tötet ein RAF-Angehöriger bei einer Personenkontrolle den Polizisten Norbert Schmid.
Mai 1972	„Mai-Offensive" der RAF: Sprengstoffanschläge auf Vertreter der US-Armee und der BRD sowie den Springer-Verlag mit insgesamt vier Toten.
Januar bis Februar 1973	Mit Hungerstreiks setzen sich inhaftierte RAF-Mitglieder für bessere Haftbedingungen ein. Holger Meins stirbt infolge wochenlangen Hungerns.
24. April 1975	Terroristen des RAF-Kommandos Holger Meins überfallen die deutsche Botschaft in Stockholm. Sie fordern die Freilassung von 26 Häftlingen. Die Regierung geht nicht auf die Forderungen ein. Zwei Mitglieder der Botschaft werden getötet. Die Polizei befreit die restlichen Geiseln und nimmt die Terroristen fest.
21. Mai 1975	In dem eigens dafür gebauten Gefängnis Stuttgart-Stammheim beginnt der Prozess gegen Ulrike Meinhof, Andreas Baader, Jan-Carl Raspe und Gudrun Ensslin.
20. August 1975	Die RAF verübt einen Sprengstoffanschlag auf den Vorsitzenden der jüdischen Gemeinde in Westberlin, Heinz Galinski.
9. Mai 1976	Ulrike Meinhof wird erhängt in ihrer Zelle aufgefunden.
27. Juni 1976	Deutsche und palästinensische Terroristen entführen ein Flugzeug von Tel Aviv nach Paris und leiten es nach Uganda um. Die jüdischen Passagiere werden von den anderen getrennt und als Geiseln behalten. Eine israelische Einheit befreit die Geiseln, mehr als 50 Menschen sterben.
7. April 1977	Mord am Generalbundesanwalt Siegfried Buback
30. Juli 1977	Mord am Vorstandsvorsitzenden der Dresdner Bank, Jürgen Ponto, bei einem Entführungsversuch.
5. September 1977	RAF-Terroristen entführen Hanns Martin Schleyer (Präsident der Bundesvereinigung der Deutschen Arbeitgeberverbände und des BDI). Sie fordern die Freilassung Baaders, Ensslins und die von neun weiteren Gefangenen.
13. bis 19. Oktober 1977	Palästinensische Terroristen entführen die Urlaubermaschine Landshut mit 86 Passagieren. Sie fordern ebenfalls die Freilassung der Gefangenen. Am 18. Oktober befreit die GSG 9, eine Spezialeinheit des Bundesgrenzschutz, die Geiseln in Mogadischu. Am selben Tag nehmen sich Baader, Ensslin und Raspe in Stammheim das Leben. Am 19. Oktober wird Schleyers Leiche gefunden.
20. April 1998	Nach einer Reihe weiterer Anschläge mit Todesopfern gibt die RAF ihre Auflösung bekannt.

4. Unterscheiden Sie mithilfe des Interviewbeitrags von Daniel Cohn-Bendit (M 8) die aus der 68er-Revolte entstandenen politischen Bewegungen von herkömmlichen linken Bewegungen.

Daniel Cohn-Bendit über den Gegenwartsbezug der 68er-Bewegung

M 8

Diese ganze Politik geht ja auf den zentralen Satz zurück, der Ende der 68er-Bewegung überall entstanden ist: „Nicht Politik für die Zukunft machen, sondern für heute“. Die Kritik an der klassischen Revolutionstheorie war doch die, daß man sagte: Dabei werden wir auf dem Altar der Geschichte geopfert. Unser Kampf ist in dem Fall nur ein Vehikel für eine rosige Zukunft, völlig ungeachtet dessen, was mit uns passiert. Das haben die Leute empfunden und darum haben wir uns von dieser Art von Politik instrumentalisiert gefühlt. [...] Mit diesem Beispiel will ich nur sagen, daß die Diskussion falsch wird, wenn man die Frage, warum die Alternativbewegung entstanden ist, aus diesem historischen Zusammenhang herausnimmt.

Quelle: Daniel Cohn-Bendit in einem Interview von 1978 mit Wolfgang Kraushaar, in: Rathgeb: Deutschland kontrovers, 2005, S. 274.

5. Entnehmen Sie aus dem Krefelder Appell die zentralen Inhalte der westdeutschen Friedensbewegung. Nehmen Sie vor dem Hintergrund der internationalen Konstellationen dieser Zeit aus heutiger Sicht Stellung.

Der Krefelder Appell ist das erste zentrale Dokument der Friedensbewegung. Er wurde am 16. November 1980 öffentlich vorgestellt und bis 1983 von über vier Millionen Bundesbürgern unterzeichnet.

Krefelder Appell

M 9

Immer offensichtlicher erweist sich der Nachrüstungsbeschluß der NATO vom 12. Dezember 1979 als verhängnisvolle Fehlentscheidung. Die Erwartung, wonach Vereinbarungen zwischen den USA und der Sowjetunion zur Begrenzung der eurostrategischen Waffensysteme noch vor der Stationierung einer neuen Generation amerikanischer nuklearer Mittelstreckenwaffen in Westeuropa erreicht werden könnten, scheint sich nicht zu erfüllen.

[...] Der neugewählte Präsident der USA erklärt unumwunden, selbst den bereits unterzeichneten SALT-II-Vertrag zur Begrenzung der sowjetischen und amerikanischen strategischen Nuklearwaffen nicht akzeptieren und deshalb dem Senat nicht zur Ratifizierung zuleiten zu wollen. Mit der Verweigerung dieser Ratifizierung durch die USA würde jedoch die Aussicht auf Verhandlungen zur Begrenzung der eurostrategischen Nuklearwaffen unvermeidbar in noch weitere Ferne rücken. Ein selbstmörderischer Rüstungswettlauf könnte nicht im letzten Augenblick gestoppt werden; seine zunehmende Beschleunigung und offenbar konkreter werdende Vorstellungen von der scheinbaren Begrenzbarkeit eines Nuklearkrieges müssten in erster Linie die europäischen Völker einem untragbaren Risiko aussetzen.

Die Teilnehmer am Krefelder Gespräch vom 15. und 16. November 1980 appellieren daher gemeinsam an die Bundesregierung, die Zustimmung zur Stationierung von Pershing-II-Raketen und Marschflugkörpern in Mitteleuropa zurückzuziehen; im Bündnis künftig eine Haltung einzunehmen, die unser Land nicht länger dem Verdacht aussetzt, Wegbereiter eines neuen, vor allem die Europäer gefährdenden nuklearen Wettrüstens sein zu wollen. [...]

Alle Mitbürgerinnen und Mitbürger werden deshalb aufgerufen, diesen Appell zu unterstützen, um durch unablässigen und wachsenden Druck der öffentlichen Meinung eine Sicherheitspolitik zu erzwingen, die

- eine Aufrüstung Mitteleuropas zur nuklearen Waffenplattform der USA nicht zulässt;
- Abrüstung für wichtiger hält als Abschreckung;
- die Entwicklung der Bundeswehr an dieser Zielsetzung orientiert.

Quelle: Wilharm (Hg.): Deutsche Geschichte 1962–1983, Band 2, 1985, S. 209 f.

6. Zeigen Sie am Parteiprogramm der Grünen von 1981 (M 10) auf, welche verschiedenen Protestbewegungen in dieser Partei zusammenkamen. Erläutern Sie wesentliche Unterschiede der Grünen zu den damals im Bundestag vertretenen Parteien.

M 10 Bundesprogramm der Grünen von 1981 (Auszug)

Wir sind die Alternative zu den herkömmlichen Parteien. Hervorgegangen sind wir aus einem Zusammenschluß von grünen, bunten und alternativen Listen und Parteien. Wir fühlen uns verbunden mit all denen, die in der neuen demokratischen Bewegung mitarbeiten: den Lebens-, Natur- und Umweltschutzverbänden, den Bürgerinitiativen, der Arbeiterbewegung, christlichen Initiativen, der Friedens- und Menschenrechts-, der Frauen- und Dritte-Welt-Bewegung. Wir verstehen uns als Teil der grünen Bewegung in aller Welt. [...] Die ökologische Weltkrise verschärft sich von Tag zu Tag: Die Rohstoffe verknappen sich, Giftskandal reiht sich an Giftskandal, Tiergattungen werden ausgerottet, Pflanzenarten sterben aus, Flüsse und Weltmeere verwandeln sich in Kloaken, der Mensch droht inmitten einer späten Industrie- und Konsumgesellschaft geistig und seelisch zu verkümmern, wir bürden den nachfolgenden Generationen eine unheimliche Erbschaft auf.

Die Zerstörung der Lebens- und Arbeitsgrundlagen und der Abbau demokratischer Rechte haben ein so bedrohliches Ausmaß erreicht, daß es einer grundlegenden Alternative für Wirtschaft, Politik und Gesellschaft bedarf. Deshalb erhob sich spontan eine demokratische Bürgerbewegung. Es bildeten sich Tausende von Bürgerinitiativen, die in machtvollen Demonstrationen gegen den

Bau von Atomkraftwerken antreten, weil deren Risiken nicht zu bewältigen sind und weil deren strahlende Abfälle nirgends deponiert werden können; sie stehen auf gegen die Verwüstung der Natur, gegen die Betonierung unserer Landschaft, gegen die Folgen und Ursachen einer Wegwerfgesellschaft, die lebensfeindlich geworden ist.

Ein völliger Umbruch unseres kurzfristig orientierten wirtschaftlichen Zweckdenkens ist notwendig. [...] Ausgehend von den Naturgesetzen und insbesondere von der Erkenntnis, dass in einem begrenzten System kein unbegrenztes Wachstum möglich ist, heißt ökologische Politik, uns selbst und unsere Umwelt als Teil der Natur zu begreifen. [...]

Unsere Politik ist eine Politik der aktiven Partnerschaft mit der Natur und dem Menschen. Sie gelingt am besten in selbstbestimmten und selbstversorgenden überschaubaren Wirtschafts- und Verwaltungseinheiten. [...] Es geht um eine Gesellschaft, die demokratisch ist, in der die Beziehungen der Menschen untereinander und zur Natur zunehmend bewusster gehandhabt werden. [...]

Quelle: Das Bundesprogramm der Partei Die Grünen (1981, Auszug), in: Wilharm, Deutsche Geschichte 1962–1983, Band 2, 1985, S. 226 f.

7. Vergleichen Sie nun die Aussagen Petra Kellys von 1983 (M 11) mit denen Joschka Fischers von 1995 (M 12). Analysieren Sie Unterschiede und Gemeinsamkeiten in der Haltung zu Menschenrechten und militärischer Gewalt und erläutern Sie an diesem Beispiel und an den Fotos aus M 13 die Problematik des Wandels von einer Protest- zur (damals noch potenziellen) Regierungspartei.

Petra Kelly im Mai 1983 im Bundestag **M 11**

[...] Weil wir den Frieden erhalten wollen, ist der Gewaltverzicht das Kernstück unserer Sicherheitspolitik. Als eine der Krefelder Mitinitiatoren weiß ich aber leider, welche Diffamierungskampagnen von vielen Herren in diesem Hohen Haus gegen die Friedensbewegung geführt wurden, wie man mit denen umgeht, die nach gewaltfreien Lösungen suchen, die strukturelle und persönliche Gewalt als Mittel der Politik im Sinne von Mahatma Gandhi, Martin Luther King und Albert Schweitzer ablehnen.

[...] Wir werden nicht die Waffenschmiede der Welt, sagte Ihr Vorgänger Helmut Schmidt, sagten auch Sie.

Tatsache ist aber, daß die Bundesrepublik heute an vierter Stelle als Spitzenreiter in der Tabelle der Waffenexporteure steht. Hauptabnehmer des deutschen Waffenexports sind südamerikanische Militärdiktaturen, wohin zwei Drittel aller deutschen Waffenexporte gehen. Auch Sozialdemokraten haben ihren Teil dazu beigetragen. Bisher lieferte die BRD Waffen in 72 Staaten.

[...] Der klare Widerspruch zwischen verschwenderischer Rüstungsproduktion und der Summe unbefriedigter Lebensbedürfnisse – in zwei Sekunden verhungern drei Menschen, jede Minute fast 100; das sind im Jahr zirka 50 Millionen Menschen, die gesamte Einwohnerzahl der Bundesrepublik – ist allein schon ein Angriff auf jene, die ohnehin schon Opfer sind, ein Angriff, der zum Verbrechen wird; denn die Kosten der Rüstung töten im sogenannten Frieden.

[...] Wir, die grenzüberschreitende und systemsprengende blockfreie Friedensbewegung in Ost und West, werden gegen diese menschenverachtende Politik gewaltfreien Widerstand – sogar im Sinne des Grundgesetzes gegen Erstschlagswaffenstationierung – sowie Gehorsamsverweigerung auf vielen Ebenen leisten.

(Beifall bei den GRÜNEN – Bohl [CDU/CSU]:Was ihr unter gewaltfrei versteht!) Wir als die GRÜNEN im Bundestag werden dabei nicht weniger riskieren als unsere Verbündeten in der außerparlamentarischen Opposition. [...]

Da die Gesetze für das Leben und Überleben von Ihrer Regierung ständig gebrochen werden, rufen wir hiermit zum außerparlamentarischen gewaltfreien Widerstand gegen die Militarisierung und Nuklearisierung in diesem Land auf. Das tun nicht nur wir, sondern auch die außerparlamentarische Bewegung in ganz Europa, in Amerika, in Japan und auch in Osteuropa von unten ruft dazu auf. [...]

Es bleibt die Hoffnung, den von Ihnen mit zu verantwortenden atomaren Holocaust zu verhindern. Wir lassen auf jeden Fall nicht zu, daß Gerichte, daß Herrschende, daß die Polizei und wer sonst noch, die selbst Gewalt anwenden, unseren Begriff von Gewaltfreiheit selbst definieren und uns die moralische Integrität absprechen. [...] Wo Recht zu Unrecht wird, wird gewaltfreier Widerstand zur Pflicht.

Quelle: Deutscher Bundestag, Stenographischer Bericht, 4. Sitzung, Bonn, 4. Mai 1983, S. 129-131.

M 12 Joschka Fischer, Die Katastrophe in Bosnien und die Konsequenzen für unsere Partei Bündnis 90/ Die Grünen – Brief an Bundestagsfraktion und Partei

Liebe Freundinnen und Freunde,
spätestens mit der Geiselnahme der Blauhelme und der Eroberung der moslemischen Enklaven und „Schutzzonen“ der Vereinten Nationen in Ostbosnien durch das bosnisch-serbische Militär ist die bisherige Bosnienpolitik des Westens und der Vereinten Nationen in ihrem politisch-militärischen Teil gescheitert. In Bosnien zeichnet sich ein Sieg derjenigen ab, die auf brutale und grausame Gewalt setzen. [...] Können Pazifisten, kann gerade eine Position der Gewaltfreiheit den Sieg der brutalen, nackten Gewalt in Bosnien einfach hinnehmen? Was ist zu tun, wenn alle bisherigen Mittel – Embargo, Schutzzonen, Kontrolle schwerer Waffen, Verhandlungslösungen – schlicht versagt oder zumindest gegenüber der militärischen Gewalt nicht ausreichend gewirkt haben? Sind wir dann für Abzug? Ein Abzug der UN wird den bosnischen Krieg mit hoher Wahrscheinlichkeit verschärfen, ja vieles spricht in diesem Fall für die Ausweitung des Krieges. Mit Sicherheit wird er aber zu einem Ende auch des humanitären

Teils des UN-Einsatzes führen, und das hätte für die Zivilbevölkerung in Bosnien katastrophale Folgen. [...]

Unsere Partei Bündnis 90/Die Grünen ist eine Reformpartei, die ihren gesellschaftsverändernden und das heißt unter dem Gesichtspunkt des friedlichen, gewaltfreien Zusammenlebens, der Wahrung der Menschenrechte, des Schutzes von Minderheiten und der sozialen Gerechtigkeit auch gesellschaftsverbessernden Anspruch nicht aufgegeben hat. Ein Durchlavieren, eine Haltung des „Wir sind entsetzt, ansonsten schauen wir aber lieber nicht hin“ kommt angesichts der bosnischen Katastrophe für unsere Partei nicht in Frage. Entweder sind wir für den militärischen Schutz der Schutzzonen, wissend auch um die ganze Unzulänglichkeit der westlichen Bosnienpolitik und ihrer Risiken - und ich bin der Überzeugung, wir müssen angesichts der Lage der dort eingeschlossenen Zivilbevölkerung für den militärischen Schutz der UN Schutzzonen sein –, dann müssen wir dies als Partei auch sagen, ausdiskutieren und beschließen. Oder wir lehnen diesen militärischen Schutz ab, und dann sollten wir uns, aber ohne uns darum herumzuwinden, für den Abzug der UN-Blauhelme aussprechen. Die Folgen dieses Schrittes sind ebenfalls bekannt. [...] Ich bin, nach Abwägung aller hier vorgetragenen Argumente, der Meinung, daß ein Abzug ein Anheizen des Krieges bedeuten wird, und es demnach zu einer militärischen Garantie der UN-Schutzzonen nur schlimmere Alternativen gibt. [...]

Beides, die Erklärung für einen militärischen Schutz der Schutzzonen als auch die Alternative des Abzuges, wird unseren innerparteilichen Grundwertekonflikt zwischen dem Schutz des Lebens und der Freiheit von Menschen einerseits und der Gewaltfreiheit andererseits nicht unberührt lassen. Und unsere prinzipienorientierte Außenpolitik, die die Gewaltfreiheit in den internationalen Beziehungen zu ihrem zentralen Grundsatz erklärt hat, wird sich dieser für uns ganz neuen Herausforderung durch „ethnische Kriege“ stellen und praktische Antworten darauf geben müssen, die die Widerstands- und damit Gewaltfrage nicht werden ausklammern können. [...] Wir werden gegenwärtig mit einer Gewaltentwicklung in Bosnien konfrontiert, die unsere bisherigen Lösungsansätze massiv in Frage stellt. Genau dazu müssen wir uns jetzt als gewaltfreie Partei in unserer ganzen Breite politisch verhalten.
Bonn, den 30. Juli 1995

Quelle: Karasek (Hg.): Briefe bewegen die Welt – Politik und Geschichte, 2011, S. 126–130.

Joschka Fischer, Bilder einer politischen Biografie

M 13

8. Fassen Sie die Aussagen des Historikers Winkler in M 14 in Thesen zusammen und nehmen Sie Stellung dazu. Mit dem Lied „Ihr lieben 68er" von PeterLicht (M 15) begegnet uns ein Protestsong ganz anderer Art. Erläutern Sie das darin dargestellte Verhältnis zur Generation der „68er".

M 14 Der Historiker Heinrich August Winkler aus heutiger Sicht über die Folgen von 1968

Die Wirkungen der Studentenbewegung waren zwiespältig und großteils ungewollt. Die Aktivisten der APO waren entschiedene Gegner dessen, was sie «US-Imperialismus» nannten. Aber indem sie Protestformen der amerikanischen Studentenbewegung wie «Sit-in» und «Go-in» übernahmen, halfen sie den Westen Deutschlands weiter zu verwestlichen und zu «amerikanisieren». Sie bekämpften den Pluralismus als Ideologie zur Verschleierung der kapitalistischen Klassenherrschaft und trugen dazu bei, daß die Bundesrepublik nach 1968 pluralistischer war als zuvor. [...] Ihr Protest war oft von extremer Intoleranz, und doch ist das, was man als «Protestkultur» der Bundesrepublik bezeichnet, ohne 1968 nicht zu erklären. [...] Die APO bewies, was sie zu widerlegen trachtete: die Reformfähigkeit des demokratischen Systems.

Quelle: Winkler: Der lange Weg nach Westen II, 2004, S. 252 f.

M 15 Ihr lieben 68er, Songtext von PeterLicht (2001)

Ihr lieben Achtundsechziger
Danke für Alles - Ihr dürft jetzt gehen
Ihr lieben Achtundsechziger
Jedes Böhnchen marschiert
Durch ein Institutiönchen
Danke für alles – Ihr dürft jetzt gehen
Aber bitte ruft uns nicht an
Und macht euch noch eine schöne Zeit
Und erzählt euch untereinander wie
  das alles so war
Ihr könnt auch einen Dia-Abend machen
Einen Dia-Abend von der Revolution
Und da sitzt ihr dann alle
Und erzählt euch untereinander wie
  das alles so war
Bildet Netzwerke für eure Dia-Abende!
Aber bitte ruft uns nicht an
Ihr könnt euch auch eure Poesie-Alben zeigen
Aus den tollen Tagen
Oder eure alten Hosen
Ihr könnt machen was ihr wollt
Ihr habt euch ja befreit
Ja ihr habt euch befreit
Aber bitte ruft uns nicht an.
Wir rufen an
Vielleicht rufen wir an

Quelle: PeterLicht: Ihr lieben 68er, in: Vierzehn Lieder. Musik: PeterLicht. Text: PeterLicht. Produzent: Ekimas, Proppe. Published: 2001 BMG Modul.

DAS WICHTIGSTE IN KÜRZE

„Achtundsechzig"

Unter dem Schlagwort „**Achtundsechzig**" versteht man heute ein ganzes Bündel unterschiedlicher Entwicklungen, die alle von einer sich im Laufe der 1960er-Jahre ausbreitenden politischen, sozialen und kulturellen Aufbruchstimmung getragen waren. Bereits 1962 hatte das massive polizeiliche Vorgehen gegen das Nachrichtenmagazin „Der Spiegel" zu einem bislang in der Bundesrepublik unbekannten Sturm der öffentlichen Empörung und Solidarität geführt. Die Proteste verschärften sich, als 1967 bei einem Staatsbesuch des diktatorisch regierenden Schahs von Persien in der Bundesrepublik ein Gegendemonstrant erschossen wurde und 1968 die Große Koalition die sog. **Notstandsgesetze** erließ. Diese sollten die Handlungsfähigkeit des Staates in Krisenzeiten sichern und damit bisherige Vorbehaltsrechte der Siegermächte ablösen. In den Augen vieler junger Menschen stellten sie aber vor allem einen Schritt zum Abbau demokratischer Rechte dar. Auch der weltweite Protest gegen das US-amerikanische Eingreifen in Vietnam erfasste die jungen Erwachsenen in der Bundesrepublik. Viele lange schon schwelende Konflikte brachen nun offen aus: Die Auseinandersetzung mit der Elterngeneration, der man die Verdrängung der NS-Zeit vorwarf, die Forderungen nach politischer Beteiligung und sexueller Selbstbestimmung und der Kampf gegen ein als ungerecht und veraltet empfundenes Bildungssystem. Die Rebellierenden orientierten sich dabei nicht nur am Vorbild der US-amerikanischen Bürgerrechtsbewegung, deren Ideen über die Popmusik weltweite Verbreitung fanden, sondern auch an US-amerikanischen jugendlichen Subkulturen, Widerstandsbewegungen der „Dritten Welt" und den Demonstrationen und Streiks in Frankreich. Die popkulturelle Ausprägung der Rebellion fand ihren bekanntesten Ausdruck in dem Musikfestival von Woodstock. Vor 400 000 Menschen traten dort Musiker wie Jimi Hendrix, Neil Young oder The Who auf.

Auch ältere Ideen, die im **Bildungssystem** der Bundesrepublik bislang verdrängt worden waren, wurden nun von den jungen Leuten wiederentdeckt, z. B. der Marxismus, die Psychoanalyse, die kritischen Gedanken der französischen Existenzialisten und der sog. Frankfurter Schule. Die Gruppe von Philosophen und Sozialwissenschaftlern der Frankfurter Schule hatte es sich zum Ziel gesetzt, die kapitalistische Gesellschaft zu analysieren und dadurch soziale Veränderungen zu ermöglichen. Charakteristisch ist eine Verknüpfung von Elementen der marxistischen Kapitalismusanalyse mit Theorien der bürgerlichen Revolution und der Soziologie. Bekannte Vertreter sind u. a. Theodor W. Adorno, Max Horkheimer und Jürgen Habermas.

Ausdruck verschaffte sich der Protest der Studenten in Hochschulbesetzungen, Demonstrationen, unkonventionellen Happenings, aber auch in neuen Formen der Lebensgestaltung, wie z. B. dem Zusammenleben in Kommunen und Wohngemeinschaften. In den 1970er-Jahren entschieden sich viele der 68er für den „Marsch durch die Institutionen": Gerade durch ein Engagement innerhalb der Strukturen von Parteien, Staat oder Wirtschaft sollten die eigenen Ideen eingebracht werden und die Gesellschaft verändern. Einzelne Gruppen gingen den Weg der fortschreitenden Radikalisierung, was u. a. zum Linksterrorismus der 1970er-Jahre führte.

DAS WICHTIGSTE IN KÜRZE

Rote Armee Fraktion

Die bekannteste Terrorgruppe der 1970er-Jahre in der BRD stellte die **RAF** dar. Die Mitglieder der RAF versuchten, über gezielte terroristische Anschläge und Entführungen die politische und soziale Grundordnung der Bundesrepublik Deutschland gewaltsam zu verändern. Die RAF ist aus der sog. Baader-Meinhof-Gruppe – unter Führung von Andreas **Baader** (1943–1977) und der Journalistin und Publizistin Ulrike **Meinhof** (1934–1976) – hervorgegangen, die wiederum ihre Wurzeln in der Studentenbewegung hatte. In den Baader-Meinhof-Prozessen zwischen 1975 und 1977 wurden die Angeklagten zu lebenslangen bzw. langjährigen Haftstrafen verurteilt. Nach den gescheiterten Entführungen von Hanns Martin Schleyer und einem Passagierflugzeug im Herbst 1977 wurden Andreas Baader, Gudrun Ensslin und Jan-Carl Raspe in ihren Zellen der Haftanstalt Stuttgart-Stammheim tot aufgefunden (Ulrike Meinhof starb bereits 1976). 1998 erklärte die RAF ihre Auflösung.

Neue Soziale Bewegungen

Eine Weiterführung der Ideen der Studentenrevolte ist in den sog. **Neuen Sozialen Bewegungen** zu sehen. Im Gegensatz zu älteren linken Protestbewegungen gehen sie meist nicht von ideologischen Fernzielen aus, sondern knüpfen an konkrete politische Anliegen an, die sich direkt auf den persönlichen Alltag auswirken. Solche Anliegen sind z. B. der Umweltschutz, der Kampf gegen die atomare Aufrüstung, die Ablehnung rassistischer oder sexistischer Diskriminierung etc. Besonders einflussreich wurden in der Bundesrepublik die Umweltschutz-, die Friedens- und die Frauenbewegung. Obwohl sich die Neuen Sozialen Bewegungen überwiegend außerparlamentarisch organisierten und eine tiefe Skepsis gegen konventionelle Parteiapparate hegten, gründete sich 1980 die Partei **Die Grünen**, um deren Anliegen auch in Parlamente und andere Strukturen des Staates zu tragen. Das Beispiel der Grünen zeigt, wie schwierig es ist, Ideen und Widersprüche von Protestbewegungen in Realpolitik umzusetzen: Obwohl sie eine ihrer Wurzeln in der außerparlamentarischen Friedensbewegung haben, fand unter ihrer Beteiligung der erste Auslandseinsatz der Bundeswehr statt. Inzwischen lässt sich darüber hinaus feststellen, dass Inhalte und Partizipationsformen der Neuen Sozialen Bewegungen auf fast alle demokratischen Parteien Einfluss ausgeübt haben.

FESTIGUNG – VERTIEFUNG

Weitere Herangehensweisen

- Erläutern Sie den von Wolfgang Kraushaar beschriebenen Zusammenhang zwischen „sexueller Revolution“ und der neuen Frauenbewegung.
- Nehmen Sie kritisch Stellung dazu, ob bzw. inwiefern die in diesem Kapitel beschriebenen Entwicklungen als „Demokratisierung“ bewertet werden können.

Vertiefende Aspekte

- Suchen Sie weitere Songs, mit denen sich die Geschichte des Protests in der Bundesrepublik in Ihrem Radiofeature veranschaulichen ließe, und interpretieren Sie diese (vgl. H 1).
- Ob Peter Schneider oder Daniel Cohn-Bendit – einige der Autoren der Quellentexte in diesem Kapitel waren selbst Akteure der Revolte von 1968. Recherchieren Sie ihre Biografie und stellen Sie diese in einem kurzen Referat vor.
- Setzen Sie sich mit den intellektuellen Vorbildern der 68er und der Neuen Linken, wie der Frankfurter Schule oder den Existenzialisten, auseinander und entwerfen Sie zu jeweils einem Thema eine Wandzeitung.
- In diesem Kapitel haben Sie hauptsächlich Materialien aus Westdeutschland bearbeitet. Informieren Sie sich über ähnliche Entwicklungen in der DDR (vgl. H 5).
- Die Ursprünge der Friedensbewegung liegen lange vor den 1960er-Jahren. Zeigen Sie Kontinuitäten und Brüche seit dem Streit um die Wiederbewaffnung auf.
- Informieren Sie sich über aktuelle Protestbewegungen. Welche Unterschiede und Gemeinsamkeiten zu den hier beschriebenen Bewegungen lassen sich feststellen?

Weiterführende Quellen und Hinweise

H 1 Protestsongs.de, Doppel-CD, Lieblingslied Records. Die Doppel-CD umfasst insgesamt 44 Protestsongs aus der Geschichte der Bundesrepublik von Ernst Busch über Konstantin Wecker und Hans Söllner bis hin zu Wir sind Helden. Sie kann über die Bundeszentrale für politische Bildung bezogen werden.

H 2 Schneider, Peter: Lenz, Köln, Kiepenheuer & Witsch, 2008. Peter Schneider verarbeitet in dieser 1973 erstmals erschienenen Novelle seine Erlebnisse und Erfahrungen während der Studentenrevolte.

H 3 Joschka und Herr Fischer, Dokumentarfilm, Deutschland 2011, Buch und Regie: Pepe Danquart (als DVD erhältlich). Pepe Danquart stellt in diesem Film sechs Jahrzehnte deutscher Nachkriegsgeschichte anhand der Biografie Joschka Fischers vom Revolutionär zum Vizekanzler dar. Kritiker warfen dem Film seine einseitige Perspektive vor, interessant ist dennoch der „Insiderblick“ auf die Neue Linke und die Entwicklung der Grünen.

H 4 Frei, Norbert: 1968 – Jugendrevolte und globaler Protest, München, dtv, 2008. Der Historiker Norbert Frei schildert die Revolte von 1968 aus globaler Perspektive.

H 5 Wolle, Stefan: Der Traum von der Revolte. Die DDR 1968, Bonn, Bundeszentrale für politische Bildung, 2008 (= bpb-Schriftenreihe Bd. 728). Stefan Wolle – ebenso Zeitzeuge wie Historiker – schildert „68“ aus der Sicht eines DDR-Bürgers.

KAPITEL 3 (LERNBEREICH 4)

3.6 Der Einigungsprozess und dessen Auswirkungen auf Politik, Wirtschaft, Gesellschaft und Kultur

Forschungsinteresse und Kompetenzerwerb

Die Auflösung des Ostblocks und die Wiedervereinigung Deutschlands kamen für die meisten Menschen überraschend. Noch im Januar 1989 sagte der Staatsratsvorsitzende der DDR, Erich Honecker: „Sie [die Mauer] wird in 50 und auch in 100 Jahren noch bestehen bleiben, wenn die dazu vorhandenen Gründe noch nicht beseitigt sind." (Neues Deutschland, 20. Januar 1989, S. 1). Es kam jedoch anders. Beim Nachverfolgen des Wendeereignisses in den Jahren 1989/1990 befassen Sie sich mit der Dynamik des Geschichtsprozesses, in dem Einzelne wie auch Organisationen und Staaten permanenten Veränderungsanforderungen unterliegen. Darüber hinaus erkennen Sie die Macht des freien Denkens, das auch durch Diktaturen und Bevormundung nicht auf ewig beschnitten werden kann und sich immer wieder durchsetzt. So erkennen Sie Chancen und Möglichkeiten, sich selbst politisch einzubringen.

Vorgehen

Die Theater-AG Ihrer Schule will ein Improvisationsdrama aufführen. Darin sollen Personen der Gegenwart und der ausgehenden 1980er-Jahre auftreten, darunter auch ein Wiedervereinigungsskeptiker. Ihre Aufgabe besteht nun darin, dieser Skepsis entgegenzuwirken. Hierzu werden Sie sich mit den Ereignissen und den Folgen dieses Prozesses befassen und sich selbst ein Bild davon machen. Damit dies gelingen kann, brauchen Sie Hintergrundwissen. Nach einem Überblick über den Ablauf der Wende BEFASSEN Sie SICH zunächst mit unterschiedlichen Betrachtungsweisen zu den Umbrüchen im Osten, um zu ERKENNEN, welche Besonderheiten diese Phase der europäischen Geschichte kennzeichnet. Hiernach ANALYSIEREN Sie die Motive der Menschen, die sich gegen das bestehende System auflehnten. Sie ERÖRTERN darüber hinaus Gründe, die für und die gegen den Fortbestand der DDR sprachen. Auch auf nationaler und internationaler Staatsebene war man sich nicht einig und diskutierte verschiedene Modelle, wie die Zukunft gestaltet werden könnte. Hierdurch ERKENNEN Sie, dass es in einem politischen Entscheidungsprozess stets mehrere alternative Wege gibt. Schließlich BEGREIFEN Sie den Erfolg der deutschen Wiedervereinigung im Gegensatz zu den anfänglichen Bedenken. Nun werden Sie eine Argumentationsvorlage für Ihren Auftritt ERSTELLEN. Sie sollten auch etwaige Einwände der Gegenseite berücksichtigen.

BEREITEN Sie Ihre Ergebnisse so AUF, dass Sie diese den Schauspielern schlüssig und strukturiert präsentieren können.

Materialauswahl

Die verschiedenen Positionen zur Bewertung der Umstände, die zum Mauerfall führten, werden durch Zeitzeugenmeinungen greifbar. Auf staatspolitischer Ebene dominierten im Westen vor allem zwei Positionen, die der CDU und die der SPD. Sie erhalten einen Einblick in diese Positionen durch die Sichtweisen der Kanzlerkandidaten Helmut Kohl (CDU) und Oskar Lafontaine (SPD). Um die Folgen der Wiedervereinigung zu bewerten, helfen partei- und tagespolitisch unabhängige Stellungnahmen wie die eines Journalisten.

Der Weg zur Einheit

M 1

Entscheidende Ereignisse auf dem Weg zur Einheit

Datum		Ereignis
1980	17.09.	**Anfänge in Polen:** Gründung der freien polnischen Gewerkschaft Solidarno´s´c
1985	11.03.	**Beginn von Perestrojka und Glasnost:** Gorbatschow wird Generalsekretär der KPdSU.
1989	19.01.	**Wendejahr 1989:** Erich Honecker: „Sie [die Mauer] wird in 50 und auch in 100 Jahren noch bestehen bleiben, wenn die dazu vorhandenen Gründe noch nicht beseitigt sind."
	06.02.–05.04.	Runder Tisch in Polen – Vertreter der Regierung, der Gewerkschaft Solidarno´s´c, der katholischen Kirche und weiterer mit dem Ziel einer Demokratisierung Polens
	02.05.	Abbau der Sperranlagen an der Westgrenze Ungarns
	07.05.	Kommunalwahlen in der DDR mit 98,85 % für die Nationale Liste – Vorwurf der Wahlfälschung
	04.06.	Erste freie Wahlen in Polen: Tadeusz Mazowiecki, Vertreter der Gewerkschaft Solidarno´s´c, wird Ministerpräsident.
	01.08.	Ständige Vertretung der Bundesrepublik Deutschland in der DDR wird wegen zu vieler Flüchtlinge geschlossen.
	13.08.	Schließung der Botschaft der BRD in Ungarn wegen Überfüllung
	11.09.	Öffnung der ungarisch-österreichischen Grenze
	25.09.	Leipziger Montagsdemo mit etwa 5000 Teilnehmern
	30.09.–03.10.	Am letzten Septembertag erhalten die DDR-Flüchtlinge in der Prager Botschaft die Ausreisegenehmigung. Die DDR schließt drei Tage später die Grenze zur ˇCSSR.
	07.10.	Feiern zum 40. Jahrestag der DDR
	16.10.	Demo in Leipzig mit etwa 120.000 Teilnehmern
	18.10.	Ämterniederlegung Erich Honeckers. Nachfolger: Egon Krenz
	23.10.	Demo in Leipzig mit etwa 300.000 Teilnehmern
	04.11.	Demo in Ost-Berlin mit etwa 1 Million Teilnehmern
	09.11.	Günter Schabowski – ZK-Mitglied – gibt die Öffnung der Grenze zur BRD bekannt.
	12.11.	Sturz des bulgarischen Staatschefs Todor Schiwkow
	17.11.	Massendemo in Prag. Zwei Tage später wird in der ˇCSSR die Bürgerrechtsbewegungen „Bürgerforum" und „Öffentlichkeit gegen Gewalt" gegründet.
	24.11.	Massenproteste in der ˇCSSR – Rücktritt der kommunistischen Regierung
	28.11.	10-Punkte-Programm Kohls zur „Überwindung der Teilung Deutschlands und Europas"
1990		**Das Jahr der Einheit**
	15.01.	Demonstranten stürmen die Stasi-Zentrale in Berlin.
	13.02.	Vereinbarung über eine deutsch-deutsche Währungsunion
	19.02.	Abriss der Berliner Mauer beginnt
	18.03.	erste freie Volkskammerwahl
	12.04.	Lothar de Maiziere wird erster frei gewählter DDR-Ministerpräsident.
	23.04.	Umbenennung von Karl-Marx-Stadt in Chemnitz
	18.05.	deutsch-deutscher Staatsvertrag zur Wirtschafts-, Währungs- und Sozialunion zum 01.07.1990
	31.08.	Einigungsvertrag zwischen der BRD und der DDR
	12.09.	Unterzeichnung des 2+4-Vertrags
	03.10.	Tag der Deutschen Einheit

Seit Mitte der 1980er-Jahre nahm die Zahl der Umsiedler aus der DDR deutlich zu. Die SED hielt jedoch an ihrem Kurs fest und lehnte alle Reformvorschläge ab. Auch die Reformpolitik („Glasnost und Perestroika") des neuen sowjetischen Generalsekretärs des Zentralkomitees der KPdSU schlug bei der DDR-Führung auf keine Gegenliebe. Während die DDR 1989 ihren 40. Gründungstag feierte, kam es parallel zu Massendemonstrationen in Ostdeutschland, vor allem auch nach Offenlegung von Fälschungen bei den Ergebnissen der Kommunalwahl im März 1989. Aufgrund des fehlenden Rückhalts durch die Sowjetunion war es der DDR-Führung nicht mehr möglich, die Protestwellen niederzuhalten. Am 9. November 1989 beschloss der DDR-Staatsrat, eine allgemeine Reisefreiheit einzuführen. Die unvorbereiteten Grenzbeamten gaben dem Druck der auf sie zuströmenden Massen nach und öffneten den Übergang nach Westberlin. Die Mauer wurde dadurch Geschichte. Aus dem Demonstrationsslogan „Wir sind das Volk" wurde „Wir sind ein Volk". Nach zähen Verhandlungen fand am 3. Oktober 1990 die Vereinigung der zwei deutschen Staaten statt.

1. **Untersuchen Sie die folgenden Texte im Hinblick auf die unterschiedlichen Betrachtungsweisen zu den Umbrüchen in der DDR.**
Arbeiten Sie zwei Besonderheiten der Revolution 1989 heraus, und zeigen Sie auf, wie das Bild zu M 2 diese Besonderheiten zum Ausdruck bringt.

M 2 Eine freiheitliche Revolution

Aus einer Rede des Bundesaußenministers Hans-Dietrich Genscher am 10. Dezember 1989 in Saarbrücken

Die friedliche Revolution in der DDR ist eine freiheitliche Revolution, eine Revolution für demokratischen und gesellschaftlichen Fortschritt, eine restaurative Revolution ist sie nicht. In dieser neuen politischen Kultur finden nationalistische Töne keine Resonanz – weder dort noch hier – sie verlangt Aufrichtigkeit, Aufgeschlossenheit und Offenheit, sie verlangt eine humane und tolerante Gesinnung. Sie ist erfüllt vom Willen zur Freiheit und Demokratie [...]

Jubelnde Menschenmasse auf der Berliner Mauer, November 1989

Die Menschen in der DDR haben aufs Neue und unter viel schwereren Umständen als wir weltweit den deutschen Namen untrennbar mit Freiheit und Demokratie verbunden. Sie allein entscheiden über ihre Zukunft, über ihre Politik, über ihre gesellschaftliche und über ihre wirtschaftliche Ordnung. Und sie entscheiden auch über das Verhältnis der beiden deutschen Staaten zueinander. Sie haben ihre Reife bewiesen, Freiheit und Demokratie friedlich zu erringen, sie werden die gleiche Reife zeigen, wenn es darum geht, Gebrauch von dieser Freiheit zu machen.

Quelle: Der Bundesminister des Auswärtigen informiert. Mitteilung für die Presse. Bonn, 10.12.1989.

Eine Revolution im klassischen Verständnis

M 3

Was bedeuten die Ereignisse dieses Jahres im Zusammenhang der europäischen Geschichte? Jedenfalls handelt es sich um eine Revolution, wenn man darunter den Zusammenbruch von alter Legitimität und die dadurch notwendige Neubegründung von Staatsordnungen versteht [...]. Es handelt sich um Revolutionen im klassischen Verständnis.

Die osteuropäische Revolution ist keine Revolution im marxistischen Sinne. Nirgendwo ist sie Ausdruck von Klassenkonflikten, auch wenn soziale und ökonomische Probleme eine bedeutende Rolle spielen [...]. Es geht um die Abschaffung der Folter, um Rede- und Versammlungsfreiheit, um Rechtsstaat, um Freizügigkeit, um all jene Sicherungen, die den einzelnen vor dem Terror von Staat und Kollektiv bewahren. Und es geht um die nationale Selbstbestimmung [...]. Würde man nicht Gefahr laufen, ein weiteres Mal einer soziologisierenden Fehldeutung zu unterliegen, könnte man sagen, dass Osteuropa erst jetzt seine bürgerliche Revolution erlebt, zweihundert Jahre nach 1789. Besser sagt man, dass es eine politische Revolution im strengen Sinn ist: Sie betrifft vor allem die Rechts- und Staatszustände.

Quelle: Seibt: 1989, Die zerbrechliche Revolution, in: Frankfurter Allgemeine Zeitung, 29.12.1989, S. 23.

Erstaunlichkeiten der Revolution in der DDR

M 4

Zu den Erstaunlichkeiten der revolutionären Prozesse des Jahres 1989 gehört nicht nur, sieht man von den tragödienhaften Geschehnissen in Rumänien ab, ihr insgesamt friedlicher Verlauf, der den klassischen, mit [...] Gewalt und bürgerkriegsähnlichen Zuständen verknüpften Revolutionsbegriff außer Kurs gesetzt hat [...]. Den wahrhaft verwirrenden, ins Zentrum zielenden Charakter erhielten die Ereignisse vielmehr angesichts der Tatsache, daß sie gerade nicht jenes Element sozialrevolutionärer Emphase enthalten, von dem so gut wie alle historischen Revolutionen der Neuzeit beherrscht waren. [...] Damit hat zu tun, daß es sich erstmals um eine Revolution ohne Vordenker, überhaupt ohne intellektuelle Beteiligung handelt, was vielleicht etwas von der Beklommenheit erklären hilft, die aus dem Schweigen spricht. Auch das macht einen tiefen Bruch sichtbar. [...] Die derzeitigen Ereignisse [...] fallen ganz aus dieser Tradition heraus [...]. In Deutschland, Ost wie West, waren es demnach, im Unterschied zu Polen, der Tschechoslowakei und Rumänien, gerade nicht die Intellektuellen, die den 9. November oder was ihm voraufging und folgte, vorbereitet und herbeigeführt haben.

Quelle: Fest: Schweigende Wortführer, Überlegungen zu einer Revolution ohne Vorbild, in: Frankfurter Allgemeine Zeitung, 30.12.1989.

2. Analysieren Sie die Beweggründe der Intellektuellen in der DDR anhand der Eigendarstellung (M 7) und vergleichen Sie diese mit der Interpretation dieser Gründe durch westliche Experten (M 5–M 6).

M 5 Wende dank dem Mut von Einzelnen

[...] Geburtshelfer dieser Revolution, die den Ruf der Deutschen in der ganzen Welt verändert hat, waren jene, die vor allen anderen öffentlich und mit großem persönlichen Risiko für Veränderungen eingetreten sind – Oppositionelle, Basisgruppen und Teile der evangelischen Kirchen. Ohne die Friedensgebete in Leipzig, die jeden Montag in der Nikolaikirche auch gegen den Willen der Kirchenleitung durchgeführt wurden, wäre es nie zu jener Demonstration der Siebzigtausend gekommen, die das Politbüro am 10. Oktober zu einer ersten einlenkenden Erklärung zwang [...]. Ohne den Mut einzelner Oppositioneller, Pastoren und kirchlicher Mitarbeiter, die in mühseliger jahrelanger Arbeit eine zweite politische Kultur aufgebaut haben und dafür vom Staatssicherheitsdienst abgehört, beobachtet und drangsaliert wurden, hätte die Oktoberrevolution in der DDR wahrscheinlich nie zu ihrer klaren Sprache, ihren demokratischen Ideen und vor allem – ihrer strikten Gewaltfreiheit gefunden.

Quelle: Knabe (Hg.): Aufbruch in eine andere DDR, 1990, S. 9 f.

M 6 Für die Einheit auf die Straße

Ziele und Motive der Leipziger Montagsdemonstrationen nach dem Fall der Mauer

Leipzig ist der Seismograph der politischen Beben, die die DDR seit dem Frühherbst erschüttern. Sie sind nicht abgeklungen, sondern werden jetzt von einem Motiv vorangetrieben, das die Politiker in Ost und West frösteln macht: Der Ruf nach der Einheit Deutschlands wird auf den Demonstrationen von Woche zu Woche lauter.

Nicht die Lust am Protest ist es, was die Menschen mit dieser Forderung auf die Straße treibt, sondern die Sorge, die Wiedervereinigung könne unter dem Druck nationaler und internationaler Gegenkräfte auf Sankt Nimmerlein vertagt werden. [...]

Die Menschen auf den Straßen Leipzigs haben erkannt, daß nur ein gesamtdeutscher Staat sich ihrer Bedrängnisse wirksam annehmen könnte, ja müßte, wenn er denn – nach dem Verfassungs-Vorbild der Bundesrepublik – für halbwegs gleiche Lebensverhältnisse in allen Landesteilen zu sorgen gehalten wäre. [...]

Irrationale Ängste vor dem entstehenden „Koloß“ und höchst rationale Konkurrenzängste vor einer effizienten gesamtdeutschen Wirtschaft lassen [die vier Siegermächte] aber zögern und zu allerlei Vorbehalten und Einwänden Zuflucht nehmen. Die Rückzugsformel lautet, es dürfe ‚nichts überstürzt werden. […]

Quelle: Fack: Für die Einheit auf die Straße, in: Frankfurter Allgemeine Zeitung, 14. Dezember 1989.

Für unser Land. Aufruf von DDR-Intellektuellen vom 26. November 1989

M 7

Unser Land steckt in einer tiefen Krise. Wie wir bisher gelebt haben, können und wollen wir nicht mehr leben. Die Führung einer Partei hatte sich die Herrschaft über das Volk und seine Vertretungen angemaßt, vom Stalinismus geprägte Strukturen hatten alle Lebensbereiche durchdrungen. Gewaltfrei. durch Massendemonstrationen hat das Volk den Prozess der revolutionären Erneuerung erzwungen, der sich in atemberaubender Geschwindigkeit vollzieht. Uns bleibt nur wenig Zeit, auf die verschiedenen Möglichkeiten Einfluss zu nehmen, die sich als Auswege aus der Krise anbieten.

Entweder:

können wir auf der Eigenständigkeit der DDR bestehen und versuchen, mit allen unseren Kräften und in Zusammenarbeit mit denjenigen Staaten und Interessengruppen, die dazu bereit sind, in unserem Land eine solidarische Gesellschaft zu entwickeln, in der Frieden und soziale Gerechtigkeit, Freiheit des einzelnen, Freizügigkeit aller und die Bewahrung der Umwelt gewährleistet sind.

Oder:

wir müssen dulden, dass, veranlasst durch starke ökonomische Zwänge und durch unzumutbare Bedingungen, an die einflussreiche Kreise aus Wirtschaft und Politik in der Bundesrepublik ihre Hilfe für die DDR knüpfen, ein Ausverkauf unserer materiellen und moralischen Werte beginnt und über kurz oder lang die Deutsche Demokratische Republik durch die Bundesrepublik vereinnahmt wird. […]

Quelle: Beyer u. a.: Für unser Land, in: Blätter für deutsche und internationale Politik 1/1990, S. 123.

3. Die Wiedervereinigung war auch nach der Wende nicht zwangsläufig. Skizzieren Sie die unterschiedlichen Positionen, und erörtern Sie Gründe, die für und gegen den Fortbestand der DDR sprachen (M 8–M 10).

M 8 Karikatur von Jupp Wolter aus dem Mai 1990

„Wir haben keine Zeit zu verlieren; wenn die Maurer noch nicht soweit sind, sollen die Zimmerleute wenigstens schon mal mit dem Dach anfangen!"

M 9 Helmut Kohl: Friede, Freiheit und Wohlstand

Regierungserklärung Kohls zum Vertrag über die Schaffung einer Währungs-, Wirtschafts- und Sozialunion zwischen der BRD und der DDR

[...] Die Bundesregierung will jetzt die Voraussetzungen dafür schaffen, daß bald alle Deutschen gemeinsam in Frieden, Freiheit und Wohlstand leben können. [...]

Wer jetzt behauptet, man hätte sich doch mehr Zeit lassen können, der verkennt die Realitäten in Deutschland, und er verdrängt die Erfahrungen der letzten Monate. Es sind die Menschen in der DDR, die das Tempo der Entwicklung bestimmt haben und im übrigen weiter bestimmen werden.

[...] Erst die Aussicht auf die Währungs-, Wirtschafts- und Sozialunion hat viele unserer Landsleute wieder Hoffnung schöpfen lassen. Ein Hinauszögern des Staatsvertrages – mit welchen Argumenten auch immer – hätte den Zusammenbruch der DDR bedeutet. Die Übersiedlerzahlen wären erneut sprunghaft angestiegen – wie wir alle wissen, mit verheerenden Folgen. Wer wollte dafür die Verantwortung übernehmen? [...]

Es wird harte Arbeit, auch Opfer, erfordern, bis wir Einheit und Freiheit, Wohlstand und sozialen Ausgleich für alle Deutschen verwirklichen können. Viele unserer Landsleute in der DDR werden sich auf neue und ungewohnte Lebensbedingungen einstellen müssen und auch auf eine gewiss nicht einfache Zeit des Übergangs. Aber niemandem werden dabei unbillige Härten zugemutet. Den Deutschen in der DDR kann ich sagen, was auch Ministerpräsident de Maizière betont hat: Es wird niemandem schlechter gehen als zuvor – dafür vielen besser. [...]

Quelle: Deutscher Bundestag. Plenarprotokoll N/217, 21. Juni 1990. Debatte und Abstimmung über den Staatsvertrag. Bundeskanzler Helmut Kohl (CDU) in seiner Regierungserklärung zu Beginn der Debatte vom 21. Juni 1990.

Oskar Lafontaine: Eine eminente Fehlentscheidung

M 10

Spiegel-Gespräch mit dem SPD-Kanzlerkandidaten Lafontaine über die Währungs- und Wirtschaftsunion mit der DDR, 24. Mai 1990

1 [...] **Spiegel**: Sie haben mit Ihrem Rücktritt gedroht, falls die SPD nicht beim Nein zum Staatsvertrag bleibt. [...] Die SPD lässt sich auf Dauer nicht erpressen, Rücktrittsdrohungen nutzen sich ab.

Lafontaine: Das Wort Erpressung ist unangebracht [...]. Es geht bei dem Staatsvertrag um die wichtigste wirtschaftspolitische, sozialpolitische und finanzpolitische Entscheidung der letzten Jahrzehnte. Man muss schon, wenn man die Position des Kanzlerkandidaten kennt, versuchen, die Entscheidung der Partei mit ihm abzustimmen. Ich habe vor meiner Nominierung unmissverständlich gesagt, was ich von der überhasteten Einführung der D-Mark in der DDR halte.

Spiegel: Sie haben ein vorläufiges Nein zum Vertrag in der jetzt vorliegenden Form durchgesetzt. Reicht das, um den Wählern klarzumachen, Kandidat und SPD tragen keine Verantwortung für die Folgen?

Lafontaine: Die Diskussion der nächsten Wochen muss deutlich machen, dass wir keine Verantwortung für jene Teile des Vertrages tragen, die ich für nicht verantwortbar halte. Ich halte die Ausdehnung des Geltungsbereichs der D-Mark zum 1. Juli in der DDR nach wie vor für einen schweren Fehler, weil sie Massenarbeitslosigkeit zur Folge hat. Das habe ich schon vor der Volkskammerwahl in der DDR gesagt, obwohl es damals nicht populär war. [...]

Spiegel: Was missfällt Ihnen außerdem im Staatsvertrag?

Lafontaine: Wir wurden nicht beteiligt. Er ist mit heißer Nadel gestrickt und daher mit erheblichen Mängeln behaftet. Die wirklichen Kosten des Staatsvertrages kennt niemand und die zeitlichen Vorgaben zum Aufbau der notwendigen Verwaltung sind unrealistisch. [...]

Spiegel: In der DDR sind alle Parteien, auch die SPD, für die Radikalkur.

Lafontaine: Ich kann eine Radikalkur nicht akzeptieren. [...] Man kann einer Bevölkerung, die jahrzehntelang nicht im marktwirtschaftlichen System gelebt hat, nicht abverlangen, dass sie die Auswirkungen auf die Wettbewerbsfähigkeit ihrer eigenen Wirtschaft und damit ihrer Arbeitsplätze überblickt. Das wäre Aufgabe der verantwortlichen Politiker gewesen, die hier eklatant versagt haben. [...]

Quelle: Koch; Wirtgen; Funk: Eine eminente Fehlentscheidung, SPIEGEL-Gespräch mit SPD-Kanzlerkandidat Lafontaine über die Währungs- und Wirtschaftsunion mit der DDR, in: Der Spiegel 22/1990, S. 26–29.

4. Interpretieren Sie die Position des Auslands anhand der Karikatur, und erschließen Sie sich die Befürchtungen, die angedeutet werden.

M 11 Der Blick des Auslands auf die Wiedervereinigung

Karikatur von Laurence Clark in der Zeitung New Zealand Herald, 4. Oktober1990: „Die Lotsen gehen von Bord."

5. Beurteilen Sie die Auswirkungen des Einigungsprozesses auf Politik, Wirtschaft und Gesellschaft in der BRD.

Zwei-Plus-Vier-Vertrag: zentrale Inhalte

M 12

Wir und die Einheit

M 13

Der Journalist Heribert Prantl über den Erfolg der deutschen Einheit

15 Jahre nach dem Mauerfall ist der Osten ein Ort der Klage, der Tristesse und des Protestes. Jedoch die Fehler, die beim Aufbau gemacht wurden, entsprachen der Größe der Aufgabe. Die Wiederbesiedlung mit Arbeitsplätzen und die Wiederbeseelung des Landes mit Zivilcourage dauert viel, viel länger als gedacht.

[...] Es gibt in den fünf neuen Bundesländern keine tragfähige Wirtschaftsstruktur, die Arbeitslosigkeit liegt im Schnitt bei zwanzig Prozent – das Land entvölkert sich. Fast zwei Millionen Menschen haben seit der Vereinigung den Osten verlassen. [...]

Bei dieser neuen Republikflucht können die Flüchtlinge gut ausgebaute und schön beleuchtete Straßen benutzen. Die neue Infrastruktur ist luxuriös. In den Dörfern stehen die Straßenlaternen in Reih und Glied, und in den Städten zeigen elektronische Anzeiger an, wann der nächste Bus kommt. [...]

Aufbau Ost: Der Westen hat investiert, was das Zeug hielt, und er nahm an, dass die Investitionen wie Trägerraketen auch die Demokratie in den Osten befördern würden.

Die Politikergeneration der Ärmelaufkrempler, deren Lebensleistung mit dem Wiederaufbau West der fünfziger Jahre begonnen hatte, ging mit diesen Erfahrungen und der fürsorglichen Entmündigung des Ostens an ein welthistorisches Experiment. Sie ließ die Maschinerie der Marktwirtschaft anrollen – und die war erst einmal sehr gefräßig. Kanzler

Kohl hatte zwar gesagt, dass nur wichtig sei, was hinten herauskommt. Hinten kam in der Tat einiges heraus – Spaßbäder, McDonald's, Baumärkte und da und dort auch blühende Landschaften.

Zuvor aber fraß die Maschinerie alles, was die Menschen im Osten hatten: Sie fraß deren bisheriges Leben, ihre Erfahrungen, ihre Selbstachtung, ihre Industrie, die alten Vorbilder, die Ost-Elite, die mehr oder weniger inoffiziellen Mitarbeiter der Stasi, die Politiker der ersten Wendestunden; die Maschinerie fraß den Stolz und die Sicherheit der Menschen, sie fraß das, was in der DDR schlecht gewesen war ebenso wie das, was gut gewesen war.

Sie schuf erst einmal tabula rasa; es gibt also nicht nur die Pflicht zur Herstellung innerer Einheit, sondern auch eine Garantenpflicht aus vorangegangenem Tun.

Die Wiederbesiedlung mit Arbeitsplätzen und die Wiederbeseelung des Landes mit Zivilcourage dauert viel, viel länger als gedacht. Und weil das so ist, breitet sich im Westen das Gefühl aus, der Aufbau Ost sei ein Fass ohne Boden. Das Lamento über das vermeintliche Billionengrab Ost, das sich zumal in den von Strukturschwäche geplagten Bundesländern wie Nordrhein-Westfalen erhebt, wird lauter. [...]

Weiter, aber nicht so. Fehler und Fehlentwicklungen beim Aufbau Ost sind Aufforderung, sie zu korrigieren – nicht nur, aber auch mit Geld sowie mit dem Eingeständnis, dass Fehler gemacht worden sind. Es wäre ein neuer schwerer Fehler, sich damit abzufinden, dass die aktivsten Bürger im Osten ihre Zukunft im Westen suchen müssen. [...]

Die Wohnungen sind renoviert, die Telefonanschlüsse gelegt, Straßen- und Wegenetze ausgebaut worden. Die Arbeit an der Einheit aber hat erst begonnen.

Quelle: Prantl: Wir und die Einheit, in: Süddeutsche Zeitung vom 2./3.10.2004, abgerufen unter: www.sueddeutsche.de/politik/2.220/kommentar-zum-oktober-wir-und-die-einheit-1.783789 [09.12.2016].

M 14 25 Jahre Deutsche Einheit

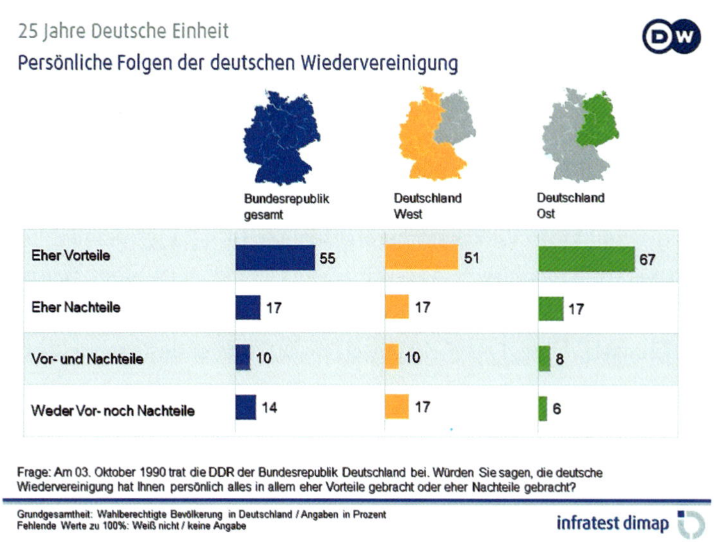

DAS WICHTIGSTE IN KÜRZE

Einigungsprozess

Die neue bundesdeutsche Ostpolitik und die Entspannungspolitik zwischen der **BRD** und der **DDR** ermöglichte es immer mehr Bürgern der DDR, ihrem Staat den Rücken zu kehren und auszuwandern. Dennoch blieb deren Zahl verhältnismäßig gering. Innerstaatliche Reformen lehnte die **SED**-Führung strikt ab. Regimekritiker wurden mit zunehmender Schärfe durch die Stasi verfolgt.

Nach dem Amtsantritt **Michail Gorbatschows** 1985 als Generalsekretär des Zentralkomitees der KPdSU versprach dieser **Glasnost** („Offenheit") und **Perestroika** („Umbau") und leitete das Ende des Kalten Kriegs ein. In den abhängigen sozialistischen Satellitenstaaten formierten sich Oppositionsgruppen, die eine Demokratisierung ihrer Länder forderten. Diese Wende führte 1989 etwa in Ungarn zur Grenzöffnung nach Österreich. Obschon die SED den neuen Kurs ablehnte, nutzten Tausende DDR-Bürger diese Gelegenheit zur Flucht und besetzten die Botschaften der BRD in Warschau, Prag und Budapest. Da die DDR-Führung bemüht war, die Situation nicht weiter eskalieren zu lassen, willigte sie ein, die Flüchtenden in die BRD ausreisen zu lassen. Eindämmungsversuche der SED-Regierung scheiterten. Oppositionelle Kräfte wehrten sich gegen Fälschungen des Ergebnisses der Kommunalwahl im Mai 1989. Erstmals gelang es Regimekritikern, Wahlfälschungen nicht nur nachzuweisen, sondern zur Strafverfolgung zu bringen. Es entwickelte sich eine selbstbewusste Aufbruchstimmung. Zahlreiche Parteien wurden gegründet, so etwa das **Neue Forum**, das bisher als Bürgerrechtsbewegung arbeitete. Es wurde eine Demokratisierung der DDR nach westlichem Muster gefordert, besonders freie Wahlen und hierdurch auch der Sturz des SED-Regimes. Nahezu zeitgleich gingen die Bürger in vielen Städten auf die Straße und demonstrierten für Reformen, insbesondere für Reise- und Meinungsfreiheit sowie Rechtstaatlichkeit. Eines der bekanntesten Beispiele sind die **Montagsdemonstrationen** in Leipzig mit der Losung „Wir sind das Volk!".

Durch den fehlenden Rückhalt der UdSSR konnte sich die Staatsführung in der DDR bald nicht mehr halten. **Erich Honecker** wurde am 18.Oktober 1989 abgesetzt. Die neue Regierung unter Egon Krenz öffnete schließlich am 9. November 1989 die Grenzübergänge, deren sinnbildliche Sperrung die Berliner Mauer war. Am 13. November 1989 wurde Hans Modrow neuer Ministerpräsident der DDR. Er richtete einen „Runden Tisch" ein, um gemeinsam mit allen Parteien, Kirchen, Gewerkschaften und einem Großteil der oppositionellen Bewegungen zu beratschlagen, wie die neue Verfassung der DDR gestaltet werden sollte. Der verfassungsmäßige Führungsanspruch der SED wurde aufgehoben und die Stasi aufgelöst. Die **Blockparteien** lösten sich auf oder organisierten sich neu.

Es folgten im März 1990 die ersten freien **Volkskammerwahlen**. Die DDR-Bürger wählten überwiegend die konservativen Parteien des Wahlbündnisses „Allianz für Deutschland" (CDU[-Ost], Deutsche Soziale Union und Demokratischer Aufbruch). Lothar de Maizière wurde Ministerpräsident. Grundsätzlich standen die deutschen Regierungen vor der Entscheidung, ob die DDR weiter bestehen sollte oder ob eine Wiedervereinigung der zwei deutschen Staaten in Betracht käme. Die Regierung de Maizière konnte sich mit ihrem Wunsch nach einer schnellen Wiedervereinigung durchsetzen.

DAS WICHTIGSTE IN KÜRZE

Die Währungs-, Wirtschafts- und Sozialunion zwischen der Bundesrepublik Deutschland und der DDR trat am 1. Juli 1990 in Kraft. Die bisherige Mark der DDR wurde von der D-Mark der BRD abgelöst. Ebenfalls übernahm die DDR die soziale Marktwirtschaft nach dem Muster der BRD.

Im Einigungsvertrag vom 31. August 1990 wurde der Beitritt der DDR zur BRD auf der Grundlage des Artikels 23 des Grundgesetzes geregelt. Hierin wurde festgehalten, dass Berlin Hauptstadt werden sollte, das DDR-Recht spätestens nach einer Übergangsfrist von fünf Jahren durch BRD-Recht abgelöst wird und alle Staatsschulden der DDR von der BRD übernommen werden. Der **Zwei-plus-Vier-Vertrag** ermöglichte schließlich durch das Einverständnis der vier Besatzungsmächte (UdSSR, USA, Großbritannien, Frankreich) die Wiedervereinigung Deutschlands. Die Oder-Neiße-Grenze zu Polen gilt fortan als endgültig. Deutschland erhält volle **Souveränität**. Somit kann der Zwei-plus-Vier-Vertrag als Friedensvertrag angesehen werden. Die Wiedervereinigung wurde am 3. Oktober 1990 vollzogen. Seitdem ist der 3. Oktober ein gesetzlicher Feiertag, der „Tag der deutschen Einheit".

Auswirkungen auf Politik, Wirtschaft, Gesellschaft und Kultur

Die staatliche Einheit bestand endlich, jedoch nicht die soziale. Die katastrophale wirtschaftliche Situation der neuen Bundesländer, bedingt durch vierzig Jahre **Planwirtschaft**, sollte durch eine zügige Angleichung der Lebensbedingungen an das Westniveau ausgeglichen werden, damit die notwendigen Transferleistungen Zug um Zug abgebaut werden konnten. Dies hatte zur Folge, dass die eigens dafür eingerichtete **Treuhandanstalt** zahlreiche Betriebe wegen Unrentabilität schloss oder privatisierte. Die Arbeitslosenzahl schoss in die Höhe. Spekulanten und Betrüger zogen ihren Profit aus der Leichtgläubigkeit ihrer neuen Opfer. Aber auch das marode Gesundheitssystem, die Umweltzerstörungen und die Rentenproblematik waren Hürden, die bis heute nicht gänzlich überwunden sind. Darüber hinaus radikalisierte sich ein Teil der Jugend stärker als die Vergleichsgruppe im Westen. Jedoch ist der reale Wohlstand im Osten stetig gestiegen und erreicht ein mit dem Westen vergleichbares Niveau.

Die neuen Bundesbürger erlebten durch die Übernahme der westdeutschen Gesellschaftsordnung enorme Veränderungen ihres Alltags. Etliche Bürger aus den neuen Bundesländern fühlten sich diskriminiert, weil sie die Abläufe des gesellschaftlichen Lebens westlicher Prägung noch nicht kannten. Dies zeigt sich auch bei politischen Einflussnahmen, denn die Nachfolgepartei der SED, die Partei Die Linke, hat in Ost- und Mitteldeutschland überdurchschnittlich hohe Wahlerfolge.

Kulturell wirkte sich die deutsche Teilung stark aus, denn die Förderung von Kunst und Kultur war in beiden Staaten unterschiedlich ausgeprägt, was auch im Einigungsvertrag aus dem Jahre 1990 berücksichtigt wurde, indem das föderalistische Prinzip auf ganz Deutschland ausgeweitet wurde, auch wenn zunächst zur Entlastung der Bundesländer der Bund viele Aufgaben in diesen Bereichen, befristet bis Ende 1994, übernahm, damit die Länder ihre entsprechenden Strukturen ausbauen konnten. Auch wichtig waren die im Einigungsvertrag geregelten Zusammenführungen von Sammlungen und Museen. Vor allem im Bereich des Bildungswesens profitierten die jungen Menschen von einer zügigen Umsetzung der Gleichstellung und Vereinheitlichung zwischen Ost und West – unter Berücksichtigung des föderativen Prinzips.

FESTIGUNG – VERTIEFUNG

Weitere Herangehensweisen

- Erläutern Sie Motive und Hintergründe für die Massenflucht der DDR-Bürger im Jahre 1989.
- Diskutieren Sie, inwieweit die Aussage Helmut Kohls: „Es wird niemandem schlechter gehen als zuvor – dafür vielen besser" (siehe M 8) zutrifft.
- Beurteilen Sie die unterschiedlichen Einstellungen der Intellektuellen und der breiten Bevölkerung in Bezug auf die Auflösung der DDR und die Wiedervereinigung sowie deren Auswirkungen auf den Verlauf des Einigungsprozesses, insbesondere im kulturellen Bereich.

Vertiefende Aspekte

- Vergleichen Sie die „Revolution" in der DDR im Jahre 1989 mit dem 17. Juni 1953. Analysieren Sie die Gründe für das Scheitern 1953 (vgl. H 2).
- „Grundgesetz oder eine neue Verfassung?" Vor dieser Frage standen die Deutschen 1990. Vergleichen Sie die Argumente, die damals für und gegen den Erhalt des Grundgesetzes diskutiert wurden (vgl. H 3).
- Auch über eine neue Nationalhymne wurde kontrovers diskutiert. Analysieren Sie die unterschiedlichen Vorschläge, und nehmen Sie Stellung dazu, ob die Entscheidung, die 3. Strophe des „Liedes der Deutschen" zu wählen, aus Ihrer Sicht sinnvoll war.
- Zeigen Sie Gründe auf, weshalb seit Anfang des Jahrtausends eine zunehmende DDR-Nostalgie bemerkbar ist. Befassen Sie sich hierzu auch mit der Frage, wieso einige DDR-Bürger glaubten, durch die Wiedervereinigung schlechter gestellt zu sein als davor. (vgl. H 4). Recherchieren Sie die Vorgänge der „Samtenen Revolution" in der ČSSR und wie sich diese auf den Niedergang des Warschauer Pakts auswirkten (vgl. H 1).

Weiterführende Quellen und Hinweise

H 1 Bundeszentrale für politische Bildung (Hg.): Tschechien (= Informationen zur politischen Bildung, Heft 276), Bonn, 2002. In diesem Heft wird die Geschichte Tschechiens in der Nachwendezeit schülergerecht aufgezeigt und interpretiert.

H 2 Bundeszentrale für politische Bildung (Hg.): 17. Juni 1953 (= APuZ, Heft 23/2003), Bonn, 2003. In diesem APuZ-Heft, das über die Bundeszentrale für politische Bildung auch online erhältlich ist, wird der 17. Juni 1953 thematisiert. Mehrere Autoren beschäftigen sich wissenschaftlich mit diesem Datum und den Ereignissen in der DDR.

H 3 Maier, Gerhard: Die Wende in der DDR, Bonn, Bundeszentrale für politische Bildung, 1991. Gerhard Maiers Werk ist eine Quellensammlung zum Thema „Wiedervereinigung Deutschlands" mit besonderem Augenmerk auf die Zustände und Vorgänge in der DDR.

H 4 Huhn, Klaus: Raubzug Ost. Wie die Treuhand die DDR plünderte, Berlin, edition ost, 2009. Klaus Huhns Buch ist eine Abrechnung mit der Treuhandanstalt und deren, in seinen Augen misslungenen Aufgabe, die DDR-Volkswirtschaft zu privatisieren.

GELERNT!

3.1 Innenpolitische, wirtschaftliche und gesellschaftliche Entwicklung in beiden Staaten

Sie sind imstande, die Unterschiede zwischen den innenpolitischen Strukturen der BRD und der DDR zu erkennen und hieraus zu erschließen, welche Auswirkungen diese auf das wirtschaftliche, gesellschaftliche, kulturelle und politische Leben auf beiden Seiten der Grenze im geteilten Deutschland hatten.

3.2 Auswirkungen des Ost-West-Konflikts auf (Gesamt-) Deutschland (Politik, Wirtschaft, Gesellschaft, Kultur)

Sie haben Kenntnisse darüber erworben, was der Mauerbau in der Bevölkerung der DDR auslöste. Sie haben herausgearbeitet, inwieweit politisch festgesetzte Rahmenbedingungen Einfluss auf die Lebensplanung junger Menschen in Ost und West nahmen. Sie sind der Frage nachgegangen, wie junge Bürger in beiden Staaten ihre Freizeit gestalteten.

3.3 Deutsch-deutsches Verhältnis – die deutsche Frage

Sie können die Entwicklung eines einheitlichen Staates hin zu zwei getrennten und in gegensätzlichen politischen Wirtschaftsordnungen verflochtenen Staaten beurteilen. Ihnen gelingt es, die ideologischen Differenzen zwischen der BRD und der DDR zu erfassen.

3.4 Hintergrund und politische, wirtschaftliche und gesellschaftliche Auswirkungen von sozialer Marktwirtschaft und Planwirtschaft

Informationen über das Wirtschaftssystem der Marktwirtschaft haben Ihnen einen Blickwinkel für die unterschiedlichen Systeme der BRD und der DDR eröffnet. Sie haben das Prinzip der sozialen Marktwirtschaft der BRD herausgearbeitet, um diesem vergleichend das System der DDR gegenüberstellen zu können. Sie können beurteilen, was zum Scheitern des Wirtschaftskonzepts der DDR führte und mit welchen Schwierigkeiten die Menschen im realen Leben zu kämpfen hatten.

3.5 Widerspruch und Protest in der Bundesrepublik seit den 1960er-Jahren

Sie sind imstande, mit gesellschaftlichen, politischen und kulturellen Widersprüchen als integralem Bestandteil einer liberalen Gesellschaft umzugehen und können deren Funktion für die soziale Entwicklung beurteilen.

3.6 Der Einigungsprozess und dessen Auswirkungen auf Politik, Gesellschaft und Kultur

Sie analysieren die Hintergründe und Zusammenhänge der deutschen Wiedervereinigung. So erfassen Sie die Beweggründe der Bevölkerung der DDR, Widerstand zu leisten, und erkennen die Macht der Straße.

KAPITEL 4 (LERNBEREICH 5)

Die Auseinandersetzung mit historischen Lebenswirklichkeiten: Der Umgang mit Diktaturen in Deutschland

Sprengung des Hakenkreuzes auf der Zeppelintribüne in Nürnberg, 22. April 1945 (Deutsche Wochenschau GmbH)

Umstrittenes Plakat von 2001 des „Förderkreises Denkmal für die ermordeten Juden Europas e. V." (Spendenaufruf)

Volksfest in Nürnberg – im Hintergrund die Kongresshalle

Reste der Berliner Mauer vor dem Bahnhof Potsdamer Platz

Der frühere Mauerverlauf wird durch Pflastersteine sichtbar, die auf mehr als sechs Kilometer Länge in den Boden eingelassen worden sind.

Verkauf von DDR-T-Shirts in Berlin (2004)

KAPITEL 4 (LERNBEREICH 5)

4.1 Auseinandersetzung mit der NS-Vergangenheit in Deutschland nach 1945

Forschungsinteresse und Kompetenzerwerb

Geschichte ist immer ein Produkt der jeweiligen Gegenwart: Aus einem bestimmten Erkenntnisinteresse heraus wird der Blick auf einen bestimmten Abschnitt vergangener Zeiten gerichtet, und es wird versucht, gestützt auf Quellen aus der Vergangenheit, sich ein eigenes Bild zu konstruieren. Auch wenn sich Geschichte mit tatsächlich in der Vergangenheit geschehenen Dingen befasst, bleibt sie daher nie statisch, sondern verändert sich mit der Gesellschaft. Besonders konfliktreich gestaltete sich nach 1945 in Deutschland die Frage, wie mit der Erinnerung an das „Dritte Reich", an Krieg und Holocaust umzugehen ist. Auf den folgenden Seiten erhalten Sie einen Einblick darin, wie politische, soziale und kulturelle Strömungen den Blick in die Vergangenheit beeinflussen. Sie lernen die Auseinandersetzung mit der NS-Vergangenheit in Deutschland nach 1945 als zentralen Bestandteil der politischen Kultur beider deutscher Staaten kennen, in dem die Frage nach der Vergangenheit immer auch eng mit der Frage nach Orientierung und Selbstverständnis in Gegenwart und Zukunft verbunden ist.

Vorgehen

Sie sind Mitglied eines TV-Redaktionsteams, das wöchentlich eine Fernsehdiskussionsrunde zu politischen und gesellschaftlichen Themen produziert. Eine der nächsten Sendungen soll sich mit dem Thema „Deutschlands Umgang mit seiner nationalsozialistischen Vergangenheit" befassen. Sie sollen Diskussionsteilnehmer vorschlagen und einen Titel für die Sendung, der die Spannbreite der Positionen verdeutlicht. Aus diesem Grunde arbeiten Sie sich erst einmal in das Thema ein.

Zunächst BEFASSEN Sie SICH mit dem Umgang mit der NS-Vergangenheit in der DDR. Dazu FORMULIEREN Sie in knappen THESEN anhand der Aussagen des kommunistischen Theoretikers Georgi Dimitroff (M 1), wie in der DDR Ursachen und Wesen des Nationalsozialismus gesehen wurde. Sie ERARBEITEN aus den Materialien M 2 und M 3, welche Konsequenzen diese Faschismustheorie für die Geschichtskultur und Politik der DDR hatte. Sie BEURTEILEN, inwiefern hier eine fragwürdige Instrumentalisierung der NS-Vergangenheit stattfand. Dann BETRACHTEN Sie die Entwicklung in der BRD. Sie VERSCHAFFEN SICH anhand der wissenschaftlichen Texte M 4 bis M 12 einen ÜBERBLICK über die verschiedenen Phasen der Auseinandersetzung mit dem „Dritten Reich" in der Bundesrepublik Deutschland. Sie ERARBEITEN sich jeweils Akteure, Ziele und Ergebnisse der verschiedenen Phasen. Dann VERGLEICHEN Sie die unterschiedlichen Positionen der beiden deutschen Staaten. Sie ANALYSIEREN anhand der Materialien 13 bis 18 den unterschiedlichen Umgang mit der Vergangenheit im wiedervereinigten Deutschland. Wie passt dieser in die Phasentheorie von Frei? Sie ERARBEITEN sich aus den Texten M 15 und M 16, wie sich die Autoren eine Auseinandersetzung mit dem Nationalsozialismus in Gegenwart und Zukunft vorstellen. Danach BEGUTACHTEN Sie die in M 17 bis M 19 abgebildeten Formen der Geschichtskultur und BEURTEILEN diese aufbauend auf Ihren Ergebnissen. Schließlich NEHMEN Sie STELLUNG dazu, wie mit den immer noch aktuellen Versuchen, Verbrechen des Nationalsozialismus zu leugnen oder zu relativieren, umgegangen werden sollte (M 21 bis M 22), und DISKUTIEREN, inwiefern diese Positionen in der Fernsehdiskussion berücksichtigt werden sollten.

WÄHLEN Sie nun eine Fernsehdiskussionsrunde AUS, die sowohl die Entwicklung als auch den gegenwärtigen Umgang mit der nationalsozialistischen Vergangenheit aus unterschiedlichen Positionen heraus diskutieren kann.

Materialauswahl

In diesem Kapitel finden Sie Texte von Historikern (M 3, M 4, M 9 und M 10), in denen diese versuchen, unterschiedliche Strömungen der Auseinandersetzung mit der NS-Vergangenheit in Deutschland zu differenzieren. Diese Texte verschaffen Ihnen einen Einblick in Zusammenhänge und längerfristige Entwicklungen, bleiben dabei aber naturgemäß abstrakt und thesenartig. Sie werden daher durch unterschiedliche Quellen ergänzt. In den Redeausschnitten (M 1, M 5, M 12) werden Positionen und Motive von Akteuren von diesen selbst artikuliert und begründet. Kleinere quantitative Angaben (M 6, M 8) werden hier nur aufgeführt und geben Aufschluss über den tatsächlichen Umfang einer justiziellen Auseinandersetzung mit NS-Verbrechen. Unterschiedliche Positionen lassen sich im Fernsehen besonders gut durch Bilder und Zitate darstellen. Die Abbildungen (M 2, M 15) geben einen optischen Eindruck von zwei sehr unterschiedlichen ästhetischen Auseinandersetzungen mit dem Thema, und die beiden Abbildungen in M 13 zeigen, wie politisch brisant die Auseinandersetzung über die NS-Vergangenheit auch nach der deutschen Wiedervereinigung noch war. Das Walser-Zitat (M 14) gibt eine kritische, sehr subjektive Position zum Umgang mit der NS-Vergangenheit in den 1990er-Jahren wieder. Mit Volkhard Knigge, dem Leiter der Gedenkstätte Buchenwald, kommt ein heutiger Akteur der Geschichtsvermittlung zu Wort und Dana Giesecke und Harald Welzer liefern interessante Anstöße zur Diskussion (M 15 und M 16).

1. **Formulieren Sie in knappen Thesen anhand der Aussagen des kommunistischen Theoretikers Georgi Dimitroff (M1), wie in der DDR Ursachen und Wesen des Nationalsozialismus gesehen wurden. Erarbeiten Sie aus den Materialien M2 und M3, welche Konsequenzen diese Faschismustheorie für Geschichtskultur und Politik der DDR hatten. Beurteilen Sie, inwiefern hier eine fragwürdige Instrumentalisierung der NS-Vergangenheit stattfand.**

M 1 Georgi Dimitroff: „Der Klassencharakter des Faschismus“ (1935)

Der Faschismus an der Macht, Genossen, ist [...] die offene, terroristische Diktatur der reaktionärsten, chauvinistischsten, am meisten imperialistischen Elemente des Finanzkapitals.

Die reaktionärste Spielart des Faschismus ist der Faschismus deutschen Schlages. Er hat die Dreistigkeit, sich Nationalsozialismus zu nennen, obwohl er nichts mit Sozialismus gemein hat. [...]

Der Faschismus ist die Macht des Finanzkapitals selbst. Das ist die Organisierung der terroristischen Abrechnung mit der Arbeiterklasse und dem revolutionären Teil der Bauernschaft und der Intelligenz.

[...] Der Faschismus erstrebt die zügelloseste Ausbeutung der Massen, tritt aber mit einer raffinierten antikapitalistischen Demagogie an sie heran, macht sich den tiefen Haß der Werktätigen gegen die räuberische Bourgeoisie, gegen die Banken, die Trusts und die Finanzmagnaten zunutze und stellt Losungen auf, die im gegebenen Moment für die politisch unreifen Massen die verlockendsten sind: in Deutschland – „Gemeinnutz geht vor Eigennutz“; [...] in Japan – „Für ein Japan ohne Ausbeutung“; in den Vereinigten Staaten – „Für die Aufteilung der Reichtümer“ usw.

[...] Aber welche Maske der Faschismus auch aufsetzen mag, in welchen Formen er auch auftreten mag, auf welchem Wege er immer auch zur Macht gelangen mag –

Der Faschismus ist die wütendste Offensive des Kapitals gegen die werktätigen Massen.

Der Faschismus ist zügellosester Chauvinismus und Raubkrieg.

Der Faschismus ist wütende Reaktion und Konterrevolution.

Der Faschismus ist der schlimmste Feind der Arbeiterklasse und aller Werktätigen.

Quelle: Protokoll des VII. Weltkongresses der Kommunistischen Internationale, 1974, Bd. 1, S. 722–747.

M 2

Antifaschistisches Plakat aus der DDR

„Wofür die Antifaschisten kämpften, ist in der DDR Wirklichkeit", Plakat von 1960

M 3

Antifaschismus als Staatsideologie in der DDR

Ein DDR-Geschichtsbuch über den Nationalsozialismus

[...] Der Sieg der Sowjetunion und ihrer Verbündeten über die faschistischen Aggressoren befreite das deutsche Volk vom Faschismus und eröffnete ihm die historische Chance, eine grundlegende Wende in seiner Geschichte einzuleiten. Die Befreiung durch die Sowjetunion schuf günstige Bedingungen, um in Deutschland unter Führung der Arbeiterklasse eine antiimperialistisch-demokratische Umwälzung zu vollziehen und dem Sozialismus den Weg zu bahnen. [...]

Im Unterschied zur Zeit nach dem Ersten Weltkrieg verfügte die deutsche Arbeiterklasse nach dem Zweiten Weltkrieg über eine kampfgestählte Kommunistische Partei. In Fortsetzung des Kampfes gegen den Faschismus begann unmittelbar nach der Befreiung Deutschlands vom faschistischen Joch unter Führung der KPD der Kampf um die antifaschistisch-demokratische Umwälzung in Deutschland. Mit dem Aufruf vom 11. Juni 1945 gab die KPD dem deutschen Volk ein klares Programm, mit dem sie auf die endgültige Beseitigung der Wurzeln des Faschismus und auf die demokratische Neugestaltung Deutschland orientierte. [...]

Quelle: Dau: Geschichte. Lehrbuch für Klasse 10, 1977, S. 57.

2. Verschaffen Sie sich anhand der wissenschaftlichen Texte M 4 bis M 12 einen Überblick über die verschiedenen Phasen der Auseinandersetzung mit dem „Dritten Reich" in der Bundesrepublik Deutschland. Erarbeiten Sie sich jeweils Akteure, Ziele und Ergebnisse der verschiedenen Phasen. Vergleichen Sie die unterschiedlichen Positionen der beiden deutschen Staaten.

M 4 Norbert Frei über Phasen der Auseinandersetzung mit dem Nationalsozialismus in der Bundesrepublik

[...] Hinsichtlich der Periodisierung des Umgangs mit der NS-Vergangenheit soll eine Phase der politischen Säuberung (I) zwischen 1945 und 1949 unterschieden werden von der mit Gründung der Bundesrepublik beziehungsweise der DDR einsetzenden Phase der Vergangenheitspolitik (II). Letztere prägte maßgeblich die fünfziger Jahre – nicht nur, aber vor allem im Westen, dessen Betrachtung hier im Vordergrund steht – und wurde seit den späten fünfziger Jahren sukzessive abgelöst von einer langen Phase der Vergangenheitsbewältigung (III), die erst Ende der siebziger Jahre ausklang, insgesamt also etwa zwei Jahrzehnte prägte. Die Zeit danach ist noch weniger leicht auf einen klaren Nenner zu bringen; einem Vorschlag von Aleida Assmann folgend, soll sie als Phase der Vergangenheitsbewahrung (IV) bezeichnet werden. Gemeint ist damit jene bis in die Gegenwart reichende Entwicklung, in der an die Stelle einer bis dahin stark politisch überformten Auseinandersetzung um die NS-Vergangenheit zunehmend das inzwischen vorwaltende Bemühen um ihre kommemorative Vergegenwärtigung trat. Anders gesagt: Der letzte Phasenwechsel ist charakterisiert durch den Übergang vom Erinnerungskampf zur Erinnerungskultur.

Im Blick auf diesen Übergang ist die Bedeutung des Generationenaspekts evident. Aber er ist auch in den genannten früheren Phasen auszumachen – jedenfalls sofern man, zugegebenermaßen etwas schematisch, von einer spezifischen Abfolge von Erfahrungsgenerationen ausgeht:

– Nämlich erstens von der Generation der um 1905 Geborenen, die als die Generation der NS-Funktionseliten bezeichnet und recht deutlich abgehoben werden kann von der Generation der zumeist etwas älteren eigentlichen Führungsfiguren der NS-Bewegung.

– Als die zweite Erfahrungsgeneration stellen sich die um 1925 Geborenen dar, bis in den allgemeinen Sprachgebrauch hinein bekannt als die sogenannte skeptische Generation der ehemaligen Flakhelfer und jungen Frontsoldaten.

– Auch die dritte Erfahrungsgeneration, bestehend aus den um 1945 geborenen Kriegs- und Nachkriegskindern, trägt als Generation der Achtundsechziger seit langem ein Etikett.

– Bliebe man in dem damit vorgezeichneten 20-Jahres-Rhythmus, so ergäben sich rechnerisch mit den um 1965 und den um 1985 Geborenen zwei weitere Generationen. Leichter als die Benennung von Unterschieden fällt es allerdings, für die heute Vierzig- und Zwanzigjährigen eine wichtige Gemeinsamkeit zu konstatieren: Beide Alterskohorten haben die Auseinandersetzung mit der NS-Vergangenheit seit ihrer Kindheit als kulturelle Praxis erlebt, und für beide fand diese Lernerfahrung noch in der Gegenwart von Zeitgenossen der NS-Zeit statt. Zumindest letzteres wird für die nächste Generation nicht mehr gelten. [...]

Quelle: Frei: 1945 und wir, 2009, S. 41 f.

Nürnberger Prozesse

Die Nürnberger Prozesse stellten den ersten Versuch in der Geschichte dar, die in einer Diktatur und einem Krieg begangenen Verbrechen in einem Prozess zu dokumentieren und Schuldige zu bestrafen. Vom eigens einberufenen Internationalen Militärgerichtshof wurde allerdings nur ein Prozess durchgeführt, nämlich der Nürnberger Prozess gegen die Hauptkriegsverbrecher, der von November 1945 bis Oktober 1946 im Nürnberger Justizpalast stattfand. In ihm wurden 24 deutsche Politiker, Militärs und NS-Funktionäre angeklagt. Anklagepunkte waren Verschwörung, Verbrechen gegen den Frieden, Kriegsverbrechen und Verbrechen gegen die Menschlichkeit.

Zahlreiche Beweismittel – darunter auch viele Geheimdokumente des „Dritten Reiches" – wurden in diesem Prozess offengelegt und das Ausmaß der NS-Verbrechen zum ersten Mal in diesem Umfang öffentlich gemacht. Am Nürnberger Hauptkriegsverbrecherprozess wurde allerdings auch scharfe Kritik geübt. Der Anklagepunkt „Verschwörung gegen den Frieden" setzte z. B. ein international respektiertes Verbot von Angriffskriegen voraus, das es in dieser Form zum Zeitpunkt der Tat noch nicht gab. Die Prozessführung verstoße somit gegen das Verbot rückwirkender Strafen, so die Kritik. Außerdem wurde kritisiert, dass in Nürnberg keine Kriegsverbrechen der Siegermächte verurteilt wurden.

Trotz dieser Kritik kann der Nürnberger Hauptkriegsverbrecherprozess als Meilenstein bei der Entwicklung des Völkerrechts angesehen werden. Prozesse gegen Diktatoren und Kriegsverbrecher, wie sie heute z. B. in Den Haag stattfinden, wären ohne Nürnberg schwer vorstellbar.

Ursprünglich sollten noch weitere Prozesse von diesem Militärgerichtshof durchgeführt werden. Allerdings entfernten sich die Siegermächte im Kalten Krieg so sehr voneinander, dass ein gemeinsames Vorgehen nicht mehr möglich war. Der Alliierte Kontrollrat übergab daher die Verantwortung für das weitere Vorgehen den jeweiligen Besatzungsmächten. In Nürnberg fanden noch zwölf sog. Nachfolgeprozesse vor einem US-amerikanischen Militärgerichtshof statt.

Nürnberger Prozess gegen die Hauptkriegsverbrecher 1946

M 5

Pressefoto vom Nürnberger Prozess gegen die Hauptkriegsverbrecher, 30. September 1946

M 6 Rede des US-Chefanklägers Robert H. Jackson zum Beginn des Nürnberger Prozesses 1945

Hoher Gerichtshof!

Der Vorzug, eine Gerichtsverhandlung über Verbrechen gegen den Frieden der Welt zu eröffnen, wie sie hier zum erstenmal in der Geschichte abgehalten wird, legt eine ernste Verantwortung auf. Die Untaten, die wir zu verurteilen und zu bestrafen suchen, waren so ausgeklügelt, so böse und von so verwüstender Wirkung, daß die menschliche Zivilisation es nicht dulden kann, sie unbeachtet zu lassen, sie würde sonst eine Wiederholung solchen Unheils nicht überleben. Daß vier große Nationen, erfüllt von ihrem Siege und schmerzlich gepeinigt von dem geschehenen Unrecht, nicht Rache üben, sondern ihre gefangenen Feinde freiwillig dem Richtspruch des Gesetzes übergeben, ist eines der bedeutsamsten Zugeständnisse, das die Macht jemals der Vernunft eingeräumt hat.

Quelle: Internationaler Militärgerichtshof Nürnberg (Hg.): Der Prozeß gegen die Hauptkriegsverbrecher vor dem Internationalen Gerichtshof Nürnberg, Bd. 2, 1947, S. 111.

M 7 Strafaussprüche des Internationalen Militärgerichtshofs vom 30. September 1946

Tod durch den Strang	12
Lebenslängliches Gefängnis	3
20 Jahre Gefängnis	2
15 Jahre Gefängnis	1
10 Jahre Gefängnis	1
Freispruch	3

Quelle: Täubrich; Dietzfelbinger: Faszination und Gewalt. Dokumentationszentrum Reichsparteitagsgelände, 2006, S. 88.

Entnazifizierung

War das Nachkriegsprogramm der Siegermächte, um Deutschland von den Einflüssen des Nationalsozialismus und von Nationalsozialisten zu befreien. Dabei wurden des Nationalsozialismus verdächtigte und untersuchte Deutsche gemäß dem Kontrollratsgesetz Nr. 104 zur Befreiung von Nationalsozialismus und Militarismus vom 5. März 1946 in fünf Kategorien eingeteilt: Hauptschuldige (Kriegsverbrecher), Belastete (Aktivisten, Militaristen, Nutznießer), Minderbelastete, Mitläufer, Entlastete. Gegen die meisten Verdächtigten wurde das Verfahren eingestellt oder sie wurden als Mitläufer eingestuft. 1951 zog der Bundestag einen Schlussstrich unter die Entnazifizierung: Mit einem Entnazifizierungsschlussgesetz beschloss er, dass bis auf als Hauptschuldige und Belastete einsortierte Personen, alle anderen wieder im öffentlichen Dienst arbeiten dürfen.

M 8

Demonstration gegen den Freispruch zweier ehemaliger Münchner Gestapo-Beamter, 21. März 1950

M 9

Aus dem Gesetz zur Befreiung von Nationalsozialismus und Militarismus vom 5. März 1946

Artikel 1. (1) Zur Befreiung unseres Volkes von Nationalsozialismus und Militarismus und zur Sicherung dauernder Grundlagen eines deutschen demokratischen Staatslebens im Frieden mit der Welt werden alle, die die nationalsozialistische Gewaltherrschaft aktiv unterstützt oder sich durch Verstöße gegen die Grundsätze der Gerechtigkeit und Menschlichkeit oder durch eigensüchtige Ausnutzung der dadurch geschaffenen Zustände verantwortlich gemacht haben, von der Einflußnahme auf das öffentliche, wirtschaftliche und kulturelle Leben ausgeschlossen und zur Wiedergutmachung verpflichtet.'

(2) Wer verantwortlich ist, wird zur Rechenschaft gezogen. Zugleich wird jedem Gelegenheit zur Rechtfertigung gegeben.

[...]

Quelle: Schullze (Hg.): Gesetz zur Befreiung von Nationalsozialismus und Militarismus, 1947, S. 3.

M 10 Bilanz der Entnazifizierung in den Westzonen

Von 6 Millionen Fällen in den Westzonen wurden bis 1949 3 660 648 bearbeitet. Davon wurden eingeordnet in die Kategorien

Hauptschuldige	1 667
Belastete	23 060
Entlastete	1 213 873
Minderbelastete	150 425
Mitläufer	1 005 874

Quelle: Fürstenau: Entnazifizierung, 1969, S. 228 f.

M 11 Norbert Frei über „Vergangenheitspolitik" in der BRD

[...] Die vergangenheitspolitischen Forderungen an das Gründungspersonal der jungen Bundesrepublik waren klar: Erwartet wurde ein „Schlussstrich" unter die politische Säuberung, und der Schlussstrich unter die Vergangenheit war davon nicht weit entfernt.

[...] Den Auftakt dieser Vergangenheitspolitik bildete zu Jahresende 1949 ein erstes, vom Bundestag einstimmig im Eilverfahren verabschiedetes Straffreiheitsgesetz, das sämtliche Straftaten amnestierte, die vor dem 15. September 1949 begangen worden waren und mit Gefängnis bis zu sechs Monaten geahndet werden konnten. Die Masse der rund 800 000 Personen, denen es zugute kam, hatte sich wegen nichtpolitischer Delikte aus der Not- und Schwarzmarktzeit zu verantworten. Doch die Amnestie griff natürlich ebenso hinsichtlich noch nicht verjährter Straftaten aus der NS-Zeit. Und ein Spezialparagraph begünstigte explizit auch jene nationalsozialistischen Amtswalter, „Goldfasane" und SS-Leute, die es im Frühjahr 1945 vorgezogen hatten, sich durch Annahme einer falschen Identität der Internierung und Entnazifizierung zu entziehen: Die geheimnisumwitterten „Illegalen" also, deren Zahl niemand kannte und die nun doppelt profitierten, weil sie nicht nur der Strafe für ihr Untertauchen entgingen, sondern auch mit einer inzwischen zur Formsache gewordenen Entnazifizierung rechnen durften.

Dem Straffreiheitsgesetz folgten auf Druck der rechtsnationalen Klientelparteien FDP und DP – beide in Adenauers Koalitionskabinett vertreten – 1950 mehrere lautstarke Bundestagsdebatten, in denen die „Liquidation" der Entnazifizierung gefordert wurde. Im Dezember 1950 schließlich verabschiedete der Bundestag, wiederum praktisch einstimmig, entsprechende Richtlinien, obwohl die Dinge ohnehin nur von den Länderparlamenten geregelt werden konnten und zum Teil durchaus schon geregelt waren.

Was in diesen Debatten seinen Ausdruck fand, war besagtes, in der Bevölkerung seit Jahren herangereiftes Schlussstrich-Denken, das sich mit einer ersten Amnestie und dem Aus für die Entnazifizierung freilich noch keineswegs zufrieden gab. Die Versorgung und Wiedereinstellung praktisch aller jener 1945 – wie es beschönigend hieß – „verdrängten Beamten" und ehemaligen Berufssoldaten in den öffentlichen Dienst der Bundesrepublik, 1951 mit dem so genannten „131er"-Gesetz auf den Weg gebracht, war ein weiteres wichtiges Element dieser Vergangenheitspolitik, in deren Mittelpunkt jetzt allerdings der Kampf um die Begnadigung und Freilassung der von den Alliierten seit 1945 als Kriegs- und NS-Verbrecher verurteilten Deutschen rückte.

In diesem Kontext wurde Anfang der fünfziger Jahre eine beispiellose Strategie der Verharmlosung,

Leugnung und Irreführung aufgeboten, die am Ende selbst ruchlosesten NS-Verbrechern zur Freiheit verhalf, sogar Einsatzgruppenführer, die Tausende von Menschen auf dem Gewissen hatten, kamen damals aufgrund massiven politischen und gesellschaftlichen Drucks frei.

[...] Wenn von deutscher Seite [...] an der Behauptung eines Kollektivschuldvorwurfs festgehalten wurde, so diente dies der Legitimation der Vergangenheitspolitik weit über den Kreis derer hinaus, die konkret von ihr profitierten. Die Präsenz der Kollektivschuldthese war Ausdruck der fortbestehenden volksgemeinschaftlichen Solidarisierungsbedürfnisse.[...]

Quelle: Frei: 1945 und wir, 2009, S. 45–47.

Edgar Wolfrum über die Auseinandersetzungen der 1960er-Jahre

M 12

[...] Seit etwa 1958 wandelte sich das Zeitklima und mit ihm die Erinnerung. Den Hintergrund bildeten die antisemitischen Skandale und Hakenkreuzschmierereien im gesamten Bundesgebiet am Ende des Jahrzehnts, die die politische Klasse schockierten. Offenkundig wurden nun die Defizite im Bereich der schulischen und der politischen Bildung. Reaktionen folgten rasch: Mitte der 60er Jahre verabschiedeten die westdeutschen Kultusminister neue Richtlinien für den Geschichtsunterricht, in dem der Nationalsozialismus ausführlicher behandelt werden sollte [...]. Außerdem wurden die Schreckensorte der NS-Herrschaft, die jahrelang dem Verfall ausgesetzt waren, etwa das ehemalige Konzentrationslager in Dachau oder die NS-Zentralen in Berlin, seither zu medienwirksamen Erinnerungsorten aufgewertet. Die Erkenntnis war endlich herangereift, daß es nicht unanständig, sondern lehrreich ist, Orte des Schreckens zu erhalten (was im übrigen die DDR längst getan hatte), und somit entwickelte sich die Gedenkstätten-Politik als moralische und politisch-pädagogische Aufgabe.

Engagierte Intellektuelle fanden zunehmend Gehör beim Publikum. Kritische Kinofilme wie Rosen für den Staatsanwalt rüttelten auf, Günter Grass reüssierte mit Die Blechtrommel [...] und das Deutsche Fernsehen strahlte die ersten Dokumentationen über die nationalsozialistische Vergangenheit aus. Gleichzeitig rückte die NS-Bewältigung durch Strafverfahren wieder in den Mittelpunkt. [...] Hatte schon der Eichmann-Prozeß in Jerusalem 1961 ein großes Medienecho in der Bundesrepublik erfahren, so war die öffentliche Resonanz auf den Frankfurter Auschwitz-Prozeß von 1965 noch, größer, der überdies einen erheblichen Anteil daran hatte, daß sich deutsche Historiker nun intensiv mit dem Holocaust zu beschäftigen begannen.

[...] Als Motor einer neuen Auseinandersetzung mit der NS-Vergangenheit wirkte schließlich der Generationenkonflikt. Die 68er-Generation machte die Lebensgeschichten ihrer Eltern zum Gegenstand erregter Diskussionen und diagnostizierte auf der subjektiven Ebene mit Alexander und Margarete Mitscherlich eine Unfähigkeit zu trauern. Auf der „objektiven" Ebene wurde der Nationalsozialismus als eine mögliche Form bürgerlicher Herrschaft betrachtet. Mit dieser marxistischen Faschismus-Theorie sah sich die APO in die Lage versetzt, die „bürgerliche" Bundesrepublik als restaurativ, als eine Fortsetzung des Nationalsozialismus und strukturell faschistoid zu verunglimpfen.

Seit dem Machtwechsel von 1969 politisierte und polarisierte sich die Erinnerung an den Nationalsozialismus und an den Zweiten Weltkrieg. Kaum an der Macht, verkündete der neue Bundeskanzler Willy Brandt, der im Exil aktiven Widerstand gegen das „Dritte Reich" geleistet hatte, er verstehe sich „als Kanzler nicht mehr eines besiegten, sondern eines befreiten Deutschlands"; Hitler habe nun endgültig den Krieg verloren. [...] Der CDU/CSU widerstrebte diese „Kapitulations-Würdigung"; Niederlagen könne man nicht feiern, meinte Oppositionsführer Rainer Barzel. [...]

Quelle: Wolfrum: Die beiden Deutschland, in: Knigge; Frei (Hgg.): Verbrechen erinnern, 2005, S. 155–157.

M 13

Spottreim von Hamburger Studenten auf Professoren im Jahr 1967, der auf das Selbstverständnis des Nationalsozialismus als „tausendjähriges Reich" anspielt

Der Studentenvertreter Dieter Bielenstein zum Eichmannprozess

M 14

Mit dem Prozeß gegen Adolf Eichmann steht das Unrecht in unserer Geschichte wieder riesengroß in der Gegenwart vor uns. Wenn wir das richtig begreifen, werden wir nicht sagen können, diese und jene wären die Mörder, wir hätten es nur geduldet. Die Älteren werden sich erinnern müssen, daß an den Hausecken die Nazi-Plakate „Juda verrecke!“ hingen und daß sie trotzdem oder oft deswegen Hitler wählten. Dann verschwanden nachts und im Morgengrauen die jüdischen Nachbarn und Freunde – wir schwiegen, waren zu feige, zu fragen „wohin?“, oder es war uns auch recht so. Der Eichmann-Prozeß spielt mitten unter uns, auch wenn er in Jerusalem geführt wird. Betroffen sind wir alle, doch mancher – auch von Rang und Namen – wird vielleicht genannt werden als Schuldiger oder Mitwisser der Verbrechen an verantwortlicher Stelle.

[...] Die Studenten von damals sind heute unsere Hochschullehrer, unsere Rechtsanwälte, Lehrer, Journalisten, Verwaltungsbeamten, unsere Alten Herren in den Verbindungen und unsere Eltern. Eine solche Feststellung soll keine haltlose Verdächtigung oder ein Aufruf zur Bespitzelung der Vergangenheit des einzelnen sein. Sie ist aber ein Hinweis darauf, daß wir zu diesem Problemkreis nicht schweigen können, daß wir als Studenten eine Position beziehen und die Vergangenheit nicht ruhen lassen wollen und daß wir von den Älteren eine Antwort erwarten.

Quelle: Bielenstein: Deutscher Studentenpressedienst, 1961, zit. nach: Rathgeb (Hg.): Deutschland kontrovers, 2005, S. 118 f.

3. Erarbeiten Sie sich aus den Texten M 15 und M 16, wie sich die Autoren eine Auseinandersetzung mit dem Nationalsozialismus in Gegenwart und Zukunft vorstellen. Begutachten Sie die in M 17 bis M 19 abgebildeten Formen der Geschichtskultur und beurteilen Sie diese aufbauend auf Ihren Ergebnissen.

Rede von Richard von Weizsäcker 1985

M 15

Aus der Rede des Bundespräsidenten Richard von Weizsäcker bei der Gedenkveranstaltung im Plenarsaal des Deutschen Bundestages zum 40. Jahrestag des Endes des Zweiten Weltkrieges in Europa am 8. Mai 1985:

[...] Der 8. Mai ist für uns Deutsche kein Tag zum Feiern. Die Menschen, die ihn bewußt erlebt haben, denken an ganz persönliche und damit ganz unterschiedliche Erfahrungen zurück. Der eine kehrte heim, der andere wurde heimatlos. Dieser wurde befreit, für jenen begann die Gefangenschaft. Viele waren einfach nur dafür dankbar, daß Bombennächte und Angst vorüber und sie mit dem Leben davongekommen waren. Andere empfanden Schmerz über die vollständige Niederlage des eigenen Vaterlandes. Verbittert standen Deutsche vor zerrissenen Illusionen, dankbar andere Deutsche für den geschenkten neuen Anfang. [...]

Der Blick ging zurück in einen dunklen Abgrund der Vergangenheit und nach vorn in eine ungewisse dunkle Zukunft. Und dennoch wurde von Tag zu Tag klarer, was es heute für uns alle gemeinsam zu sagen gilt: Der 8. Mai war ein Tag der Befreiung. Er hat uns alle befreit von dem menschenverachtenden System der nationalsozialistischen Gewaltherrschaft.

Niemand wird um dieser Befreiung willen vergessen, welche schweren Leiden für viele Menschen mit dem 8. Mai erst begannen und danach folgten. Aber wir dürfen nicht im Ende des Krieges die Ursache für Flucht, Vertreibung und Unfreiheit sehen. Sie liegt vielmehr in seinem Anfang und im Beginn jener Gewaltherrschaft, die zum Krieg führte. Wir dürfen den 8. Mai 1945 nicht vom 30. Januar 1933 trennen. [...]

Gewiß, es gibt kaum einen Staat, der in seiner Geschichte immer frei blieb von schuldhafter Verstrickung in Krieg und Gewalt. Der Völkermord an den Juden jedoch ist beispiellos in der Geschichte.

[...] Wer seine Ohren und Augen aufmachte, wer sich informieren wollte, dem konnte nicht entgehen, daß Deportationszüge rollten. Die Phantasie der Menschen mochte für Art und Ausmaß der Vernichtung nicht ausreichen. Aber in Wirklichkeit trat zu den Verbrechen selbst der Versuch allzu vieler, auch in meiner Generation, die wir jung und an der Planung und Ausführung der Ereignisse unbeteiligt waren, nicht zur Kenntnis zu nehmen, was geschah.

Es gab viele Formen, das Gewissen ablenken zu lassen, nicht zuständig zu sein, wegzuschauen, zu schweigen. Als dann am Ende des Krieges die ganze unsagbare Wahrheit des Holocaust herauskam, beriefen sich allzu viele von uns darauf, nichts gewußt oder auch nur geahnt zu haben.

Schuld oder Unschuld eines ganzen Volkes gibt es nicht. Schuld ist, wie Unschuld, nicht kollektiv, sondern persönlich. [...]

Der ganz überwiegende Teil unserer heutigen Bevölkerung war zur damaligen Zeit entweder im Kindesalter oder noch gar nicht geboren. Sie können nicht eine eigene Schuld bekennen für Taten, die sie gar nicht begangen haben. Kein fühlender Mensch erwartet von ihnen, ein Büßerhemd zu tragen, nur weil sie Deutsche sind. Aber die Vorfahren haben ihnen eine schwere Erbschaft hinterlassen.

Wir alle, ob schuldig oder nicht, ob alt oder jung, müssen die Vergangenheit annehmen. Wir alle sind von ihren Folgen betroffen und für sie in Haftung genommen. Jüngere und Ältere müssen und können sich gegenseitig helfen, zu verstehen, warum es lebenswichtig ist, die Erinnerung wachzuhalten.

Es geht nicht darum, Vergangenheit zu bewältigen. Das kann man gar nicht. Sie läßt sich ja nicht nachträglich ändern oder ungeschehen machen. Wer aber vor der Vergangenheit die Augen verschließt, wird blind für die Gegenwart. Wer sich der Unmenschlichkeit nicht erinnern will, der wird wieder anfällig für neue Ansteckungsgefahren.

Quelle: Weizsäcker: [Rede bei der Gedenkveranstaltung im Plenarsaal des Deutschen Bundestages zum 40. Jahrestag des Endes des Zweiten Weltkrieges in Europa am 8. Mai 1985], abgerufen unter www.bundespraesident.de/SharedDocs/Reden/DE/Richard-von-Weizsaecker/Reden/1985/05/19850508_Rede.html [06.12.2016].

M 16

Volkhard Knigge, Abschied der Erinnerung – Anmerkungen zum notwendigen Wandel der Gedenkkultur in Deutschland

[Z]unächst [ist] nüchtern zu konstatieren, daß sich seit der Wiedervereinigung in der Bundesrepublik mit zunehmender Beschleunigung – und gleichwohl von vielen bisher offenbar kaum wirklich wahrgenommen – ein Prozeß der Nationalisierung negativen Gedenkens vollzogen hat. Mit negativem Gedenken ist der Umstand gemeint, daß begangene bzw. zu verantwortende Verbrechen im kollektiven Gedächtnis der Deutschen dauerhaft aufgehoben werden sollen; mit Nationalisierung ist die Tatsache bezeichnet, daß sich die Bundesrepublik mit der Erklärung des 27. Januar zum öffentlichen Gedenktag an die Opfer des Nationalsozialismus und die Befreiung der Konzentrations- und Vernichtungslager durch den damaligen Bundespräsidenten Roman Herzog, dem Bundestagsbeschluß zur Errichtung des Holocaust-Denkmals in Berlin sowie der Verabschiedung der Bundesgedenkstättenkonzeption förmlich zum negativen Gedenken als einer nationalen Aufgabe bekannt hat. [...] Die selbstbewußte Nation wäre in dieser Perspektive gerade die, die sich dem ihrer Geschichte inhärenten Menschheitsverbrechen von Generation zu Generation immer wieder neu stellt [...] und sich des inneren Zusammenhangs von wahrhaftiger Auseinandersetzung mit dieser Vergangenheit und substantieller Verankerung bzw. Bewahrung der Demokratie in der Bundesrepublik bewußt ist. [...]

Negatives Gedenken zielt letztendlich auf die Gewahrwerdung der radikalen Unselbstverständlichkeit des (gesellschaftlich) Guten, über dessen Verständnis und Grad an Verwirklichung – etwa als Freiheit, Solidarität, Toleranz, Menschenwürde, Menschenrechte, Demokratie – immer wieder neu, historisch informiert zu sprechen wäre. Es ist in seinem Kern nichts anderes als willentliche und bedachte Selbstbeunruhigung, die in politische und mitmenschliche Verantwortung umschlagen soll, und nicht zivilreligiöse Magie oder Schuldfaszination bzw. -verewigung.

Quelle: Knigge: Statt eines Nachworts: Abschied der Erinnerung, Anmerkungen zu einem notwendigen Wandel der Gedenkkultur in Deutschland, in: Knigge; Frei (Hgg.): Verbrechen erinnern, 2002, S. 443–453.

M 17

Die Zukunftsforscher Dana Giesecke und Harald Welzer über die Erinnerung an den Nationalsozialismus

[...] Wer sechs Jahrzehnte nach dem Holocaust in die Schule geht, hat keine Erinnerung an ihn – er kann allenfalls etwas über ihn lernen. Die sich erinnern konnten, gibt es kaum noch. Aber mit dem Verschwinden der Zeitzeugen wird die Geschichte auch wieder frei, zu einer lebendigen Betrachtung nämlich, zum Gebrauch. Sie wird zukunftsfähig. Und: Die Geschichte von Nationalsozialismus und Holocaust wird kalt. Heiß war sie, solange der lebendige generationelle Zusammenhang in ihre Zeit zurückreichte, als es noch Opas gab, die Wehrmachtssoldaten, SS-Männer, Parteimitglieder oder aber Gegner, Verfolgte oder Opfer waren. Eine vierte, fünfte Generation nach dem Holocaust hat solche Opas nicht mehr. Welche Freiheit damit verbunden ist, zeigt die Ambivalenzfähigkeit heutiger Jugendlicher genauso, wie die schlichte, aber ungeheuer wichtige Tatsache, dass Hitler erstmals keine bedeutende Figur mehr ist, sondern endlich als jene lächerliche Gestalt imaginiert werden kann, wie sie beispielsweise Walter Moers in „Adolf – Ich hock in meinem Bonker“ entworfen hat. Filmclips dieser Art zeigen genauso wie eine Reihe von Spielfilmen – von „Inglorious Bastards“ bis zu „Mein Führer“ – eine Brechung der mythischen Aura der nationalsozialistischen Herrschaft an, die lange überfällig war, aber erst mit dem wachsenden generationellen Abstand möglich wird. [...]

Quelle: Giesecke; Welzer: Das Menschenmögliche, 2012, S. 49 f.

M 18

Das 2005 eröffnete Holocaust-Mahnmal in Berlin

Denkmal für die ermordeten Juden Europas

Bereits 1987 hatten private Initiativen v. a. um die Journalistin Lea Rosh und den Historiker Eberhard Jäckel die Idee zum Bau eines zentralen Denkmals zum Holocaust angestoßen. Zum Leitsatz wurde ein Zitat des Erstunterzeichners Willy Brandt: „Unsere Würde gebietet einen unübersehbaren Ausdruck der Erinnerung an den Mord an den europäischen Juden“. Nach langen Jahren der Diskussion wurde zwischen 2003 und 2005 das heute bestehende Mahnmal nach Plänen des Architekten Peter Eisenmann errichtet. Es umfasst Tausende von Betonstehlen auf einer Fläche von 19 000 m^2. Unter dem Stehlenfeld kann man sich an einem „Ort der Information“ mit dem Holocaust auseinandersetzen.

Walter Moers Comics über „Adolf, die alte Nazisau“

Zwischen 1998 und 2006 veröffentlichte Walter Moers, der durch seine ebenso populären wie polarisierenden Comics um „Das kleine Arschloch“ bekannt geworden war, insgesamt drei Bände über „Adolf, die alte Nazisau“. Im Mittelpunkt steht Adolf Hitler, der, nachdem er 50 Jahre in der Berliner Kanalisation verbracht hat, in der Gegenwart groteske Situationen durchlebt, in denen immer wieder sein krankhafter Rassenwahn ausbricht. Der letzte Band „Adolf – Der Bonker“, der als Parodie auf den Spielfilm „Der Untergang“ verstanden werden kann, wurde von einem Videoclip begleitet, in dem sich Hitler in der Badewanne seines Bunkers sitzend weigert, zu kapitulieren. Die Veröffentlichungen lösten zahlreiche Diskussionen um die Grenzen einer satirischen Auseinandersetzung mit dem Nationalsozialismus aus.

M 19

Eine umstrittene Auseinandersetzung mit dem Hitlerbild stellt der Comic von Walter Moers „Adolf“ dar.

M 20

Das Dokumentationszentrum Reichsparteitagsgelände in Nürnberg

4. Nehmen Sie Stellung dazu, wie mit den immer noch aktuellen Versuchen, Verbrechen des Nationalsozialismus zu leugnen oder zu relativieren, umgegangen werden sollte (M 21 bis M 22). Diskutieren Sie, inwiefern diese Positionen in der Fernsehdiskussion berücksichtigt werden sollten.

M 21 Argumente gegen die Holocaustleugnung

Der Historiker Christopher Egenberger geht auf die Argumente und Strategien von Revisionisten und Holocaustleugner, also auf die sog. Auschwitzlüge, ein und widerlegt diese.

In Deutschland ist es nach § 130 Abs. 3 des Strafgesetzbuches verboten, den nationalsozialistischen Völkermord an den europäischen Juden öffentlich zu billigen, zu verharmlosen oder zu leugnen. [...] Beispielhaft können folgende Argumentationsstrategien beschrieben werden:

1) Mit Hilfe pseudowissenschaftlicher Gutachten wird die Machbarkeit des Massenmordes in den Konzentrationslagern angezweifelt. Dabei argumentieren Holocaustleugner, dass z. B. in den Gaskammern keine Rückstände von Giftgas gefunden worden wären oder dass die Krematorien in Auschwitz viel zu klein für eine massenhafte Verbrennung von Leichen gewesen seien. Derartige Argumente sind aber durch detaillierte wissenschaftliche Untersuchungen und Gerichtsgutachten vollständig widerlegt. [nahezu vollständige Absorption des Giftgases durch die Körper der Opfer – Anmerk. d. Redaktion]

2) Einige Revisionisten versuchen Hitler und die NS-Führung aus ihrer Verantwortung zu entlassen, indem zwar Verbrechen an den Juden zugegeben werden, die zielgerichtete Planung und systematische Durchführung eines Völkermordes aber bestritten wird. Einzelpersonen hätten demnach ohne ausdrücklichen Befehl von oben gehandelt. Eine solche Argumentation, die direkt an die NS-Propaganda anknüpft, gibt den Juden oftmals selbst die Schuld an den an ihnen begangenen Verbrechen. Sie hätten durch ihr Handeln einen «Volkszorn» provoziert, der sich in derartigen spontanen Taten widerspiegelt. [E]ine zentrale Rolle Hitlers und der obersten Führungsriege bei Planung und Durchführung der Vernichtungspolitik [ist] aber unzweifelhaft.

3) Eine dritte Strategie ist es, das Ausmaß des Völkermordes zu verharmlosen. Während der renommierte Historiker Wolfgang Benz die Zahl der jüdischen NS-Opfer auf ungefähr sechs Millionen schätzt, argumentieren Revisionisten, dass eine derartige Anzahl an Juden gar nicht im deutschen Machtbereich gelebt hätte. Da die Meldelisten der Konzentrationslager vernichtet worden sind, beruft man sich auf die erhaltenen Sterbebücher, in denen aber die Opfer der Vergasungen nicht aufgeführt wurden. Dies führt zu der Behauptung, die Konzentrationslager hätten gar nicht der planmäßigen Vernichtung gedient. Die hohe Sterblichkeit sei ausschließlich Unterernährung und Krankheiten geschuldet und unterscheide sich dahingehend nicht von den Verhältnissen in den US-Gefangenenlagern im Rheinland.

4) Der vorangehende Punkt weist bereits auf die Strategie hin, durch einen Verweis auf alliierten Kriegshandlungen die NS-Verbrechen zu relativieren. Das deutsche Vorgehen wäre durch den Krieg bestimmt gewesen, in dem auf beiden Seiten Grausamkeiten begangen worden sind. In diesem Sinne sind die Äußerungen aus der Fraktion der NPD im sächsischen Landtag vom April 2005 zu sehen, welche die alliierten Luftangriffe auf Dresden als «Bombenholocaust» bezeichneten. Auch ein Vergleich mit anderen Völkermorden kann dazu beitragen, die Singularität des Holocaust in Zweifel zu ziehen. Diese beruht aber auf der Tatsache, dass Enteignung, Vertreibung und Ermordung das offen formulierte Ziel eines modernen europäischen Industriestaates waren, mit allen bürokratisch-industriellen Mitteln durchgeführt und selbst die Morde noch einer finanziellen Verwertung unterzogen wurden.

5) Nicht selten vermengen Holocaustleugner ihre abstruse Geschichtsauffassung mit oftmals antisemitischen Verschwörungstheorien. Danach hätten die Alliierten die Lüge des Völkermordes inszeniert, um Deutschland zu schaden und als ebenbürtigen Gegner ein für alle mal auszuschalten. Die Juden würden die Ausschwitzlüge nutzen, um immer neue Wiedergutmachungszahlungen zu erpressen. Zudem setzten sie die internationale Staatengemeinschaft moralisch unter Druck, damit diese den Staat Israel unterstütze. [...]

Geschichtsrevisionisten versuchen ihre Thesen als seriöse Forschung darzustellen. Oftmals sind ihre Schriften mit dem Zusatz ‹Report´ oder ‹Gutachten´ versehen und erscheinen in pseudowissenschaftlichen Magazinen. Eine weitere Taktik, um den Anschein eines fachlichen Diskurses zu erwecken, ist das Verwenden zahlloser Fußnoten und Zitate, wobei sich aber lediglich ein Holocaustleugner auf den nächsten bezieht. Der Leser wird somit argumentativ im Kreis herumgeführt. Es kommt sogar vor, dass auf eine unter einen Pseudonym veröffentlichte eigene Schrift verwiesen wird. Beweise oder Argumente, die ihren Behauptungen widersprechen, werden kaum zur Kenntnis genommen, sondern als Fälschung oder Täuschung zurückgewiesen. Eine unbefangene Überprüfung und Bewertung der Fakten, wie sie die Revisionisten immer wieder selbst fordern, ist im Grunde nicht erwünscht.

Denn bei den Bestrebungen der Revisionisten handelt es sich keineswegs um eine akademische Frage, sondern um das Verfolgen handfester politischer Ziele. Eine Relativierung der deutschen Schuld soll dazu beitragen, die Folgen des verlorenen Krieges – Reparationszahlungen und Gebietsverluste – als eine ungerechte und harte Bestrafung darzustellen. Einer Revision der Geschichtsschreibung müsse dann auch eine Revision der deutschen Ostgrenze folgen.

Quelle: Egenberger: Holocaustleugnung, abgerufen unter: www.bpb.de/politik/extremismus/rechtsextremismus/41342/holocaustleugnung [05.12.2016].

Rechtsgrundlage zur Holocaustleugnung (StGB) M 22

§ 130 Volksverhetzung [...]

(3) Mit Freiheitsstrafe bis zu fünf Jahren oder mit Geldstrafe wird bestraft, wer eine unter der Herrschaft des Nationalsozialismus begangene Handlung der in § 6 Abs. 1 des Völkerstrafgesetzbuches bezeichneten Art [Völkermord] in einer Weise, die geeignet ist, den öffentlichen Frieden zu stören, öffentlich oder in einer Versammlung billigt, leugnet oder verharmlost.

(4) Mit Freiheitsstrafe bis zu drei Jahren oder mit Geldstrafe wird bestraft, wer öffentlich oder in einer Versammlung den öffentlichen Frieden in einer die Würde der Opfer verletzenden Weise dadurch stört, dass er die nationalsozialistische Gewalt- und Willkürherrschaft billigt, verherrlicht oder rechtfertigt. [...]

Geschichtsrevisionismus „light"

Neben der Leugnung der Shoa begegnen uns im Alltag immer wieder harmloser wirkende Beschönigungen des „Dritten Reiches". Neben den unbestrittenen Verbrechen habe dieses auch positive Seiten gehabt – meist wird dabei auf die angeblich niedrige Kriminalität, die niedrige Arbeitslosigkeit, die Rolle von Müttern oder den Autobahnbau verwiesen. Auch wenn diese Aussagen leicht widerlegt oder doch sehr stark relativiert werden können, werden sie auch in Medien immer wieder geäußert. In dem folgenden Text befasst sich der Autor der Wochenzeitung „Die Zeit" mit dem Beispiel des Autobahnbaus.

M 23 Volker Schmidt, Als Hitler die Autobahn stahl

[...] Für die meisten Deutschen beginnt die Geschichte der Autobahn am 23. September 1933, mit dem ersten Spatenstich Adolf Hitlers für die erste „Reichsautobahn" von Frankfurt über Darmstadt und Mannheim nach Heidelberg. Doch die Strecke war ein alter Hut: Sie griff zu einem großen Teil zurück auf Pläne des Vereins zur Vorbereitung der Autostraße Hansestädte-Frankfurt-Basel, kurz HaFraBa, und diese gab es seit 1926.

[...] [D]as Vorhaben der HaFraBa fand keine Unterstützer. Der Verein plante zwar [...] sein Projekt zum Teil per Maut zu finanzieren, doch die Kosten für die fast 1000 Kilometer von Nord nach Süd waren zu hoch.

So entstand die erste deutsche Autobahn anderswo. 1932 eröffnete der Kölner Oberbürgermeister Konrad Adenauer die Kraftwagenstraße Köln-Bonn, die heutige A 555. Gebaut wurde sie von Erwerbslosen, die dafür Geld aus der Arbeitslosenkasse bekamen.

Diese Idee, die Massenarbeitslosigkeit zu bekämpfen, kopierte Adolf Hitler kurz nach seiner Machtübernahme 1933. Noch 1930 hatte seine NSDAP als Oppositionspartei im Reichstag den Bau von Autobahnen abgelehnt, weil davon angeblich nur „reiche Aristokraten" und „jüdische Großkapitalisten" profitierten. Jetzt wollten sie plötzlich die „Mobilität der Volksgemeinschaft" fördern.

Nun ging alles ganz schnell: Die Reichsregierung erließ im Juni 1933 das „Gesetz über die Errichtung eines Unternehmens Reichsautobahnen", einer Tochtergesellschaft der Reichsbahn. Fritz Todt, der spätere Rüstungsminister, wurde zum Generalinspektor für das deutsche Straßenwesen ernannt und organisierte den Bau, der 600000 Jobs bringen sollte. Nach Berechnungen von Historikern wurden es nie mehr als 150000. Aber die Wehrpflicht und die Rüstungsindustrie entlasteten den Arbeitsmarkt ohnehin.

[...] Welche Rolle der geplante Krieg schon bei der Entscheidung für den Autobahnbau spielte, ist umstritten. Sicher ist, dass strategische Aspekte großen Einfluss auf die Streckenführung hatten, bei der die Militärs massiv mitredeten. [...]

Das erste Teilstück der Strecke, deren Bau im September 1933 begann, wird seit dem 19. Mai 1935 befahren. Dass die Trasse der heutigen A 5 auf uralten HaFraBa-Plänen beruhte, ließ die NS-Propaganda unter den Tisch fallen, und die drei Jahre früher von Adenauer eröffnete Strecke Köln-Bonn stufte das Regime kurzerhand zur Landstraße herab.

Schmidt: Als Hitler die Autobahn stahl, 23.09.2013.

DAS WICHTIGSTE IN KÜRZE

Frühe justizielle Aufarbeitung

Direkt nach Kriegsende gab es vonseiten der Alliierten, aber auch vonseiten vieler Deutscher das Bedürfnis, nationalsozialistische Verbrechen zu dokumentieren und die Täter dingfest zu machen und zu verurteilen. Einerseits sollte so ein rechtsstaatlicher Wiederanfang in Deutschland ermöglicht werden, andererseits sollten ähnliche politische Verbrechen künftig durch die abschreckende Wirkung der Verurteilungen verhindert werden. Mit dem Aufkommen des Kalten Krieges und den Gründungen der beiden deutschen Staaten geriet die justizielle Aufarbeitung von NS-Verbrechen jedoch ins Stocken.

Der spektakuläre **Hauptkriegsverbrecherprozess in Nürnberg** gilt trotz vielfach geäußerter Kritik bis heute als Meilenstein für die internationale Verfolgung von Menschenrechtsverletzungen. In ihm wurden 24 Führungspersonen des Nationalsozialismus zur Verantwortung gezogen. Die Anklagepunkte lauteten:

1. Verschwörung gegen den Frieden
2. Verbrechen gegen den Frieden
3. Kriegsverbrechen
4. Verbrechen gegen die Menschlichkeit

Zwölf der Angeklagten wurden zum Tod verurteilt, sieben zu Haftstrafen, drei freigesprochen. Bis 1949 kam es noch zu zwölf Nachfolgeprozesse, in denen u. a. Unternehmer, Generäle, SS-Führer, Ärzte und Diplomaten angeklagt wurden.

Entnazifizierung

Dies war das Nachkriegsprogramm der Siegermächte, um Deutschland von den Einflüssen des Nationalsozialismus und von Nationalsozialisten zu befreien. Dabei wurden des Nationalsozialismus verdächtigte und untersuchte Deutsche gemäß dem Kontrollratsgesetz Nr. 104 zur Befreiung von Nationalsozialismus und Militarismus vom 5. März 1946 in fünf Kategorien eingeteilt: Hauptschuldige, Belastete (Aktivisten, Militaristen, Nutznießer), Minderbelastete, Mitläufer, Entlastete. Gegen die meisten Verdächtigen wurde das Verfahren eingestellt oder sie wurden als Mitläufer eingestuft. 1951 zog der Bundestag einen Schlussstrich unter die Entnazifizierung: Mit einem Entnazifizierungsschlussgesetz beschloss er, dass bis auf als Hauptschuldige und Belastete einsortierte Personen alle anderen wieder im öffentlichen Dienst arbeiten dürften.

Antifaschismus in der DDR

Grundlegend für den Umgang der DDR mit der nationalsozialistischen Vergangenheit war die Faschismustheorie Dimitroffs. Er hatte den Faschismus (zu dem er den Nationalsozialismus zählte) als brutalste Erscheinungsform des Kapitalismus erklärt. Solange es den Kapitalismus gibt, müsse man also auch immer mit dem Wiederausbruch einer faschistischen Diktatur rechnen. Staat und Regierung der DDR sahen sich daher als Vertreter des „real existierenden Sozialismus" historisch legitimiert, fast jeden politischen Gegner als „Faschisten" zu bekämpfen. Eine ehrliche und kontroverse Auseinandersetzung mit dem „Dritten Reich" konnte sich auf dieser Basis nicht entwickeln.

DAS WICHTIGSTE IN KÜRZE

Verdrängung

Mit **Gründung der Bundesrepublik** setzte in Westdeutschland eine Phase der Verdrängung und Verharmlosung des „Dritten Reiches" ein. Ehemalige nationalsozialistische Funktionseliten verstanden es z. B. in Justiz, Schule, Politik und Berufsverbänden ihren Einfluss wieder geltend zu machen und offene Diskussionen zu unterbinden.

Auch auf Ebene der Bundespolitik meinte man auf ehemals aktive Nationalsozialisten nicht verzichten zu können. Ein bekanntes Beispiel hierfür ist Hans Globke, der 1935 an führender Stelle an den Nürnberger Rassegesetzen beteiligt gewesen war und sich trotzdem als Staatssekretär Adenauers im Amt halten konnte.

Kontroversen und Aufarbeitung

In den **1960er-Jahren** verschafften sich zwei unterschiedliche Generationen Gehör: die Generation der Flakhelfer, die den Krieg noch als Jugendliche oder junge Erwachsene erlebt und nun Funktionen in Staat und Gesellschaft übernommen hatten, und die Generation der nach 1945 geborenen „68er", die eine Aufdeckung der Vergangenheit ihrer Eltern und Großeltern forderten. Die Auseinandersetzung mit dem Nationalsozialismus erhielt dadurch einen neuen Antrieb: Spektakuläre Prozesse gegen Nazi-Täter (z. B. der Auschwitz-Prozess 1965) fanden statt, die NS-Vergangenheit wurde ein Thema in Schule und Hochschule und zahlreiche Bücher, Filme und Dokumentationen provozierten Diskussionen.

Vergangenheitsbewahrung

In den letzten Jahren führten nur noch wenige konkrete Streitfälle zu hitzigen Debatten über den Nationalsozialismus. Insgesamt wird kaum bestritten, dass die Auseinandersetzung mit der NS-Diktatur und die damit verbundene Vergegenwärtigung der „radikalen Unselbstverständlichkeit" (Knigge) von Freiheit und Demokratie ein wichtiger Teil unserer politischen Kultur sind.

Diskutiert wurde allerdings immer wieder, in welcher Form eine solche Auseinandersetzung Orientierung für ein verantwortungsvolles und reflektiertes Handeln in Gegenwart und Zukunft geben kann. Was für den einen ein nötiges Aufbrechen erstarrter Gedenkroutine darstellt, wird von anderen möglicherweise als geschmacklos oder verletzend empfunden; während der eine unter einem scheinbaren Übermaß an Informationen zur Zeit des Nationalsozialismus leidet, beklagt der andere allgegenwärtige Wissenslücken. Die Diskussion um eine Auseinandersetzung mit dem Nationalsozialismus wird uns also auch weiterhin begleiten und im Idealfall zu einer lebendigen Geschichtskultur beitragen.

FESTIGUNG – VERTIEFUNG

Weitere Herangehensweisen

- Vergleichen Sie das Denkmal für die ermordeten Juden Europas mit dem auf dem Plakat abgebildeten Buchenwald-Mahnmal. Wie drückt sich hier die unterschiedliche gedankliche Auseinandersetzung mit dem „Dritten Reich" aus? (Vgl. M 2, M 18.)

Vertiefende Aspekte

- Erkunden Sie eine NS-Gedenkstätte in Ihrer Umgebung. Recherchieren Sie, welche Überlegungen der Konzeption zugrunde liegen und ob es bei der Umsetzung Widerstände gab.
- Bereiten Sie ein Referat über die Entnazifizierung in Ihrer Stadt oder Ihrer Gemeinde vor.
- Zeigen Sie an einem aktuellen Fall die Bedeutung internationaler Gerichtsbarkeit bei der Ahndung von Menschenrechtsverletzungen auf.

Weiterführende Quellen und Hinweise

H 1 Exkursion: Memorium Nürnberger Prozesse (Bärenschanzstraße 72, 90429 Nürnberg). Das Memorium informiert am Originalschauplatz über Vorgeschichte, Verlauf und Nachwirkungen der Nürnberger Prozesse. Ausgewählte Objekte wie beispielsweise Teile der originalen Anklagebank oder historische Ton- und Filmdokumente vermitteln einen lebendigen Eindruck vom Prozessgeschehen. Auch Auswirkungen auf den heutigen Umgang mit Menschenrechtsverletzungen werden dokumentiert.

H 2 Frei, Norbert (Hg.): Hitlers Eliten nach 1945. 7. Aufl. München, dtv, 2016. In Aufsätzen verschiedener Historiker wird anhand konkreter Lebensläufe nachgezeichnet, wie NS-Funktionseliten in der Bundesrepublik ihre Karriere fortsetzen konnten.

H 3 Frei, Norbert: 1945 und wir. Das Dritte Reich im Bewusstsein der Deutschen. München, dtv, 2009. Der Historiker Norbert Frei liefert eine kritische Bestandsaufnahme des bundesrepublikanischen Umgangs mit der NS-Vergangenheit. In dieser Neuauflage hat er seine Ausführungen um eine aktuelle Analyse der Auseinandersetzung mit der Geschichte der DDR ergänzt.

H 4 Die Mörder sind unter uns, Spielfilm, Deutschland 1946, Drehbuch und Regie: Wolfgang Staudte (als DVD erhältlich). Der erste deutsche Spielfilm der Nachkriegszeit setzt sich kritisch mit Krieg und Nationalsozialismus auseinander. Am 15. Oktober 1946 wurde der Film im sowjetischen Sektor Berlins uraufgeführt; in der Bundesrepublik Deutschland war der Film erst am 18. Dezember 1971 zu sehen.

H 5 Der Staat gegen Fritz Bauer, Spielfilm, Deutschland 2015, Drehbuch: Lars Kraume, Olivier Guez, Regie: Lars Kraume (als DVD erhältlich). Der gut recherchierte Politthriller zeigt die mühevolle und gefährliche Arbeit des Frankfurter Generalstaatsanwalts Fritz Bauer bei seinem Versuch, Verantwortliche der NS-Verbrechen vor Gericht zu stellen.

4.2 Aufarbeitung der DDR-Vergangenheit

Forschungsinteresse und Kompetenzerwerb

„Je besser wir Diktatur begreifen, desto besser können wir Demokratie gestalten"[1] (Roland Jahn, Bundesbeauftragter für die Unterlagen des Ministeriums für Staatssicherheit der DDR). In dieser Unterrichtseinheit lernen Sie, dass die Aufarbeitung beider deutscher Diktaturen Teil des demokratischen Selbstverständnisses im vereinten Deutschland ist. Der historisch-politische Umgang mit der Vergangenheit ist also ein gesellschaftlicher Prozess, der gewollt sein muss, sich im Laufe der Zeit verändern kann und an dem viele Akteure beteiligt sind. Sie gewinnen einen Einblick darin, auf welchem Weg die Gesellschaft zu einer historischen Deutung kommt und wodurch der Umgang mit Geschichte „bestimmt" wird. Sie begreifen, dass ein gemeinsamer Erinnerungskonsens in Ost und West einen Beitrag zur inneren Einheit des Landes leistet.

Bei der „doppelten Erinnerung" darf die nationalsozialistische Diktatur nicht relativiert und die SED-Diktatur nicht bagatellisiert werden. Das Erinnern an beide Systeme, die die Feindschaft gegen Demokraten und gegen den Rechtsstaat gemeinsam hatten, schärft in Ihnen das Bewusstsein für Freiheit, Recht und Demokratie. Schließlich erkennen Sie den Wert, für Demokratie und Menschenrechte einzutreten.

Vorgehen

Für einen Schülerwettbewerb der Bundeszentrale für politische Bildung erstellen Sie einen künstlerischen Entwurf mit begründendem Exposé für ein Denkmal zur Deutschen Einheit in Ihrer Kommune.

Für das inhaltliche Konzept BESCHÄFTIGEN Sie sich vorab allgemein mit der Geschichte der Aufarbeitung der DDR-Geschichte. Ausgangspunkt sind die Sicherung und die rechtliche Regelung des Umgangs mit den Akten der Staatssicherheit, die eine wesentliche Quellengrundlage für die Aufarbeitung des SED-Staates bilden. Daraufhin UNTERSUCHEN Sie, wie Gedenkstätten arbeiten und welchen Beitrag sie für die Aufarbeitung und Erinnerung leisten. Danach GEHEN Sie dem Einfluss von Medien auf die gesellschaftliche Auseinandersetzung mit dem DDR-Erbe NACH. Schließlich ANALYSIEREN Sie das Phänomen der „Ostalgie". Abschließend BILANZIEREN und BEURTEILEN Sie die justizielle Aufarbeitung der SED-Diktatur und gehen der Frage nach Recht und Gerechtigkeit nach.

ERSTELLEN Sie eine Mindmap der wesentlichen Aspekte zur Aufarbeitung der DDR-Geschichte, die die Grundlage für eine erste Skizze des Denkmals zur Deutschen Einheit in Ihrer Stadt bildet.

Materialauswahl

Mit Fotos von der Erstürmung eines Stasigebäudes sowie von der Rekonstruierung der Stasiakten (M 1) lässt sich gut verdeutlichen, dass es des Engagements des Einzelnen bedarf, sowohl in der öffentlichen politischen Positionierung als auch bei der alltäglichen Aufarbeitung.

Zeitzeugenaussagen wie die Beobachtung und Deutung der ersten öffentlichen Akteneinsichtnahme durch den ersten Bundesbeauftragten für die Stasi-Unterlagen zeigen besser als einzelne Auszüge aus Stasiakten, dass Geschichtsaufarbeitung im

1 Titel eines Interviews von Regierung-Online mit Roland Jahn 50 Jahre nach dem Mauerbau in Berlin, 1. Juni 2011, im Magazin für Soziales und Familie auf der Website der Bundesregierung.

Sinne von Vergangenheitsbewältigung ein individueller und schmerzhafter psychischer Prozess ist. Ein essenzieller Baustein in der Erinnerungsarbeit ist das Gedenken am historischen Ort, da dieser einen direkten, Emotionen weckenden Zugang ermöglicht. Wie Gedenkstättenarbeit abläuft und auf welchen Eckpfeilern sie basiert, schildern am besten Menschen, die diese Arbeit tun, wie die Gedenkstättenleiterin von Bautzen. Reflektierende Texte dienen dazu, den unterschiedlichen Umgang mit der Vergangenheit zu verdeutlichen und Motivationen, die sich aus Schicht- bzw. Milieuzugehörigkeit ergeben, sichtbar zu machen (M 4 bis M 5). Da über den Erfolg der Auseinandersetzung und Aufarbeitung der DDR-Geschichte hauptsächlich in den Medien diskutiert wird, schließt ein solcher Beitrag die Sequenz ab. Der Appell für die Errichtung eines Denkmals für Freiheit und Einheit eröffnet eine Diskussion über kollektives Erinnern anhand von Denkmälern, Standort und Gestaltungsfragen sowie ein gewandeltes nationales Selbstverständnis.

1. **Analysieren Sie die Fotografien (M 1) und erklären Sie deren Stellenwert für die Aufarbeitung der DDR-Geschichte. Arbeiten Sie daraufhin heraus, welche Grundlagen der Staat zur Aufarbeitung geschaffen hat. Legen Sie abschließend dar, welchen Eindruck der Bundesbeauftragte für die Unterlagen der Staatssicherheit, Joachim Gauck, bei der ersten öffentlichen Einsichtnahme in die Stasiakten 1992 gewonnen hat (M 2).**

Demonstranten besetzen Stasizentralen, um die Akten vor der Vernichtung zu sichern

M 1

Demonstranten dringen in das Leipziger Stasigebäude („Runde Ecke“ genannt) ein, um die Vernichtung von Akten zu verhindern. (4. Dezember 1989).

Von der Stasi vernichtete Akten werden rekonstruiert.

Stasi-Unterlagen-Gesetz (StUG)

Jeder kann Einsicht in die Stasiakte nehmen, die über ihn existiert. Die Rechtsgrundlage hierfür bildet das Stasi-Unterlagen-Gesetz (Gesetz über die Unterlagen des Staatssicherheitsdienstes der ehemaligen Deutschen Demokratischen Republik, StUG), das am 29. Dezember 1991 mit großer Mehrheit vom Bundestag verabschiedet wurde. Das zentrale Anliegen dieses Gesetzes ist die Öffnung der Akten des ehemaligen Staatssicherheitsdienstes der DDR für die Aufarbeitung (Forschung, Medien). Dass insbesondere den Betroffenen der Zugang zu den Informationen, die über sie gespeichert wurden, ermöglicht wird, ist in der Geschichte einzigartig.

Zugleich ist es ein Auftrag des Gesetzes, die Persönlichkeitsrechte der Menschen zu schützen, über die Stasiunterlagen existieren. Seit Bestehen der Behörde sind bislang 7 043 748 Anträge eingegangen, darunter 3 112 878 von Bürgern. Zudem wurden ca. 1,8 Millionen Mitarbeiter des öffentlichen Dienstes auf eine Verstrickung mit dem ehemaligen Ministerium für Staatssicherheit hin überprüft. Selbst im Jahr 2015 haben noch 62 544 Bürger einen Antrag zur Akteneinsicht gestellt. Über 111 Kilometer gesammeltes Schriftgut kann bei der Behörde des Bundesbeauftragten (BStU) eingesehen werden.

M 2 Joachim Gauck erinnert sich an die erste öffentliche Einsichtnahme in Stasiakten 1992

[...] Der 2. Januar, als die Akten endlich zugänglich waren, dürfte jedem Bürgerrechtler jedoch als ein Tag des Triumphes über die Stasi in Erinnerung bleiben. [...] Während Heerscharen von Presseleuten Prominenten wie Bärbel Bohley, Rainer Eppelmann, Lutz Rathenow, Ulrike und Gerd Poppe oder Wolf Biermann über die Schulter und in die betroffenen oder bemühten Gesichter blickten, fand ich mich plötzlich neben einem älteren Mann wieder, der über den Zeugnissen seiner ungerechtfertigten Haft saß. Schneller als er erzählen konnte, traten Tränen in seine Augen. Er wollte eigentlich nur wissen, was in der Akte steht, um mit allem abschließen zu können. Aber mit der Erinnerung an seine Haft kam die Erinnerung an seine Frau, die ihn verließ, während er eingesperrt war. Das Gespräch zwischen uns war nur kurz. Aber mehr als durch alle Äußerungen der prominenten Gäste habe ich durch Blick und Geste dieses Aktenlesers erkannt: Wer sich noch einmal seiner Vergangenheit stellt, wer auf den Schutz der selektiven Erinnerung verzichtet, der braucht Mut. Er wird vergangene Phasen wieder durchleben und unter Umständen auch von Gefühlen überwältigt werden. Er wird womöglich noch einmal klein sein und missbraucht, gedemütigt, ausgeschlossen, eingeschlossen, er wird einstigem Schmerz nah sein. Erinnern bedeutet eben nicht nur, etwas Vergangenes neu zu wissen, sondern auch, Vergangenes oder Verdrängtes neu zu fühlen. [...]

Das werde ich nie vergessen – Erleichterung, Ernüchterung, Enttäuschung, Entsetzen, Wut, gemischt mit Lachanfällen und ungläubigem Staunen. Das bedrückende Gefühl, dass die vergangene Diktatur nur äußerlich vergangen war, aber in den Seelen der Menschen höchst gegenwärtig, ließ eine frühe Ahnung in mir wachsen, dass es lange, sehr lange dauern würde, bis wir auch innerlich befreit sein würden von ihrem Zugriff. [...]

Aus: Gauck: Winter im Sommer – Frühling im Herbst, 2009, S. 272 ff.

2. Erschließen Sie sich, welchen Prinzipien Gedenkstättenarbeit zur Aufarbeitung der sozialistischen Diktatur folgt und mit welchen Problemen diese konfrontiert ist.

M 3

Silke Klewin, die Leiterin der Gedenkstätte Bautzen, über die Konzeption des Erinnerungsortes

Die ehemalige Stasi-Sonderhaftanstalt Bautzen II ist heute eine Gedenkstätte. Am historischen Ort des Unrechts erinnert sie an die Opfer des SED-Regimes und dokumentiert politische Verfolgung und Inhaftierung. Sie regt zur Auseinandersetzung mit der Gefängnisgeschichte Bautzens an und will das Bewusstsein für demokratische Werte fördern.

Als steinerner Zeuge ist das Hauptausstellungsstück das Haftgebäude selbst. Die Wahrung des authentischen Ortes und seiner spezifischen Merkmale ist der Ausgangspunkt der Gedenkstättenkonzeption von 1997. Die Besucher lernen ein Gefängnis kennen, das sich weitgehend im Zustand der 1980er-Jahre befindet und konkrete Eindrücke der Haftbedingungen der späten DDR bietet. Zu sehen sind die nur 2 x 3 Meter großen Haftzellen mit Milchglasfenstern, der Isolationstrakt und die von den Häftlingen so genannten Tigerkäfige im Arrestbereich, in denen ein Zwischengitter den Zugang zur Toilette versperrt. Neben den Freiganghöfen und den Garagen mit Gefangenentransporten sind auch ein zugemauertes Loch in der Außenmauer zu entdecken, das den einzig gelungenen Ausbruch aus dem Hochsicherheitsgefängnis bezeugt, ebenso Zellen, die von der Stasi verwanzt wurden, um die Häftlinge Tag und Nacht überwachen zu können.

Bautzen ist ein Haftort mit mehrfacher Vergangenheit. Die Gedenkstätte hat über die Dokumentation der Geschichte der Stasi-Sonderhaftanstalt Bautzen II hinaus den Auftrag, auch die Geschichte der zweiten Bautzener Haftanstalt zu dokumentieren. Bautzen I, wegen der Farbe seiner Klinker „Gelbes Elend“ genannt, war ein NS-Zuchthaus, nach Ende des Zweiten Weltkrieges ein Speziallager der sowjetischen Geheimpolizei (NKWD) und in der DDR eine Strafvollzugseinrichtung. Auch Bautzen II diente im „Dritten Reich“ als Gefängnis und wurde in der Nachkriegszeit vom NKWD als Operativgefängnis genutzt. Die Vermittlung der Zeithistorie von zwei Gefängnissen in drei Verfolgungsperioden erfolgt über den historischen Ort in seiner baulichen Überlieferung, über Dauer- und Sonderausstellungen sowie Bildungsangebote wie Führungen, Schülerprojekte und Veranstaltungen.

Die Darstellung von Biografien nimmt in der Gedenkstätte Bautzen einen besonderen Stellenwert ein. Dies gilt vor allem für die Lebensgeschichten der Opfer, die ihr Schicksal angemessen gewürdigt sehen sollen. Erst die Akzeptanz der Gedenkstätte durch die Opfer der Bautzener Haftanstalten verleiht der Arbeit neben solider Grundlagenforschung Glaubwürdigkeit. Der personale Zugang schließt auch die Seite der Funktionsträger ein. Wer wirkte an dem System der Verfolgung und Inhaftierung mit? Wie wurden Menschen zu Tätern?

In der täglichen Arbeit an einem Ort mit mehrfacher Vergangenheit ist es nicht immer leicht, die politisch gesetzten Aufgaben, die unterschied-

Gedenkstätte Bautzen im ehemaligen Stasi-Gefängnis Bautzen II: Treppenaufgänge und Gitterabtrennungen im ehemaligen Zellentrakt lichen Erwartungshaltungen von ehemaligen Häftlingen verschiedener Verfolgungsperioden, Historikern und Besuchern sowie den engen finanziellen Rahmen der öffentlichen Hand für den Ausbau des besonderen Lernortes miteinander zu vereinbaren. Wie vermittelt man die Geschichte von zwei Gefängnissen, wenn nur einer der beiden Orte zu besichtigen ist? Welcher Zustand des Haftgebäudes soll bewahrt werden, wenn die Zellen und Gänge im Verlauf der Jahrzehnte immer wieder umgebaut und modernisiert wurden?

Die Gedenkstätte Bautzen ist als ein „offener Lernort" gestaltet. Sie bezieht Position, vermittelt aber keine fertigen Wahrheiten oder gar verbindliche Geschichtsbilder. Die Besucher werden in die Lage versetzt, sich die Geschichte anhand ihrer Relikte selbst zu rekonstruieren und Schlüsse aus dem Gesehenen zu ziehen. Die Gedenkstätte setzt in ihrer Bildungsarbeit auf solide historische Forschung und sachliche Vermittlung. Der historische Ort wird erläutert, historische Zusammenhänge erklärt, auch strittige oder noch ungelöste Fragen werden thematisiert. Erhaltene Überreste jeglicher Form werden gezeigt, authentische Sachzeugen ebenso wie Fotografien, Dokumente und subjektive Erfahrungswelten. Besucher können erfahren, wer hier aus welchen Gründen inhaftiert war. Sie erfahren aber auch, wie politische Justiz in den Diktaturen des 20. Jahrhunderts funktionierte und sie werden angeregt, über ihr eigenverantwortliches Handeln in der heutigen Zeit nachzudenken. Die steigenden Besucherzahlen und die große Akzeptanz durch ehemalige Häftlinge zeigen, dass die Gedenkstätte Bautzen mit ihrem vielfältigen Angebot heute für alle ein Ort der Bildung ist. Damit leistet sie einen wesentlichen Beitrag zur Vergangenheitsbewältigung, indem sie die Erinnerung an die Leiden der Opfer wachhält, gleichzeitig aber auch über die Wirkmechanismen von Diktaturen aufklärt. Auch wenn kaum einer der Richter, Vernehmer, Spitzel oder Wärter für sein Handeln in der DDR nach der Friedlichen Revolution strafrechtlich zur Verantwortung gezogen wurde, veranschaulicht ein Ort wie die Gedenkstätte Bautzen den Charakter des Unrechts der SED-Diktatur ganz konkret. Hier lässt sich die Verletzung der Menschenrechte nicht leugnen.

Quelle: Silke Klewin, 2012.

3. Erläutern Sie die Bedeutung des Kinofilms „Sonnenallee" für die historische sowie gesellschaftliche Aufarbeitung der SED-Diktatur.

M 4 Der Historiker Stefan Wolle über die Bedeutung des Spielfilms „Sonnenallee"

Ich gestehe, auch ich habe gelacht. Besonders über den ewig kaputten Mufuti – den Multifunktionstisch, der nur auf Hiebe und Tritte reagierte, über Onkel Heinz aus dem Westen, über die Quartiergäste aus dem Tal der Ahnungslosen. Einige Gags aus dem Film „Sonnenallee" drohen, echte Witzklassiker zu werden. [...] Eine Utopie wird wahr. Endlich lacht sich zusammen, was zusammen gehört. Die gesamtdeutsche Heiterkeit wurde durch einen schrillen Misston jäh gestört. Die „Help e.V.", eine Hilfsorganisation für Opfer der politischen Gewalt, stellte eine Strafanzeige wegen „Beleidigung der Maueropfer". Ich wollte verstehen, welche Motive dahinterstehen und habe beim Geschäftsführer des Verbandes, Peter Alexander Hussock, um ein Gespräch gebeten. Das Büro befindet sich im ehemaligen Dienstsitz des Ministers für Staatssicherheit in Berlin-Lichtenberg. In dem grauen Bürogebäude befand sich fast vierzig Jahre die Hauptverwaltung des Terrors. Am 15. Januar 1990 haben Bürgerrechtler das „Haus 1“ besetzt und zum Museum erklärt. Seitdem kann man dort die Arbeitsräume von Erich Mielke bewundern. Außerdem beherbergt das Gebäude eine Ausstellung, Bibliothek und Dokumentationszentrum sowie verschiedene Organisationen, die sich der Hilfe für Opfer politischer Gewalt widmen. „Dienstags und mittwochs ist das Wartezimmer voll“, sagt Hussock, der im obersten Stockwerk des trostlosen Mielke-Baus sitzt. „Das erstaunliche ist, dass immer noch neue Leute kommen, die erst jetzt ihre Sprache wieder finden.“ Man spürt sofort, hier wird mit einfachen Mitteln und wenig Geld eine ungeheuer wichtige Arbeit gemacht.

Rein juristisch ist die Strafanzeige gegen den Regisseur des Films „Sonnenallee“ nicht so absurd, wie sie im ersten Moment wirkt. In der Tat stellt das Strafgesetzbuch im §194 die Beleidigung von „Angehörigen einer Gruppe, die unter der nationalsozialistischen oder einer anderen Gewalt- und Willkürherrschaft verfolgt wurden“ unter Strafe, insbesondere wenn „die Beleidigung mit dieser Verfolgung zusammenhängt“. Doch im Gespräch wird sehr bald klar, dass es den Opferverbänden gar nicht darum geht, Regisseur Leander Haußmann zu bestrafen oder gar einen Film zu verbieten. „Wo bleibt ein solcher Film wie ‚Die Mörder sind unter uns‘“, fragt Hussock. Dieser Film stellte 1946 sehr eindringlich die Frage nach Schuld und Verantwortung des Einzelnen. Was sollen eigentlich junge Leute denken, die vor zehn Jahren noch Kinder waren? Vielleicht, dass im Todesstreifen an der Mauer fröhlich getanzt wurde?

„Warum gibt es kein Denkmal für die Opfer des Kommunismus“, fragt er weiter. Er bringt das Gespräch auf die als schäbig empfundenen Entschädigungen. Eine Gruppe der Gesellschaft will den Dialog erzwingen. Sie fühlt sich beiseite gedrängt, verletzt und gelegentlich sogar verhöhnt angesichts einer immer weiter um sich greifenden Verklärung der DDR. Eine Spirale von Isolation, Verbitterung und Überreaktion, die neue Isolation erzeugt, scheint sich unaufhaltsam zu drehen. Natürlich sind Brussig und Haußmann die falschen Adressaten für eine Anzeige wegen Opferbeleidigung. Da hätte es in den letzten Jahren ganz andere Anlässe gegeben. Doch gerade die breite Akzeptanz des Filmes verschafft der Debatte eine Publizität, die sie sonst nicht hätte. Daraus ergibt sich die Gefahr, dass die ehemaligen Häftlinge, die Angehörigen der Mauertoten und andere Gruppen als ewige Miesmacher und verbitterte Querulanten an den Rand der Gesellschaft geraten. Darin liegt aber auch eine Chance. Die Filmschöpfer sollten jetzt auf die Regimeopfer zugehen und mit ihnen reden – ob zunächst im geschlossenen Kreis der gleich vor laufenden

Dreharbeiten zum Film „Sonnenallee“ in Berlin (1998)

Mikrofonen, mögen die Betroffenen entscheiden. Sicher ist nur: Es wird ohne die Opfer oder gar gegen die Opfer keinen ehrlichen Diskurs über die DDR-Geschichte geben. […]

Quelle: Wolle, Stefan: Schatten in der Sonnenallee, in: Welt online v. 11.02.2000.

4. Skizzieren und beurteilen Sie den in M 5 und M 6 dargelegten Umgang mit der DDR-Geschichte von Teilen der Gesellschaft. Entwickeln Sie Vermutungen über die Ursachen hierfür.

M 5 Zur Studie über die Bewertung der DDR durch Ostdeutsche

[…] Das Leben von Birger aus Mecklenburg taugt eigentlich zur gesamtdeutschen Erfolgsgeschichte: Die Mauer fällt, als der Junge zehn Jahre alt ist. Nach dem Abitur geht er nach Hamburg: Studium der Volks- und Betriebswirtschaftslehre, Aufenthalte in Indien und Südafrika, dann die Festanstellung in einem Duisburger Unternehmen. Heute ist Birger 30 Jahre alt. […] „Die meisten DDR-Bürger hatten ein feines Leben", sagt er, und: „Ich denke keinesfalls, dass es hier besser ist." Mit „hier" meint er das wiedervereinigte Deutschland, das er fragwürdigen Vergleichen aussetzt: „Früher gab es die Stasi, heute sammelt Schäuble unsere Daten - oder die GEZ." Einen grundsätzlichen Unterschied zwischen Diktatur und Freiheit sieht er nicht. „Die Menschen, die heute am Existenzminimum leben, die haben doch auch keine Reisefreiheit." Birger ist kein ungebildeter junger Mann. Er weiß von Bespitzelung und Repression und findet es „nicht gut, dass man da nicht rauskam und viele Leute unterdrückt wurden". Schnöde Ostalgie, sagt er, sei für ihn kein Thema […]. Aber wenn die Heimat seiner Eltern kritisiert wird, dann regt sich in ihm Widerspruch: „Man kann nicht sagen, die DDR war ein Unrechtsstaat, und heute ist alles gut."

Der junge Mecklenburger macht sich zum Fürsprecher der untergegangenen ostdeutschen Diktatur - und vertritt damit eine Mehrheitsmeinung: 20 Jahre nach dem Mauerfall verteidigt heute eine absolute Mehrheit von 57 Prozent der Ostdeutschen den untergegangenen SED-Staat: „Die DDR hatte mehr gute als schlechte Seiten. Es gab ein paar Probleme, aber man konnte dort gut leben", sagen 49 Prozent. Weitere 8 Prozent der Ostdeutschen wollen schlicht gar keine Kritik an der alten Heimat gelten lassen, sie stimmen der Aussage zu: „Die DDR hatte ganz überwiegend gute Seiten. Man lebte dort glücklicher und besser als heute im wiedervereinigten Deutschland."

Diese Umfrageergebnisse […] zeigen: Die Verklärung der DDR hat die Mitte der Gesellschaft erfasst. Längst sind es nicht mehr nur Ewiggestrige, die der DDR hinterhertrauern. „Es ist eine neue Form der Ostalgie entstanden", sagt der Historiker Stefan Wolle: „Die Sehnsucht nach der heilen Welt der Diktatur geht weit über die ehemaligen Funktionäre hinaus." […] „Viele Ostdeutsche begreifen jede Kritik am System als Angriff auf ihre eigene Person", sagt der Politologe Klaus Schroeder, 59, Leiter des Forschungsverbundes SED-Staat an der Freien Universität Berlin.

Er warnt vor der Verharmlosung der SED-Diktatur durch Jugendliche, die ihr Wissen über die DDR eher aus Familiengesprächen als aus dem

Schulunterricht bezögen. „Nicht einmal die Hälfte der ostdeutschen Jugendlichen bezeichnet die DDR als Diktatur, eine Mehrheit hält die Stasi für einen normalen Geheimdienst", zu diesem Ergebnis kam Schroeder 2008 in einer Schülerstudie: „Diese jungen Leute können und wollen die Schattenseiten der DDR gar nicht kennen."

[...] Mehr als 4000 teils wütende Zuschriften erhielt Schroeder als Reaktion auf die Berichterstattung über diese Studie. [...] „Aus heutiger Sicht glaube ich, wurden wir mit dem Mauerfall aus dem Paradies vertrieben", heißt es da etwa; ein 38-Jähriger schreibt beispielsweise, „Gott sei Dank" habe er die DDR noch einige Zeit erleben dürfen, Existenzangst, Bettler und Obdachlose habe er schließlich erst nach der Wende kennengelernt.

Das heutige Deutschland wird als „Sklavenstaat" oder „Diktatur des Kapitals" bezeichnet [...].

Schroeder hält solche Äußerungen für bedenklich: „Ich befürchte, dass sich eine Mehrheit der Ostdeutschen nicht mit dem heutigen gesellschaftspolitischen System identifiziert." [...] „Der besonnte Blick der Erinnerung ist stärker als die Statistiken über Republikflucht und Ausreiseanträge, stärker sogar als die Akten über Todesschüsse an der Mauer und politische Unrechtsurteile", sagt der Historiker Wolle.

Es sind Erinnerungen von Menschen, deren Familien im SED-Staat nicht verfolgt und schikaniert wurden. Menschen wie dem 30-jährigen Birger, der heute sagt: „Wenn die Wende nicht gekommen wäre, hätte ich auch ein gutes Leben gehabt." [...] „Die DDR hat im Leben eines DDR-Bürgers keine Rolle gespielt", fasst Birger zusammen. Diese Sichtweise teile sein gesamter Freundeskreis, allesamt Zonenkinder mit Hochschulabschluss, Jahrgang 1978. „Wende oder nicht Wende", so hätten sie neulich gemeinsam festgestellt, das sei für sie doch im Grunde egal gewesen. Die Reiseziele wären dann eben nicht London und Brüssel gewesen, sondern Moskau und Prag. Und der eine Kumpel, der heute Beamter in Mecklenburg ist, der wäre in der DDR wohl einfach ein linientreuer Parteisoldat gewesen.

[...] Nur gelegentlich guckt er etwas trotzig und sagt: „Ist nicht so interessant, was ich erzähle, ich weiß. Opfergeschichten lassen sich besser darstellen."

[...] Hier spricht einer, der sich persönlich betroffen fühlt, wenn Stasi-Terror und Repression beim Namen genannt werden. Ein Akademiker, der zwar weiß, „dass man die Mauertoten nicht gut finden kann", dem zum Schießbefehl an der Grenze allerdings auch einfällt: „Wenn da ein großes Schild steht, sollte man da auch nicht hingehen. Grob fahrlässig war das doch." [...]

Quelle: Bonstein, Julia: Heimweh nach der Diktatur, in: Der Spiegel, 27/2009, 29.06.2009.

M 6

Das Coverbild zeigt, wie 20 Jahre nach dem Mauerfall DDR-Symbole teilweise Kultstatus bekommen, Titelfoto: Jens Rötzsch.

Mit der Zeit verblassten die Erinnerungen eines Teils der ostdeutschen Bevölkerung an kärglich ausgestattete Geschäfte, politische Drangsalierung, Rechtlosigkeit und Ohnmacht gegenüber dem DDR-Staat. Es entstand eine Form der nostalgischen DDR-Geschichtserinnerung, wofür der abgeleitete Begriff „Ostalgie" gebraucht wird. Damit ist eine Sehnsucht nach der ehemaligen DDR gemeint, deren Zustand – zumindest in Teilen – in der Rückschau verklärt wird. DDR-Alltagsgegenstände und -symbole, TV-Ostalgie-Shows, aber auch private und professionelle Ostalgie-Partys mit DDR-Propaganda-Requisiten wie Papierfähnchen, Porträts und Transparenten mit Propagandasprüchen dien(t)en als Identitätsanker. Ein Blick auf den Online-Marktplatz „eBay" zeigt zudem, wie alltäglich heute die Suche nach FDJ-, Pionier- oder gar NVA-Faschingskostüme geworden ist.

Ursachen für diese Verklärung sind u. a. die auf die Wiedervereinigung folgende Verschlechterung der sozioökonomischen Lage im Osten, die steile Zunahme von Arbeitslosigkeit und das Missfallen darüber, dass die ehemaligen ostdeutschen Eliten durch die Westdeutschen ersetzt wurden, aber auch die schwierige Suche nach der eigenen Identität im wiedervereinigten Deutschland.

Es hat sich also schleichend eine andere Erinnerungskultur ausgebreitet – gerade auch bei vielen Jugendlichen, die vor allem auf das subjektive Narrativ ihrer Familienmitglieder vertrauen und dieses reproduzieren. Dieses Phänomen zeigt, dass die öffentliche Wahrnehmung historischer Epochen sich im Laufe der Zeit ändern kann. Dabei kommt es zu einem völlig umgelagerten Bild: Die DDR ist dann der Staat, der einen versorgt hat, der für einen da war, der eine Zukunftsgarantie gegeben hat, in dem es eine verlässliche Ordnung gegeben hat, der eine große Existenzsicherung bereitgestellt hat, in dem Frauen und Mütter Wertschätzung fanden. Also Dinge, die heute aufgrund des wirtschaftlichen Niedergangs in Teilen Ostdeutschlands sowie der erhöhten und gesteigerten Wettbewerbsstrukturen verloren gegangen seien.

Der Historiker und Gedenkstättenleiter Hubertus Knabe stieß daher eine Verbotsdebatte für DDR-Symbole an, die die Diktatur der SED repräsentieren: das Staatswappen, die Abzeichen von SED, FDJ und MfS. Bereits 1954 hatte das Bundesverfassungsgericht die westdeutsche FDJ zu einer verfassungswidrigen Organisation erklärt, ein Verbot ausgesprochen und damit auch das Zeigen ihrer Symbole untersagt.

5. **Bilanzieren und beurteilen Sie die Aufarbeitung der DDR-Diktatur anhand des Autorentextes. Beziehen Sie auch die Aussage der Karikatur (M 8) sowie das Anliegen des DDR-Bürgerrechtlers Richard Schröder (M 9) ein.**

Aufarbeitung des DDR-Unrechts

Mit der Wiedervereinigung übernahm der Bundesrepublik Deutschland die justizielle Verfolgung des SED-Unrechts, die bereits in der DDR im Zuge der demokratischen Wende vorangetrieben worden war. Öffentliche Beachtung fanden dabei vor allem die Prozesse gegen Mauerschützen und Politbüromitglieder.

Insgesamt kam es zu über 75 000 Ermittlungsverfahren gegen 100 000 Personen wegen folgender Delikte: Rechtsbeugung, Gewalttaten an der Grenze, MfS-Straftaten, Misshandlung Gefangener, Amtsmissbrauch, Korruption, Wahlfälschung sowie Doping u. a. Davon wurden schließlich 1 737 Personen in 1 021 Verfahren angeklagt. Rechtskräftig verurteilt wurden 753 – etwa jeder zweite Angeklagte. Die Justiz verzichtete bei acht Verurteilten vollends auf eine Strafe, gegen 164 Straftäter verhängte sie Geldstrafen, u. a. wegen Wahlfälschung, Misshandlung von Gefangenen und Dopings. 580 Verantwortliche erhielten eine Freiheitsstrafe, die aber in ca. 90 %

der Fälle zur Bewährung ausgesetzt wurde. Nur in 40 von 523 Fällen wurde eine Haftstrafe von mehr als zwei Jahren verhängt. Diese Zahlen spiegeln auch das hohe Durchschnittsalter der Angeklagten von 64 Jahren wider und die ihnen attestierte Verhandlungsunfähigkeit. Darüber hinaus wird für alte Menschen die Vollziehung einer Freiheitsstrafe als besondere Härte definiert. Es wird zudem davon ausgegangen, dass die Beschuldigten aus Altersgründen keine Straftaten mehr begehen würden.

Die strafrechtliche Aufarbeitung des DDR-Unrechts hat mehr als 15 Jahre in Anspruch genommen. Sie ist abgeschlossen, da nicht mehr davon auszugehen ist, dass noch Taten aufgedeckt werden, die nicht verjährt sind. Die justizielle Aufarbeitung wird durchaus kontrovers diskutiert. Nicht zuletzt auch vor dem Hintergrund, dass nach dem 2007 verabschiedeten SED-Unrechtsbereinigungsgesetz (StrRehaG) „bedürftige" ehemalige politische Häftlinge Anspruch auf Entschädigung in Form einer Opferrente in Höhe von bis zu 300,00 Euro haben. Dem Vorwurf der „Siegerjustiz" oder die Klage „die Kleinen hängt man und die Großen lässt man laufen" widersprechen die Fakten und Zahlen.

Allerdings setzten viele ehemalige Stasi-Angehörige im wiedervereinten Deutschland ihre Karrieren sogar fort – auch im Staatsdienst. Zudem erhalten viele Angehörige der einstigen SED-Elite umfangreiche Pensionen, die weit über dem Rentenniveau früherer DDR-Bürger liegen.

Ausgelöschte Existenzen oder beschädigte Lebenswege lassen sich nicht „wiedergutmachen". Auch die Erwartung, Verbrechen in einem aus Sicht der Geschädigten „gerechten" Sinne zu ahnden, ist unrealistisch. Bestrafen kann ein Rechtsstaat immer nur entsprechend den eng ausgelegten eigenen Regeln. Deshalb sind die Täter einer untergegangenen Diktatur durchwegs im Vorteil: Sie kommen in den Genuss jener Vorteile, die sie ihren Opfern stets vorenthalten haben.

Zum Vergleich: Nach dem Strafgesetzbuch wird Sachbeschädigung mit einer Freiheitsstrafe bis zu zwei Jahren, in schweren Fällen bis zu drei Jahren (gemeinschädliche Sachbeschädigung) oder bis zu fünf Jahren (Zerstörung von Bauwerken) geahndet. Im Jahr 2006 wurden wegen dieser Straftat insgesamt 8951 Beschuldigte rechtskräftig verurteilt. 158 Täter erhielten eine Freiheitsstrafe ohne Bewährung. Folglich hat das wiedervereinte Deutschland die in einem Jahr aufgelaufene Sachbeschädigung deutlich härter sanktioniert als die Verbrechen einer ganzen Diktaturepoche.

M 7

Juristische Aufarbeitung des DDR-Unrechts

Gerichtszeichnung zum Prozess gegen Mitglieder des SED-Politbüros 1992 (u. a. Erich Honecker, Erich Mielke, Willi Stoph)

M 8

Karikatur von Walter Hanel aus dem Jahr 1992

„Entschuldigung, Herr Kollege, aber ich bin vor Ihnen dran."

M 9 Auszug aus einer Rede des Bürgerrechtlers Richard Schröder über ein Denkmal für die Einheit

[...] Im Jahr 2000 wurden Franzosen nach den wichtigsten Ereignissen des 20. Jahrhunderts befragt. An erster Stelle nannten sie den Mondflug, an zweiter Stelle den Fall der Mauer. Zur selben Zeit wurden Deutsche nach dem prägenden Ereignis der deutschen Geschichte des 20. Jahrhunderts gefragt. Westdeutsche nannten die Nazizeit, Ostdeutsche mehrheitlich die deutsche Teilung. [...] Aber weder in Ost noch in West wurde der Fall der Mauer als prägendes Ereignis genannt. [...] Wir haben diese Zeit [1989] gemeinsam erlebt, aber noch nicht eine gemeinsam erzählbare Geschichte daraus gemacht und jedenfalls keine, die uns erfreut und ermuntert. Was wollen wir eigentlich unseren Kindern und Jugendlichen erzählen, die die Jahre 1989 und 1990 nicht erlebt haben? [...] Ein Denkmal für Freiheit und Einheit oder für die Einheit in Freiheit wäre auch der Art nach etwas Neues in Deutschland. Das Kaiserreich war sehr denkmalsfreudig und hat vor allem Siegerdenkmäler und Heldendenkmäler hinterlassen. Wenn es um Opfer ging, waren damit diejenigen gemeint, die ihr Leben für das Vaterland geopfert haben, wie man sagte. Auch die Gedenkkultur der DDR war ausschließlich Heldengedenken. In der Bundesrepublik ist eine Gedenkkultur entstanden, die einer anderen Art von Opfern gilt, den Opfern von Staatsverbrechen. Mahnmale sind das, und das ist so in Ordnung. Aber kein Mensch und kein Volk kann allein aus seinem Versagen Orientierung gewinnen und schon gar nicht Ermunterung. Deshalb könnte ein Denkmal für Freiheit und Einheit helfen. Nach zwei Kriegen und zwei deutschen Diktaturen hat uns das letzte Jahrzehnt des 20. Jahrhunderts die Einheit in Freiheit geschenkt. Ein Denkmal für einen erfreulichen Anlass, das sind wir nicht gewöhnt. Wir können es aber gebrauchen. Wir sind zum Trübsinn nicht verpflichtet. [...]

Quelle: Schröder: Wir sind zum Trübsinn nicht verpflichtet, in: Die Zeit 48/2006, 08.09.2006.

Das Denkmal der Freiheit und Einheit in Berlin – die „Einheitswippe"

Das „Denkmal für Freiheit und Einheit" in Berlin soll an die friedliche Revolution und deutsche Wiedervereinigung 1989/90 erinnern. 2017 wurde der Bau des Denkmals auf dem Sockel des ehemaligen Kaiser-Wilhelm-Nationaldenkmals vor dem wiederaufgebauten Berliner Schloss veranlasst. Der Entwurf trägt den Titel „Bürger in Bewegung" und stellt eine begehbare Schale dar: Wie bei der friedlichen Revolution von 1989 müssen die Besucher miteinander kommunizieren und sich zu gemeinsamem Handeln entschließen, um etwas zu bewegen. Erst wenn sich auf einer Schalenhälfte mindestens 20 Personen mehr zusammenfinden als auf der anderen, beginnt sich die Schale langsam zu neigen. Kritiker verweisen auf den Symbolcharakter des Standortes mit seiner Nähe zum Wilhelminischen Kaiserreich und preußischen Militarismus, auf die „Banalisierung des Umsturzes als eine Art Kippen durch einen spielerischen Herdentrieb"[1] und die enge Verbindung der Begriffe Freiheit und Einheit. Denn die Reformkräfte vom Herbst 1989 intendierten keinesfalls einmütig die Forderung nach einer Vereinigung der beiden deutschen Staaten.

---

1 Poschadt, Ulf: Womit haben wir dieses Denkmal verdient?, in: Welt Online, 19.02.2017, abgerufen unter www.welt.de/kultur/article162193446/Womit-haben-wir-dieses-Denkmal-verdient.html [08.03.2017]

DAS WICHTIGSTE IN KÜRZE

Im Anfang war das Volk: Jene, die im Herbst 1989 „Wir sind das Volk!“ skandierten und damit die Berliner Mauer zum Einstürzen brachten, sicherten auch einen Teil der staatlichen Dokumente der DDR. Ab November 1989 besetzten Bürgerkomittees Dienststellen des Ministeriums für Staatssicherheit der DDR (MfS), um die Auflösung des Geheimdienstes zu erzwingen und die dort gelagerten Stasiakten vor der bereits begonnenen Vernichtung zu retten. Die Sicherung dieses Archivmaterials ist seither Grundlage dafür, die Öffentlichkeit über Struktur, Methoden und Wirkungsweise des MfS aufzuklären. Dazu wurde auf Betreiben der o. g. Bürgerrechtsbewegungen am Tag der Deutschen Einheit, dem 3. Oktober 1990, die **Behörde des Bundesbeauftragten für die Unterlagen des Staatssicherheitsdienstes der ehemaligen Deutschen Demokratischen Republik (BStU)** gegründet. Alle Personen, die von der Stasi überwacht und ausspioniert wurden, haben das Recht auf Einsichtnahme in ihre Akte. Über drei Millionen Menschen haben seither hiervon Gebrauch gemacht. In postdiktatorischen Gesellschaften gilt die Behörde als vorbildlich.

Über eintausend Menschen kamen bei dem Versuch, die DDR „illegal“ zu verlassen, ums Leben; davon starben 136 an der Berliner Mauer. Die individuellen Todesschützen sowie die politisch Verantwortlichen wurden zwischen 1991 und 2004 in den sog. **Politbüro- und Mauerschützenprozessen** verurteilt – insgesamt 275 von ca. 400 angeklagten Personen. Die den Schießbefehl ausführenden Grenzsoldaten erhielten fast ausnahmslos Freiheitsstrafen zur Bewährung. Bei den „Tätern hinter den Tätern“, also den Mitgliedern des Politbüros oder der politischen Führung, wurden Freiheitsstrafen zwischen fünf und acht Jahren verhängt. Die Prozesse gegen die Staatsführung wurden im Falle Erich Honeckers, Erich Mielkes und Willi Stophs wegen Verhandlungsunfähigkeit eingestellt. Für die justizielle Aufarbeitung war es entscheidend, ein klares Zeichen dafür zu setzen, dass Verbrechen gegen die Menschlichkeit grundsätzlich bestraft werden. Auch wenn sie von der in der DDR gültigen Rechtslage gesichert waren. Die juristische Aufarbeitung ist zwar aufgrund der Verjährungsfristen zum Abschluss gekommen. Sie wurde aber von einer Debatte um moralische Schuld, Verstrickung und Sühne überdauert. Denn eine große Zahl von Menschen hatte dem SED-Staat gedient, u. a. Künstler, Journalisten, Sportler.

Die friedliche Revolution und die Wiedervereinigung ermöglichten eine breite öffentliche Auseinandersetzung über die DDR und ihren Unterdrückungsapparat. Im Zuge dessen wurden staatlicherseits Gedenkstätten, Forschungsinstitutionen, Lehrstühle, Stiftungen und parlamentarische Enquete-Kommissionen geschaffen, wie beispielsweise die 1998 gegründete Bundesstiftung zur Aufarbeitung der SED-Diktatur. **Gedenkstätten** sind Orte der Verfolgung, aber auch der Opposition und des Widerstands. Sie sind Zeichen der Anerkennung und moralischen Rehabilitierung der Opfer, wenngleich erlittenes Leid nicht „wiedergutgemacht“ werden kann. Ihr Zweck ist Erinnerungsarbeit zu leisten und eine kollektive Gedächtniskultur zu schaffen. An diversen authentischen Orten gibt es nun Gedenkstätten, die die DDR-Repressionsgeschichte präsentieren. Das **„Gelbe Elend“** in **Bautzen** oder das **Stasigefängnis Berlin-Hohenschönhausen** sind neben anderen zudem Orte einer doppelten Erinnerung, da diese den beiden deutschen Diktaturen – den Nationalsozialisten wie den Kommunisten – bei der Verfolgung politischer Gegner gedient haben. In der Gedenkstättenkonzeption des Bundes von 2008 wird daher folgender Grundsatz formuliert: „Jede Erinnerung an die Diktaturvergangenheit

DAS WICHTIGSTE IN KÜRZE

in Deutschland hat davon auszugehen, dass weder die nationalsozialistischen Verbrechen relativiert werden dürfen noch das von der SED-Diktatur verübte Unrecht bagatellisiert werden darf."[1]

Die individuelle Geschichtserinnerung der Mehrheit der Gesellschaft unterschied sich allerdings von der der Opfer und der Täter. Die eigene Vergangenheit im scheinbar unpolitischen Alltag der „Nischengesellschaft" wurde positiver bewertet. Dieses Empfinden verstärkte sich meist im Zuge des langwierigen und komplizierten Systemwechsels von der Planwirtschaft zur sozialen Marktwirtschaft, von einem geschlossenen zu einem offenen Gesellschaftssystem. Viele DDR-Bürger haben die Wende folglich nicht mehr als Befreiung, sondern als Entwertung ihrer eigenen Lebensleistung wahrgenommen.

Für diese neue Form der nostalgischen DDR-Geschichtserinnerung wird der abgeleitete Begriff **„Ostalgie"** gebraucht. Damit ist eine „unbestimmte Sehnsucht an in der Erinnerung sich verklärende Zustände und Erlebnisse in der DDR"[2] gemeint. Ein Teil der Ostdeutschen konnte nun im zeitlichen Abstand zur untergegangenen Diktatur dem Regime auch positive Seiten abgewinnen („Es war nicht alles schlecht in der DDR"). In dieser verharmlosenden Erinnerung an die DDR werden Kontrolle durch die Partei, Stasiüberwachung und Mauertote gedankenlos, bisweilen vehement verteidigt sowie ökonomische Engpässe in der Versorgung der Bevölkerung, vor allem im Konsumgüterbereich, oder die fehlende Reisefreiheit in den Westen beschwichtigt. Kommerziellen Ausdruck findet diese in der Nachfrage nach typischen Ost-Markenprodukten sowie im Verkauf und in der Zurschaustellung von Hoheitszeichen sowie Symbolen der DDR.

Soziales Paradies oder Stasi-Staat? Diese Polarisierung innerhalb der DDR-Forschung fand 2008 einen Höhepunkt mit der Studie des Politologen und Leiter des Forschungsverbundes SED-Staat Klaus Schroeder über das DDR-Bild von Schülern (siehe M5). Wesentlich ist dabei die Einsicht, dass die „Idylle hinterm Stacheldraht" notwendiger und wesentlicher Teil der Diktatur war. Diese funktionierte eben auch, weil die verordnete soziale Harmonie von vielen Staatsbürgern akzeptiert und internalisiert wurde.

Welche Rolle soll nun die friedliche Revolution von 1989 in der Erinnerung des vereinten Deutschland spielen? Auf welche Weise und an welchem Ort soll dieser gedacht werden? Die Abgeordneten des Deutschen Bundestages beschlossen am 9. November 2007 die Errichtung eines „Freiheits- und Einheitsdenkmals" in Berlin. Dieses sollte ursprünglich nicht nur an die friedliche Revolution im Herbst 1989 und an die Wiedervereinigung erinnern, sondern auch an die freiheitlichen Bewegungen und Einheitsbestrebungen der vergangenen Jahrhunderte in Deutschland. Den Wettbewerb um die Gestaltung des Denkmals, reduziert auf das Erinnern an 1989/90, gewann schließlich der nicht unumstrittene Entwurf von Milla & Partner: eine riesige begehbare Schale mit dem Titel „Bürger in Bewegung".

---

1 Fortschreibung der Gedenkstättenkonzeption des Bundes, in: Deutscher Bundestag, Drucksache 16/9875, 19.06.2008, S. 2.

2 Schülerduden, Fremdwörterbuch, 2012, S. 497.

FESTIGUNG – VERTIEFUNG

Weitere Herangehensweisen

- Legen Sie unter Einbeziehung aller Materialien dar, wodurch Geschichtsschreibung beeinflusst wird.
- Überprüfen Sie die in M 5 geäußerten Urteile über die DDR!
- Erklären Sie den Begriff „Ostalgie“ und skizzieren Sie die zukünftige (Aus-)Wirkung.
- Diskutieren Sie, inwiefern die fremdenfeindlichen Ausschreitungen in den neuen Bundesländern im Zuge der Aufnahme von Flüchtlingen seit 2015 als Zeichen einer gescheiterten Aufarbeitung des DDR-Systems gewertet werden können.

Vertiefende Aspekte

- Recherchieren Sie, welche Erinnerungsorte zur DDR-Geschichte in Ihrer Region existieren. Setzen Sie sich mit Mödlareuth, dem „Klein-Berlin“ in Oberfranken, auseinander und bereiten Sie eine Exkursion dorthin vor (vgl. H 1).
- Erstellen Sie eine Stellenausschreibung für das Amt des/der Bundesbeauftragten für die Stasi-Unterlagen anhand der Biografien der bereits aus diesem Amt ausgeschiedenen Personen (vgl. H 2 und Homepage des BStU).
- Erörtern Sie, ob die Späße in dem Spielfilm „Sonnenallee“ befreiend oder verletzend sind. Verharmlost der Film die Berliner Mauer oder reißt er sie endgültig nieder?
- Diskutieren Sie in Ihrer Klasse, was geleistet werden müsste, um das Thema „DDR-Aufarbeitung“ auch im Westen Deutschlands präsenter zu machen.
- Schildern Sie, wie Künstler, Literaten und Filmemacher durch ihr Werk einen Beitrag zur Aufarbeitung der DDR-Geschichte leisten.
- Vergleichen Sie den Umgang mit der NS- und der DDR-Vergangenheit.
- Skizzieren Sie den Weg zum „Denkmal für Freiheit und Einheit“.

Weiterführende Quellen und Hinweise

H 1 Ein Volk unter Verdacht. Die Staatssicherheit der DDR (DVD des BStU – dort erhältlich). 40-minütiger Film, der folgende Fragen beantwortet: Was war die Stasi? Wo und wie hat sie gearbeitet? Welche Bedeutung hatte sie für die SED-Diktatur? Dabei stehen weniger Strukturbeschreibungen oder Tätergeschichten als vielmehr die Auswirkungen des Stasivorgehens auf die Betroffenen im Mittelpunkt.

H 2 Kaminsky, Anne (Hg.): Orte des Erinnerns. Gedenkzeichen, Gedenkstätten und Museen zur Diktatur in SBZ und DDR, 2. Aufl., Bonn, Bundeszentrale für politische Bildung, 2007. Das Buch verzeichnet 356 Gedenkorte und Erinnerungsstätten, die bundesweit an die Geschichte der Diktatur in der Sowjetischen Besatzungszone und der DDR erinnern. Orte der Verfolgung, der Opposition und des Widerstandes, aber auch Gedenkstätten, die an die deutsche Teilung und ihre Überwindung erinnern, stehen dabei im Mittelpunkt.

H 3 Handro, Saskia; Schaarschmidt, Thomas (Hg.): Aufarbeitung der Aufarbeitung. Die DDR im geschichtskulturellen Diskurs. Schwalbach/Ts., Wochenschau-Verlag, 2011. Die Autoren beschreiben verschiedene Strömungen im geschichtspolitischen Umgang mit der DDR nach 1989/1990.

GELERNT!

4.1 Auseinandersetzung mit der NS-Vergangenheit in Deutschland nach 1945

Sie erkennen, dass die Auseinandersetzung mit dem Nationalsozialismus in verschiedenen Phasen, die eng mit gesellschaftlichen Entwicklungen verflochten waren, stattfand und sich auch zwischen der BRD und der DDR deutlich unterschied. Sie können Geschichtsdiskurse analysieren, Produkte der Geschichtskultur kritisch beurteilen und selbst eine begründete Position einnehmen. Damit können sie auch über Funktionen und Formen einer Auseinandersetzung mit dem „Dritten Reich" in der Gegenwart reflektiert mitdiskutieren. Geschichtsrevisionistische Thesen zum Nationalsozialismus können Sie beurteilen und widerlegen. Gegebenenfalls recherchieren Sie hierzu auch sachgemäß historische Hintergründe.

4.2 Aufarbeitung der DDR-Vergangenheit

Sie kennen die verschiedenen Ansätze zur Aufarbeitung der DDR-Geschichte durch den Staat, die Medien und die Öffentlichkeit. Sie wissen um die Problematik eines verantwortungsbewussten Umgangs mit dem „Erbe" der Staatssicherheit. Sie können die Möglichkeiten und Grenzen einer gerichtlichen Aufarbeitung einschätzen und beurteilen. Zu Ursachen und Formen einer neuen Form der „Geschichtserinnerung", der sogenannten „Ostalgie", nehmen Sie begründet Stellung.

Ihnen ist bewusst, dass Akzentuierungen innerhalb der Geschichtsdeutung und Erinnerungskultur auch parteipolitisch oder durch die Konkurrenz unter Forschungsinstitutionen bedingt sein können.

Insgesamt wird Ihnen der Zusammenhang zwischen einer diskursiven Auseinandersetzung mit der Geschichte und der Entwicklung einer freiheitlichen und demokratischen Gesellschaft bewusst. Dies ist auch für den Prozess des Zusammenwachsen von Ost und West, für die Entwicklung einer nationalen Identität von Bedeutung. Deren Wert für die politische Kultur und für das eigene Leben können Sie einschätzen.

Ihnen ist zudem bewusst, dass viele DDR-Bürger zwei Diktaturen in der Vergangenheit erlebt haben, die sich in manchen Bereichen miteinander vergleichen lassen, in einigen anderen aber nicht – so z. B. die Einzigartigkeit der Verbrechen im Dritten Reich. Ebenso erkennen Sie, dass eine intensive Beschäftigung mit Struktur und Methoden der DDR-Diktatur keine Relativierung des Nationalsozialismus bewirken, wie auch eine Fixierung auf die NS-Diktatur keine Verharmlosung des DDR-Systems zur Folge haben darf.

METHODENKOMPETENZEN (LERNBEREICH 1)

Überblick

Textquellen auswerten 233

Kunstwerke analysieren 234

Liedtexte analysieren 236

Denkmäler analysieren 237

Gedenkstätten analysieren 238

Kartenarbeit 239

Schaubilder analysieren 241

Diagramme analysieren 241

Karikaturen analysieren 242

Fotos analysieren 243

Filme analysieren 245

Politische Plakate analysieren 247

Internetrecherche 249

Debatte und Diskussion 250

Interview 251

TEXTQUELLEN AUSWERTEN

Warum Textquellen benutzen?

Textquellen sind eine wichtige Möglichkeit, einen Einblick in politische und historische Vorgänge zu erlangen. Sie ermöglichen dem interessierten Leser, Situationen auf ganz unterschiedliche Art und Weise kennenzulernen, zu interpretieren und zu analysieren.

Was gibt es für Textquellen?

Texte werden verschiedenen Textsorten zugeordnet, nämlich historischen, wissenschaftlichen, fiktionalen und persönlichen Texten. Aus den unterschiedlichen Eigenarten dieser Textformen ergeben sich jeweils spezifische Erschließungsmuster und Interpretationen. In der Geschichtswissenschaft trennt man scharf den Begriff „Schriftquelle" von dem der „Sekundärliteratur", die Quellen oder andere Texte behandelt. Bei der Erschließung von Texten muss diese Unterscheidung vom Rezipienten geleistet werden.

Anhand historischer **Textquellen** kann man Informationen über vergangene Ereignisse erlangen. Die Texte sind in der Vergangenheit entstanden, berichten also über ein bestimmtes Ereignis, Verfahren oder eine Alltagssituation und nehmen Bezug darauf. Sie können unterschiedlichste Inhalte aufweisen: Sie können einen normativen Charakter haben, wie Verfassungen, Gesetze, Ordnungen oder auch Gerichtsurteile, sie können aber auch tendentiös und beeinflussend sein, wie Reden oder Proklamationen. Hierbei handelt es sich um Primärquellen. Sekundärquellen sind Berichte und Überlieferungen aus zweiter Hand, die ihrerseits Primärquellen zitieren oder aus diesen entstanden sind.

Der Stil eines **wissenschaftlichen Textes** ist dabei zumeist sehr nüchtern. Sachverhalte werden mit Fakten und Beispielen untermauert und präsentiert. Der Autor eines wissenschaftlichen Textes bezieht seine Informationen aus unterschiedlichen Quellen und versucht auf dieser Grundlage, eine möglichst zutreffende Hypothese zu formulieren. Wissenschaftliche Sekundärliteratur erhebt den Anspruch, zur objektiven Meinungsbildung beizutragen. Diese Texte zählen allerdings nicht zu den Schriftquellen.

Es gibt aber auch erzählende Schriftquellen, wie z. B. **fiktionale Texte**. Diese beziehen sich nicht auf ein Ereignis, das tatsächlich stattgefunden hat. Diese Texte können einen wertvollen Einblick in Wünsche, Vorstellungen und Einstellungen des Autors geben.

Persönliche Texte, auch Egodokumente genannt, geben weitere wertvolle Einblicke in historische und zeitgenössische Geschehnisse. Dies sind sehr persönliche, subjektive Einblicke. Zu diesen Texten gehören Briefe oder Tagebucheinträge.

Wie gehe ich vor?

Nach dem ersten Lesen des Textes mit gleichzeitigem Markieren und Exzerpieren der wichtigsten Informationen sollte man entscheiden, um welche Art von Textquelle es sich handelt. Die Informationen eines Kommentars sind anders zu interpretieren als die Informationen eines wissenschaftlichen Artikels über ein Ereignis im 18. Jahrhundert. An dieser Stelle können Sie im Idealfall auch feststellen, welche Absicht der Autor mit seinem Text verfolgt.

Auch der Aufbau eines Textes kann für die Analyse von Bedeutung sein. Handelt es sich bei dem Text um eine Erörterung mit Beweisführung oder ist es eher ein darstellender/beschreibender Text? Die Beantwortung dieser Fragen kann bei der Interpretation des Inhalts hilfreich sein. Von Vorteil ist es auch, den Sprachstil des Autors zu berücksichtigen. Dieser kann Aufschluss darüber geben, an welche Leserschaft der Text gerichtet ist. Ein Text, der an ein Fachpublikum gerichtet ist, ist anders gestaltet als ein Text, der sich an Laien richtet. Der Sprachstil des Autors kann auch zeigen, ob eine bestimmte politische Gesinnung oder Absicht hinter dem Text steckt.

Abschließend ist es entscheidend, nach der Intention des Autors zu fragen. Ist es die Absicht des Autors, den Leser zu beeinflussen, will er ihn überzeugen oder handelt es sich um einen neutralen Informationstext?

Welche Probleme können auftreten?

Bei der Arbeit mit Textquellen ist vor allem zu beachten, dass Autoren den Leser unter Umständen absichtlich in eine bestimmte Richtung lenken wollen, um ihn von ihrem Standpunkt zu überzeugen. Auch ist es wichtig, sich darüber im Klaren zu sein, dass ein historischer Text beispielsweise in seiner Entstehungszeit vollkommen anders interpretiert worden sein könnte. Ähnlich sind politische Texte zu werten, die in einem totalitären oder autoritären Regime entstanden sind.

KUNSTWERKE ANALYSIEREN

Kunstwerke als Traditionsquelle

Kunstwerke, ob Gemälde, Skulpturen, Statuen etc., dienen nicht nur den Zeitgenossen als Augenweide, Anregung und Auseinandersetzung, sondern sollen auch für zukünftige Generationen Zeugnis ablegen. Kunstwerke dokumentieren historische Ereignisse, geben Auskunft über gesellschaftliche Wertevorstellungen und Diskurse oder über die Herrschaftslegitimation führender Personen.

Man kann in mythologisch-religiöse (Gottesdarstellung, Heiligenfigur, Grab- bzw. Altarplastik), repräsentative (Denkmal, Statue, Mahnmal, Herrscherbildnis) oder profane (Porträt, Akt, Büste, Figur, Objekt) Kunstwerke unterteilen.

Vorgehen bei der Analyse

1. Beschreibungsstufe

- Wer und was ist zu sehen?
- Wird ein Titel angegeben?
- Welche Gestaltungsmittel wurden verwendet – Mimik, Gestik, Linien etc.?
- Besteht Detailtreue oder werden Formen vereinfacht?
- Wie ist das Verhältnis der Teile zum Ganzen?
- Ist Bewegung erkennbar oder Stillstand? Bewegungsrichtung?
- Welche Symbole fallen besonders auf?
- Besteht das Kunstwerk aus mehreren Elementen?
- Worauf ist der Blick des Betrachters vor allem gerichtet?

2. Kontext

- Um welche Art von Kunstwerk handelt es sich?
- Welche Maße umfasst das Kunstwerk?
- Aus welchem Material besteht das Kunstwerk?
- Wer ist der Künstler? Welche Informationen sind über ihn bekannt?
- Wer ist der Auftraggeber? Welche Informationen sind über ihn bekannt?
- Wann und wo ist das Kunstwerk entstanden?
- Welchem Zweck dient das Kunstwerk?
- Welcher Anlass führte zur Entstehung des Kunstwerkes?
- Welcher Kunstepoche und welchem Kunststil lässt sich das Werk zuschreiben?
- Wer ist der Adressatenkreis?

3. Interpretationsstufe

- Welches Ereignis bzw. welches Thema wird aufgegriffen?
- Welche Elemente wirken übertrieben, welche untertrieben?
- Wird die Szene oder die Person beschönigt?
- Welche Absicht verfolgt der Künstler bzw. der Auftraggeber?
- Welche Wirkung soll(te) beim zeitgenössischen Betrachter hervorgerufen werden?

4. Bewertungsstufe

- Beurteilen Sie, welche Aussage das Kunstwerk über die Vergangenheit macht.
- Erklären Sie, ob diese Aussage realistisch ist oder nicht.
- Diskutieren Sie die politische und zeitgenössische Wirkungsabsicht.

- Fassen Sie die Fragen zusammen, die durch das Kunstwerk nicht beantwortet werden können.
- Vergleichen Sie das Kunstwerk mit anderen Werken zur gleichen Thematik.

Problematik

Das Kunstverständnis der Epochen ist sehr unterschiedlich. Für eine tiefer gehende Interpretation bedarf es eines umfangreichen Wissens über die jeweilige Zeit bzw. das behandelte Ereignis, das Kunstverständnis seiner Entstehungszeit und die näheren Umstände beim Zustandekommen des Kunstwerkes. Deshalb können vermeintlich offensichtliche Interpretationen sehr leicht in die Irre führen.

LIEDTEXTE ANALYSIEREN

Lieder als geschichtswissenschaftliche Quellen

Lieder finden sich in allen Kulturkreisen und zu allen Zeiten; sie dokumentieren alltags-, sozial- und mentalitätsgeschichtliche Aspekte der Vergangenheit wie auch der Gegenwart; in ihnen „klingen" Gefühle, Einstellungen, Sehnsüchte und Ängste ganzer Gesellschaften. Der wesentliche Unterschied gegenüber reinen Textquellen besteht vor allem darin, dass Vokalmusik nicht nur sprachliche, sondern auch musikalische Informationen wie Tonumfang, Tempo, Lautstärke, Rhythmik, Melodik etc. enthält; die Analyse und Interpretation findet hier also auf zwei Ebenen statt: der Text- und der Musik-Ebene.

Analysebausteine

1. Liedinhalt und -gestaltung

- Was ist das Thema bzw. das Motiv?
- Wie ist das Lied aufgebaut? Lassen sich Abschnitte, Wiederholungen usw. erkennen? Wie ist die gegenseitige Beziehung der einzelnen Teile zueinander?
- Welche Stimmung bzw. Atmosphäre herrscht vor?

2. Textanalyse

- Welche Sprache, Sprachebene, Syntax usw. wurde verwendet?
- Finden sich rhetorische Figuren?
- Finden sich Reime oder Reimschemata?

3. Musikanalyse

- Welche Tonart herrscht vor?
- Finden sich melodische Auffälligkeiten (vgl. Tonumfang, -schritt, -sprung etc.)?

- Finden sich rhythmische Auffälligkeiten (vgl. Taktart, Taktwechsel, Dynamik etc.)?
- In welchem Verhältnis stehen Text u. Musik/Gesang u. Instrumente zueinander?

4. Liedentstehung

- In welcher Situation entstand das Lied?
- Wer ist Texter, Kompositeur, wer Auftraggeber, wer das intendierte Publikum?

5. Bewertung

- Welche Aussage macht das Lied über die Vergangenheit?
- Welche Schlüsse lassen sich aus dem Lied ziehen?
- Welche Deutung vermittelt das Lied? Ist diese Wirkung gewollt? Wodurch wird sie erzielt?
- Welche Fragen können anhand des Liedes (nicht) beantwortet werden?
- Wie fällt ein Vergleich mit weiteren Liedern zur gleichen Thematik aus?

Problematisierung

Eine umfassende Liedanalyse ist sehr komplex, eben weil sie eine Text- und eine Melodieanalyse zugleich erfordert. Dafür lässt sich die emotionale Seite einer Geschichtssituation mithilfe eines Liedes sehr einfach reproduzieren und ermöglicht so einen Zugang zum besseren Verständnis einer Zeit, der sich über Zahlen und theoretische Abhandlungen eher nicht eröffnet.

DENKMÄLER ANALYSIEREN

Überreste und Denkmäler als historische Quellen

Denkmäler, die zu einem bestimmten Zweck an einem bestimmten Ort erbaut wurden, können nur an ihrem Standort aufgesucht und untersucht werden. Diese Besonderheit haben sie mit anderen immobilen Objekten, oftmals Überresten wie z. B. Kirchen, Schlösser oder Brücken, gemein. Diese Sachquelle wird an ihrem ursprünglichen Ort und in ihrem ursprünglichen Zusammenhang aufgesucht und nicht davon losgelöst betrachtet wie im Klassenraum oder im Museum.

Denkmäler (Standbild, Mahnmal, Sieges-, Helden- oder Nationaldenkmal) stellen einen Sonderfall innerhalb der o. g. Sachquellen an außerschulischen Lernorten dar, weil es sich hierbei um Dokumente der Erinnerungskultur handelt. Sicherlich ist ein Denkmal ein Bauwerk, allerdings geht es hier um die Ermittlung der Zielsetzung bei der Errichtung des Denkmals, das an ein für die jeweilige Gegenwart und perspektivisch auch für die erwartete Zukunft als bedeutsam angesehenes Ereignis oder eine Person erinnern soll. Bei der Analyse geht es zudem um die spätere Rezeption des Denkmals und seine heutige Wirkung und Bedeutung.

METHODENKOMPETENZEN

Vorgehen

1. Beschreibung	2. Interpretation	3. Bewertung
– Bestimmen Sie den Denkmalstyp. – Beschreiben Sie das Denkmal: Aussehen, Größe, Erscheinungsform, Lage, Inschriften, Material. – Halten Sie Ihre eigenen Gefühle bei der Betrachtung fest. Vergleichen Sie diese mit Aussagen von anderen Betrachtern, die Sie befragen.	– Was bedeuten die Figuren, Symbole, Inschriften? – Wer war mit welcher Zielsetzung der Auftraggeber und wie wurde das Denkmal finanziert? – Welche Funktion wurde ihm zur Entstehungszeit zugewiesen?	– Beurteilen Sie die heutige Situation des Bauwerkes einschließlich seiner Funktionen und Umgebung (Erinnerungswert, angemessene Nutzung, ausreichende Hinweise auf historische Bedeutung). – Vergleichen Sie Ihre eigenen Eindrücke und Deutungen mit Interpretationen in Broschüren und Stadtführern. – Wird die Darstellung der historischen Figur bzw. dem dargestellten Ereignis gerecht?

Problematik

Denkmäler sind Geschichtsinterpretationen und politische Positionierungen aus der Zeit ihrer Errichtung. Insofern sagen sie mehr über die Zeit ihrer Entstehung aus als über das Geschichtsereignis, an das sie erinnern wollen. Dennoch ist es für eine Beurteilung bzw. Bewertung des Denkmals notwendig, sich mit dem historischen Ereignis, auf das das Denkmal verweist, auseinanderzusetzen. Die Herausforderung dabei ist, sich von der Eigenwirkung des Denkmals nicht beeinflussen zu lassen.

GEDENKSTÄTTEN ANALYSIEREN

Gedenkstätten als historische Quelle

Als „Gedenkstätten" gelten Räume, „[...] die unmittelbar an das historische Geschehen an diesen Orten erinnern und durch ein Museum, ein Archiv oder die Betreuung von Gruppen von BesucherInnen pädagogisch vertiefende Angebote bieten oder ermöglichen [...]" (Uwe Neirich: Erinnern heißt wachsam bleiben: pädagogische Arbeit in und mit NS-Gedenkstätten, Mühlheim a. d. R. 2000, S. 22). Exkursionen zu Gedenkstätten lassen sich häufig mit Projektarbeit „vor Ort" verknüpfen, die dem gemeinsamen entdeckenden Lernen (z. B. Spurensuche) dient. Exemplarisch wird so die Auseinandersetzung mit der gesellschaftlichen Praxis des historischen Gedenkens und ihren sich wandelnden Formen und Funktionen in Vergangenheit und Gegenwart verdeutlicht oder die reflektierende Beschäftigung mit absichtsvoll präsentierter und interpretierter Geschichte und den sie bestimmenden Gestaltungs-, Auswahl-, Darstellungs- und Wertungsperspektiven gesucht. Auch wenn der Gedenkstättenbesuch dem historisch-politischen Lernen vor Ort dient, so muss doch stets die besondere Würde des Ortes bewusst gemacht und bewahrt werden, vor allem wenn jener zugleich Friedhof und Stätte der Trauer ist.

Vorgehen

1. Beschreibung	2. Interpretation	3. Bewertung
– Beschreiben Sie die Gedenkstätte aus allen Perspektiven (von außen und innen). – Ermitteln Sie die frühere und heutige Umgebung. („Learning by Going“). – Halten Sie Ihre eigenen Gefühle bei der Betrachtung fest. Vergleichen Sie diese mit Aussagen von anderen Besuchern, die Sie befragen.	– Welche Funktion(en) hatte die jeweilige historische Stätte in der Vergangenheit inne? – Wie wurde mit dem „historischen Erbe“ in der Folgezeit umgegangen? – Vor welchen konzeptionellen Problemen bzw. Entscheidungen standen die „neuen“ Eigentümer? – Wer ist heute Träger der Gedenkstätte? – Nach welchen Prinzipien wird die Vergangenheit präsentiert und gedeutet?	– Beurteilen Sie die heutige Situation der Gedenkstätte (Ausstattung, Finanzsituation, Personal). – Bewerten Sie die Zielsetzung, den Informationsgehalt und das pädagogische Konzept – Kontroversen um die Darstellung? „Schockpädagogik“? – Wird die Präsentation des historischen Raumes dem Leiden der Opfer gerecht? – Vergleichen Sie diese Gedenkstätte mit einer anderen gleicher Thematik.

Problematik

Da Gedenkstätten mehr oder weniger Originalschauplätze sind, suggerieren sie historische Authentizität. Diese besteht aber nur teilweise. Es fehlen nicht nur die Personen von damals, sondern es hat sich auch das Umfeld verwandelt. Was von den Gebäuden selbst erhalten ist, bestimmten die Umstände späterer Generationen, nicht die historische Wirklichkeit. Zudem ergibt sich aus dem veränderten Umfeld eine andere Wirkung. Zum Beispiel hatte ein Dom früher prägenden Charakter für ein Stadtbild. Heute fällt er unter den zahlreichen Hochhäusern gar nicht mehr auf.

KARTENARBEIT

Wozu Karten?

Karten veranschaulichen die Abhängigkeit historisch-politischen Handelns von Raumbedingungen (z. B. Bodenbeschaffenheit, Klima, Größenverhältnisse, Lage an Gewässern/Gebirgen etc.); gleichzeitig machen sie die Veränderungen solcher Raumverhältnisse in der Geschichte deutlich (z. B. Verringerung der Abhängigkeit von der Natur durch technischen Fortschritt). Der Ort historischer Ereignisse wie auch die Lage historischer Mächte (zueinander) kann aus Karten bestimmt werden.

Was für Karten gibt es?

Synchrone Karten: Der geografisch-historische Raum wird statisch in seinem historischen Zustand dargestellt.

Diachrone Karten: Die dynamische historische Entwicklung im geografisch-historischen Raum wird dargestellt.

Historische Karten: Da Karten historische Sachverhalte aus Sicht einer spezifischen Fragestellung organisieren und damit interpretieren, stellen sie die Sichtweise einer Person zu einem bestimmten Zeitpunkt dar. Wenn die in der Karte enthaltene Perspektive Gegenstand der historischen Untersuchung ist, kann die Karte selbst zu einer Quelle werden.

Zeitgenössische Karten: Anders als historische Karten entsprechen diese dem gegenwärtigen Wissensstand. Je nach thematischer Anlage werden unterschiedliche Kartentypen erstellt: politische, demografische, wirtschaftliche, sozialgeschichtliche, ideengeschichtliche, kulturgeschichtliche, sprachliche, militärische Karten. Am detailliertesten bilden topografische Karten die Geländeformen, Gewässer, Vegetation, Siedlungen, Verkehrswege, Grenzen etc. ab; physische Karten verzichten auf die Darstellung der Vegetation. Darüber hinaus begegnet man unterschiedlich stark reduzierten Informationen auf Umrisskarten bis hin zu sehr vereinfachten Kartenskizzen.

Vorgehen bei der Analyse

1. Orientierung

- Wo (auf der Welt) befinden wir uns? (Länder, Orte benennen)
- Welcher Zeitpunkt bzw. -raum wird dargestellt? (Maßstab vergegenwärtigen)
- Was ist dargestellt? (Überschrift, Legende, Symbolik, Zeichen, Farben)

2. Analyse

- Wie werden die raumzeitlichen Strukturen dargestellt?
- Welche Zusammenhänge/Beziehungen lassen sich erkennen?
- Wie und warum sind die dargestellten Strukturen entstanden?

3. Folgerungen

- Was hat sich verändert? Was wird sich verändern?
- Wie werden Menschen (Individuen/Systeme) reagieren?
- Welche Entwicklungen könnten sich ergeben?

4. Bewertung

- Was ist auffällig?
- Was ist logisch/unlogisch, vorteilhaft/nachteilig für …?
- Was zeigt die Karte nicht?

Kartenlesen

Karten sind anschaulich und übersichtlich, jedoch auf das Wesentliche reduziert und dadurch zwangsläufig abstrakt. Sie verkleinern die Wirklichkeit durch einen Maßstab, vereinfachen und bilden dreidimensionale Realität auf einer zweidimensionalen Ebene ab. Somit ist die Geschichtskarte kein reales Bild, sondern eine Kunstsprache, die sich aus vielen Zeichen zusammensetzt und erst „übersetzt“ werden muss.

SCHAUBILDER ANALYSIEREN

Schaubilder: Auf den Punkt gebracht

Um komplexe Sachverhalte wie staatliche Organisationsstrukturen, Kausalverflechtungen oder Beziehungsgefüge darzustellen, bedarf es vieler Worte – oder eines Schaubildes, das vereinfacht darstellt, in welcher Beziehung einzelne Akteure zueinander stehen. Sinnvoll strukturiert und einprägsam visualisiert bleibt die Thematik leichter im Gedächtnis und somit langfristig verfügbar. Um dem Schaubild stimmige Informationen zu entnehmen, sind die genaue Betrachtung und die gründliche Untersuchung mithilfe der richtigen Fragestellung wichtig.

Auswertung von Schaubildern

1. Beschreibung	2. Untersuchen	3. Deuten
– Was ist das Thema? – Welche geometrischen Formen, Linien und Pfeile werden verwendet? – Wie stehen die einzelnen Elemente zueinander?	– Was bedeuten die verwendeten Fachbegriffe und Symbole? – Wer sind die genannten Personen? – Wie ist die historische Situation, in die die Thematik des Schaubildes einzuordnen ist?	– Welche Informationen vermittelt das Schaubild? – Wie lautet die Gesamtaussage des Schaubildes? – Welche Bedeutung hat die Aussage des Schaubildes?

Schaubilder: Achtung – abstrakt!

Schaubilder verallgemeinern die dargestellten Sachverhalte, reduzieren sie auf Wesentliches und Charakteristisches – dadurch sind sie in hohem Maße abstrakt. Es ist daher meist nötig, einzelne Aspekte durch weitere Recherche zu ergänzen und zu vertiefen.

DIAGRAMME ANALYSIEREN

Wozu Diagramme?

Diagramme sind grafische Umsetzungen von Tabellen und damit anschaulicher und meist schneller verständlich als diese. Am häufigsten begegnet man Kreis- oder Tortendiagrammen (zur Veranschaulichung von Anteilen), Kurvendiagrammen (zur zeitlichen Ordnung von Daten) und Balken- oder Säulendiagrammen (für Vergleiche sinnvoll). Diagramme machen Kerninhalte statistischer Daten optisch leicht und schnell lesbar. Für einzelne Werte bleibt es aber meist notwendig, sich die dahinterliegenden Tabellenwerte der Statistik anzuschauen.

Vorgehen

1. Beschreibung	2. Interpretation	3. Bewertung
– Worüber wird etwas ausgesagt? (z. B. Titel, Fachbegriffe, zeitliche und geografische Einordnung) – Mit welchen statistischen Methoden wird etwas ausgesagt? (z. B. Diagrammart, absolute oder relative Zahlen) – Welche Auffälligkeiten bestehen? (z. B. Extremwerte, Sprünge, Entwicklungsrichtungen, Parallelität/Unterschiedlichkeit verschiedener Datenreihen, Abweichungen von zu erwartenden Werten, Gruppenbildungen)	– In welchem historischen Kontext ist das Diagramm zu sehen? – Warum sind die Daten so und nicht anders? – Was ist aus dem Diagramm zu schließen?	– Ist die Darstellung übersichtlich und wurde der richtige Diagrammtyp ausgewählt? – Sind die Daten sachlich richtig, glaubhaft, repräsentativ? – Ist die Darstellung „gestaucht“ oder verzerrt? Wie wirkt sich dies optisch aus? – Worüber macht das Diagramm keine Aussage? – Wer ist der Autor, welche Intentionen verfolgt er und welche Zielgruppe hat er?

Die Suggestion des Objektiven

Durch die Verwendung von Zahlen wird Statistiken häufig besondere Seriosität und Objektivität zugeschrieben. Im Gegensatz dazu existiert die Behauptung, alle Statistiken seien manipuliert. Beides ist nicht zutreffend, allerdings ist ein kritischer Umgang mit Diagrammen (wie mit allem Material) erforderlich: Das Diagramm könnte fehlerhaft sein (primär: die Daten selbst; sekundär: ihre Anordnung, Bearbeitung, Präsentation) und enthält per se eine Interpretation (selbst die Auswahl der Daten ist bereits eine solche).

KARIKATUREN ANALYSIEREN

Karikaturen als historische Quelle

In Karikaturen werden politische oder gesellschaftliche Ereignisse, Probleme und Entwicklungen auf humorvolle, oft satirische Art stark vereinfacht und reduziert auf eine Kernaussage dargestellt. Um Karikaturen interpretieren zu können, bedarf es eines geschichtlichen Hintergrundwissens zu dem angesprochenen Thema.

Vorgehen bei der Analyse

1. Beschreibungsstufe

- Wer und was ist zu sehen?
- Wie sind die Personen gezeichnet – Mimik, Gestik, Kleidung, Frisur etc.?

- Welche Bildmerkmale bzw. Symbole fallen besonders auf?
- Wie ist die Karikatur aufgebaut – Vordergrund, Hintergrund, Größenverhältnisse?
- Welche Stimmung bzw. Atmosphäre herrscht vor?
- Gibt es eine Bildunterschrift bzw. einen Titel?

2. Kontext

- Wann und wo ist die Karikatur entstanden?
- Welcher Anlass führte zur Entstehung der Karikatur?
- Wer ist der Adressatenkreis?

3. Interpretationsstufe

- Welches Ereignis bzw. welches Thema wird aufgegriffen?
- Welche Bildelemente wirken übertrieben, welche untertrieben?
- Welche Position vertritt der Zeichner?
- Welche Absicht verfolgt der Zeichner?

4. Bewertungsstufe

- Beurteilen Sie, welche Aussage die Karikatur über die Vergangenheit macht.
- Diskutieren Sie politische und zeitgenössische Aussageabsicht bzw. die Kritik des Zeichners.
- Fassen Sie die Fragen zusammen, die anhand der Karikatur nicht beantwortet werden können.
- Vergleichen Sie mit weiteren Karikaturen zur gleichen Thematik.

Problematik

Karikaturen befassen sich meist nur mit einem spezifischen Punkt und blenden alle anderen Dinge aus. Sie müssen von ihrer Konzeption her oberflächlich sein und können nur mit der in ihrem Zielpublikum bekannten Bildersprache sprechen. Differenzierungen sind kaum möglich, ebenso wenig eine Aufklärung von in der Öffentlichkeit noch nicht diskutierten Themen. Sie dürfen auch nicht mit der öffentlichen Meinung verwechselt werden, da sie in erster Linie die Meinung des Karikaturisten abbilden, der wiederum etwas Pointiertes aus den Tagesnachrichten für sein Zielpublikum finden muss.

FOTOS ANALYSIEREN

Fotos als Bildquellen

Ab etwa 1850 löste die Fotografie die Malerei bei Abbildungen zunehmend ab, weshalb Fotos seither als historische Quelle nicht mehr wegzudenken sind. Sie verschaffen dem Betrachter einen visuellen und affektiven Zugang zu historischen Personen oder Ereignissen, der Emotionen weckt und somit langfristig im Gedächtnis bleibt. Da ein Foto allerdings nicht alleine für sich „sprechen" kann, ist meist das Hinzuziehen weiteren Materials zur Erschließung notwendig.

Vorgehen bei der Analyse

1. Bildinhalt und -gestaltung

- Was ist das Thema bztw. das Motiv?
- Welche äußere Merkmale bestehen: Format, Art des Fotos?
- Was sind die einzelnen Bildelemente: Motiv, Personen, Gegenstände, Flächen, Symbole?
- Wie ist es aufgebaut: Vordergrund, Hintergrund, Blickachsen, Größenverhältnisse?
- Wie ist die gegenseitige Beziehung der Objekte im Foto?
- Lässt sich das Foto zeitlich einordnen?
- In welcher Situation entstand das Foto?
- Welche technischen Mittel wurden angewendet: Perspektive, Ausschnitt, Belichtung, Brennweite des Augenblicks der Auslösung, Farben?
- In welchem Augenblick wurde ausgelöst?
- Welche Stimmung bzw. Atmosphäre herrscht vor?

2. Bildbearbeitung und -präsentation

- Liegt eine nachträgliche Veränderung vor: Retusche, Montage, Beschnitt?
- Handelt es sich gar um eine Fälschung?
- In welchem Zusammenhang wird es präsentiert: in einer Reihe, als Illustration?
- Wie lautet die Legende bzw. der Kommentar?

3. Zusammenfassung

- Wer ist der Fotograf, wer der Auftraggeber, wer das intendierte Bildpublikum?
- Welche Aussage macht das Foto über die Vergangenheit?
- Welche Schlüsse lassen sich aus dem Foto ziehen?
- Welche Deutung vermittelt das Foto vom abgebildeten Objekt? Ist diese Wirkung gewollt? Wodurch wird sie erzielt?
- Welche Fragen können anhand des Fotos nicht beantwortet werden?
- Wie fällt ein Vergleich mit weiteren Fotos zur gleichen Thematik aus?

Kann man den (eigenen) Augen trauen?

Gegenüber anderen Bildern scheinen Fotografien objektiver, da sie die Realität abbilden, jedoch sind Aufnahmetechnik, Retusche, Beschnitt und Zeitpunkt der Aufnahme geeignet, die Wahrnehmung zu verzerren und dadurch zu manipulieren. Mit der heutigen Möglichkeit der Bildbearbeitung ist nahezu jede

Manipulation möglich. Nicht zuletzt lenkt die Bildunterschrift den Fokus in die vom Fotografen, Auftraggeber oder Redakteur intendierte Richtung. Auch wird durch Fotos nicht alles gleichermaßen repräsentiert: Alltägliches und Privates ist deutlich seltener dokumentiert (vgl. private Alben mit dem Schwerpunkt auf Bildern von Urlaubsreisen und Festen, nicht von alltäglichen Handlungen).

FILME ANALYSIEREN

Dokumentar- oder Spielfilm?

Bei der Analyse von Filmen ist die Unterscheidung von „Spielfilmen“ und „Dokumentarfilmen“ gebräuchlich. Beim Dokumentarfilm wird ein „direktes Referenzverhältnis zur vormedialen Realität“ (Knut Hickethier, Medienwissenschaftler) behauptet und vom Publikum weitgehend akzeptiert. Das heißt, man geht als Zuschauer davon aus, dass das im Film Gesehene tatsächlich so stattgefunden hat. Der Spielfilm baut dagegen von vornherein auf einer grundsätzlich fiktiven Handlung und dem darstellenden Spiel der Schauspieler auf.

Schon der Blick in eine Fernsehzeitschrift zeigt allerdings, dass es auch eine ganze Reihe von Zwischenformen gibt: Doku-Drama, Scripted Reality, fiktive Dokumentationen usw. Außerdem merkt man bei der kritischen Betrachtung, z. B. einer Fernsehreportage, schnell, dass auch hier eine bestimmte Perspektive und ein bestimmter Standpunkt vertreten werden.

Man muss sich daher bewusst machen, dass Film (auch wenn er sich als Dokumentarfilm versteht) immer Inszenierung ist. Gerade diese Inszenierung kann uns aber viel über Haltungen, Einstellungen und Perspektiven der Entstehungszeit sagen.

Filmische Gestaltungsmittel und ihre Wirkung

Eine sinnvolle Analyse von Film als historischer Quelle bedeutet immer auch Analyse seiner Gestaltungsmittel und ihrer Wirkung. Die Verbindung von Bild und Ton wirkt immer eindringlicher und suggestiver auf uns ein als ein reiner Text und muss daher unter verschiedenen Aspekten untersucht werden. Filmische Gestaltungsmittel, auf die Sie bei der Analyse neben Handlung und Text achten sollten, sind z. B.

- Schauplatz/Bühnenbild
- Ausstattung
- Kameraperspektiven (Normalperspektive, Vogelperspektive, Froschperspektive)
- Einstellungsgrößen (z. B. Totale, Nah, Halbnah, Amerikanisch, Groß, Detail)
- Kamerabewegungen
- Bildaufbau
- Montage/Schnitt
- Ton/Musik

METHODENKOMPETENZEN

Einen genaueren Überblick über die Gestaltungsmittel des Films liefert Ihnen die umfangreiche Handbuchliteratur zu diesem Thema (z. B. Faulstich, Werner: Grundkurs Filmanalyse, München 2002, oder Hickethier, Knut: Film- und Fernsehanalyse, Stuttgart 2007).

Arbeitsfragen zur historischen Filmanalyse

Vor allem bei Filmen mit historischen Themen ist es zunächst wichtig, zwischen dem Film als eigenständigem Werk, der dargestellten Zeit und der Entstehungszeit zu unterscheiden. Um die Umstände der Entstehung und Rezeption eines Films zu verstehen, ist es notwendig, möglichst viele Informationen und Quellen aus der Entstehungszeit zu finden. Wer hat den Film z. B. produziert, wie wurde er beworben, wie viele Zuschauer hatte er, was schrieben Kritiker? Sammeln Sie dazu z. B. Programmhefte, Kritiken, Hintergrundberichte etc. Folgende Arbeitsfragen zeigen Ihnen, wie Sie vorgehen können:

Zum Film:	Zur dargestellten Zeit:	Zur Entstehungszeit:
– Welche Funktion haben die verschiedenen Elemente der Filmsprache? – Zu welcher Figur entsteht Nähe? Mit welcher Aussageabsicht? – Welche Perspektive bekommen wir vermittelt? – Entspricht das fertige Produkt den Ansprüchen der beteiligten Künstler (z. B. Regisseur, Drehbuchautor)? Gibt es hierzu Äußerungen?	– Sind Fakten, Handlungen und Entwicklungen angesichts des historischen Forschungsstandes plausibel? – Entsprechen Haltungen und Handlungen der Personen dem Bewusstsein ihrer Zeit? – Entspricht die Auswahl von Fakten und Motiven ihrer Bedeutung für die dargestellte Zeit? – Welche realen Vorbilder für fiktive Handlungen gibt es? – Welche Figuren verkörpern Haltungen oder Ideen der dargestellten Zeit? Welche Auf- oder Abwertung ist damit verbunden?	– Welche Publikumsbedürfnisse werden befriedigt? Was sagen diese Bedürfnisse über die jeweilige Gesellschaft aus? – Welche wirtschaftlichen oder politischen Hintergründe spielen eine Rolle? – Entspricht die Darstellung den damaligen Erkenntnissen der Geschichtswissenschaft? Welche Gründe gibt es für Abweichungen? – Werden bestimmte Epochen und Motive in dieser Zeit gehäuft dargestellt? Welche Gründe hat dies? – Welche Haltungen und Handlungen von Personen der Filmhandlung entsprechen dem Bewusstsein der Entstehungszeit?

Problematik

Die Stärke ist auch die Schwäche: Ein Film, zumal ein Spielfilm, kann eine Situation insgesamt entstehen lassen. Allerdings besteht die Gefahr, der Suggestivkraft von Bild und Ton zu unterliegen bzw. dem Plot des Regisseurs oder der Interpretation, die ein Schauspieler einer Person verleiht, und unterbewusst das geschichtliche Ereignis entsprechend der Darstellung im Film zu bewerten. Die Gefahr besteht auch bei Filmen aus vergangenen Zeiten. Sie zeigen eben nicht die damalige Realität, sondern nur eine filmische Interpretation. Diese wiederum kann zusätzlich Aufschluss über das Denken und Handeln der damaligen Filmproduzenten und damit über ein Stück der Gesellschaft geben.

POLITISCHE PLAKATE ANALYSIEREN

Plakate sind ein Massenmedium und dienen der öffentlichen Information oder Werbung. Sie wenden sich meist in großer Stückzahl an ein breites Publikum. Inhaltliche Reduktion sowie Klarheit in der Gestaltung ermöglichen dem Betrachter, auch einem vorbeigehenden Passanten, die visuelle Erfassung des Plakats in einem Augen*blick*. Über einen „optischen Schrei“, einen „Augenfang“ (engl. eye-catcher) erreichen Plakate die Aufmerksamkeit des Betrachters. Formal unterscheidet man zwischen Schriftplakaten, Bildplakaten und Schrift-Bild-Plakaten, inhaltlich zwischen Werbeplakaten sowie sozialkritischen und politischen Plakaten.

Was ist ein politisches Plakat?

Ein politisches Plakat ist es ein Medium der Massenkommunikation zur Übermittlung von politischen Ideen und Emotionen in Schrift und Bild. Es zielt darauf ab, den Betrachter in einer bestimmten Weise zu überzeugen und in seinem Handeln zu beeinflussen. Politische Plakate machen auf ein Ereignis, auf einen sozialen oder politischen Missstand aufmerksam. Sie dienen der Auseinandersetzung mit dem politischen Gegner und werben in Form von Wahlplakaten für eine Person oder Partei. Da sie keinen Platz für ausführliche Argumentation bieten, müssen sie förmlich die politischen Inhalte vereinfachen: Sie verdichten, verkürzen, pointieren und polarisieren. Plakate werden daher oft als Propagandainstrument eingesetzt. In Diktaturen übermitteln sie die erwünschte Weltsicht, Parolen und Leitbilder, Bedrohungsszenarien oder Feindbilder.

Geschichte des politischen Plakats

Im 19. Jahrhundert erfuhr das Plakat im öffentlichen Raum seinen Durchbruch als bedeutsames Kommunikationsmedium. Die Nutzung des Plakats für politische Propagandazwecke begann im Ersten Weltkrieg mit einer zunächst von den Alliierten ausgehenden Feindbildpropaganda. In der Weimarer Zeit, als das Radio noch nicht massenhaft verbreitet und das Fernsehen noch nicht erfunden war, stieg das Plakat zu einem wesentlichen Mittel im politischen Kampf der Parteien um die Wählergunst auf. Trotz unterschiedlicher politischer Ziele bedienten sich die Parteien in der Weimarer Republik häufig derselben Bildsprache, also derselben Motive, Symbole und Gestaltungsmittel. Im Nationalsozialismus brach die innovative Entwicklung des politischen Plakats mit seiner expressionistischen Gestaltungsweise oder der neuen Fotomontage-Technik eines John Heartfields ab. Die Plakatwerbung wurde wie alle Medien staatlich kontrolliert und instrumentalisiert. Plakate agitierten ausschließlich für die NSDAP und ihre Organisationen oder warnten vor „Judentum“ und „Bolschewismus“. So trugen sie zur Ideologisierung der Gesellschaft bei.

Nach dem Zweiten Weltkrieg knüpfte die Plakatkunst wieder an die künstlerischen Ausdruckformen der Weimarer Zeit an. Während mit der Konsumwelle der Fünfzigerjahre ein erneuter Aufschwung des Werbeplakats einsetzte, nahm die Bedeutung des politischen Plakats ab, vor allem durch die Entwicklung des Massenmediums Fernsehen. Zu Beginn des 21. Jahrhundert reduziert sich nun das politische Plakat auf den Typ des reinen Kopfplakats, das meist für einen Politiker werben soll. Ob in diesem Zusammenhang das Ende der Geschichte des politischen Plakats als eigenständiges Medium gekommen ist, wird sich noch zeigen.

METHODENKOMPETENZEN

Das politische Plakat als Quelle

Politische Plakate lassen sich als Quelle nutzen, da in ihnen verdichtet ein Programm, ein Werturteil, eine Ideologie oder eine zeitgenössische Perspektive zum Vorschein tritt. Sie geben die Grundströmungen, den politischen Stil sowie den vorherrschenden künstlerischen Ausdruck und Geschmack einer Zeit wieder. Wahlplakate – historische wie auch aktuelle – geben Auskunft über die Schärfe der politischen Auseinandersetzung, die Ziele der Parteien, gesellschaftliche Konfliktlinien sowie den Alltag, die Problemlagen und Grundhaltungen der Zeit; nicht aber über das tatsächliche Wählerverhalten.

Vorgehen bei der Analyse

1. Formale Kennzeichen

- Wer ist der Urheber oder Auftraggeber?
- Was wird auf dem Plakat thematisiert?
- Um welche Art Plakat handelt es sich?

2. Plakatinhalt

- Welche Textelemente sind zu erkennen?
- Welche Bildelemente sind zu erkennen, d. h., wen oder was zeigt das Plakat auf welche Weise?
- Wie ist das Plakat aufgebaut (Vordergrund, Hintergrund, Zentrum, Ränder)?
- Welche Gestaltungsmittel werden verwendet (Verhältnis Text und Bild, Perspektive, Proportionen, Haltung der Figuren oder Personen, Schriftgröße und -art, Farben, Symbole, Allegorien, Übertreibungen, ggf. Einordnung in eine Kunstrichtung)?
- Wird bei der Wahl der Motive auf bildsprachliche Traditionen zurückgegriffen?

3. Historischer Kontext

- Wann und aus welchem Anlass ist das Plakat entstanden?
- Auf welches historische Ereignis, auf welchen politischen Sachverhalt, auf welche Person, auf welchen Konflikt nimmt das Plakat Bezug?

4. Intention und Wirkung

- An welche Zielgruppe wendet sich das Plakat?
- Wird auf Feindbilder zurückgegriffen?
- Welche Aussageabsicht verfolgt der Künstler bzw. Auftraggeber?
- Welche Wirkung soll vermutlich beim zeitgenössischen Betrachter erzielt werden?
- Welche Gesamtaussage lässt sich formulieren?

INTERNETRECHERCHE

Das Internet als Informationsquelle

Das Internet ist zu einem unserer wichtigsten Informationsmedien geworden. Mithilfe von Suchmaschinen können zu fast jedem Thema Informationen und Materialien gefunden werden, nach denen man noch vor 20 Jahren lange in Bibliotheken und Archiven gesucht hätte. Gerade aus der Menge der Informationen entstehen aber auch Probleme: Wesentliches muss von Unwesentlichem getrennt werden, die Herkunft und Qualität von Informationen muss überprüft werden. Wesentlich schwieriger als die Suche nach Wissen gestaltet sich daher die Überprüfung und Beurteilung von Internetquellen.

Vorgehen

Die folgenden Leitfragen können helfen, hier etwas Orientierung zu schaffen:

- Wer hat diese Seite erstellt? Woraus erschließt sich die Kompetenz der oder des Autoren?
  Der Urheber einer Website sollte meistens aus dem Impressum ersichtlich sein. Bleibt dies dort unklar (was einen oft schon misstrauisch werden lassen sollte), kann man über eigene Rechercheseiten den Verantwortlichen für die jeweilige Seite ermitteln. Es lohnt sich, den Namen des Autors in einer Suchmaschine zu überprüfen. Im Idealfall stellt sich – z. B. durch wissenschaftliche oder journalistische Publikationen – heraus, dass er oder sie sich bereits intensiv mit dem Thema befasst hat. Auch wenn eine wissenschaftliche Institution als Verantwortlicher erkennbar ist, kann von einer seriösen Quelle ausgegangen werden.
- Welche Motive sind dabei erkennbar? (berufliches bzw. wissenschaftliches Interesse, Beeinflussung des Lesers aus ökonomischen oder politischen Gründen, Hobby, ...)
  Auch hier hilft das „Googeln“ des Urhebers. Ist er z. B. für eine Partei aktiv? Arbeitet er für bestimmte Interessengruppen, z. B. als Unternehmensberater? Jede Information kann hier hilfreich sein und dazu beitragen, die Perspektive, aus der heraus das Thema betrachtet wird, zu verstehen.
- Auf welche Quellen stützt sich die Darstellung bzw. auf welche verzichtet sie? Wie wird mit diesen Quellen umgegangen?
  Seriöse Internetangebote werden immer transparent die Quellen nennen, auf die sich ihre Darstellung stützt. Nur dann sollten Informationen aus dem Internet z. B. für ein Referat in der Schule herangezogen werden.

Welche Probleme können auftreten?

Der unkomplizierte Austausch ist die Stärke, aber natürlich ebenso eine der größten Gefahren des Internets. Auch manipulierte oder einfach nur falsche Informationen können jederzeit veröffentlicht und an ein riesiges Publikum weitergegeben werden. Ein Schülerreferat, das mit 0 Punkten benotet wurde, kann genauso schnell hochgeladen werden, wie eine gute wissenschaftliche Arbeit. Daher: Bleiben Sie kritisch, auch bei professionell aussehendem Layout.

DEBATTE UND DISKUSSION

Warum eine Debatte oder eine Diskussion durchführen?

Mit diesen beiden Methoden trainieren Sie, Ihr Gegenüber anhand von stichhaltigen Argumenten von einem Standpunkt zu überzeugen. Diese Fähigkeit ist in Ihrem weiteren Leben unabkömmlich und dies nicht nur, weil Debatten und Diskussionen ein wichtiger Bestandteil einer Demokratie sind. Sie erkennen die Notwendigkeit, die Meinung eines anderen zu akzeptieren, Sie erfahren die Vorteile, die Perspektive eines anderen wahrzunehmen, Sie lernen, zuzuhören, und Sie üben, Ihre eigene Meinung stichhaltig und überzeugend vorzubringen.

Debatte und Diskussion

Das Ziel einer Debatte und einer Diskussion ist es immer, über ein Thema kontrovers zu sprechen. Eine Debatte ist eine regelgeleitete Diskussion, d. h., Sie gehen bei der Debatte nach einem festen Schema vor.

Wie läuft eine Debatte formell ab?

Es werden zwei Gruppen gebildet, eine Pro-Fraktion und eine Contra-Fraktion. Beide Gruppen überlegen sich stichhaltige Argumente mit Beispielen. Zusätzlich gibt es noch einen Vorsitzenden, der die Debatte leitet. Nach der Vorbereitungsphase wird die Debatte durch den Vorsitzenden mit einer allgemeinen Vorstellung des Themas eröffnet. Im Anschluss daran stellen jeweils ein Vertreter der Pro- und ein Vertreter der Contra-Fraktion ihre Standpunkte vor, bis jeder Teilnehmer die Möglichkeit hatte, zu sprechen. Die beiden letzten Teilnehmer fassen zudem die Argumente ihrer Mitstreiter zusammen und präsentieren somit auch das Schlussplädoyer ihrer Gruppe. Den Abschluss bildet die Abstimmung der Zuhörer über den „Gewinner" der Debatte, also diejenige Gruppe, die es geschafft hat, ihre Argumente am schlüssigsten und am überzeugendsten vorzutragen.

Was sind die Vorteile einer Debatte?

Sie lernen im Rahmen einer Debatte, wie man Argumente strukturiert einem Publikum präsentiert. Sie hatten sicherlich schon im Deutschunterricht die Möglichkeit, das dort erlernte Wissen anzuwenden und auszuprobieren. Nun wenden Sie Ihre Kenntnisse aktiv in Bezug auf neue Themengebiete an.

Welche Probleme können bei einer Debatte auftreten?

Wichtig ist es, im Rahmen einer Debatte immer sachlich zu argumentieren und keinesfalls einen Teilnehmer persönlich anzugreifen. Sie sollten auch darauf achten, in einem angemessenen Tonfall zu sprechen, also weder zu laut noch zu leise. Bei einem Verlust des Blickkontakts mit dem Publikum oder bei fehlender Mimik und Gestik besteht leicht die Gefahr, dass das Publikum das Interesse an Ihnen und somit Ihrem Standpunkt verliert. Beachten Sie auch, dass Sie möglichst alle Aspekte benennen und anhand von Beispielen darstellen. Sie sollten dabei niemals das Thema aus den Augen verlieren.

INTERVIEW

Warum ein Interview durchführen?

Interviews sind ein fester Bestandteil unseres Lebens. Wir können Interviews in Zeitungen oder Zeitschriften lesen und im Fernsehen verfolgen. Die Durchführung eines Interviews gibt Ihnen die Möglichkeit, unter realen Bedingungen mehr über ein bestimmtes Thema oder eine spezielle Fragestellung zu erfahren. Somit verhilft Ihnen die Durchführung eines Interviews auf lebendige Art und Weise zu einem neuen Blickwinkel auf einen Sachverhalt. Ein weiterer Vorteil des Interviews ist, dass Sie bei kritischen oder kontroversen Fragestellungen durch die Reaktionen Ihres Interviewpartners Informationen ableiten können, die Sie durch eine schriftliche Quelle nicht erfahren hätten (beispielsweise Nervosität, Unsicherheit etc.).

Expertenbefragung und Zeitzeugeninterview

Eine Möglichkeit des Interviews ist ein Experteninterview. Hierfür stellen Sie einem Experten auf einem bestimmten Gebiet (beispielsweise einem Historiker, Museumsmitarbeiter, Sachbuchautor) gezielt Fragen, um Informationen zu einem für Sie interessanten Thema zu erlangen. Ziel von Experteninterviews ist es, sachrelevante Fakten zu erlangen.

Zeitzeugeninterviews hingegen eröffnen Ihnen einen anderen Blick auf historische Ereignisse. Hierbei ist es Ihnen möglich, persönliche Details, Gefühle und Gedanken einer Person zu erfahren, die bei einem für Sie interessanten historischen Vorgang „live“ dabei war.

Wie gehe ich vor?

Das Vorgehen ist bei beiden Arten von Interviews ähnlich. Wichtig sind folgende Schritte:

- Herstellung des Kontakts mit einer für Sie interessanten Person und Terminvereinbarung
- Beschäftigung mit der für Sie interessanten Fragestellung
- Erstellung eines Fragenkatalogs: Welche Fragen können nicht durch die vorliegenden Quellen geklärt werden? Wo ergeben sich Kontroversen? Was ist unklar?
- Durchführung des Interviews
- Auswertung des Interviews: Konnten alle Fragen beantwortet werden? Haben sich neue Fragen daraus ergeben?

Welche Probleme können auftreten?

Vor allem bei Interviews mit Zeitzeugen ist zu berücksichtigen, dass die Aussagen unter Umständen nur einen eingeschränkten Einblick in den zu untersuchenden Sachverhalt erlauben. Dieses Problem kann durch die Befragung mehrerer Personen, eventuell sogar Experten/Zeitzeugen, die mit Sicherheit unterschiedliche Meinungen vertreten werden, relativiert werden. Zudem ist es wichtig, während des Interviews bei interessanten Aspekten nachzufragen, auch wenn dies nicht im Fragenkatalog erscheint. Spontanität kann Ihnen durchaus neue und unerwartete Ergebnisse für Ihre Fragestellung liefern.

METHODENCHECK ?

Textanalyse

Sie arbeiten aus wissenschaftlichen, historischen, publizistischen, juristischen und fiktionalen Texten die grundlegenden Strukturen und Entwicklungen der Geschichte, vor allem die des deutsch-deutschen Verhältnisses in der Nachkriegszeit, des Ost-West-Konflikts und des Einigungsprozesses 1989/1990 sowie die Auseinandersetzung mit historischen Lebenswirklichkeiten und dem Umgang mit den beiden Diktaturen in Deutschland heraus. Auch aktuelle Themen wie Globalisierung und Migration erschließen Sie sich über diese Quellenart. Sie erkennen hierbei, wie Ideen und Ideologien die Wahrnehmung und Entscheidungen von Menschen, Staaten und Bündnissen beeinflussen. Sie entwickeln darüber hinaus eine Sensibilität für den Umgang mit verschiedenen Textsorten und die Besonderheiten der Informationsgewinnung im jeweiligen Kontext. Sie können diese Fähigkeiten auch für den Deutschunterricht anwenden.

Sie sind nun in der Lage, zwischen Traditions- und Überrestquelle einerseits und fachwissenschaftlichen, populärwissenschaftlichen und journalistischen Darstellungen andererseits zu unterscheiden. Bei Traditionsquellen erkennen Sie, ob diese für die Zeitgenossen oder für die Nachwelt mit einer ganz konkreten Intention geschrieben worden sind. Sie können aufgrund Ihrer Sachkenntnis beurteilen, ob die überlieferten oder fachwissenschaftlichen Texte unvollständig sind, Fehler oder Unwahrheiten beinhalten. Dass auch Ihre Schlussfolgerungen, die Sie aus den Quellen ziehen, von Ihrem Vorwissen, Ihren politischen, sozialen und auch religiösen Positionen abhängen, ist Ihnen jetzt bewusst.

Sie haben verstanden, dass es keine objektive, ein für alle Mal gültige Geschichtsschreibung gibt. Denn diese ist immer abhängig von der Person, die ein Thema bearbeitet, von der Zeit, in der geforscht wird, und von den ausgewählten oder zur Verfügung stehenden Quellen bzw. der verwendeten Sekundärliteratur. Daher wissen Sie, dass Fachliteratur immer auch mit anderen Darstellungen verglichen werden muss. Dies ist Ihnen vor allem bei der Bearbeitung der Geschichte der beiden deutschen Diktaturen und deren Aufarbeitung deutlich geworden.

METHODENCHECK ?

Analyse visueller Darstellungen (Fotografien, politische Plakate, Karikaturen, Karten, Schaubilder, Diagramme)

Die Fotografie stellt meist ein vom Fotografen arrangiertes Bild der Wirklichkeit dar. Sie erkennen jetzt die Wechselwirkung zwischen Bildgestaltung und der dahinterstehenden Intention oder auch Ideologie durch entsprechende Elemente der Bildauswahl und des Bildaufbaus. Sie erfassen die Macht der Bilder, die Objektivität, Authentizität und Evidenz unterstellen, dabei jedoch stets subjektive Momentaufnahmen sind, die auch zu propagandistischen Zwecken genutzt werden können. Sie sind nun in der Lage, diese Quellen in den Gesamtkontext einzuordnen und – vor allem Symbolbilder oder auch „Eyecatcher" auf Zeitschriften – kritisch zu bewerten.

Ihnen ist bewusst, dass Manipulationen, wie z. B. das Wegschneiden oder Vergrößern von Bildelementen, das Foto zu einer schwer zu beurteilenden Quelle machen. Sie sind nun sensibilisiert, dass die heutigen Möglichkeiten digitaler Bildbearbeitung und Verbreitung dieses Problem der Suggestion und Verfälschung verschärfen und dass dieses zu Ihrem Alltag gehören wird.

Sie sind nun sicher in der Analyse und Interpretation historischer und zeitgenössischer Karikaturen. Sie zeigen, dass Sie den dargestellten Sachverhalt und die für die Zeit typische Symbol- und Bildersprache erkennen. Sie stellen fest, ob beispielsweise eine moralische und geistige Mobilisierung der Bevölkerung intendiert ist oder ob politische oder gesellschaftliche Defizite aufgedeckt werden sollen. Somit sind Sie in der Lage, zu den dargestellten historischen Prozessen oder Ereignissen kritisch Stellung zu nehmen. Dabei hinterfragen Sie die geschichtlichen Dimensionen sowohl aus zeitgenössischer als auch aus aktueller Perspektive.

Politische Plakate betrachten Sie jetzt mit der notwendigen Distanz. Denn Sie wissen, dass diese beispielsweise Ziele von Parteien, die politische Auseinandersetzung, den Alltag, die Probleme und Grundhaltungen der Zeit pointiert widerspiegeln. Es ist Ihnen klar geworden, dass die künstlerischen Stilrichtungen des jeweiligen Zeitabschnitts die Gestaltung der politischen Plakate beeinflussen, dass aber auch häufig auf dieselben Motive und Gestaltungsmittel zurückgegriffen wird.

Basierend auf der Arbeit mit Karten erhalten Sie eine räumliche Orientierung hinsichtlich der territorialen Entwicklung Deutschlands und des Verlaufs von internationalen Konflikten im 20. Jahrhundert. Sie reflektieren dabei auch, dass Karten bestimmte Zwecke und Deutungsabsichten verfolgen können, also nicht per se neutrale Medien sind, sondern das Geschichtsbild oder die aktuelle Weltsicht des Betrachtenden oft deutlich prägen können.

Bei der Auswertung von Statistiken und Diagrammen ist Ihnen die grundsätzliche Problematik bewusst, dass Daten bis ins 20. Jahrhundert hinein nicht systematisch und flächendeckend gesammelt wurden und dass unterschiedliche Bezugsgrößen (z. B. Währungen) die Vergleichbarkeit erschweren. Sie kennen die unterschiedlichen Darstellungsmöglichkeiten in absoluten Größen wie auch in relativen Werten (Prozente und Indizes). Zudem sind Sie imstande, einzuschätzen, welche Diagrammform sich für die Darstellung von Entwicklungen (z. B. Ab- und Zuwanderung) oder von Anteilen innerhalb einer Bezugsgröße (z. B. Stimmenanteile bei Wahlen) eignet.

Glossar

A

68er

Bezeichnet eine Jugendbewegung Mitte/Ende der sechziger Jahre, die sich gegen die etablierten Personen und Zustände in der Bundesrepublik auflehnte. Insbesondere getragen von Studentinnen und Studenten, war sie überwiegend in Großstädten aktiv. Die Bewegung setzte sich auch in Kleidung, Frisur und Lebensgestaltung gezielt von der bürgerlichen Gesellschaft ab. Politisch war die Bewegung links und antiautoritär.

Alleinvertretungsanspruch

Die BRD erhob seit 1955 den Anspruch, der einzige völkerrechtlich legitime deutsche Staat zu sein, da nur in diesem die Legislative durch freie Wahlen berufen wird. Daraus resultierte der Abbruch diplomatischer Beziehungen zu allen Staaten, die die DDR anerkannten. Diese Haltung wurde erst durch die neue Ostpolitik der sozialliberalen Koalition unter Willy Brandt endgültig aufgehoben.

Altertum

Mit Altertum wird die Epoche zwischen der sogenannten Frühgeschichte, die bis ca. Mitte des 4. Jahrtausends v. Chr. dauerte, und dem sogenannten Mittelalter (ab ca. 6./7. Jahrhundert) bezeichnet. Räumlich bezieht sich die Epoche auf den Mittelmeerraum und Vorderasien. Innerhalb des Altertums befindet sich die sogenannte Antike, mit der ausschließlich das griechisch-römische Altertum von ca. 1200 v. Chr. bis zum Mittelalter bezeichnet wird. Kulturell steht am Anfang des Altertums die Einführung der Schrift, ebenso die zunehmende Verarbeitung von Metallen zur Erzeugung von Waffen und Alltagsgegenständen. So wird das Altertum auch in eine Bronzezeit (Beginn ca. 3000 v. Chr.) und eine Eisenzeit (Verarbeitung von härterem Metall seit ca. 1700 v. Chr.) eingeteilt. Die Differenzierung und Hierarchisierung der Gesellschaft verstärkte sich gegenüber der Vor- und Frühgeschichte. Städte entwickelten sich als Herrschaftszentren, die immer größere Gebiete kontrollierten. So beherrschte Rom über Jahrhunderte den Mittelmeerraum. In der Gesellschaftspyramide standen an der Spitze meist nahezu absolute Herrscher (Pharaonen, Könige etc.) den völlig rechtlosen Sklaven ganz unten gegenüber. Kulturell waren die Gesellschaften meist religiös geprägt.

Antike

Eine Unterepoche im Altertum, mit der ausschließlich erst die griechische und anschließend die sie ablösende römische kulturelle und politische Dominanz im Mittelmeerraum in der Zeit von ca. 1200 bis zum Mittelalter bezeichnet werden (siehe auch Altertum). Im Mittelalter als vorchristlich und damit „rückständig" weitgehend unbeachtet gelassen, entdeckte die Neuzeit die Errungenschaften der Antike für sich. Hierzu zählt der offene Diskurs über die beste Form der Herrschaft im alten Griechenland, die zur Einführung der Demokratie im antiken Athen führte und sozusagen die „Wiege der Demokratie" wurde; ferner naturwissenschaftliche Erkenntnisse (z. B. Satz des Pythagoras), die Entwicklung der Kunstform Theater, die römische Rechtsstaatlichkeit usw.

Antisemitismus

Synonyme sind Judenhass, Judenfeindschaft. Hiermit ist die generelle Ablehnung der Juden gemeint. Dabei handelt es sich um eine pauschale Form der Judenfeindlichkeit. Diese existiert bereits seit vielen Jahrhunderten und war in ihrem Verlauf unterschiedlich ausgeprägt, von Anfeindungen über Vertreibungen bis zum Versuch der vollständigen Ausrottung im Holocaust. Im 19. und 20. Jh. nicht religiös, sondern nationalistisch und rassistisch geprägt.

Aufklärung

In der (politischen) Philosophie ist damit die Zeit des 17. und vor allem des 18. Jh. gemeint, in der die großen Denker erkannt haben, dass Bildung von zentraler Bedeutung für die Entwicklung des Menschen ist. Die Hauptanforderungen der Aufklärer waren Bildung für alle und Herrschaft durch Vernunft. Ein Ergebnis der Aufklärung ist unter anderem die Entwicklung der ersten Enzyklopädie in Frankreich, die als Vorbild auch für gegenwärtige Weiterentwicklungen wie Wikipedia dient.

Auschwitz
Das größte Konzentrationslager während der Zeit des Nationalsozialismus. Hier fand ein Großteil der Ermordung von Juden statt.

Aussiedler
Sind nach dem Bundesvertriebenengesetz (BVFG) deutsche Staats- und/oder Volkszugehörige, die u.a. im Zusammenhang mit den Ereignissen des Zweiten Weltkriegs ihren Wohnsitz in den ehemaligen Ostgebieten durch Vertreibung verloren haben oder vor dem 01.01.1993 die früheren deutschen Ostgebiete, Albanien, Bulgarien, China, Danzig, Estland, das ehemalige Jugoslawien, Lettland, Litauen, Polen, Rumänien, die ehemalige Sowjetunion, die ehemalige Tschechoslowakei oder Ungarn verlassen haben. Aussiedler sind Vertriebene im Rechtssinne und Deutsche im Sinne von Art. 116 Abs. 1 GG. Die Rechtsstellung der Aussiedler sowie ihre wirtschaftliche und soziale Eingliederung werden durch das 1953 in Kraft getretene BVFG, das Fremdrentengesetz und das Lastenausgleichsgesetz geregelt. Mit der Gesetzesänderung von 1993 wird „Spätaussiedler“ offizieller Begriff.

Anwerbeabkommen
Die Anwerbung ausländischer Arbeitskräfte aus Südeuropa bzw. dem Mittelmeerraum begann 1955 mit einem Abkommen mit Italien. Später folgten Anwerbeabkommen mit Spanien (1960), Griechenland (1960), der Türkei (1961), Marokko (1963), Portugal (1964), Tunesien (1965) und Jugoslawien (1968).

Anwerbestopp
Verbot der Vermittlung und Anwerbung von Arbeitsuchenden aus dem Ausland (Auslandsvermittlung) durch andere Personen und Einrichtungen als die Bundesagentur für Arbeit (BA), also auch Verbot für Arbeitgeber.
Als Folge der sich verändernden Wirtschaftslage, die sich auch in der sogenannten Ölkrise begründete, verfügte das Bundeskabinett im November 1973 einen Anwerbestopp. Eine Zuwanderung nach Deutschland war nur noch in geringem Umfang im Rahmen weniger Ausnahmen vom Anwerbestopp möglich.

Asylrecht
Das Recht eines aus politischen, rassischen, religiösen oder anderen Gründen Verfolgten, an einem vor Verfolgung sicheren Aufenthaltsort Zuflucht finden zu können. Grundlagen des Asylrechts in Deutschland: Das Grundgesetz gewährt unter bestimmten Voraussetzungen jedem politisch Verfolgten einen Anspruch auf Asyl (Art. 16 a GG) und zieht damit die historischen Lehren aus der nationalsozialistischen Unrechtsherrschaft (1933–45). Als politisch Verfolgter gilt jeder, der wegen seiner Rasse, Religion, Nationalität, Zugehörigkeit zu einer sozialen Gruppe oder wegen seiner politischen Überzeugung Verfolgungsmaßnahmen mit Gefahr für Leib und Leben oder Beschränkungen seiner persönlichen Freiheit ausgesetzt ist oder solche Verfolgungsmaßnahmen begründet befürchtet und den Schutz seines Heimatstaates nicht wahrnehmen kann. Daran hat auch die umstrittene Änderung des GG von 1993 (sog. Asylkompromiss) im Grundsatz nichts geändert, die im Ergebnis die Inanspruchnahme des Asylrechts erschwert hat.

Asylsuchender
Ein Mensch ohne deutsche Staatsangehörigkeit, der in Deutschland einen Antrag auf Asyl stellt (siehe auch Asylrecht).

B

Baader-Meinhof-Gruppe
(siehe Rote Armee Fraktion)

Bautzen
Stadt in Sachsen. Ab 1933 sind unter den Nationalsozialisten zahlreiche Menschen aus politischen Gründen im Gefängnis Bautzen I (1904 erbaut)

inhaftiert. Nach dem Krieg nutzte die sowjetische Besatzungsmacht das Gefängnis als „Speziallager“. Bis 1956 sterben mehr als 3000 Gefangene auf Grund der unmenschlichen Haftbedingungen. Bis 1989 ist Bautzen I eines der größten Gefängnisse der DDR, in dem neben Kriminellen auch immer wieder Menschen aus politischen Gründen inhaftiert sind. Daran zu erinnern und historisch-politische Bildungsarbeit zu leisten, ist Auftrag der Gedenkstätte Bautzen.

Blockparteien

Parteien früherer sozialistischer Staaten, die neben der sozialistischen bzw. kommunistischen Regierungspartei erlaubt waren, sich aber in einem „antifaschistischen Block“ zusammenschlossen. Sie unterstützten in ihrer Arbeit die Regierung und bildeten keine wirkliche Opposition. Ihr Existenz sollte nach innen und außen den Anschein von Pluralismus und Parlamentarismus wahren.

Bourgeoisie

Bezeichnung der gehobenen sozialen Klasse der Gesellschaft, die dem Proletariat gegenübersteht.

BStU (Bundesbeauftragter für die Stasi-Unterlagen)

Die Behörde des Bundesbeauftragten (BStU) bewahrt in ihren Archiven die 1990 sichergestellten Unterlagen des Ministeriums für Staatssicherheit der DDR auf. Dabei handelt es sich um mehr als 111 Kilometer Aktenmaterial und mehr als 1,4 Millionen Fotos. Der BStU stellt sie nach den gesetzlichen Vorschriften des Stasi-Unterlagen-Gesetzes (StUG) Privatpersonen, Institutionen und der Öffentlichkeit zur Verfügung.

Bürgerkomitee

Diese Zusammenschlüsse von Bürgern der DDR bildeten sich Anfang Dezember 1989 in der DDR auf Hinweise hin, dass das Ministerium für Staatssicherheit (MfS) im großen Stil Akten vernichtete. Die Bürgerkomitees bildeten sich in allen Bezirksstädten und etlichen Kreisstädten der DDR und besetzten dort die MfS-Dienststellen. Die Bürgerkomitees setzten sich aus Mitgliedern der lokalen Opposition als auch aus couragierten Bürgern der Städte zusammen, die die Weiterarbeit des MfS und die Aktenvernichtung verhindern wollten. Auf den Druck der Bürgerkomitees geht auch die Zusatzklausel im Einigungsvertrag zurück, die in der BRD übliche Sperrfrist bzgl. der Einsichtnahme in Archivgut für Stasi-Opfer aufzuheben.

Bürgerrechtsbewegung

Im Allgemeinen jede politische Bewegung, die versucht, Menschen- und Bürgerrechte durchzusetzen. Am bekanntesten und daher für den Begriff prägend wurde die US-amerikanische B. zur Durchsetzung gleicher Rechte für Schwarze in den USA.

C

Cohn-Bendit, Daniel

(geb. 1945) deutsch-französischer Politiker, seit 1994 Abgeordneter im EP, seit 2002 Co-Vorsitzender der Fraktion Die Grünen/Europäische Freie Allianz. Bekannt wurde C.-B. durch sein Engagement bei den Unruhen in Paris im Mai 1968.

D

DDR

Die Deutsche Demokratische Republik war ein sozialistischer Staat, hervorgegangen aus der sowjetischen Besatzungszone nach 1945. Die DDR existierte von 1949 bis 1990.

Demokratie

„Herrschaft durch das Volk“ [aus dem griechischen **δῆμος** („Volk, Bevölkerung“) und **κρατία** („Macht, Herrschaft“)] ist eine Gesellschaftsform, bei der die Macht vom Volke ausgeht. Es existieren verschiedene Formen der Demokratie: direkte Demokratie in Form von Volksentscheiden, Vertretungsdemokratie (repräsentative Demokratie), bei der die Entscheidungen durch gewählte Vertreter des Volkes getroffen werden, etc. Heute wird unter Demokratie allgemein ein parlamentarisches System mit freien Wahlen in Verbindung mit einem Rechtsstaat auf den Prinzipien der Menschenrechte verstanden.

Drittstaatenregelung

Drittstaatenregelung: Nach Art. 16 a Abs. 2 GG kann sich auf das Asylrecht nicht berufen, wer aus einem EU-Mitgliedsstaat oder aus einem anderen sicheren Drittstaat einreist, in dem die Anwendung des Abkommens über die Rechtsstellung der Flüchtlinge und der Konvention zum Schutze der Menschenrechte und Grundfreiheiten sichergestellt ist. Für EU-Mitgliedsstaaten steht diese Sicherheit fest, andere Staaten werden als sichere Drittstaaten durch den Bundestag mit Zustimmung des Bundesrates gesetzlich bestimmt.

Dutschke, Rudi

Alfred Willi Rudi Dutschke, Rufname Rudi, war ein Soziologe und bekanntester Wortführer der bundesdeutschen Studentenbewegung der 60er Jahre. Am 11. April 1968 schoss ein Attentäter auf Rudi Dutschke. 1979 starb Dutschke an den Spätfolgen dieses Attentats.

E

Eiserner Vorhang

Ein vom britischen Premierminister Winston Churchill 1946 geprägter Begriff für die Abschottung der von der Sowjetunion dominierten kommunistischen Staaten in Osteuropa. Die innere Diktatur, fehlende Reisefreiheit und Pressezensur sind die Kennzeichnung für den „Eisernen Vorhang", hinter den nicht frei zu blicken war und hinter den man genauso schwer kam wie hinter ihm hervor.

Elysée Vertrag

Deutsch-französischer Freundschaftsvertrag, der am 22. Januar 1963 vom deutschen Bundeskanzler Konrad Adenauer und dem französischen Staatspräsident Charles de Gaulle unterzeichnet wurde. Der Vertrag verpflichtet beide Staaten zur Konsultation der jeweiligen anderen Seite in Fragen der Außen-, Sicherheits-, Jugend- und Kulturpolitik.

Entnazifizierung

Nachkriegsprogramm der Siegermächte, um Deutschland von den Einflüssen des Nationalsozialismus und von Nationalsozialisten zu befreien. Dabei wurden des Nationalsozialismus verdächtigte und untersuchte Deutsche gemäß dem Kontrollratsgesetz Nr. 104 zur Befreiung von Nationalsozialismus und Militarismus vom 5. März 1946 in fünf Kategorien eingeteilt: Hauptschuldige (Kriegsverbrecher), Belastete (Aktivisten, Militaristen, Nutznießer), Minderbelastete, Mitläufer, Entlastete. Gegen die meisten Verdächtigten wurde das Verfahren eingestellt oder sie wurden als Mitläufer eingestuft. 1951 zog der Bundestag einen Schlussstrich unter die Entnazifizierung: Mit einem Entnazifizierungsschlussgesetz beschloss er, dass bis auf als Hauptschuldige und Belastete einsortierte Personen alle anderen wieder im öffentlichen Dienst arbeiten dürfen.

Erbfeindschaft

Der Begriff diente in verschiedenen Abschnitten der Neuzeit dazu, das Verhältnis zwischen Deutschen und Franzosen zu beschreiben. Er wurde infolge der Napoleonischen Kriege zu Beginn des 19. Jahrhunderts aktualisiert. Im Rahmen der Entstehung des Nationalismus in Europa entwickelte sich das deutsche Nationalbewusstsein zunächst insbesondere durch Erinnerung an Konflikte mit dem Nachbar Frankreich. Nach dem deutschen Sieg von 1870/71 und der deutschen Reichsgründung im Schloss Versailles verfestigte sich diese Erbfeindschaft. Nach dem Ersten Weltkrieg verstärkten der Versailler Vertrag, die Rheinland- und die Ruhrbesetzung sie zusätzlich. Sie dauerte bis zum Ende des Zweiten Weltkriegs; danach wurden große Anstrengungen unternommen, ein freundschaftliches Verhältnis zwischen beiden Völkern aufzubauen.

Europäische Gemeinschaft

Kurzform EG. Sie entstand aus den Römischen Verträgen, die am 25. März 1957 von Belgien, der Bundesrepublik Deutschland, Frankreich, Italien, Luxemburg und den Niederlanden in Rom unterzeichnet wurden. Die Verträge traten am 1. Januar 1958 in Kraft. Die Staaten vereinbarten darin eine Europäische Wirtschaftsgemeinschaft, eine Europäische Atomgemeinschaft und eine Europäische Gemeinschaft für Kohle und Stahl. Mitte der sechziger Jahre fusionierten diese Gemeinschaften dann zur Europäischen Gemeinschaft. Im Laufe der Jahre nahm die Zahl der Mitgliedsländer zu. 1992 ging die EG in der Europäischen Union (EU) auf, die mit den Verträgen von Maastricht beschlossen wurde. Heute hat die EU 27 Mitgliedsstaaten.

Europäische Union
Wurde mit den Verträgen von Maastricht 1992 von den Mitgliedern der Europäischen Gemeinschaft gegründet. Sie ist eine wesentliche Weiterentwicklung, vor allem durch den sogenannten Binnenmarkt.

EVG
Die Europäische Verteidigungsgemeinschaft entstand 1952 und sollte eine europäische Armee erschaffen. Gründungsstaaten sollten Frankreich, Belgien, Luxemburg, Niederlande, Italien und die BRD sein. Die EVG scheiterte, als das französische Parlament 1954 seine Zustimmung versagte und sich weigerte, den EVG-Vertrag zu ratifizieren. Die BRD trat daraufhin der NATO bei.

F

Faschismus
Vom ital. Wort fasci abgeleitete Selbstbezeichnung der rechtsgerichteten Bewegung um Benito Mussolini; der Begriff wurde bald darauf für ähnliche autoritäre und rechtsradikale Bewegungen in ganz Europa verwendet, die deutsche Form ist der Nationalsozialismus.

Feudalismus
Gesellschafts- und Wirtschaftsform, bei der Herrschaft auf dem Besitz und Verleih von Land beruht. Feudalistische Gesellschaften sind überwiegend landwirtschaftlich geprägt und stützen sich auf Lehnswesen und Grundherrschaft. Vor allem in der marxistischen Geschichtswissenschaft wird der Begriff daher auch als Epochenbegriff für die Zeit des Mittelalters und der frühen Neuzeit verwendet.

FDJ
Die Freie Deutsche Jugend war der staatliche Jugendverband der DDR.

Fischer, Joschka
Joseph Martin „Joschka" Fischer (* 12. April 1948) ist ein ehemaliger Politiker von Bündnis 90/Die Grünen). Sein politisches Engagement begann im Umfeld der Studentenbewegung der späten 60er-Jahre. 1983 wurde er Bundestagsabgeordneter. In der ersten rotgrünen Landesregierung in Hessen war er von 1985–1987 Staatsminister für Umwelt und Energie. Seine damalige Vereidigung sorgte für Aufsehen, da seine Kleidung für den Anlass ungewöhnlich war: Er trug ein grobes Jackett und Turnschuhe. Bei seiner späteren Tätigkeit als Außenminister (1998–2005) in der ersten rot-grünen Bundesregierung erschien er dagegen im betont bürgerlichen Outfit mit einem Dreiteiler.

Frankfurter Schule
Gruppe von Philosophen und Sozialwissenschaftlern, die sich zum Ziel gesetzt haben, die kapitalistische Gesellschaft zu analysieren und dadurch soziale Veränderungen zu ermöglichen. Charakteristisch ist eine Verknüpfung von Elementen der marxistischen Kapitalismusanalyse mit Theorien der bürgerlichen Revolution und der Soziologie. Bekannte Vertreter sind u. a. Theodor Adorno, Max Horkheimer und Jürgen Habermas.

G

Gelbes Elend
Beinamen einer Strafvollzugsanstalt am nördlichen Stadtrand von Bautzen, die zu Beginn des 20. Jahrhunderts als damals modernste Strafvollzugsanstalt Sachsens errichtet wurde. Den Beinamen „Gelbes Elend" erhielt sie wegen der Bauweise aus gelben Klinkern. Die Haftanstalt verbindet man insbesondere mit dem Inhaftierungsort für Regimekritiker während der DDR-Zeit (siehe Bautzen).

Gewaltenteilung
Die Trennung der drei Gewalten (Legislative, Judikative und Exekutive) voneinander und deren weitgehende Unabhängigkeit bzw. gegenseitige Kontrolle zwecks Vermeidung von Machtkonzentration und deren Missbrauch. Der bekannteste frühe Theoretiker der Gewaltenteilung ist Charles-Louis de Secondat, Baron de La Brède et de Montesquieu.

Gewerkschaft

Gewerkschaften sind Interessensvertretungen von Arbeitnehmern zur Durchsetzung ihrer Lohn- und Arbeitsbedingungen. Die Gewerkschaften wurden 1933 zwangsaufgelöst. Ihr Vermögen floss der neu gegründeten DAF zu. Sie wurden 1945 wiedergegründet

Gorbatschow, Michail

Michail Sergejewitsch Gorbatschow (geb. 1931), Generalsekretär des Zentralkomitees der Kommunistischen Partei der Sowjetunion (KPdSU) 1985–1991, Präsident der Sowjetunion 1990–1991, führte die UdSSR in eine Phase der Reformen, die unter den Schlagwörtern Glasnost (= „Offenheit") und Perestroika (= „Umbau") bekannt wurden. Er erhielt 1990 den Friedensnobelpreis.

H

Historischer Materialismus

Der Historische Materialismus basiert auf der Geschichtsinterpretation von Karl Marx und Friedrich Engels. Die kommunistischen Theoretiker sahen den Ablauf der Geschichte als eine durch ökonomische Prozesse gesetzmäßig bestimmte Entwicklung der menschlichen Gesellschaft. Ihre Eigendynamik erhält diese Entwicklung durch die inneren sozio-ökonomischen Widersprüche der Gesellschaft. In einem dialektischen Prozess führen die der jeweiligen Gesellschaft innewohnenden materiellen Widersprüche gesetzmäßig zu gesellschaftlichen Veränderungen und zur Herausbildung einer neuen, höher entwickelten Gesellschaftsform. So ist die Entwicklung von der Sklavenhaltergesellschaft zum Kapitalismus genauso zwangsläufig wie die Weiterentwicklung über die Diktatur des Proletariats zur endgültigen klassenlosen kommunistischen Gesellschaft. Im Gegensatz zu seinem Professor Friedrich Hegel, der in geschichtlichen Ideen die Triebkraft der Entwicklung sah, waren es für Marx und den von ihm begründeten historischen Materialismus die Widersprüche der Produktionsverhältnisse.

Holocaust

Der Begriff bezeichnet die Vernichtung der Juden während des Zweiten Weltkriegs.

Honecker, Erich

Erich Honecker (1912–1994) war seit 1976 Staatsratsvorsitzender der DDR. Er war 1961 maßgeblich an der Planung des Baus der Berliner Mauer beteiligt. Am 18. Oktober 1989 trat er auf Druck des SED-Politbüros von seinen Ämtern zurück.

I

Ideologie

Alle Vorstellungen, Ideen und Werte einer politischen Bewegung; die Nationalsozialisten bezeichneten ihre Ideologie als „Weltanschauung".

Imperialismus

[lat.: imperium = Herrschaft, Reich] Imperialismus ist eine neuzeitliche Epoche. Sie bezeichnet eine auf die Schaffung und Ausdehnung eines Imperiums abzielende Machtpolitik der europäischen Großmächte. Als Zeitalter des Imperialismus gilt der Zeitraum von 1870 bis 1918, in dem die europäischen Mächte (Großbritannien, Frankreich, Belgien, Portugal, Deutsches Reich) v. a. Afrika untereinander aufteilten. Daneben zählen aber auch die USA und Japan als imperialistische Mächte. Allgemein versteht man unter Imperialismus die zielstrebige Erweiterung und den systematischen Ausbau des wirtschaftlichen, militärischen, politischen und kulturellen Macht- und Einflussbereiches eines Staates in der Welt.

Interzonenhandel

Zunächst Begriff für den Waren- und Dienstleistungsverkehr zwischen den Besatzungszonen der Alliierten auf dem Gebiet Deutschlands nach dem Zweiten Weltkrieg, insbesondere zwischen der Trizone (von USA, Großbritannien und Frankreich kontrollierten Teil Deutschlands, spätere BRD) und der sowjetischen Besatzungszone (spätere DDR). Nach der doppelten Staatsgründung von BRD und DDR

1949 wurde der Begriff zunehmend durch „Innerdeutschen Handel" oder auch „deutsch-deutschen Handel" abgelöst.

K

Kelly, Petra

Geboren am 29. November 1947 als Petra Karin Lehmann. Sie kam unter mysteriösen Umständen im Oktober 1992 ums Leben. Sie war Gründungsmitglied der Partei Die Grünen, Bundestagsabgeordnete und Friedensaktivistin. Sie war eines der bekanntesten Gesichter ihrer Partei.

Klassenkampf

Unter Klassenkampf versteht man die teils auch gewaltsame Auseinandersetzung zwischen gesellschaftlichen Klassen. In der marxistischen Theorie erfolgt dieser Kampf vor allem zwischen Kapitalisten und dem Proletariat, also der Arbeiterklasse.

Kollektivschuld

Insbesondere in der Diskussion um die Verbrechen des nationalsozialistischen Regimes verwendeter und kontrovers diskutierter Begriff. Die Kollektivschuld geht davon aus, dass nicht nur die unmittelbar Beteiligten, sondern alle Deutschen die moralische Schuld an den Verbrechen haben, weil diese aus und im Namen ihres Kollektivs erfolgten. Es geht also nicht um eine individuelle Schuldzuweisung, die im Verhalten des Einzelnen liegt, sondern um eine moralische Mitverantwortung aufgrund der Kollektivzugehörigkeit.

Konzentrationslager

Die Gefangenen-, Arbeits- und Vernichtungslager der Nationalsozialisten während des Dritten Reiches.

KPD

Die Kommunistische Partei Deutschlands ging aus dem Spartakusbund hervor und wurde am 1. Januar 1919 gegründet. Ab 1933 wurde die Partei faktisch zerschlagen. Die Reorganisation begann 1945. 1946 kam es in der sowjetischen Besatzungszone zur Vereinigung mit der SPD. Die neue Partei hieß SED. Im Westen wurde die KPD 1956 als verfassungswidrig eingestuft und verboten. Ihre Nachfolge übernahm die Deutsche Kommunistische Partei (DKP).

Krefelder Appell

Der Krefelder Appell war ein Aufruf der westdeutschen Friedensbewegung an die damalige Bundesregierung, die Zustimmung zum NATO-Doppelbeschluss zurückzuziehen und innerhalb der NATO auf eine Beendigung des atomaren Wettrüstens zu drängen. Er wurde am 16. November 1980 veröffentlicht und bis 1983 von über vier Millionen Bundesbürgern unterzeichnet.

KSZE

Die Konferenz über Sicherheit und Zusammenarbeit entstand im Zuge der Entspannungspolitik der 1970er Jahre. Die Verhandlungen begannen im Sommer 1973 in Helsinki und führten 1975 zur Unterzeichnung der Schlussakte von Helsinki. An den Verhandlungen nahmen Staaten des Warschauer Paktes, der Nato und 13 neutrale Staaten teil. Auf Wunsch der Westeuropäer waren auch die USA und Kanada Konferenzmitglieder. Die Schlussakte ist eine Absichtserklärung, bei der die unterzeichnenden Staaten sich verpflichten, Konflikte friedlich auszutragen, die Grund- und Menschenrechte zu wahren und sich nicht in innere Angelegenheiten anderer Staaten einzumischen. Außerdem wird die Zusammenarbeit in den Bereichen Wirtschaft, Wissenschaft und Umwelt vereinbart. In Folgekonferenzen sollte die Umsetzung der KSZE-Schlussakte in den einzelnen Staaten geprüft werden. 1995 entstand aus der Konferenz die Organisation für Sicherheit und Zusammenarbeit in Europa (OSZE).

Kubakrise

Ausgelöst wurde die Kubakrise 1962 durch die Stationierung von sowjetischen Atomraketen in Kuba, das seit der Revolution von 1959 sowjetfreundlich war. Die USA fühlten sich von der Stationierung unmittelbar bedroht und verhängten eine Seeblockade gegenüber Kuba. Der Konflikt zwischen den Supermächten USA und UdSSR drohte binnen weniger Tage zu eskalieren, da die Seeblockade unmittelbar zu Konflikten zwischen den beiden Seestreitkräften führte. Allerdings gelang eine Deeskalation am Verhandlungstisch. Die Sowjetunion war bereit, die Atomraketen aus Kuba abzuziehen. Die USA zog im Gegenzug Atomraketen aus der Türkei und Italien ab und beendete die Seeblockade gegen Kuba.

L

Legitimation

Die theoretische Begründung der Rechtmäßigkeit einer Herrschaft nach gewissen Prinzipien. Das Wort ist vom lateinischen lex, legis „Gesetz" [vgl. FN zu Rationalismus] abgeleitet und soll die Bestrebung zum Ausdruck bringen, die Herrschaft als gesetzesmäßige Funktion darzustellen. So bedeutet der Ausdruck „Alle Macht geht vom Volke aus", dass man die Herrschaftslegitimation als eine Funktion des Volkswillens ansieht etc.

Liberalismus

Politische Richtung, die eine freiheitliche politische, wirtschaftliche und soziale Ordnung anstrebt. Der Staat soll nur noch in wenigen Bereichen Einfluss haben.

LPG

Die Kollektivierung der Landwirtschaft war in der DDR ein zentrales Ziel. Die Bauern und deren Produktionsmittel wurden zwangsweise zu Landwirtschaftlichen Produktionsgenossenschaften (LPD) zusammengeschlossen. Die Ackerflächen wurden gemeinschaftlich bestellt und bewirtschaftet.

M

Marshall-Plan

Der Marshall-Plan – eigentlich European Recovery Program (ERP) – entstand 1947 auf Anregung des US-Außenministers George C. Marshall. Die daran teilnehmenden europäischen Staaten erhielten US-Hilfsleistungen von 13 Mrd. Dollar, die Waren, Rohstoffe, Lebensmittel und Kredite umfassten.

Merkantilismus

Die Wirtschaftspolitik des Absolutismus, bei der versucht wird, innerhalb eines Staates einen geschlossenen Wirtschaftskreis einzurichten, dessen Überschüsse in Form von Geld/Edelmetallen in die Staatskasse fließen.

MfS

(siehe Stasi)

Mittelalter

Wie Altertum und Antike eine Epochenbezeichnung, die in der Neuzeit entstand, um die Zeit zwischen Altertum/Antike und Neuzeit zu kennzeichnen. Das Zeitintervall des Mittelalters erstreckt sich vom 5./6. Jh. n. Chr. bis ca. 15./16. Jh. n. Chr. Gesellschaftlich und politisch war es stark von der christlichen Kirche und der von ihr entwickelten Welt- und Geschichtsinterpretation geprägt, die das Leben im Dualismus zwischen Gut und Böse und im Hinblick auf Rechtfertigung vor Gott ausrichtete. Auf diese Epoche geht die weitgehend bis heute erhaltene Gliederung des Jahreszyklus in christliche Fest- und Feiertage zurück. Neben der herausgehobenen Position des Papstes entstanden zahlreiche Fürstbistümer, in denen weltliche und geistliche Macht in den Händen des Bischofs lagen. Während sich in den Städten eine Stände- und Zunftgesellschaft herausbildete, prägte die ländliche Bevölkerung die sogenannte Lehnsherrschaft. Zahlreiche mächtige Klöster entstanden und entwickelten Vorformen neuzeitlicher Arbeitsorganisation.

Mittelstand

Befindet sich vor allem aufgrund seiner ökonomischen Situation zwischen den prekären Lebensverhältnissen der unteren sozialen Schichten und den finanziellen und gesellschaftlichen Eliten.

Monarchie

„Herrschaft durch den Einen" – in der politischen Theorie von Platon und Aristoteles eine Herrschaftsform, bei der es nur einen Herrscher gibt, und zwar der, der am besten geeignet und am weisesten ist. Im heutigen umgangssprachlichen Gebrauch die Bezeichnung für eine Adelsherrschaft.

Montagsdemonstrationen

Bei den Montagsdemonstrationen handelte es sich um Massendemonstrationen in der DDR, die am

4. September 1989 an der Nikolaikirche in Leipzig begannen, jeden Montag wiederholt wurden und nach und nach auch in anderen größeren Städten der DDR stattfanden. Der Ausruf „Wir sind das Volk" zielte auf eine Demokratisierung der DDR und auf eine Entmachtung der SED.

Montanunion

Die Montanunion (auch Europäische Gemeinschaft für Kohle und Stahl; EGKS) wurde am 18. April 1951 gegründet und war ein europäischer Wirtschaftsverband. Die Mitgliedsstaaten waren Deutschland, Frankreich, Italien und die Benelux-Staaten.

N

NATO

Die North Atlantic Treaty Organization ist ein 1949 von westeuropäischen Staaten und der USA und Kanada gegründetes Verteidigungsbündnis, damals vornehmlich gegründet zur Abwehr der sowjetischen Bedrohung in Europa. Die Bundesrepublik trat nach der Wiederbewaffnung 1955 dem Bündnis bei. Die NATO löste sich im Gegensatz zum Warschauer Pakt nach dem Ende des Kalten Krieges und der kommunistischen Diktaturen in Osteuropa nicht auf, sondern gewann aus dem ehemaligen Warschauer Pakt neue Mitgliedsstaaten hinzu. Heute umfasst die NATO 29 Staaten und ist ein westliches Bündnis gegen alle militärischen Bedrohungen, die einem ihrer Mitglieder drohen können. Ferner sind nun auch „Out of Area"-Einsätze, also militärische Interventionen außerhalb des Bündnissystems, optional. Dazu zählen auch Antworten auf terroristische Anschläge aus dem Ausland. So löste der Anschlag auf das World-Trade-Center in New York den Beistandsfall aus, so dass zahlreiche NATO-Staaten bei der Eroberung Afghanistans infolge der Anschläge teilnahmen. Auch die Bundeswehr nahm an der Besetzung Afghanistans teil.

NATO-Doppelbeschluss

Die NATO beschloss 1979 zwei Dinge: Als Gegengewicht zu der Stationierung sogenannter SS20 Mittelstreckenraketen der UdSSR in Osteuropa nun in Westeuropa amerikanische Pershing-Raketen zu stationieren. Der zweite Beschluss war, mit der Sowjetunion Abrüstungsverhandlungen bezüglich Mittelstreckenraketen zu beginnen. Da diese Verhandlungen zunächst scheiterten, wurden 1983 vornehmlich in der Bundesrepublik amerikanische atomare Mittelstreckenwaffen stationiert. So bildeten beide deutsche Staaten die Stationierungsbasis für jeweils auf den anderen Teil Deutschlands gerichtete Atomraketen. Erst mit dem Amtsantritt von Michail Gorbatschow in der Sowjetunion konnte ein entsprechender Abrüstungsvertrag geschlossen werden.

Nationalismus

Nationalismus bezeichnet eine Ideologie, die die Bedeutung der eigenen ethnischen Gemeinschaft und deren Merkmale (z. B. Sprache, Kultur, Geschichte) überhöht, als etwas Absolutes setzt und in dem übersteigerten (i. d. R. aggressiven) Verlangen nach Einheit von Volk und Raum mündet. Im Gegensatz zum Nationalbewusstsein und zum Patriotismus (frz.: Vaterlandsliebe) glorifiziert der Nationalismus die eigene Nation und setzt andere Nationen herab. Zugleich wird ein Sendungsbewusstsein entwickelt, möglichst die ganze Welt nach den eigenen Vorstellungen zu formen.

Neues Forum

Das Neue Forum war eine Bürgerrechtsbewegung in der DDR. Gegründet wurde sie am 9./10. September 1989. 1990 schlossen sich die Mitglieder mit weiteren Bürgerbewegungen zum Wahlbündnis „Bündnis 90" zusammen. Nach der Volkskammerwahl in der DDR am 18. März 1990 verschmolz „Bündnis 90" mit der „Grünen Partei der DDR" zu „Bündnis 90/Grüne". 1993 kam es zur Vereinigung mit den West-Grünen zur Partei „Bündnis 90/Die Grünen".

Neuzeit

Als Neuzeit wird in Europa die Zeit nach dem Mittelalter bezeichnet, also ab dem 15./16. Jh. Sie bildet eine bewusste Abkehr vom Mittelalter, sowohl politisch, kulturell wie auch technisch und sozial. Gesellschaftlich kennzeichnen sie vor allem Säkularisierung, Verwissenschaftlichung und technischer Fortschritt, insbesondere die Industrialisierung. Politisch ist sie von zahlreichen Emanzipationsprozessen (z. B. Frauen, Leibeigene, Bürgertum) genauso begleitet wie von den schlimmsten Auswüchsen menschlicher Barbarei (z. B. Nationalsozialismus, Erster und Zweiter Weltkrieg, Atombombe). Die Neuzeit wird meist unterteilt in die Frühe Neuzeit, also vom Mittelalter bis zur französischen Revolution 1789; und dann in Neuere und Neueste Geschichte, also politisch betrachtet die sogenannte Moderne. Als Neuere Geschichte gilt dabei die Zeit von der französischen Revolution bis zur Oktoberrevolution 1917 in Russland. Unter Neueste Geschichte versteht man dann die Zeit seit dem Ersten Weltkrieg, die politisch eine weitgehende Ablösung von der alten monarchistischen Ordnung bedeutete, hin zu parlamentarischen Systemen.

Notstandsgesetze
Die Notstandsgesetze wurden am 30. Mai 1968, in der Zeit der ersten Großen Koalition von SPD und CDU/CSU, vom Deutschen Bundestag verabschiedet und fügten eine Notstandsverfassung in das Grundgesetz ein, welche die Handlungsfähigkeit des Staates in Krisensituationen (Naturkatastrophe, Aufstand, Krieg) sichern soll. Ihre Verabschiedung wurde von massiven Protesten begleitet.

NSDAP
Entstand 1920 im Wesentlichen auf Betreiben von Adolf Hitler durch Umbenennung der 1919 gegründeten DAP. Schon das Gründungsparteiprogramm war extrem rassistisch und nationalistisch geprägt. Es lehnte nicht nur den Versailler Vertrag ab, sondern forderte u. a. den Entzug der deutschen Staatsbürgerschaft für jüdische Mitbürger. Nach dem Putschversuch in München durch Hitler vom 9. November 1923 bis Anfang 1925 verboten. Danach Neugründung. Die großen Wahlerfolge kamen aber erst nach der Weltwirtschaftskrise 1929. Die NSDAP schaffte in freien Wahlen aber nie eine absolute Mehrheit.

Nürnberger Prozesse
Prozesse, die nach dem Zweiten Weltkrieg von den Alliierten gegen die Eliten des Dritten Reiches geführt wurden.

NVA
Die Nationale Volksarmee war von 1956 bis 1990 die Armee der DDR.

O

Oktoberrevolution
Als Oktoberrevolution (Große Sozialistische Oktoberrevolution) wird die gewaltsame Machtübernahme durch die kommunistischen Bolschewiki in Russland im Herbst 1917 bezeichnet. Sie beseitigte die zuvor aus der Februarrevolution hervorgegangene liberale Übergangsregierung unter Alexander Kerenski und errichtete einen neuen Staat, der sich selbst als Diktatur des Proletariats verstand.

Ostalgie
Als Ostalgie, eine Wortneuschöpfung aus Osten und „Nostalgie", wird die verklärende Sehnsucht nach der DDR bzw. die Sehnsucht nach bestimmten Lebensweisen und Alltagsgegenständen der DDR bezeichnet.

P

Parteiverbot
Politische Parteien sind in Deutschland verboten, wenn sie verfassungswidrige Ziele verfolgen. Ob dies der Fall ist, entscheidet – jedoch nur auf Antrag – das Bundesverfassungsgericht. Ein Parteiverbot kann nur von der Bundesregierung, dem Bundestag oder dem Bundesrat beantragt werden (siehe Art. 21 GG). In der BRD betroffen: SRP (1952), KPD (1956), NPD-Verbotsverfahren ist bislang gescheitert.

Planwirtschaft
Die Zentralverwaltungswirtschaft („Planwirtschaft") ist eine Wirtschaftsordnung und steht im Gegensatz zur Marktwirtschaft. Die Wirtschaftsprozesse werden von einer zentralen Instanz geplant.

Pluralismus
Berücksichtigung vieler Meinungen und Interessen im politischen Entscheidungsprozess zwecks Vermeidung der Unterdrückung von Minderheiten zugunsten der Mehrheit. Zentraler Begriff des politischen Pluralismus ist der Konsens. Wichtige realpolitische

Vertreter sind die Federalists in den USA und auf dem politisch-theoretischen Gebiet vertritt Hannah Arendt pluralistische Ansichten.

Potsdamer Konferenz
Die Potsdamer Konferenz, eigentlich die Dreimächtekonferenz von Berlin, fand vom 17. Juli bis zum 2. August 1945 im Potsdamer Schloss „Cecilienhof" statt. Der britische Premierminister Clement Attlee, der US-Präsident Harry S. Truman und der sowjetische Diktator Josef Stalin berieten über die Nachkriegsordnung Europas. Die Besetzung Deutschlands sollte nach fünf Grundsätzen erfolgen: Demokratisierung, Demobilisierung, Denazifizierung, Demontage und Dezentralisierung.

Proletariat
Unterste, besitzlose Bevölkerungsschicht, welche ihren Lebensunterhalt nur durch Lohnarbeit bestreiten kann (im Gegensatz zur Bourgeoisie). Vergleichbar mit dem heutigen Begriff Prekariat.

Propaganda
Ursprünglich ein für Werbung/Marketing im politischen Bereich gebräuchlicher Begriff. Seit dem Nationalsozialismus verpöntes Wort für politische Manipulation von Massen zur Erreichung von Zielen der politischen Elite.

Protektionismus
Die Bestrebung, die einheimische Wirtschaft gegen äußere Konkurrenz abzuschirmen, etwa durch hohe Importzölle etc. Eines der wichtigsten Wirtschaftsinstrumente des absolutistischen Merkantilismus.

R

Rassismus
Rasse ist ein biologischer Begriff, der aussagt, dass sich mehrere Individuen der gleichen Art in ihrem vererblichen Aussehen voneinander unterscheiden. Rassismus greift diese äußerlichen Merkmale auf, überhöht sie in Bezug auf die eigene Rasse und wertet sie in Bezug auf andere Rassen ab. Dadurch werden Vorurteile erzeugt und Feindseligkeit anderen Rassen gegenüber wird gefördert.

Rekonstruktion
Etwas nicht mehr Existentes wird erneut erstellt oder nachvollzogen. Dies kann alles Mögliche sein, beispielsweise Gebäude, Werkzeuge, Maschinen, aber auch soziale Beziehungen und künstlerische Arbeiten aus Musik, Literatur oder bildender Kunst. Auch die Erforschung der Lebens- und Herrschaftsweise vergangener Gesellschaften kann eine Rekonstruktion sein. Hierzu dienen erhaltene Quellen jeder Art, die Indizien für das zu rekonstruierende Gesamtbild liefern. Eine Rekonstruktion hat immer hypothetischen Charakter. Wie nah man an die vergangene Wirklichkeit kommt, hängt wesentlich von der Anzahl und Aussagekraft der vorhandenen Quellen sowie der Zielsetzung der an die Quellen gerichteten Fragestellungen ab. Diese hypothetischen Rekonstruktionen können dann in einem Prozess der Dekonstruktion wieder kritisch reflektiert werden.

Reparationen
Reparationen (lat. reparare = wiederherstellen) umfassen alle Leistungen eines besiegten Landes an die Siegermacht.

RGW
Der Rat für gegenseitige Wirtschaftshilfe – im Westen auch COMECON (Council for Mutual Economic Assistance) genannt – wurde 1949 als Reaktion auf den Marshallplan gegründet. Ziel war es, innerhalb eines internationalen Verbundes der Ostblock-Staaten planwirtschaftliche Arbeitsteilung durchzusetzen, so dass jedem Staat gewisse Produktionsaufgaben zufielen. Die RGW wurde 1991 aufgelöst.

Römische Verträge
Die Verträge wurden am 25. März 1957 in Rom von Belgien, der Bundesrepublik Deutschland, Frankreich, Italien, Luxemburg und den Niederlanden unterzeichnet. Es wurde die Europäische Wirtschaftsgemeinschaft (EWG) und die Europäische Atomgesellschaft (EURATOM) eingerichtet. Zudem wurde vereinbart, dass EWG, EURATOM und EGKS eine gemeinsame parlamentarische Versammlung erhalten sollen, ein gemeinsamer Gerichtshof und

ein Wirtschafts- und Sozialausschuss gebildet werden sollen.

Rollback-Strategie

Als Rollback wurde die insbesondere vom amerikanischen Außenminister John Foster Dulles (1953–1959) entwickelte außenpolitische Strategie bezeichnet, die darauf abzielte, den sowjetischen Einfluss weltweit nicht nur einzudämmen (Containment-Politik), sondern zurückzudrängen. Allerdings wurde die Strategie nie in eine zusammenhängende Politik umgesetzt. Das nukleare Patt zwischen USA und UdSSR verhinderte eine direkte militärische Konfrontation zwischen den beiden Supermächten. Rollback fand daher in den Stellvertreterkriegen in der Dritten Welt statt. In den 1980er-Jahren kehrte US-Präsident Ronald Reagan zu dieser Strategie zurück und unterstütze insbesondere die US-freundlichen „Contras" in Nicaragua gegen die sowjetfreundliche sandinistische Regierung.

Unter dem Einfluss konservativer Denkfabriken war die Außenpolitik der USA in den 1980er-Jahren wieder stärker von dem Rollback-Gedanken beeinflusst. Als Teil der Reagan-Doktrin wurden antikommunistische Guerilleros mit Waffen versorgt, um von Moskau unterstützte Regierungen zu stürzen, so besonders in Afghanistan, Angola und Nicaragua.

Rote Armee Fraktion (RAF)

(Selbst-)Bezeichnung der 1968 entstandenen linksextremen Terrororganisation. Die Mitglieder der RAF versuchten, über gezielte terroristische Anschläge und Entführungen die politische und soziale Grundordnung der Bundesrepublik Deutschland gewaltsam zu verändern. Die RAF ist aus der sog. Baader-Meinhof-Gruppe – unter Führung von Andreas Baader (1943–1977) und der Journalistin und Publizistin Ulrike Meinhof – hervorgegangen, die wiederum ihre Wurzeln in der Studentenbewegung hatte. In den Baader-Meinhof-Prozessen zwischen 1975 und 1977 wurden die Angeklagten zu lebenslangen bzw. langjährigen Haftstrafen verurteilt. Nach den gescheiterten Entführungen von Hanns Martin Schleyer und einem Passagierflugzeug im Herbst 1977, wurden Baader, Gudrun Ensslin und Jan-Carl Raspe in ihren Zellen der Haftanstalt Stuttgart-Stammheim tot aufgefunden (Meinhof bereits 1976). 1992 erklärte die RAF, auf die Anwendung von Gewalt zu verzichten. Seit 1995 gilt sie als nicht mehr aktionsfähig.

S

SALT

Die Strategic Arms Limitation Talks fanden von 1969 bis 1979 zwischen den USA und der UdSSR statt und dienten der Begrenzung der nuklearen Abrüstung zwischen den Supermächten. Die erste Verhandlungsrunde (SALT I) führte 1972 zu den ersten Verträgen über die Anzahl von Interkontinentalraketen. Anschließend starteten weitere Verhandlungen (SALT II), die 1979 zu Vertragsabschlüssen über die Begrenzung weiterer Atomwaffenarsenale führten.

Satellitenstaaten

Staaten, die in ihren Entscheidungen nicht frei sind, sondern von einem anderen, mächtigeren Staat abhängen, der die politische und gesellschaftliche Richtung vorgibt. So galten auch die Mitgliedsstaaten des Warschauer Paktes als Satellitenstaaten der Sowjetunion.

SDI

Die Strategic Defense Initiative (Strategische Verteidigungsinitiative) sollte mit einer neuen Waffentechnik ein militärischer Abwehrschirm gegen Interkontinentalraketen entwickeln. Die Initiative wurde von US-Präsident Ronald Reagan zu Zeiten des Kalten Krieges ins Leben gerufen und am 23. März 1983 offiziell gestartet. Das Programm wurde mit Ende des Kalten Krieges zunächst eingestellt, später aber in modifizierter Form wieder aufgenommen. Inzwischen ist ein Raketenabwehrsystem in mehreren Ländern etabliert. Die USA boten auch Russland die Lieferung an.

SED

Die Sozialistische Einheitspartei Deutschlands ging 1946 aus einem Zwangszusammenschluss von KPD und SPD hervor. Sie war die alleinregierende

Staatspartei der DDR. Nach dem Zusammenbruch der DDR erlosch der Führungsanspruch der SED. Ende 1989 erfolgte die Umbenennung in SED – PDS („Sozialistische Einheitspartei – Partei des demokratischen Sozialismus"), im Februar 1990 in PDS, 2005 in „Die Linkspartei. PDS" und schließlich nach der Vereinigung mit der WASG („Arbeit & Soziale Gerechtigkeit – Die Wahlalternative") 2007 in „Die Linke".

Shoa
[hebr. Unheil, große Katastrophe] Judenverfolgung und Judenvernichtung im Dritten Reich (vgl. Holocaust).

Souveränität
Unter Souveränität versteht man das Selbstbestimmungsrecht, im völkerrechtlichen Sinne das Selbstbestimmungsrecht eines Staates.

Stasi
Das Ministerium für Staatssicherheit (MfS bzw. „Stasi") wurde 1950 gegründet und war der wichtigste Geheimdienst der DDR. Die Stasi wurde im Januar 1990 aufgelöst.

Stasi-Unterlagen
Die Unterlagen des Ministeriums für Staatssicherheit (MfS) der DDR, kurz Stasi-Unterlagen, lassen sich in Karteien, Akten, audio-visuelle Medien und maschinenlesbare Daten (Disketten, Magnetbänder, Magnetplatten, Datenbanken) aufteilen. Die Sicherung dieser Akten übernahmen in der Wendezeit Bürgerkomitees, die die Stasi-Mitarbeiter daran hindern konnten, das Material vollständig zu vernichten. Das Stasi-Unterlagen-Gesetz regelt die Verwendung der Unterlagen, die vom Bundesbeauftragten für die Unterlagen des Staatssicherheitsdienstes der ehemaligen Deutschen Demokratischen Republik (BStU) verwaltet werden. Es legt unter anderem auch fest, dass die Unterlagen nach archivfachlichen Grundsätzen bewertet, geordnet, erschlossen und verwahrt werden. Im Einigungsvertrag wurde vereinbart, dass die sonst in Westdeutschland übliche Sperrfrist für Archivgut aufgehoben wird und dass Stasi-Opfer ihre Akten einsehen können.

Streitbare Demokratie
Vom Bundesverfassungsgericht geprägter Begriff für die Entschlossenheit, sich gegenüber den Feinden der freiheitlichen demokratischen Grundordnung nicht neutral zu verhalten, sondern sich zur Wehr zu setzen (auch: „wehrhafte Demokratie"). So können z. B. Parteien verboten werden, die demokratische Spielregeln ausnutzen, um damit die Demokratie selbst abzuschaffen.

T

Terrorismus
Der Terrorismus ist eine gewalttätige Form des extremen politischen Handelns. Sie beruht auf Androhung oder Anwendung von Gewalt durch substaatliche Akteure, die primär auf die Verbreitung von Furcht und Schrecken setzt, um das bestehende Herrschaftssystem zu unterminieren und eine grundlegende politisch-gesellschaftliche Umwälzung herbeizuführen. Terrorismus kann vielfältig motiviert sein mit unterschiedlichster Zielsetzung. Mögliche Typisierungen sind: Ideologischer Terrorismus, politischer und ethno-politischer Terrorismus (nationalistischer); Ordnungsterrorismus (Terrorismus mit staatlicher Beteiligung); Glaubensterrorismus.

V

VEB
Die Volkseigenen Betriebe waren das Ergebnis der Zwangskollektivierung der Industrie- und Dienstleistungsbetriebe in der DDR.

Vertriebene
Menschen, die aufgrund ihrer deutschen Abstammung gegen Ende und nach dem Zweiten Weltkrieg aus Osteuropa vertrieben wurden (siehe auch Aussiedler).

Vietnamkrieg
Der Konflikt begann schon 1945 mit dem Widerstand der vietnamesischen Kommunisten und anderer Gruppierungen gegen die damalige französische Kolonialmacht. Eine Indochina-Konferenz teilt das Land in einen kommunistisch beherrschten Norden und einen westlich orientierten Süden. Ab 1957 kam es zum Bürgerkrieg zwischen Nord- und Südvietnam.

In Westeuropa und den USA versteht man unter dem Begriff vor allem die Kampfphase ab den 1960er-Jahren, als die Vereinigten Staaten das westlich orientierte Südvietnam militärisch unterstützten, anfangs nur mit Militärberatern, ab 1965 auch mit dem massiven Einsatz eigener Truppen. 1973 zogen sich die USA zurück. 1975 wurde Südvietnam durch nordvietnamesische Truppen besetzt und das Land wiedervereinigt. Der Vietnamkrieg war ein so genannter Stellvertreterkrieg im Kontext des Kalten Krieges.

Volkskammer

Die Volkskammer war von 1949 bis 1990 das Parlament der DDR. Bis zur ersten freien Wahl 1990 wurden die in der Volkskammer vertretenen Parteien durch Einheitslisten gestellt. Hierdurch blieb der Führungsanspruch der SED gesichert.

Vorbehaltsrechte

Die Vorbehaltsrechte umfassten Regelungen der politischen Einflussnahme der westlichen Alliierten auf die staatliche Gestaltung der Bundesrepublik Deutschland. Die Rechte der westlichen Siegermächte wurden im Laufe der Jahrzehnte immer weiter abgeschwächt und schließlich 1990 im Zuge der Wiedervereinigung gänzlich aufgegeben.

W

Warschauer Pakt

Im offiziellen Sprachgebrauch Warschauer Vertragsorganisation (WVO), dem die Sowjetunion und sieben sowjetisch kontrollierte Mitgliedsstaaten (Albanien bis 1968, Bulgarien, DDR, Polen, Rumänien, Tschechoslowakei, Ungarn) angehörten. Das Militärbündnis wurde als Reaktion auf den Eintritt der Bundesrepublik in die Nato von der Sowjetunion zusammen mit den unter ihrer Kontrolle befindlichen osteuropäischen Staaten im Mai 1955 gegründet. Damit standen sich im Kalten Krieg zwei Militärbündnisse gegenüber, deren Grenze in Europa mitten durch Deutschland lief. Das Militärbündnis unter Führung der Sowjetunion schlug beispielsweise 1956 den Volksaufstand in Ungarn und 1968 den „Prager Frühling" nieder. Der Warschauer Pakt löste sich nach dem Ende des Kalten Krieges im Jahr 1991 auf. Heute sind einige Mitglieder des Warschauer Pakts, wie etwa Polen, in der Nato.

Weimarer Verfassung

Die Weimarer Reichsverfassung (WRV) – offiziell: Verfassung des Deutschen Reiches – entstand 1919 und begründete eine demokratische Republik mit präsidial-parlamentarischem Regierungssystem. Sie bestand formell bis zur Übernahme der Regierungsgewalt durch den Alliierten Kontrollrat am 5. Juni 1945 fort, obschon die Nationalsozialisten die WRV bereits durch die Reichstagsbrandverordnung vom 28. Februar 1933 außer Kraft gesetzt hatten.

Wirtschaftsliberalismus

Die Gegenströmung von Merkantilismus und Protektionismus. Die Vertreter des Wirtschaftsliberalismus (Adam Smith, David Ricardo) plädieren für freie Marktwirtschaft mit so wenigen staatlichen Eingriffen wie nur möglich und glauben an die Selbstregulierungsmechanismen des Marktes.

Woodstock

Das Woodstock Music and Art Festival war ein Musikfestival im August 1969, das als musikalischer Höhepunkt der US-amerikanischen Hippiebewegung gilt. Auf dem Festival traten Künstler der Musikrichtungen Folk, Rock, Blues und Soul auf. Da die erwarteten Besucherzahlen um ein Vielfaches übertroffen wurden, kam es zu chaotischen Zuständen, auch wenn die Stimmung insgesamt friedlich blieb. „Woodstock" verkörpert bis heute den Mythos des „anderen Amerikas".

Z

Zwei-plus-Vier-Vertrag

Der Zwei-plus-Vier-Vertrag (amtlich: Vertrag über die abschließende Regelung in Bezug auf Deutschland) war ein Staatsvertrag zwischen der BRD und der DDR sowie den Siegermächten des Zweiten Weltkriegs – USA, Großbritannien, Sowjetunion und Frankreich. Er wurde am 12.09.1990 in Moskau unterzeichnet und trat am 15. März 1991 in Kraft. Durch diesen Vertrag wurde die Nachkriegszeit endgültig beendet und Deutschland gewann wieder seine Souveränität.

Anforderungsbereiche und Operatoren

Anforderungsbereiche und Operatoren

Handlungssituationen und Aufgabenstellungen werden nach den Anforderungen untergliedert, die diese an uns stellen. Dabei werden drei Bereiche, sogenannte Anforderungsbereiche (AfB), unterschieden. Jedem Anforderungsbereich sind sogenannte Operatoren zugeordnet, also handlungsinitiierende Verben, die signalisieren, welche Tätigkeiten beim Lösen von Aufgaben erwartet werden. Einige Operatoren haben integrierenden Charakter, beinhalten in sich ohne weitere Differenzierung alle drei Anforderungsbereiche und formulieren übergeordnete Aufgaben, die durch untergeordnete Teilaufgaben ergänzt werden können. Festgelegt wurden die Anforderungsbereiche und die jeweils vorgesehenen Operatoren durch Beschluss der Kultusministerkonferenz, um bundesweit einheitliche Prüfungsanforderungen für die Abiturprüfung zu entwickeln. Die hier folgende Darstellung der Anforderungsbereiche sowie der Operatoren basiert auf diesem Beschluss der Kultusministerkonferenz vom 01.12.1989 in der Fassung vom 10.02.2005. Die nachfolgend aufgeführte Operatorenliste ist keine abgeschlossene Liste, sondern eine offene, die ergänzt werden kann.

Gliederung der Anforderungsbereiche

Anforderungsbereich I	Anforderungsbereich II	Anforderungsbereich III
Er umfasst das Wiedergeben von Sachverhalten aus einem abgegrenzten Gebiet und im gelernten Zusammenhang unter rein reproduktivem Benutzen eingeübter Arbeitstechniken.	Er umfasst das selbstständige Erklären, Bearbeiten und Ordnen bekannter Inhalte und das angemessene Anwenden gelernter Inhalte und Methoden auf andere Sachverhalte.	Er umfasst den reflexiven Umgang mit neuen Problemstellungen, den eingesetzten Methoden und gewonnenen Erkenntnissen, um zu eigenständigen Begründungen, Folgerungen, Deutungen und Wertungen zu gelangen.
Reproduktionsleistungen sind hier vor allem gefordert, insbesondere: – Wiedergeben von grundlegendem historischen Fachwissen – Bestimmen der Quellenart – Unterscheiden zwischen Quellen und Darstellungen – Bestimmen von Raum und Zeit historischer Sachverhalte	**Reorganisations- und Transferleistungen** sind hier vor allem gefordert, insbesondere: – Erklären kausaler, struktureller bzw. zeitlicher Zusammenhänge – sinnvolles Verknüpfen historischer Sachverhalte zu Verläufen und Strukturen – Analysieren von Quellen oder Darstellungen – Konkretisieren bzw. Abstrahieren von Aussagen der Quelle oder Darstellung	**Reflexion und Problemlösung** sind hier vor allem gefordert, insbesondere: – Entfalten einer strukturierten, multiperspektivischen und problembewussten historischen Argumentation – Diskutieren historischer Sachverhalte und Probleme – Überprüfen von Hypothesen zu historischen Fragestellungen – Entwickeln eigener Deutungen – Reflektieren der eigenen Urteilsbildung unter Beachtung historischer bzw. gegenwärtiger ethischer, moralischer und normativer Kategorien

Anforderungsbereich I	Anforderungsbereich II	Anforderungsbereich III
Operatoren in AfB I – nennen, aufzählen – bezeichnen, schildern, skizzieren – aufzeigen, beschreiben, zusammenfassen, wiedergeben	**Operatoren in AfB II** – analysieren, untersuchen – begründen, nachweisen – charakterisieren – einordnen – erklären – erläutern – herausarbeiten – gegenüberstellen – widerlegen	**Operatoren in AfB III** – beurteilen – bewerten, Stellung nehmen – entwickeln – sich auseinander setzen, diskutieren – prüfen, überprüfen – vergleichen

Beschreibung der Operatoren in den unterschiedlichen Anforderungsbereichen

– **Übergeordnete Operatoren**, die Leistungen in allen drei Anforderungsbereichen verlangen:

interpretieren	Sinnzusammenhänge aus Quellen erschließen und eine begründete Stellungnahme abgeben, die auf einer Analyse, Erläuterung und Bewertung beruht
erörtern	Eine These oder Problemstellung durch eine Kette von Für-und-Wider- bzw. Sowohl-als-Auch-Argumenten auf ihren Wert und ihre Stichhaltigkeit hin abwägend prüfen und auf dieser Grundlage eine eigene Stellungnahme dazu entwickeln. Die Erörterung einer historischen Darstellung setzt deren Analyse voraus.
darstellen	historische Entwicklungszusammenhänge und Zustände mit Hilfe von Quellenkenntnissen und Deutungen beschreiben, erklären und beurteilen

– **Operatoren,** die Leistungen im **Anforderungsbereich I** (**Reproduktion**) verlangen:

nennen aufzählen	zielgerichtet Informationen zusammentragen, ohne diese zu kommentieren
bezeichnen schildern skizzieren	historische Sachverhalte, Probleme oder Aussagen erkennen und zutreffend formulieren
aufzeigen beschreiben zusammenfassen wiedergeben	historische Sachverhalte unter Beibehaltung des Sinnes auf Wesentliches reduzieren

- **Operatoren,** die Leistungen im **Anforderungsbereich II (Reorganisation und Transfer)** verlangen:

analysieren untersuchen	Materialien oder historische Sachverhalte kriterienorientiert bzw. aspektgeleitet erschließen
begründen nachweisen	Aussagen (z. B. Urteil, These, Wertung) durch Argumente stützen, die auf historischen Beispielen und anderen Belegen gründen
charakterisieren	historische Sachverhalte in ihren Eigenarten beschreiben und diese dann unter einem bestimmten Gesichtspunkt zusammenfassen
einordnen	einen oder mehrere historische Sachverhalte in einen historischen Zusammenhang stellen
erklären	historische Sachverhalte durch Wissen und Einsichten in einen Zusammenhang (Theorie, Modell, Regel, Gesetz, Funktionszusammenhang) einordnen und begründen
erläutern	wie erklären, aber durch zusätzliche Informationen und Beispiele verdeutlichen
herausarbeiten	aus Materialien bestimmte historische Sachverhalte herausfinden, die nicht explizit genannt werden, und Zusammenhänge zwischen ihnen herstellen
gegenüberstellen	wie skizzieren, aber zusätzlich argumentierend gewichten
widerlegen	Argumente dafür anführen, dass eine Behauptung zu Unrecht aufgestellt wird

- **Operatoren,** die Leistungen im **Anforderungsbereich III (Reflexion und Problemlösung)** verlangen:

beurteilen	den Stellenwert historischer Sachverhalte in einem Zusammenhang bestimmen, um ohne persönlichen Wertebezug zu einem begründeten Sachurteil zu gelangen
bewerten Stellung nehmen	wie Operator „beurteilen", aber zusätzlich mit Offenlegen und Begründen eigener Wertmaßstäbe, die Pluralität einschließen und zu einem Werturteil führen, das auf den Wertvorstellungen des Grundgesetzes basiert
entwickeln	gewonnene Analyseergebnisse synthetisieren, um zu einer eigenen Deutung zu gelangen
sich auseinandersetzen diskutieren	zu einer historischen Problemstellung oder These eine Argumentation entwickeln, die zu einer begründeten Bewertung führt
prüfen überprüfen	Aussagen (Hypothesen, Behauptungen, Urteile) an historischen Sachverhalten auf ihre Angemessenheit hin untersuchen
vergleichen	auf der Grundlage von Kriterien historische Sachverhalte problembezogen gegenüber zu stellen, um Gemeinsamkeiten, Unterschiede, Teil-Identitäten, Ähnlichkeiten, Abweichungen oder Gegensätze zu beurteilen

Literaturverzeichnis

Adams, Willi Paul (Hg.): Die Amerikanische Revolution in Augenzeugenberichten. Hrsg., eingel. u. übers. von Willi Paul Adams u. Angela Meurer Adams, München, dtv Verlagsgesellschaft, 1976.

Bahr, Egon: [Rede vom 15. Juli 1963], in: Deutschland Archiv: Zeitschrift für Fragen der DDR und der Deutschlandpolitik, Heft 8/1973, S. 862–865.

Bayerische Staatsbibliothek: „Wir haben abgetrieben." Manifest im Stern, 06.06.1971, in: 100(0) Schlüsseldokumente zur deutschen Geschichte im 20. Jahrhundert, abgerufen unter: www.1000dokumente.de/index.html?c=dokument_de&dokument=0142_ste&l=de [02.12.2016].

Berberich, Frank; Sarrazin, Thilo: Klasse statt Masse, in: Lettre International 086, Herbst 2009.

Berger, Siegfried: „Ich nehme das Urteil nicht an" – Ein Berliner Streikführer des 17. Juni vor dem Sowjetischen Militärtribunal, Schriftenreihe des Berliner Landesbeauftragten für die Unterlagen des Staatssicherheitsdienstes der ehemaligen DDR, Bd. 8, Berlin 1998.

Beyer, Frank u. a.: Für unser Land, in: Blätter für deutsche und internationale Politik 1/1990, S. 123.

Bielenstein, Dieter: Deutscher Studentenpressedienst, 1961, zit. nach: Rathgeb, Eberhard (Hg.): Deutschland kontrovers. Debatten 1945 bis 2005, Bonn 2005, S. 118 f.

Bonstein, Julia: Heimweh nach der Diktatur, in: Der Spiegel, 27/2009, 29.06.2009.

Brandt, Willy: Erinnerungen. Frankfurt am Main, Propyläen-Verlag, 1989.

Brinkbäumer, Klaus; Stark, Holger: Am Ende der Macht, Spiegel-Gespräch mit Barack Obama, in: Der Spiegel, Nr. 47/2016, S. 16 f.

Brunn, Gerhard: Die europäische Einigung von 1945 bis heute, Stuttgart, Reclam, 2002.

Brunner, Georg; Meissner, Boris (Hgg.): Verfassungen der kommunistischen Staaten, Paderborn/München/Wien/Zürich, Schöningh, 1980, S. 385–387.

Brunotte, Ulrike: Puritanismus und Pioniergeist. Die Faszination der Wildnis im frühen Neu-England. Berlin, De Gruyter, 2000.

Bulletin der Europäischen Wirtschaftsgemeinschaft. 1962, Nr. 3. Luxemburg: Amt für amtliche Veröffentlichungen der Europäischen Gemeinschaften. „Rundfunk- und Fernsehansprache des amerikanischen Präsidenten, John F. Kennedy, zur Kuba-Frage vom 22. Oktober 1962".

Bulletin des Presse- und Informationsamtes der Bundesregierung vom 13. Dezember 1955.

Bundesministerium für Wirtschaft und Energie: [Stichpunkt: Soziale Marktwirtschaft], abgerufen unter: www.bmwi.de/DE/Themen/Wirtschaft/soziale-marktwirtschaft.html [02.12.2016].

Buscher, Herbert S.: Wirtschaft heute, hg. von der Bundeszentrale für politische Bildung (= Schriftenreihe, Bd. 1007), Bonn, Bundeszentrale für politische Bildung , 2009.

Clausewitz, Carl von: Vom Kriege. Vollständige Neuausgabe, hg. von Karl-Maria Guth, Berlin, Contumax – Hofenberg, 2016.

Cohn-Bendit, Daniel in einem Interview von 1978 mit Wolfgang Kraushaar, in: Eberhard Rathgeb: Deutschland kontrovers – Debatten 1945 bis 2005. München/Wien, Carl Hanser Verlag, 2005, S. 274.

Czempiel, Ernst-Otto; Schweitzer, Carl-Christoph: Weltpolitik der USA nach 1945. Einführung und Dokumente, Leverkusen, Leske + Budrich, 1984.

Dau, Rudolf: Geschichte. Lehrbuch für Klasse 10, 1. Aufl., Berlin (Ost), Verlag Volk und Wissen, 1977.

Der Bundesminister des Auswärtigen informiert. Mitteilung für die Presse. Bonn, 10. Dezember 1989.

Deutscher Bundestag. Plenarprotokoll N/217, 21. Juni 1990. Debatte und Abstimmung über den Staatsvertrag. Bundeskanzler Helmut Kohl (CDU) in seiner Regierungserklärung zu Beginn der Debatte vom 21. Juni 1990.

Deutscher Bundestag: Stenographischer Bericht, 4. Sitzung, Bonn, 4. Mai 1983, S. 129–131.

Deutscher Bundestag: Stenographisches Protokoll der 5. Sitzung. Bonn 1949.

Dokumentationszentrum Alltagskultur der DDR (Hg.): Alltag: DDR. Geschichte – Fotos – Objekte, hg. v. d. Bundeszentrale für politische Bildung (= Schriftenreihe, Bd. 1299), Bonn, Bundeszentrale für politische Bildung, 2012.

Egenberger, Christoph: Holocaustleugnung, abgerufen unter: www.bpb.de/politik/extremismus/rechtsextremismus/41342/holocaustleugnung [05.12.2016].

Erhard, Ludwig: Wohlstand für alle. Bearb. von Wolfram Langer, Düsseldorf, Econ-Verlag, 1957.

Fack, Fritz-Ulrich: Für die Einheit auf die Straße, in: Frankfurter Allgemeine Zeitung, 14.12.1989.

Fest, Joachim: Schweigende Wortführer, Überlegungen zu einer Revolution ohne Vorbild, in: Frankfurter Allgemeine Zeitung vom 30.12.1989.

Fortschreibung der Gedenkstättenkonzeption des Bundes, in: Deutscher Bundestag, Drucksache 16/9875, 19.06.2008.

Frei, Norbert: 1945 und wir. Das Dritte Reich im Bewußtsein der Deutschen, München, dtv, 2009.

Frey, Marc: Geschichte des Vietnamkriegs. Die Tragödie in Asien und das Ende des amerikanischen Traums, München, C. H. Beck, 2006.

Fürstenau, Justus: Entnazifizierung. Ein Kapitel deutscher Nachkriegspolitik. Neuwied/Berlin, Luchterhand, 1969.

Gauck, Joachim: Winter im Sommer – Frühling im Herbst, München, Siedler, 2009.

Giesecke, Dana; Welzer, Harald: Das Menschenmögliche. Zur Renovierung der deutschen Erinnerungskultur, Hamburg, Ed. Körber-Stiftung, 2012.

Gorki, Maxim: Erinnerungen an Zeitgenossen, Frankfurt a. M., Suhrkamp, 1962.

Görtemaker, Manfred: Der Beginn der Bipolarität, hg. v. d. Bundeszentrale für politische Bildung, Internationale Beziehungen I. Der Ost-West-Konflikt, München, Franzis, 2003.

Görtemaker, Manfred: Kleine Geschichte der Bundesrepublik Deutschland (= Schriftenreihe, Bd. 380), Bonn, Bundeszentrale für politische Bildung, 2003.

Grau, Andreas: KSZE (Stand: 08.10.2014), in: Lebendiges Museum Online, Stiftung Haus der Geschichte der Bundesrepublik Deutschland, abgerufen unter: www.hdg.de/lemo/kapitel/geteiltes-deutschland-krisenmanagement/konfrontation-und-annaeherung/ksze.html [02.12.2016].

Grau, Andreas; Haunhorst, Regina: Wettrüsten (Stand: 05.05.2003), in: Lebendiges Museum Online, Stiftung Haus der Geschichte der Bundesrepublik Deutschland, abgerufen unter: www.hdg.de/lemo/kapitel/geteiltes-deutschland-krisenmanagement/konfrontation-und-annaeherung/wettruesten.html [02.12.2016].

Grau, Andreas; Würz, Markus: Kuba-Krise, in: Lebendiges Museum Online, Stiftung Haus der Geschichte der Bundesrepublik Deutschland, abgerufen unter: www.hdg.de/lemo/kapitel/geteiltes-deutschland-gruenderjahre/kalter-krieg/kuba-krise.html [02.12.2016].

Greiner, Bernd: Kuba-Krise: 13 Tage im Oktober. Analyse, Dokumente, Zeitzeugen, Nördlingen, Greno, 1988.

Heather, Peter J.: Der Untergang des Römischen Weltreichs. Aus dem Engl. von Klaus Kochmann, Stuttgart, Klett-Cotta, 2007.

Heinemann, Gustav Walter: Verfehlte Deutschlandpolitik, Irreführung und Selbsttäuschung. Artikel und Reden, Frankfurt a. M., Stimme-Verlag, 1969.

Heydemann, Günther: Gesellschaft und Alltag in der DDR, in: Bundeszentrale für politische Bildung (Hg.): Informationen zur politischen Bildung, Bd. 270: Deutschland in den 70er/80er Jahren, Bonn, Bundeszentrale für politische Bildung, 2001, S. 48.

Höck, Dorothea; Reifarth, Jürgen: Die DDR: Geschichte, Politik Kultur, Alltag. Ein Projektbuch. Stiftung Aufarbeitung, Mühlheim, Verlag an der Ruhr, 2004.

Holz, Henriette: Vom Odeonsplatz zum Königsplatz. Ein Rundgang zur Geschichte Münchens im 19. und 20. Jahrhundert, München, Museumspädagogisches Zentrum, 2010.

Internationaler Militärgerichtshof Nürnberg (Hg.): Der Prozeß gegen die Hauptkriegsverbrecher vor dem Internationalen Gerichtshof Nürnberg, Bd. 2, Nürnberg, Komet Verlag, 1947.

Jäckel, Eberhard: Die deutsche Frage 1952–1956. Notenwechsel und Konferenzdokumente der vier Mächte, Frankfurt a. M./Berlin, Metzner, 1957.

Jander, Martin: Jugend in der DDR. Alltag in der Diktatur, Aachen, Bergmoser + Höller Verlag, 2006.

Karasek, Hellmuth (Hg.): Briefe bewegen die Welt – Politik und Geschichte, Kempen, teNeues, 2011.

Klewin, Silke: Konzeption der Gedenkstätte Bautzen. Mit freundlicher Genehmigung der Autorin.

Knabe, Hubertus (Hg.): Aufbruch in eine andere DDR. Reformer und Oppositionelle zur Zukunft ihres Landes, Reinbek, Rowohlt, 1990.

Knigge, Volkhard: Statt eines Nachworts: Abschied der Erinnerung, Anmerkungen zu einem notwendigen Wandel der Gedenkkultur in Deutschland, in: Knigge, Volkhard; Frei, Norbert (Hgg.): Verbrechen erinnern. Die Auseinandersetzung mit Holocaust und Völkermord, München, C. H. Beck, 2002, S. 443–453.

Koch, Dirk; Wirtgen, Klaus; Funk, Werner: Eine eminente Fehlentscheidung, SPIEGEL-Gespräch mit SPD-Kanzlerkandidat Lafontaine über die Währungs- und Wirtschaftsunion mit der DDR, in: Der Spiegel 22/1990, S. 26–29.

Konferenz über Sicherheit und Zusammenarbeit in Europa, Schlussakte, S. 8, abgerufen unter: www.osce.org/de/mc/39503?download=true [02.12.2016].

Kraushaar, Wolfgang: Achtundsechzig. Eine Bilanz, Berlin, Propyläen, 2008.

Lautemann, Wolfgang: Amerikanische und Französische Revolution, München, Bayerischer Schulbuch-Verlag, 1981.

Lautemann, Wolfgang; Schlenke, Manfred (Hgg.): Geschichte in Quellen. [Bd. 5]: Das bürgerliche Zeitalter 1815–1914. Bearb. von Günther Schönbrunn, München, Bayerischer Schulbuch-Verlag, 1980.

Lautemann, Wolfgang; Schlenke, Manfred (Hgg.): Geschichte in Quellen. Bd. 7: Die Welt seit 1945, bearb. von Helmut Krause u. Karlheinz Reif, München, Bayerischer Schulbuch-Verlag, 1980.

Lautemann, Wolfgang; Schlenke, Manfred (Hgg.): Geschichte in Quellen, Bd. 5, Weltkriege und Revolutionen 1914–1945, bearb. von Günter Schönbrunn, München, Bayerischer Schulbuch-Verlag, 1961.

Lengwiler, Martin: Praxisbuch Geschichte. Einführung in die historischen Methoden, Zürich, Orell Füssli Verlag, 2011.

Luxemburg, Rosa: Politische Schriften, Bd. 3, Frankfurt a. M., Europäische Verlagsanstalt, 1968.

Malerische Topographie des Königreichs Bayern in einer Reihe von Darstellungen aller im Königreiche Bayern malerisch oder historischen merkwürdigen Landstriche, Gebirge, Seen, Städte und größerer Ortschaften, einzelner Schlösser, Kirchen, königlicher Anlagen, alter und neuer Bauwerke; nach der Natur und auf Stein gezeichnet von C. Lebschée, München, Hermann u. Barth, 1830.

Marx, Karl: Rede über den Haager Kongreß, in: Marx. Ausgewählt und vorgestellt von Oskar Negt, München, dtv Verlagsgesellschaft, 1998.

Marx, Karl; Engels, Friedrich: Das Kommunistische Manifest, in: Karl Marx, Friedrich Engels, Ausgewählte Schriften in zwei Bänden, Bd. 1, Berlin, Dietz, 1970.

Melville, Herman: Weißjacke. Übers. von Walter Weber, Zürich, Manesse-Verlag, 1948.

Miermeister, Jürgen; Staadt, Jochen (Hgg.): Provokationen. Dt. Studenten- und Jugendrevolte in ihren Flugblättern 1965–1971, Darmstadt/Neuwied, Luchterhand, 1980.

Ministerialblatt für das Land Nordrhein-Westfalen, 25. Jahrgang, 29. Februar 1972, Nr. 20.

Mohr, Reinhard: Die Liebe zur Revolution – Vom Richtigen und vom Falschen, in: Cohn-Bendit, Daniel; Dammann, Rüdiger (Hgg.): 1968 – Die Revolte, Frankfurt a. M., Fischer Verlag, 2007.

Müller, Rainer A. (Hg.): Deutsche Geschichte in Quellen und Darstellung. 1944–2004, Stuttgart, Reclam, 2006.

Nerdinger, Winfried: Umgang mit der NS-Architektur – Das schlechte Beispiel München, in: Bernd Ogan; Wolfgang W. Weiß: Faszination und Gewalt. Zur politischen Ästhetik des Nationalsozialismus, Nürnberg, W. Tümmels Verlag, 1992, S. 241–244.

Neu-Gablonz in Bayern, in: Der Tagesspiegel, 4. Jahrgang, Nr. 101, 01.05.1948, S. 4.

Niehuss, Merith; Lindner, Ulrike (Hgg.): Besatzungszeit, Bundesrepublik und DDR 1945-1969 (= Deutsche Geschichte in Quellen und Darstellung, Bd. 10), Stuttgart, Reclam, 2003.

Nietzsche, Friedrich: „Unzeitgemäße Betrachtung" (1871), zit. nach: Nietzsche, Friedrich: Vom Nutzen und Nachtheil der Historie für das Leben, Stuttgart, Reclam, 1957.

Per moneta, in: Der Spiegel, Ausgabe 41/1964, 07.10.1964, S. 44–54.

Plickert, Philip; von Petersdorff, Winand: Freihandel – Die neue alte Angst vor der Globalisierung, in: FAZ online, 24. August 2016, abgerufen unter: www.faz.net/aktuell/wirtschaft/ttip-und-freihandel/die-neue-angst-vor-der-globalisierung-14396436.html?printPagedArticle=true#pageIndex_2 [22.09.2016].

Pressekonferenz des Staatsratsvorsitzenden der DDR, Walter Ulbricht, in Ostberlin am 15. Juni 1961, in: Dokumente zur Deutschlandpolitik IV/6 (1961), hg. vom Bundesministerium für gesamtdeutsche Fragen, Frankfurt a. M., Berlin, Metzner, 1961, S. 925–928.

Protokoll des VII. Weltkongresses der Kommunistischen Internationale, Reprint Erlangen, Liebknecht Verlag, 1974.

Reiter, Dieter; Küppers, Hans-Georg: Geleitwort, in: NS-Dokumentationszentrum München. Lern- und Erinnerungsort zur Geschichte des Nationalsozialismus. Kurzführer zur Ausstellung, hg. von Winfried Nerdinger, München, NS-Dokumentationszentrum, 2015, S. 7.

Ritter, Carl: Das Leben des heiligen Mönches und Apostels der Noriker Severin, geschrieben von seinem Schüler Eugippius, aus dem Lateinischen übertragen mit einer Einleitung und erläuternden Anmerkungen, Linz, Fink, 1853.

Salt II: Abrüstung – die große Lüge, in: Der Spiegel 24/1979, S. 125 ff.

Scheer, Udo: Die Sozialistische Planwirtschaft der DDR, in: Konrad-Adenauer-Stiftung (Hg): Die Sozialistische Planwirtschaft der DDR. Vom Scheitern einer wirtschaftspolitischen Ideologie, Sankt Augustin/Berlin, Konrad-Adenauer-Stiftung e. V., 2010.

Schmidt, Volker: Als Hitler die Autobahn stahl, in: Zeit Online, 23. September 2013, abgerufen unter: www.zeit.de/mobilitaet/2013-09/autobahnen-hitler-nationalsozialismus [28.03.2017].

Schneider, Peter: Rebellion und Wahn – Mein 68. Köln, Kiepenheuer & Witsch, 2008.

Schöne, Jens: Frühling auf dem Lande? Die Kollektivierung der DDR-Landwirtschaft. 3. Aufl., Berlin, Ch. Links Verlag, 2010.

Schröder, Richard: Wir sind zum Trübsinn nicht verpflichtet, in: Die Zeit 48/2006, 08.09.2006.

Schubert, Klaus; Klein, Martina: Das Politiklexikon. Begriffe, Fakten, Zusammenhänge, 6. Aufl., Bonn, Bundeszentrale für politische Bildung, 2016.

Schülerduden, Fremdwörterbuch. 6. Aufl., hg. und bearb. von der Dudenredaktion, Mannheim/Zürich, Dudenverlag, 2012.

Schullze, Erich (Hg.): Gesetz zur Befreiung von Nationalsozialismus und Militarismus, München, Biederstein, 1947.

Seibt, Gustav: 1989, Die zerbrechliche Revolution, in: Frankfurter Allgemeine Zeitung, 29.12.1989, S. 23.

Smith, Adam: Der Wohlstand der Nationen, in: Entstehung und Verteilung des Sozialprodukts. Neu aus dem Englischen übertragen und mit einer Würdigung von Horst Claus Recktenwald. München, Beck, 1974.

Stenografische Berichte des Deutschen Bundestages, 191. Sitzung, 8. Februar 1952.

Stenografische Berichte des Deutschen Bundestages, 5. Sitzung, 28. Oktober 1969.

Stratenschulte, Eckart D.: Wirtschaft in Deutschland. (= Zahlenbilder, Nr. 4) Bonn, Bundeszentrale für politische Bildung, 2006.

Swift, John: The Cuban Missile Crisis, in: History Review, Ausgabe 57, März 2007, S. 10–11.

Täubrich, Hans-Christian; Dietzfelbinger, Eckart: Faszination und Gewalt. Dokumentationszentrum Reichsparteitagsgelände. Die Ausstellung, Nürnberg, Dokumentationszentrum Reichsparteitagsgelände, 2006.

Thießen, Friedrich (Hg.): Zwischen Plan und Pleite. Erlebnisberichte aus der Arbeitswelt der DDR. Köln/Weimar/Wien, Böhlau, 2001.

Wawrzinek, Christina: In portum navigare: Römische Häfen an Flüssen und Seen, Berlin, De Gruyter, 2014.

Weber, Hermann (Hg.): Lenin. Aus den Schriften 1895–1923, München, dtv, 1967.

Wehler, Hans-Ulrich: Der Aufstieg des amerikanischen Imperialismus. Studien zur Entwicklung des Imperium Americanum 1865–1900, Göttingen, Vandenhoeck & Ruprecht, 1974.

Weizsäcker, Richard von: [Rede bei der Gedenkveranstaltung im Plenarsaal des Deutschen Bundestages zum 40. Jahrestag des Endes des Zweiten Weltkrieges in Europa am 8. Mai 1985], abgerufen unter: www.bundespraesident.de/SharedDocs/Reden/DE/Richard von-Weizsaecker/Reden/1985/05/19850508_Rede.html [06.12.2016].

Weizsäcker, Richard von: Vier Zeiten. Erinnerungen. Berlin, Siedler, 1999.

Wilharm, Irmgard (Hg.): Deutsche Geschichte 1962–1983, Band 2, Frankfurt a. Main, Fischer-Taschenbuch-Verlag, 1985.

Winkler, Heinrich August: Der lange Weg nach Westen II – Deutsche Geschichte 1933–1990, Bonn, Bundeszentrale für politische Bildung, 2004.

Wolfrum, Edgar: Die beiden Deutschland, in: Knigge, Volkhard; Frei, Norbert (Hgg.): Verbrechen erinnern. Die Auseinandersetzung mit Holocaust und Völkermord, Bonn, 2005, S. 155–157.

Wolle, Stefan: Schatten in der Sonnenallee, in: Welt online v. 11. Februar 2000.

Sachwortverzeichnis

38. Breitengrad 98
68er-Generation 124

A

Achtundsechzig 176
Agent Orange 99
Alleinvertretungsanspruch 147
Altertum 28
American Dream 62
American Way of Life 61
Anti-Hitler-Koalition 86
Antike 28
Atomwaffensperrvertrag 110
Aufarbeitung 215, 228
Auschwitz-Prozess 215

B

Baader, Andreas 177
Bahr, Egon 110
Bautzen 228
Behörde des Bundesbeauftragten für die Unterlagen des Staatssicherheitsdienstes (BStU) 228
Berlin-Blockade 87
Berliner Mauer 87
Blockparteien 124, 146, 190
Brandt, Willy 110
BRD 135, 190
Breschnew, Leonid 111
Buchdruck 29
Bürgerrechtsbewegung 176

C

Calvinismus 62
Carter, Jimmy (James Earl) 111
Chruschtschow, Nikita 98
Churchill, Winston 86

D

DDR 124, 135, 146, 190, 228
Demokratie 61, 124
Die Grünen 177

E

Einigungsvertrag 191
Einwanderungsgesellschaft 62
Entnazifizierung 214
Epoche 28
Epochenwende 28
Erhard, Ludwig 160
Eroberung Konstantinopels 29
Europäische Verteidigungsgemeinschaft (EVG) 146
Exekutive 62
Existenzialismus 176
Export 42

F

FDJ (Freie Deutsche Jugend) 125
Frankfurter Schule 176
Französische Revolution 29
Freihandel 62
Freiheit 61

G

GATS (General Agreement on Trade in Services) 63
Gedenkstätten 228
Gelbes Elend 228
Gewaltenteilung 124
Glasnost 190
Globalisierung 42
Gorbatschow, Michail 147, 190
Große Koalition 176
Grundlagenvertrag 110

H

Hauptkriegsverbrecherprozess 214
Hegemonie 61
Heterogenität 62
Historischer Materialismus 74
Honecker, Erich 124, 190

I

Ideologien 48
Industrialisierung 61

J

Judikative 62

K

Kalter Krieg 135
Kapitalismus 62, 74
Kennedy, John F. 98, 110
Keynes, John Maynard 63
Kim Il Sung 98
Klassenkampf 74
Kommunismus 74
Konferenz von Jalta 86
Konferenz von Teheran 86
Kongress 61
Königreich Bayern 16
Koreakrieg 98
KPD (Kommunistische Partei Deutschlands) 124
KSZE (Konferenz über Sicherheit und Zusammenarbeit in Europa) 111
KSZE-Schlussakte 111
Kubakrise 98, 99, 110, 135
Kulturimperialismus 62

L

Landesgeschichte 17
Legislative 62
Lenin, Wladimir Iljitsch 75
LPG (Landwirtschaftliche Produktionsgenossenschaften) 124
Luftbrücke 87

M

Marktwirtschaft 160
Marshallplan 87, 125, 146
Marxismus 176
Marx, Karl 74
Mauerschützenprozesse 228
Meinhof, Ulrike 177
Merkantilismus 63
Methodenkompetenz 16
MfS (Ministerium für Staatssicherheit) 124
Migration 42

Migrationshintergrund 43
Mittelalter 28
Mittelstand 125
Mohammed 28
Montagsdemonstrationen 190
Mythos 62

N

Napalmbomben 99
Narrative Kompetenz 16
NATO 135, 146
NATO-Doppelbeschluss 111
Neue Ostpolitik 110
Neues Forum 190
Neue Soziale Bewegungen 177
Neuzeit 28
Notstandsgesetze 176
NVA (Nationale Volksarmee) 147

O

Obama, Barack 60, 62
Ökonomie 160
Oktoberrevolution 86
Orientierungskompetenz 17
Osmanen 29
Ostalgie 229
Ost-West-Konflikt 135

P

Perestroika 190
Planwirtschaft 124, 147, 161
Pluralismus 124
Potsdamer Konferenz 86, 146
Puritanismus 62

R

RAF (Rote Armee Fraktion) 177
Regionalgeschichte 17
RGW (Rat für gegenseitige Wirtschaftshilfe) 124
Ricardo, David 63
Roosevelt, Franklin D. 86
Rüstungswettlauf 98

S

Sachkompetenz 16
Satellitenstaat 146
Satellitenstaaten 86
SED 124, 146, 190, 228
Smith, Adam 56, 63, 160
Souveränität 146
Sowjetunion 86
Soziale Marktwirtschaft 160
Sozialismus 74
SPD (Sozialdemokratische Partei Deutschlands) 124
Stalin, Josef 86
Stasiakten 228
Stasi (Staatssicherheit) 124, 228
Stellvertreterkrieg 98
Studentenbewegung 177

T

Treuhandanstalt 191
Truman, Harry S. 86
Trump, Donald 62

U

UdSSR (Union der Sozialistischen Sowjetrepubliken) 75
UNO (Vereinte Nationen) 135
Urteilskompetenz 17
USA 61

V

VEB (Volkseigene Betriebe) 124
Vergangenheitsbewahrung 215
Viermächteabkommen 110
Vietcong 99
Vietnam 176
Vietnamkrieg 99, 135
Völkerwanderung 28
Volkskammerwahl 190
Vorbehaltsrecht 146

W

Währungsreform 87
Währungs-, Wirtschafts- und Sozialunion 191
Warschauer Pakt 135, 147
Wiedervereinigung 191
Wilson, Woodrow 57, 63
Wirtschaftswunder 161
WTO (Welthandelsorganisation) 63

Z

Zwei-plus-Vier-Vertrag 191

Bildquellenverzeichnis

AddF – Stiftung Archiv der deutschen Frauenbewegung, Kassel: 114.3
akg-images GmbH, Berlin: 6.1, 6.2, 7.3 (Al. Less), 23, 24, 26 (E. Lessing), 26.1, 26.2, 27, 47.2, 84 (Tony Vaccaro), 97.1 (ap), 105 (dpa), 134 (ddrbildarchiv.de), 194.4 (Dieter E. Hoppe), 200
Aktionsgemeinschaft Dienst für den Frieden e.V. (AGDF), Bonn: 47.5
alamy images, Abingdon/Oxfordshire: 55.1 (H. Mark Weidman Photography)
Bayerische Staatsbibliothek, München: 12.1
bpk-Bildagentur, Berlin: 166.2 (SMB/Bernard Larsson), 174.1 (Abisag Tüllmann)
Bundesarchiv Berlin, Berlin: 12.2
Bundesministerium für Arbeit und Soziales, Berlin: 155
Bundeszentrale für politische Bildung, Bonn: 224
Daimler AG, Stuttgart: 123.2
Das Bundesarchiv, Koblenz: 40.2, 133.1 (Bild 183-1989-1130-003/R. Pätzhold)
Deutsches Historisches Museum, Berlin: 122.2, 152, 198
fotolia.com, New York: Titel (fotoping), 15.1 (ansi29), 15.4 (JFL Photography), 15.6 (Wolfilser), 130.2 (moonrun), 195.4 (fuxart)
Frankfurter Allgemeine Zeitung FAZ, Frankfurt/Main: 34 (Frank Röth)
Haitzinger, Horst, München: 47.3
Haus der Geschichte, Bonn: 81 (Mirko Szewczuk), 140.1, 185 (Jupp Wolter), 226.1, 226.2 (Walter Hanel)
Hild, Claudia, Angelburg: 6.4, 39, 82, 92, 102, 107, 130.1, 194.2
infratest dimap – Gesellschaft für Trend- und Wahlforschung mbH, Berlin: 189
Institut der deutschen Wirtschaft Köln Medien GmbH, Berlin: 154
Interfoto, München: 50 (Granger, NYC)
iStockphoto.com, Calgary: 7.2 (Jens Carsten Rosemann), 10 (David Pedre), 54 (sonyae), 55.2 (mediaphotos)
laif, Köln: 46.1 (Gamma)
Langner & Partner Werbeagentur GmbH, Hemmingen: 78
Laurence Clark, New Zealand: 187
Medienkompetenzzentrum Lichtenberg, Berlin: 115.5 (Jördis Schön)
Mitteldeutsches Bibelwerk – Canstein Bibelzentrum, Halle an der Saale: 25.1, 25.2
Museen der Stadt Nürnberg, Nürnberg: 210.2 (Heiko Stahl und Mile Cindric)
Mussil, Felix: 140.2
Picture-Alliance GmbH, Frankfurt/M.: 7.1 (Oscar Zapke), 7.4 (abaca), 15.2 (Daniel Karmann), 15.3 (Uwe Gerig), 41.1 (AP Photo), 46.2 (Agentur Voller Ernst), 59, 60 (Pete Souza – White House), 90.2 (57879427), 91 (AP), 94, 109 (Heinz Wiesele), 114.2 (Augenklick/Pressefoto Baumann), 114.4 (dpa), 115.1 (ddrbildarchiv.de), 115.4 (dapd/Clemens Bilan), 118 (dpa), 119 (Andreas Altwein), 123.1 (ZB), 131 (dpa), 133.2 (ZB), 174.2 (dpa/Heinz Wieseler), 181 (dpa), 195.1 (Markus C. Hurek), 195.2 (Jens Kalaene), 209 (Monika Skolimowska), 218.3 (ZB/Wolfgang Kluge), 222 (dpa)
Plaßmann, Thomas, Essen: 41.2
PUNCH Magazine Cartoon Archive, London: 93.2
Richard Rongstock, Nürnberg: 9
Richter-Publizistik, Bonn: 106
Solo Syndication, London: 46.4 (Associated Newspapers Ltd), 93.1 (Associated Newspapers Ltd/ Victor Weisz)
SPD/Archiv der sozialen Demokratie, Bonn: 117
SPIEGEL-Verlag Rudolf Augstein GmbH & Co. KG, Hamburg: 37, 40.1
Stadtgeschichtliches Museum Leipzig, Leipzig: 72
Stehle, Karl, München: 46.3
Stiftung Gedenkstätte Berlin-Hohenschönhausen, Berlin: 195.3
Süddeutsche Zeitung – Photo, München: 194.6 (Juri Gottschall), 202
Thinkstock, Sandyford/Dublin: Titel (AndreyPopov)
Transit Film GmbH, München: 194.1, 194.3, 194.5
ullstein bild, Berlin: 6.3 (photothek), 47.4 (Klaus Rose), 56 (Interfoto Rauch), 57, 66, 96.1 (AP), 114.1 (Wolfgang Albrecht), 115.3 (Röhrbein), 122.1 (Archiv Gerstenberg), 143 (dpa), 166.1 (AP), 166.3 (Stark-Otto), 174.3 (LS-PRESS), 205 (dpa), 218.1 (Lammel), 218.2 (ADN-Bildarchiv), 220 (Thomas Ruffer)
UNHCR Germany, Berlin: 40.3
Verlagsgruppe Random House GmbH, München: 210.1
wikimedia.commons: 15.5 (Mediatus (CC-BY-SA-3.0 & GFDL)), 47.1 (Archer Productions, Inc.), 73
Wilhelm Busch – Deutsches Museum für Karikatur und Zeichenkunst, Hannover: 144 (Hanns Erich Köhler)